Gerhild Abler · Antje Sommer

Wandern mit Öffis
Münchner Berge

55 Touren zwischen Füssen und Berchtesgaden

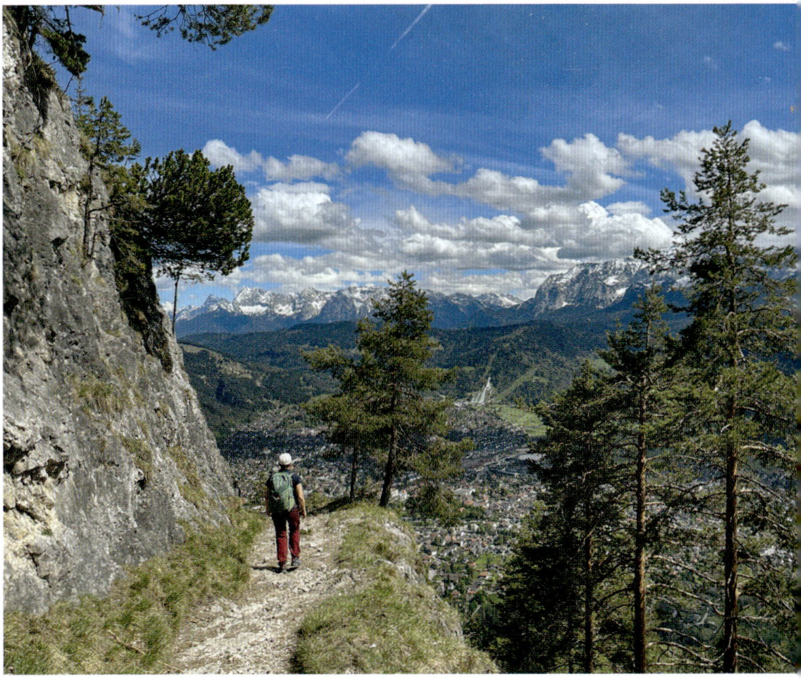

ROTHER
BERGVERLAG

Vorwort

Wer gerne Bahn und Bus fährt, kein Auto hat oder es mal zu Hause stehen lassen möchte, hat von München aus die Möglichkeit, zahlreiche attraktive Wanderungen und Bergtouren mit Öffis zu unternehmen.
Die Spannbreite der in diesem Buch vorgestellten 55 Tourenvorschläge – darunter acht zwei- und eine dreitägige Hüttentour – ist groß. So unterschiedlich wie die zwischen Füssen und Berchtesgaden besuchten Gebirgsgruppen sind auch die beschriebenen Touren. So zeigen sich die Bayerischen Voralpen insbesondere rund um Tegernsee, Schliersee und Spitzingsee sowie die Chiemgauer Alpen eher lieblich. Sie sind geprägt von satten, üppigen Wiesen, ausgedehnten Wäldern und beschaulichen, oft bewirtschafteten Almen, von denen aus es auf die manchmal durchaus auch felsigen Gipfel geht. Wetterstein und Karwendel sind dagegen gerade in den höheren Lagen karger und bieten mit ihren Karen, Felswänden, Bergrücken und teilweise schroffen Gipfeln eine deutlich alpinere, oft sehr imposante Umgebung. In den übrigen Gebirgsgruppen – Ammergauer Alpen, Estergebirge, Vorkarwendel, Rofan, Kaisergebirge und Berchtesgadener Alpen – findet sich ebenfalls viel Abwechslung. Hier ist alles dabei, von wunderschön angelegten Steigen, artenreicher alpiner Flora und schönen Bergwäldern bis zu grandiosen Aus- und Tiefblicken und spektakulären Landschaften.
Die Schwierigkeit der hier vorgestellten Touren reicht von einfachen Wanderungen für die ganze Familie bis zu anspruchsvollen Bergtouren, der Schwerpunkt liegt dabei aber deutlich im mittleren Schwierigkeitsbereich.
Das Buch enthält viele Touren, die mit öffentlichen Verkehrsmitteln bestens erschlossen sind. Den Ausgangspunkt erreicht man mit einer stündlichen oder sogar halbstündlichen Verbindung direkt per Zug oder mit Umsteigen in einen auf den Zug abgestimmten Bus. Bei anderen Touren ist es dagegen ein wenig trickreicher, sie mit öffentlichen Verkehrsmitteln zu realisieren. Weil die Verbindung komplexer ist – oder weil man es erstmal vom Bahnhof zum Ausgangspunkt der eigentlichen Wanderung schaffen muss. Und auch solche Touren will das vorliegende Wanderbuch ermöglichen. So sollten nicht nur für Bahn- und Bus-Neulinge, sondern auch für versierte Nutzerinnen und Nutzer noch Ideen und der ein oder andere Tipp dabei sein, wie sich tolle Bergziele mit Öffis erreichen lassen, wobei viele Streckenwanderungen und Überschreitungen, die in diesem Buch beschrieben werden, ohnehin nur mit Bahn und Bus möglich sind.
Neben allen wichtigen Informationen zu den Wanderungen und detaillierten Tourenbeschreibungen schon ab Bahnhof oder Bushaltestelle enthält dieses Buch in der Kurzinfo jeder Tour auch die genaue Angabe der von München zum jeweiligen Ausgangspunkt führenden Bahn- und Busverbindungen mit allen Umstiegen, Buslinien, Takt und Fahrzeit.

Viel Spaß und erlebnisreiche Touren in den Bergen!

Im Sommer 2024 — Gerhild Abler und Antje Sommer

Inhalt

Top-Touren 6
Allgemeine Hinweise 8
GPS-Tracks und Koordinaten der Ausgangspunkte . 9
Bahn- und Buslinien 12
Tickets und Tarife 13

1 **Tegelberg und Branderschrofen, 1879 m**
Von Hohenschwangau 16

2 **Scheinbergspitze, 1926 m**
Aus dem Graswangtal 19

3 **Teufelstättkopf, 1758 m**
Von Schloss Linderhof nach Unterammergau 21

4 **Brünstlkreuz, 1734 m**
Überschreitung von Graswang nach Farchant 25

5 **Notkarspitze, 1888 m**
Von Ettal 29

6 **Hörnle, 1548 m**
Von Unterammergau nach Bad Kohlgrub 32

7 **Laber, 1686 m, und Ettaler Manndl, 1633 m**
Von Oberammergau nach Ettal 36

8 **Kohlbergspitze, 2202 m**
Von Bichlbach 39

9 **Grubigstein, 2233 m, und Pleisspitze, 2225 m**
Über die Wolfratshauser Hütte 42

TOP 10 **Daniel, 2340 m, und Upsspitze, 2332 m**
Von Lermoos 46

TOP 11 **Hoher Ziegspitz, 1864 m**
Von Untergrainau über die Stepbergalm 49

12 **Kramerspitze, 1985 m**
Überschreitung von St. Martin zur Stepbergalm . . 53

TOP 13 **Höllentalangerhütte, 1387 m**
Von Hammersbach durch die Höllentalklamm 57

14 **Zugspitze, 2962 m**
Durch das Reintal 60

15 **Partenkirchner Dreitorspitze, 2633 m**
Über Schachenhaus und Meilerhütte 65

16 **Gehrenspitze, 2367 m, und Predigtstuhl, 2234 m**
Aus der Leutasch über die Wettersteinhütte 70

17 **Wank, 1780 m**
Von Schlattan nach Partenkirchen 74

18 **Hoher Fricken, 1940 m**
Von Farchant über die Kuhfluchtwasserfälle 78

TOP 19 **Hohe Kiste, 1922 m, und Krottenkopf, 2086 m**
Von Eschenlohe nach Wallgau 81

TOP 20 **Heimgarten, 1790 m**
Vom Walchensee nach Ohlstadt. 86

21 **Herzogstand, 1731 m**
Vom Walchensee 90

22 **Benediktenwand, 1800 m**
Von Lenggries nach Benediktbeuern 94

23 **Schöttelkarspitze, 2050 m**
Von Krün über den Seinskopf 98

TOP 24 **Hoher Kranzberg, 1391 m**
Von Mittenwald 102

25 **Rotwandl- und Brunnensteinspitze, 2180 m**
Von Scharnitz nach Mittenwald 106

TOP 26 **Reither Spitze, 2374 m**
Von Reith nach Seefeld 110

27 **Großer Solstein, 2541 m**
Von Hochzirl, mit Kirchberger Köpfl. 114

28 **Schafreuter, 2102 m**
Über die Tölzer Hütte 118

29 **Fleischbank, 2026 m**
Von Süden 121

30 **Mahnkopf, 2094 m**
Über die Falkenhütte in die Eng 124

TOP 31 **Kompar, 2011 m, und Satteljoch, 1935 m**
Rundtour über die Plumsjochhütte. 128

32 **Sonnjoch, 2457 m**
Aus der Eng 131

33 **Hochiss, 2299 m**
Von Achenseehof über die Erfurter Hütte. 134

34 **Ebner Joch, 1957 m**
Von Maurach 138

35 **Roßstein, 1698 m, und Buchstein, 1701 m**
Über Sonnbergalmen und Tegernseer Hütte 141

36 **Schildenstein, 1613 m**
Durch die Große Wolfsschlucht 145

37 **Risserkogel, 1826 m**
Von Wildbad Kreuth ins Tal der Rottach 148

38 **Hirschberg, 1670 m**
Von Kreuth nach Scharling 152

39 **Fockenstein, 1564 m**
Von Bad Wiessee nach Lenggries 155

40 **Baumgartenschneid, 1444 m**
Über den Riederstein 158

41 **Bodenschneid, 1669 m**
Aus dem Suttengebiet 162

42 **Brecherspitze, 1683 m**
Von Fischhausen-Neuhaus 165

43 **Jägerkamp, 1746 m, und Aiplspitze, 1759 m**
Vom Spitzingsee ins Leitzachtal 168

44 **Rotwand, 1884 m**
Vom Spitzingsee ins Leitzachtal 171

45 **Schinder, 1808 m**
Aus der Valepp 175

46 **Wendelstein, 1838 m**
Von Geitau nach Bayrischzell 178

47 **Seebergkopf, 1538 m**
Von Bayrischzell nach Osterhofen 182

48 **Pendling, 1563 m**
Von Hinterthiersee nach Kufstein 185

49 **Weinbergerhaus, 1273 m, am Brentenjoch**
Auf den Kufsteiner Stadtberg 189

50 **Naunspitze, 1633 m**
Von Kufstein durch das Kaisertal 192

51 **Kampenwand, 1668 m**
Von Aschau über die Steinlingalm 196

TOP 52 **Hochgern, 1744 m**
Über die Schnappenkirche 200

53 **Karkopf, 1739 m, und Dreisesselberg, 1680 m**
Von Winkl nach Bayerisch Gmain 204

54 **Überschreitung des Untersbergs**
Von Bischofswiesen nach Marktschellenberg 208

TOP 55 **Durch das Steinerne Meer**
Von St. Bartholomä über das Kärlingerhaus 214

Stichwortverzeichnis 220
Impressum 224

Top-Touren

Daniel und Upsspitze
Anspruchsvolle Tour auf den höchsten Gipfel der Ammergauer Alpen. Durchgängig schöne Steige, alpines Ambiente, eine herrliche Aussicht und eine gemütliche Einkehr *(Tour 10, 7.00 Std.).*

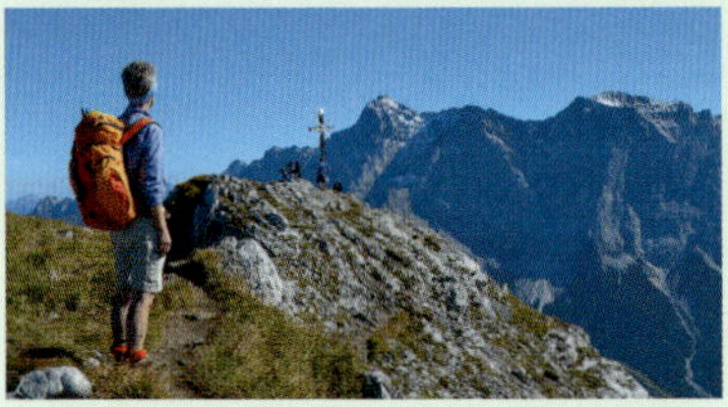

Hoher Ziegspitz
Einsamer Logenplatz mit Zugspitz- und Eibseeblick. Dazu beeindruckende Felsformationen, ein aussichtsreicher Kammweg und eine Einkehralm mit Viehwirtschaft *(Tour 11, 6.40 Std.).*

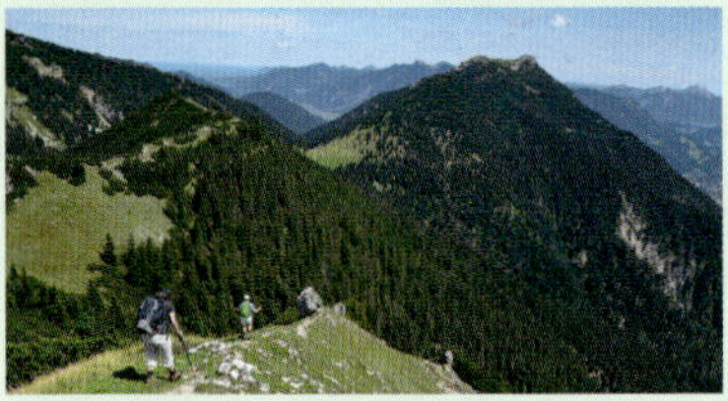

Höllentalangerhütte
Spektakulärer Weg durch eine tief eingeschnittene Klamm zu einem großen Alpenvereinshaus in idyllischer Lage. Zurück auf einem exponierten Steig über eine Brücke mit atemberaubendem Tiefblick in die Klamm *(Tour 13, 4.20 Std.).*

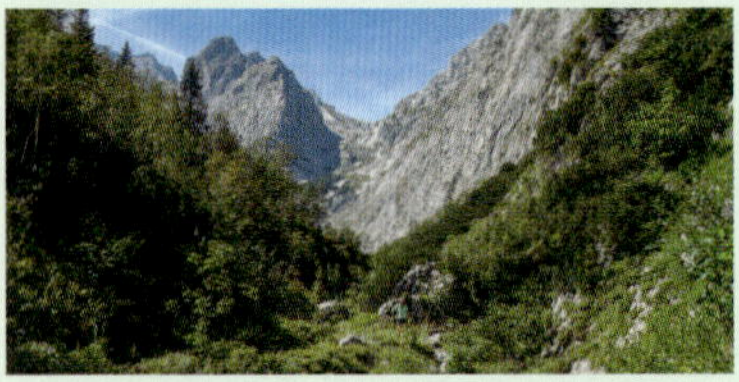

Hohe Kiste und Krottenkopf
Abwechslungsreiche Durchquerung des Estergebirges durch ganz unterschiedliche Landschaftsformen. Zwei tolle Gipfel und Übernachtung in einer sympathischen Hütte *(Tour 19, 2 Tage).*

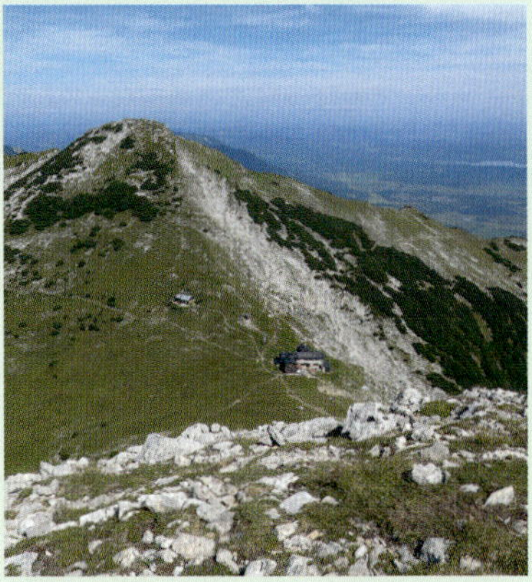

Heimgarten
Großzügige Überschreitung vom Walchensee ins Loisachtal mit Tiefblicken auf den türkisfarbenen See, einer Gipfelhütte und einem wildromantischen Bacheinschnitt *(Tour 20, 6.00 Std.).*

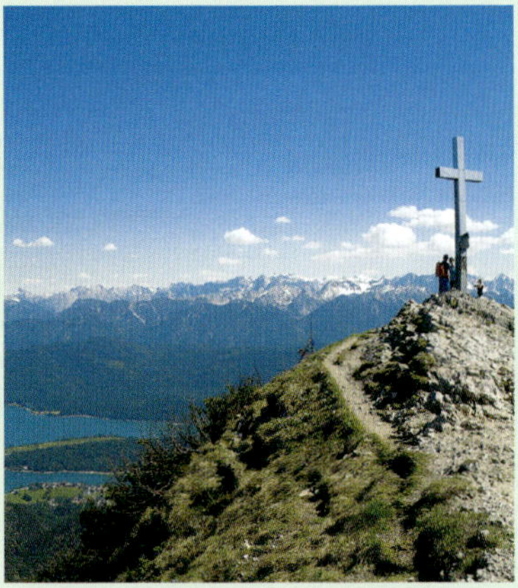

Hoher Kranzberg
Gemütliche Halbtagestour auf einen Berg für jede Jahreszeit. Panoramaliegen mit Karwendelblick, zwei erfrischende Badeseen und Ausklang im traditionellen Ortskern von Mittenwald *(Tour 24, 4.00 Std.).*

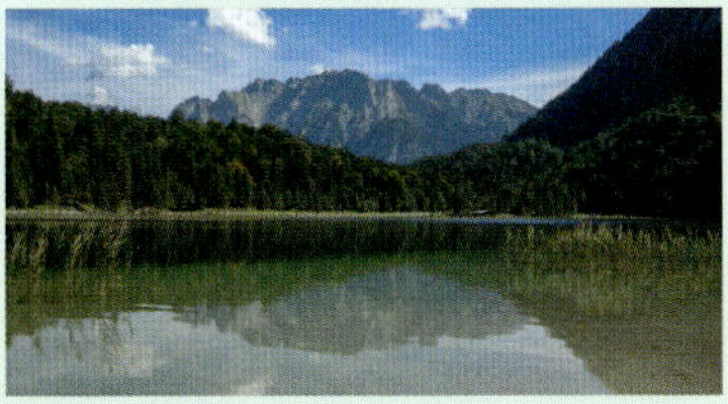

Reither Spitze
Abwechslungsreiche Steige auf einen Top-Panorama-Gipfel. Dazu eine Hütte auf dem Kamm. Alpine Tour mit Kraxeleinlage für Konditionsstarke *(Tour 26, 6.50 Std.).*

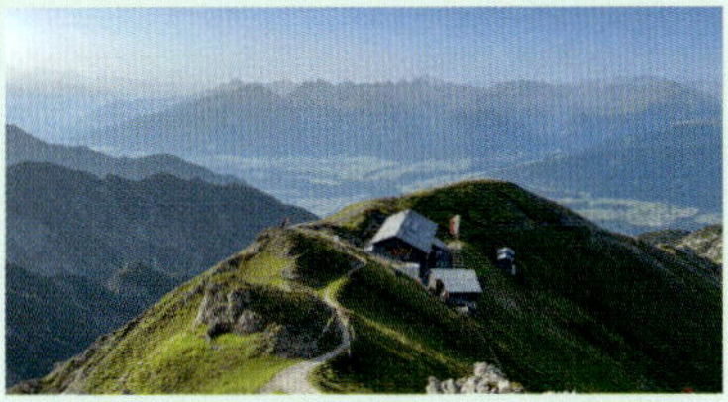

Kompar und Satteljoch
Ruhige Rundtour im Vorkarwendel durch schöne, hochgelegene Almlandschaften mit zwei aussichtsreichen Gipfeln und einer urigen Hütte beim Abstieg. Ideal für schöne Tage im Frühherbst *(Tour 31, 6.00 Std.).*

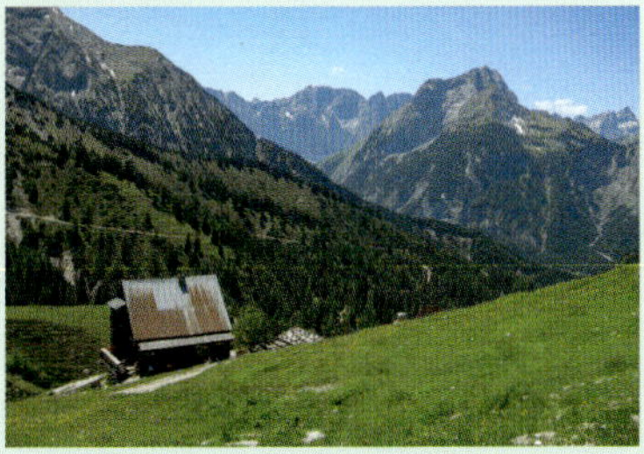

Hochgern
Eine Kapelle, eine gemütliche Alm und ein herrlicher Chiemseeblick beim Aufstieg, blühende Wiesen und ein Pracht-Panorama am Gipfel und beim Abstieg dann gleich vier Hütten und Almen für die Einkehr *(Tour 52, 6.40 Std.).*

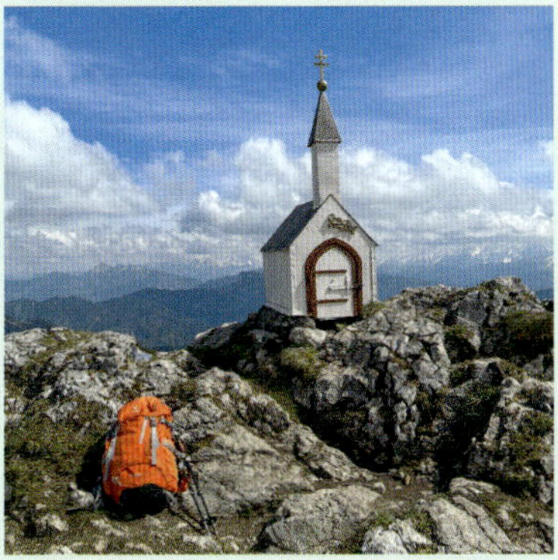

Steinernes Meer
Der tiefblaue Königssee, eine beeindruckendes Karstplateau, attraktive Alpenvereinshütten, Watzmannblick und das spannende Wimbachgries – eine Tour der Superlative im Nationalpark Berchtesgaden *(Tour 55, 3 Tage).*

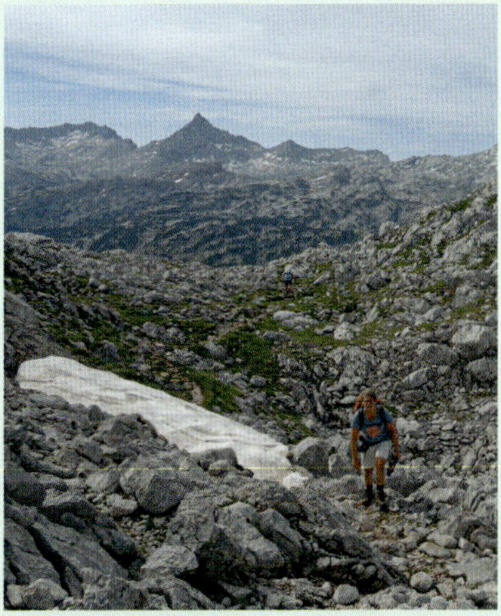

Allgemeine Hinweise

Anforderungen

Die Wanderungen verlaufen, bis auf einzelne Abschnitte weniger Touren, auf markierten Wegen und Steigen. Die Beschaffenheit des Weges und ausgesetzte Passagen setzen jedoch vielfach Trittsicherheit und Schwindelfreiheit voraus. Die farbige Schwierigkeitsbewertung soll helfen, die jeweiligen technischen Anforderungen bereits auf den ersten Blick einschätzen zu können. Grundsätzlich ist dabei aber zu beachten, dass die Schwierigkeit bei schlechtem Wetter oder problematischem Wegzustand höher sein kann als angegeben. Die Einstufung bezieht sich auf die gesamte Tour, Teilziele (wie zum Beispiel Hütten) können durchaus leichter sein. Die erforderliche Kondition hängt von der Länge der Strecke und dem zu überwindenden Höhenunterschied ab, sie fließt jedoch nicht in die Schwierigkeitsbewertung ein.

Die Farben bedeuten im Einzelnen:

■ Leicht

Diese Wanderungen verlaufen auf normalerweise unproblematischen, meist ausreichend breiten Wanderwegen. Sie erfordern kaum Bergerfahrung und können oft auch bei schlechtem Wetter verhältnismäßig gefahrlos begangen werden. Trotzdem empfiehlt sich das Tragen von festen Schuhen mit Profilsohle. Insbesondere, wenn Steine und Wurzeln feucht sind, schadet auch etwas Trittsicherheit nicht.

■ Mittel

Diese Touren verlaufen auf Bergwanderwegen, die teilweise schmal sind und an einzelnen Stellen gesichert sein können. Für ihre Begehung werden Trittsicherheit und, da kurze Passagen ausgesetzt sein können, häufig auch Schwindelfreiheit vorausgesetzt. Bergerfahrung und eine passende Ausrüstung (zum Beispiel gute Wanderschuhe) sind nötig.

■ Schwierig

Diese anspruchsvolleren Bergtouren erfordern absolute Trittsicherheit und Schwindelfreiheit und sind Bergwanderern und Bergwanderinnen mit entsprechender alpiner Erfahrung vorbehalten. Der Gebrauch der Hände zur Fortbewegung im steilen, felsigen Gelände kann nötig sein (Felsstellen I).

An ausgesetzten Passagen ist Trittsicherheit und Schwindelfreiheit nötig: am Grubigstein (Tour 9).

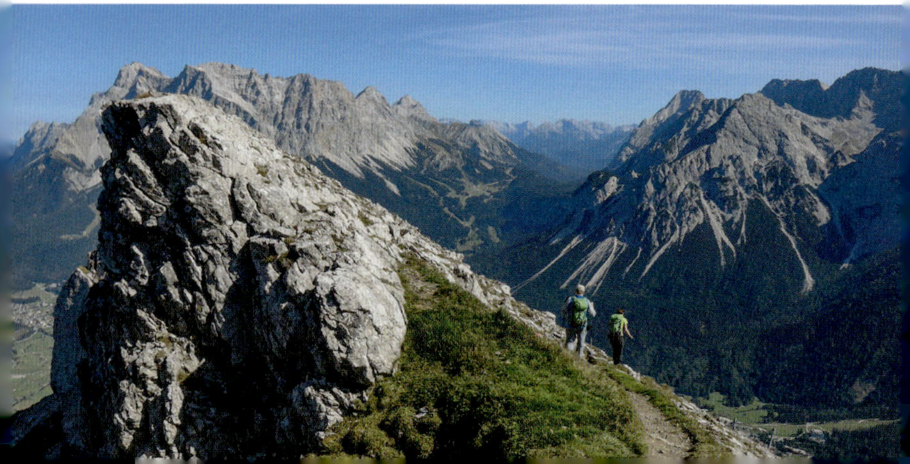

GPS-Tracks und Koordinaten der Ausgangspunkte

Auf **gps.rother.de** stehen zu diesem Wanderbuch GPS-Tracks und die Koordinaten der Ausgangspunkte zum kostenlosen Download bereit. Dieser QR-Code führt direkt zum Download.
7. Auflage, Passwort: **303207rhn**
Die GPS-Tracks können in die **Rother App** importiert werden. In der App kann man unterwegs stets sehen, wo man gerade ist und wo es langgeht.
Anleitungen dazu: rother.de/gps
Trotz sorgfältiger Prüfung können wir Fehler und zwischenzeitliche Veränderungen nicht ausschließen. Verlassen Sie sich für die Orientierung niemals einzig und allein auf die GPS-Daten, sondern beurteilen Sie die Verhältnisse vor Ort.

Gefahren

Die hier vorgestellten Wanderungen folgen fast ausschließlich angelegten Wegen und Steigen. Trotzdem ist an ausgesetzten und abrutschgefährlichen Stellen, bei Querung steiler Flanken, regennasser, steiler Grashänge und hart gefrorener Schneefelder sowie auf vereisten Passagen Vorsicht angesagt. Auch auf Steinschlaggefahr ist zu achten. Bei schlechtem Wetter nehmen im Gebirge die Gefahren zu. Von daher sollte man die Wettervorhersage berücksichtigen und gegebenenfalls rechtzeitig umkehren. Bei Gewittern von allem Metallischen (zum Beispiel Drahtseilen) fernhalten und exponierte Stellen (wie Gipfel und Grate) schnell verlassen. Bei Überforderung und drohender Erschöpfung sollte man sich mit einem Teilziel zufriedengeben.

Ausrüstung

Feste Schuhe mit Profilsohle, eine strapazierfähige Hose, ein Fleece oder eine Softshelljacke, ein regenfester Anorak und ein Rucksack mit Wasser, Proviant, Sonnenschutz (Hut oder Kappe, Sonnenbrille, Sonnencreme), Rucksackapotheke (Verbandsmaterial), Handy mit Outdoor-App und Taschenmesser werden empfohlen, außerdem Teleskopstöcke und, je nach Jahreszeit und Tour auch Mütze oder Stirnband, Handschuhe sowie eine Stirnlampe. Für mehrtägige Touren sind zusätzlich ein Hüttenschlafsack und Hüttenschuhe erforderlich.

An- und Rückfahrt

Alle Touren in diesem Buch können mit öffentlichen Verkehrsmitteln durchgeführt werden. Die Piktogramme geben Aufschluss darüber, ob dabei nur der Zug oder sowohl Zug als auch Bus benutzt werden. Unter An- und Rückfahrt wird die Verbindung ab / bis München Hbf detailliert beschrieben, inklusive weiterer Zustiegsmöglichkeiten im S-Bahn-Bereich, Umstiegen, Buslinien, Anzahl gut geeigneter Verbindungen und Fahrzeit. Auf eine genaue Angabe der Abfahrtszeiten wird verzichtet. Diese sollten immer tagesaktuell recherchiert werden.

Gehzeiten

Die Zeitangaben sind zwar ausreichend bemessen, beziehen sich jedoch nur auf die reine Gehzeit ohne Pausen. Je nach Kondition, Tagesform, Wetter und Gelände kann die tatsächlich benötigte von der angegebenen Zeit abweichen.

Der Umwelt zuliebe ...

Auch beim Wandern hinterlassen wir einen ökologischen Fußabdruck, aber im Einklang mit der Natur unterwegs zu sein, ist gar nicht so schwer!

VORBEREITUNG UND ANFAHRT

- Sich vorab informieren, worauf in Bezug auf Natur und Umwelt in der jeweiligen Wanderregion besonders zu achten ist.
- Soweit möglich mit Bahn und Bus anreisen, Wander- und Rufbusse nutzen.
- Ist eine Anfahrt mit dem Auto nötig, Fahrgemeinschaften bilden.
- Bei weiten Anfahrten Mehrtagestouren planen oder von einem Quartier vor Ort aus mehrere Touren absolvieren.
- Flugreisen möglichst reduzieren und durch Beiträge zu Klimaschutzprojekten kompensieren.

KLEIDUNG UND AUSRÜSTUNG

- Beim Kauf von Outdoor-Kleidung auf umweltfreundliche und faire Herstellung achten und Kleidungsstücke möglichst viele Jahre nutzen.
- Ausrüstung kann man eventuell auch gebraucht kaufen oder ausleihen.
- Reparieren statt neu kaufen.

VERPFLEGUNG

- Beim Einkauf Bio-Ware, regionale und saisonale Erzeugnisse bevorzugen.
- Hütten und Gasthäuser auswählen, die regionale Produkte verwenden.
- Auf Einwegflaschen und Plastikverpackungen verzichten, stattdessen wiederverwendbare Trinkflaschen und Brotzeitboxen benutzen.

ÜBERNACHTUNG

- Bei lokalen Anbietern buchen, damit Menschen vor Ort profitieren.
- Auf Hütten und in anderen Unterkünften Strom und Wasser sparen.

UNTERWEGS

- Wege benutzen und Abkürzer vermeiden.
- Sperrungen von Wegen und Schutzgebieten respektieren.
- Keine Blumen pflücken und keine Pflanzen entnehmen.
- Waldbrandgefahr beachten.
- Müll wieder mit nach Hause nehmen und dort entsorgen.
- Toilettengänge in freier Natur möglichst vermeiden.
- Lärm vermeiden.
- Hunde an die Leine nehmen.

ROTHER
BERGVERLAG

Einkehr und Übernachtung

In der Kurzinfo sind die am Weg liegenden Gasthäuser, Hütten und Almen aufgeführt, bei Zwei- und Dreitagestouren inklusive der Telefonnummern und Internetadressen der für eine Übernachtung infrage kommenden Hütten (vorher reservieren, da die Hütten oft sehr voll sind). Die Öffnungszeiten sind außerhalb der Bergsaison oft witterungsabhängig.

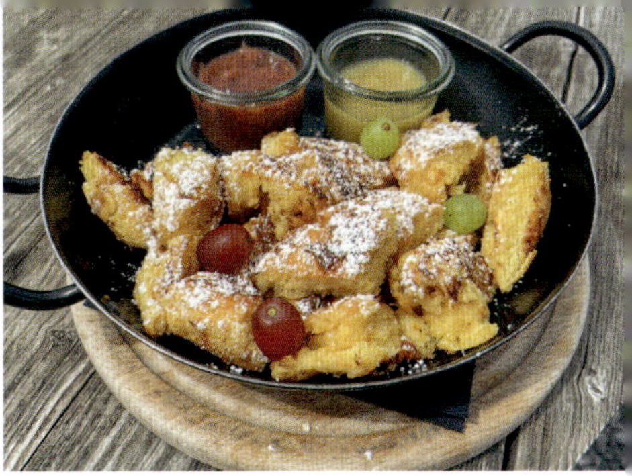

Immer beliebt: Kaiserschmarrn – hier am Weinbergerhaus (Tour 49).

Kinder

Für Kinder besonders geeignete Wanderungen sind durch ein Symbol gekennzeichnet. Dabei ist jedoch nicht die Schwierigkeit ausschlaggebend (hier müssen Eltern ihre Kinder selbst einschätzen), sondern die gebotene Abwechslung. Da der Weg vom Bahnhof bzw. der Bushaltestelle zum eigentlichen Ausgangspunkt einer Wanderung manchmal recht lang ist, reduziert sich die Anzahl der kindgerechten Touren.

Alpines Notsignal

Benötigt man im Gebirge Hilfe, so sollte man das alpine Notsignal kennen. Es besteht aus einem sechsmal in der Minute (alle 10 Sekunden ein Signal) abgegebenen optischen oder akustischen Zeichen. Mit Abständen von jeweils einer Minute wird die Signalfolge so lange wiederholt, bis eine Antwort erfolgt. Diese (ich habe verstanden) besteht aus einem dreimal in der Minute (alle 20 Sekunden ein Signal) abgegebenen Zeichen.

Karten

Die Kartenausschnitte mit Routeneintrag sind ein wesentlicher Bestandteil des Buches. Zur besseren Übersicht werden die Wanderkarten im Maßstab 1:50.000 von Freytag & Berndt und vom Bayerischen Landesamt für Digitalisierung, Breitband und Vermessung empfohlen sowie die Alpenvereinskarten im Maßstab 1:25.000.

Das Solsteinhaus mit Kuhljochspitze und Erlspitze (Tour 27).

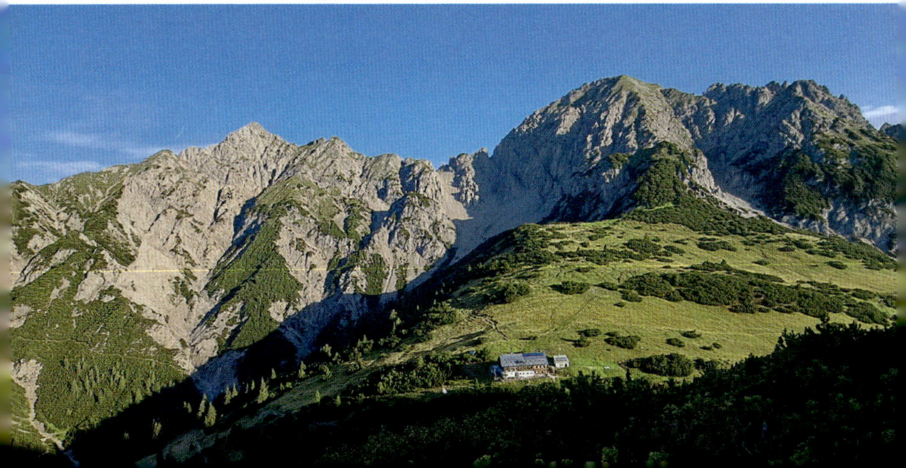

Bahn- und Buslinien

Die vorgestellten Touren liegen an folgenden von München ausgehenden Bahnstrecken:

■ *Über Buchloe nach Füssen:*
Meist umsteigen in Buchloe, teils zusätzlich in Kaufbeuren, einige Direktverbindungen. Direktverbindungen mit der BRB (Bayerische Regiobahn), bei Umsteigeverbindungen wechselnde Anbieter.

■ *Über Garmisch-Partenkirchen und Mittenwald nach Innsbruck:*
Von DB Regio, zwischen Garmisch-Partenkirchen und Innsbruck teils auch von der ÖBB bediente Strecke. Nach Garmisch-Partenkirchen und Mittenwald mindestens Stundentakt (am Wochenende zusätzliche Verbindungen), nach Innsbruck alle zwei Stunden (mit Halt unter anderem in Scharnitz, Seefeld, Reith und Hochzirl; bis Seefeld mit wenigen Ausnahmen Stundentakt). Nach Garmisch-Partenkirchen immer, nach Mittenwald teils direkt, bei entfernteren Zielen umsteigen in Garmisch-Partenkirchen.
Von dieser Strecke gehen verschiedene Seitenlinien ab:
Über Tutzing nach Kochel (Halt unter anderem in Benediktbeuern), stündliche, meist direkte Verbindung.
Mit Umsteigen in Murnau nach Oberammergau (Halt unter anderem in Bad Kohlgrub und Unterammergau), stündliche Verbindung.

Zug der BRB am Bahnhof Schliersee.

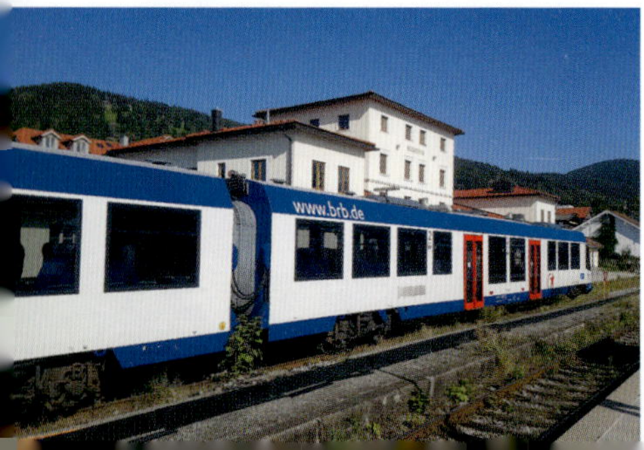

Mit Umsteigen in Garmisch-Partenkirchen nach Reutte (Halt unter anderem in Griesen, Lermoos, Bichlbach-Berwang), fast durchgängig Stundentakt.

■ *Über Holzkirchen nach Lenggries, Tegernsee und Bayrischzell:*
Von der BRB (Bayerische Regiobahn) bediente Strecken, mindestens stündliche, teils halbstündliche Verbindungen ohne Umsteigen. Nach Tegernsee Halt unter anderem in Gmund, nach Bayrischzell Halt unter anderem in Schliersee, Fischhausen-Neuhaus und Geitau. Der Zug besteht aus drei bis vier Teilen und wird in Holzkirchen und Schaftlach geteilt.

■ *Über Rosenheim nach Kufstein:*
Stündliche Verbindung mit der BRB (Bayerische Regiobahn), zusätzlich Fernverkehrsverbindungen.

■ *Über Rosenheim nach Salzburg:*
Von dieser im Regionalverkehr von der BRB (Bayerische Regiobahn) und im Fernverkehr von DB, ÖBB und Westbahn bedienten Strecke gehen folgende für dieses Buch relevante Seitenlinien ab:
Mit Umsteigen in Prien nach Aschau, stündliche Verbindung.
Mit Umsteigen in Freilassing nach Berchtesgaden (Halt unter anderem in Bayerisch Gmain und Bischofswiesen), stündliche Verbindung.

■ *Kombination von Bahn und Bus:*
Viele der beschriebenen Touren sind nur bei Kombination von Bahn und Bus durchführbar. Dabei muss auf einer der oben skizzierten Strecken in den Bus umgestiegen werden. Drei Busverbindungen werden dabei besonders häufig genutzt: von Lenggries in die Eng, von Tegernsee Richtung Wildbad Kreuth bzw. weiter zum Achensee und von Schliersee zum Spitzingsee.

Tickets und Tarife

Gegenüber der letzten Auflage dieses Wanderbuches haben sich einige grundlegende Änderungen im Tarifsystem für die Nutzung von Regionalzügen und -bussen ergeben. Die bedeutendsten sind die Einführung des Deutschlandtickets und die Ausweitung des MVV-Gebiets.

Deutschlandticket

Das Deutschlandticket hat die Welt des ÖPNV in Deutschland für regelmäßige Nutzer und Nutzerinnen revolutioniert, hat es unkomplizierter und günstiger gemacht, einfach einzusteigen und loszufahren. Es ist ein personenbezogenes, nicht übertragbares Abo, das kalendermonatsweise gültig und auch kündbar ist und deutschlandweit rund um die Uhr im gesamten ÖPNV gilt, also in allen Regional- / Nahverkehrszügen und Bussen (abgesehen von einigen wenigen Ausnahmen). Und es gilt – für die Touren in diesem Buch relevant – sogar auf den Bahnstrecken bis Salzburg und Kufstein sowie im Außerfern, also auf der Strecke von Garmisch-Partenkirchen bis Reutte und weiter nach Pfronten (allerdings nur im grenzüberschreitenden Verkehr aus / nach Deutschland und nicht im österreichischen Binnenverkehr). Es bleibt zu hoffen, dass sich Bund und Länder auch nach 2024 darauf verständigen können, das Deutschlandticket zu finanzieren.

MVV-Gebiet und -Tarife

Eine weitere sehr erfreuliche Entwicklung ist die Ausweitung des MVV (Münchner Verkehrs- und Tarifverbund). Ende 2023 kamen die Landkreise Bad Tölz-Wolfratshausen, Miesbach und Rosenheim sowie die kreisfreie Stadt Rosenheim zum Gebiet dazu. Damit liegen bereits das gesamte Oberland und die Bahnstrecken nach Kufstein und Aschau im MVV. Anfang 2025 kommt der Landkreis Weilheim-Schongau (und damit die Verbindung zum Walchensee) dazu. Und mit hoher Wahrscheinlichkeit, hier stehen die konkreten Beschlüsse allerdings noch aus, folgt ab 2026 dann auch der Landkreis Garmisch-Partenkirchen, wodurch das gesamte Werdenfels bis zur Grenze nach Tirol zum MVV gehören wird. Damit liegt in Zukunft voraussichtlich der weitaus größte Teil der Touren dieses Buches im MVV-Gebiet. Diese Verbunderweiterung bringt Verbesserungen, Vereinfachungen und Vereinheitlichungen, zum Beispiel bei der Abstimmung der Verkehrsmittel aufeinander, bei der Information zu konkreten Verbindungen, beim Kauf von Tickets, vor allem aber auch bei den Preisen und Ticketangeboten. Dabei ist der MVV-Tarif für einige Zielgruppen besonders interessant:

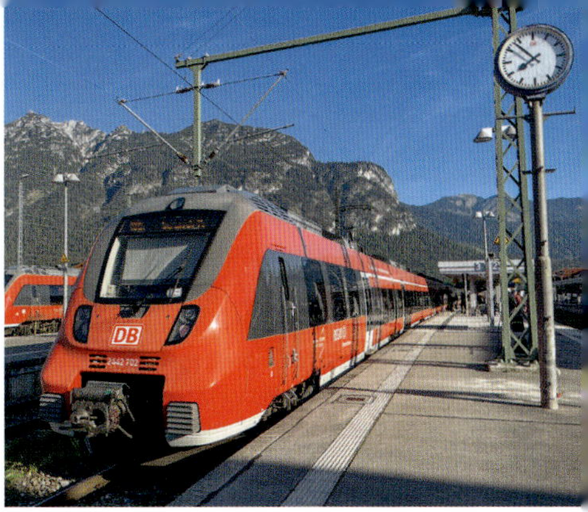

Zug der DB Regio in Garmisch-Partenkirchen.

- Für Gelegenheitsnutzerinnen und -nutzer, die kein Deutschlandticket haben, sind MVV-Tagestickets meist günstiger als das Bayernticket und regionale Tagestickets (wie Werdenfelsticket und Guten Tag Ticket) und ohne zeitliche Beschränkung ganztags nutzbar.

■ Für Leute, die in der Gruppe unterwegs sind, ist das günstige Tagesticket für 2 bis 5 Personen attraktiv.

■ Für Familien mit Kindern, da Schüler und Schülerinnen häufig das 365-Euro-Ticket MVV haben und Kinder und Jugendliche im MVV-Tarif ohnehin oft recht günstig fahren.

Weitere Tickets

Ohne Deutschlandticket und außerhalb des MVV-Gebietes sind folgende Tagestickets für den Nah- und Regionalverkehr attraktiv (jeweils Varianten für eine und mehrere Personen):

■ *Bayernticket:* Es gilt an Samstagen, Sonn- und Feiertagen ganztags, unter der Woche erst ab 9 Uhr innerhalb von Bayern. Es gilt auch bis Kufstein und Salzburg sowie im Außerfern von Garmisch-Partenkirchen über Reutte in Tirol nach Pfronten, dort allerdings nur im grenzüberschreitenden Verkehr aus / nach Deutschland und nicht im österreichischen Binnenverkehr. Es gilt auch im MVV, in fast allen Linienbussen (in der Regel nur innerhalb Deutschlands), in der Bayerischen Zugspitzbahn zwischen Garmisch-Partenkirchen und Grainau sowie in den Ortsbussen von Garmisch-Partenkirchen.

■ *Werdenfelsticket:* Das Besondere am Werdenfelsticket im Vergleich zum Bayernticket oder anderen regionalen Tagestickets (wie dem Regioticket Allgäu-Schwaben oder dem Guten Tag Ticket) ist, dass es auch unter der Woche schon vor 9 Uhr morgens gilt. Das Werdenfelsticket gilt auf den Zugstrecken von München nach Mittenwald (in der Variante Werdenfels + Innsbruck bis Innsbruck), Kochel und Oberammergau, im Außerfern von Garmisch-Partenkirchen über Reutte in Tirol nach Pfronten-Ried, in der S-Bahn München sowie in fast allen Regionalbussen im Werdenfels.

■ *Regioticket Allgäu-Schwaben:* Es gilt an Samstagen, Sonn- und Feiertagen ganztags, unter der Woche erst ab 9 Uhr unter anderem auf der Zugstrecke von München nach Füssen. Es gilt nicht in Bussen.

■ *Guten Tag Ticket:* Das Guten Tag Ticket der BRB (Bayerische Regiobahn) gilt an Samstagen, Sonn- und Feiertagen ganztags, unter der Woche erst ab 9 Uhr unter anderem auf den Zugstrecken von München nach Füssen, ins Oberland, nach Kufstein, Aschau, Berchtesgaden und Salzburg. Es gilt nicht in Bussen. Ins Oberland, nach Kufstein und Aschau ist möglicherweise das MVV-Tagesticket vorteilhafter.

■ *Kinder:* Kinder unter 6 Jahren fahren in den für dieses Buch relevanten öffentlichen Verkehrsmitteln in der Regel frei. Für Kinder ab 6 Jahren variieren die Bedingungen je nach Ticket / Tarif. Für Kinder oder Schülerinnen und Schüler gibt es zumindest bislang (Stand 2024) kein vergünstigtes Deutschlandticket. Im MVV-Tarif gibt es ein 365-Euro-Jahresticket für Schülerinnen / Schüler und Auszubildende, diverse andere Zeitkartenangebote sowie attraktive Konditionen für Tagestickets insbesondere für Kinder und Jugendliche von 6 bis einschließlich 14 Jahren. Und bei den beschriebenen Tagestickets ist in der Regel die kostenlose Mitnahme von bis zu drei Kindern im Alter von 6 bis einschließlich 14 Jahren inbegriffen.

Am Schafreuter: Blick über die Sonnjochgruppe bis in die Tauern (Tour 28).

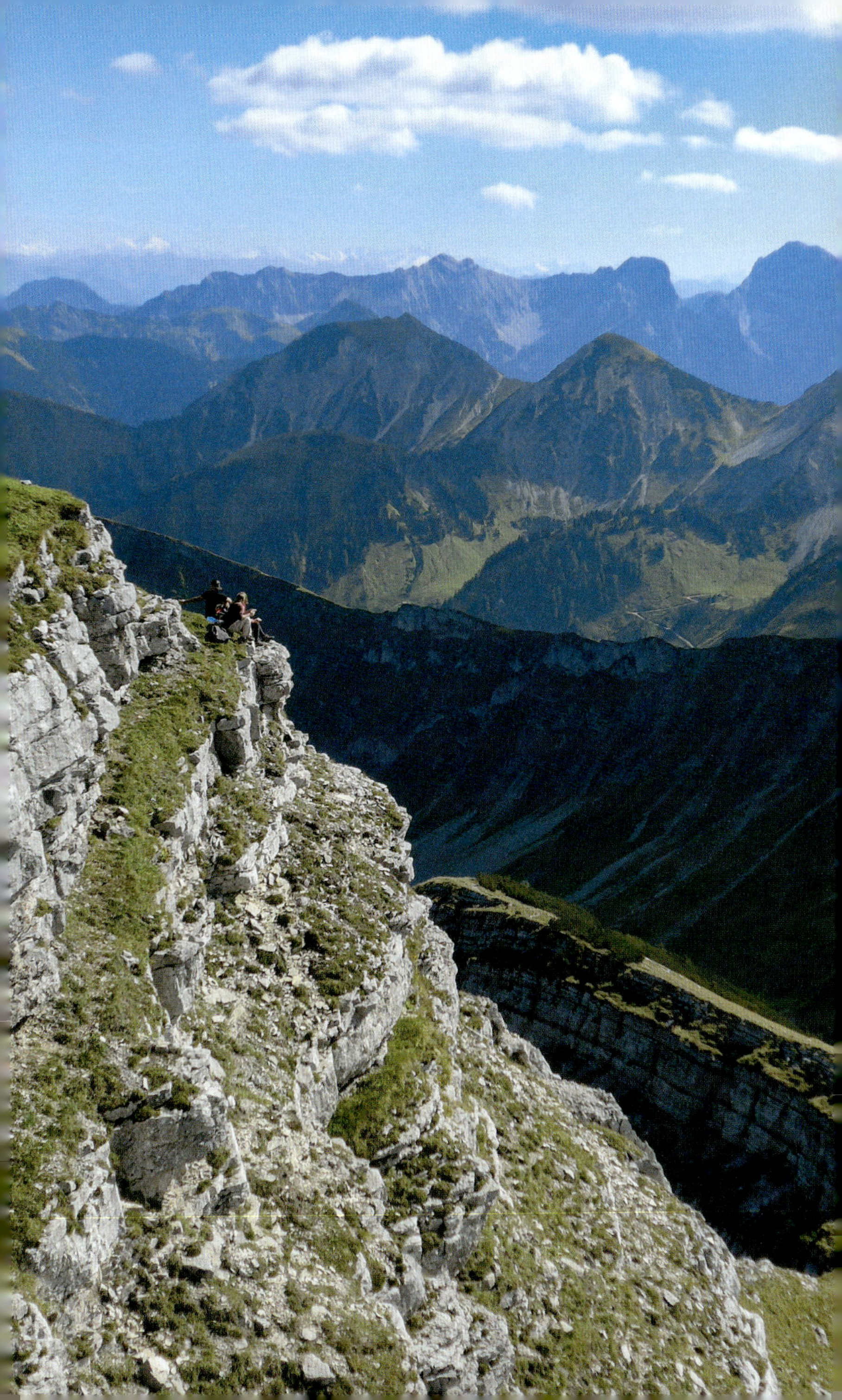

1 Tegelberg und Branderschrofen, 1879 m

Von Hohenschwangau

6.10 Std. | 14,0 km | ↗1090 m | ↘1080 m

Die schönsten Perspektiven auf Schloss Neuschwanstein

Das markanteste, von Weitem sichtbare Gipfelziel am westlichen Rand der Ammergauer Alpen ist sicherlich der Säuling. Doch auch der nordöstlich davon gelegene Tegelberg ist einen Besuch wert, selbst wenn die Tegelbergbahn, besonders zur Urlaubszeit, nicht gerade wenige Menschen hier heraufbefördert. Der vom Tegelberg in einer guten halben Stunde erreichbare Branderschrofen ist deutlich anspruchsvoller und sollte nur von trittsicheren und schwindelfreien Wanderern und Wanderinnen angegangen werden. Dass die Region viel besucht wird, liegt nicht zuletzt an Schloss Neuschwanstein, an dem wir zu Beginn unserer Tour vorbeikommen. Es zieht Besucher aus aller Welt an. Rund 1,4 Mio. Menschen besichtigen jährlich das von Ludwig II. erbaute Märchenschloss, im Sommer kommen mehr als 6000 pro Tag. Die Grundsteinlegung für die im Stil mittelalterlicher Burgen erbaute »Neue Burg Hohenschwangau« (die Bezeichnung Neuschwanstein wurde erst später verwendet) war 1869, fünf Jahre nachdem Ludwig mit gerade einmal 18 Jahren zum bayerischen König gekrönt worden war. Aufgrund der Größe des Projekts und der schwierigen Lage am Berg zog sich der Bau hin, und erst 1884, zwei Jahre vor Ludwigs Tod, konnte der Palas bezogen werden. Auch die sich beeindruckend über die Pöllatschlucht spannende Marienbrücke gleich hinter dem Schloss ist königlichen Ursprungs: Maximilian II., der Vater von Ludwig II., hatte sie als Geburtstagsgeschenk für seine Frau Marie errichten lassen.

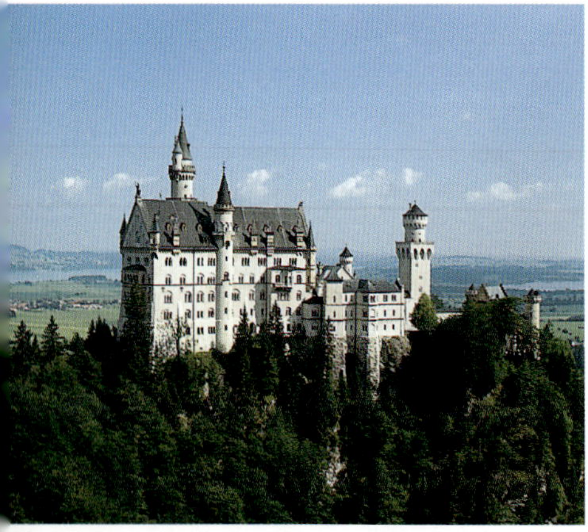

Schloss Neuschwanstein.

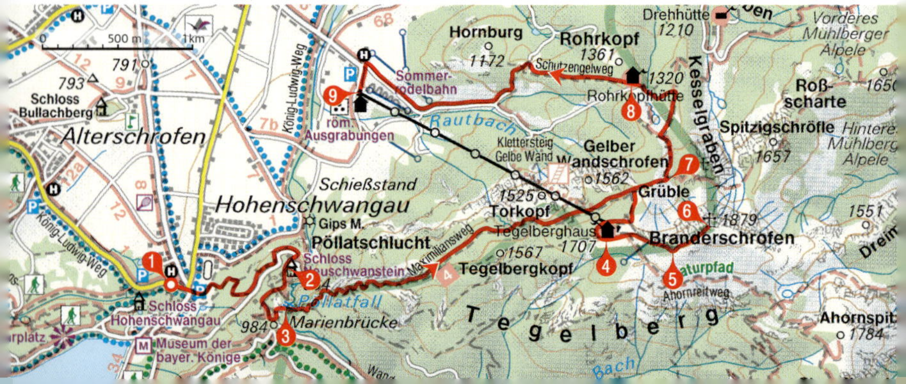

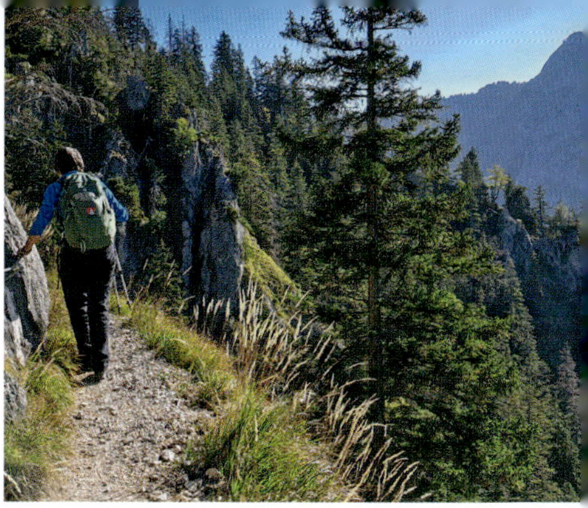

Leicht ausgesetzte Passage beim Aufstieg zum Tegelberghaus.

Ausgangspunkt: Hohenschwangau, Bushaltestelle Neuschwanstein / Castles, 810 m.
Anfahrt: Von München Hbf (Halt auch in München-Pasing sowie teils in Fürstenfeldbruck und Geltendorf) mit dem Regionalzug (umsteigen in Buchloe, teils zusätzlich in Kaufbeuren) nach Füssen. Vom Bahnhof mit dem Bus (Linie 73, 78 oder 9651) nach Hohenschwangau, Haltestelle Neuschwanstein / Castles. Montag bis Freitag morgens eine Verbindung, Samstag, Sonn- und Feiertag zwei Verbindungen, Dauer ca. 2.15 bis 2.35 Stunden.
Endpunkt: Schwangau, Talstation der Tegelbergbahn, 821 m.
Rückfahrt: Mit dem Bus (Linie 73 bzw. 78) zum Bahnhof von Füssen und mit dem Regionalzug (direkt oder mit Umsteigen in Buchloe) nach München. Mehrere Verbindungen am Nachmittag. Dauer ca. 3 Stunden, Samstag, Sonn- und Feiertag eine schnellere Verbindung. Wer spät dran ist, kann in knapp 30 Minuten nach Hohenschwangau zum Ausgangspunkt gehen. Von dort noch am frühen Abend Busse (Linie 73 bzw. 78) nach Füssen.
Anforderungen: Bis zum Tegelberghaus gute Wege und Steige, einige Stellen leicht ausgesetzt; auf den Branderschrofen ausgesetzt über Fels (Drahtseilsicherung), gute Trittsicherheit und Schwindelfreiheit erforderlich; ohne Branderschrofen rote Tour.
Einkehr: Tegelberghaus, Bergstation der Tegelbergbahn, Rohrkopfhütte, Talstation der Tegelbergbahn.
Hinweis: Besichtigung von Schloss Neuschwanstein nur mit Führung, Tickets am besten vorab online erwerben.

Von der Bushaltestelle in **Hohenschwangau ❶**, 810 m, überqueren wir in Fahrtrichtung die quer verlaufende Straße, gehen am Parkplatz entlang und folgen an dessen hinterem Ende erst links dem asphaltierten Fußweg Richtung Schloss Neuschwanstein, dann einer für den privaten Verkehr gesperrten Straße nach links. Diese bringt uns in einem Bogen nach **Neuschwanstein ❷**, an dessen Fuß wir dem Schild Richtung Marienbrücke nach rechts – an einem Aussichtspunkt mit Blick auf Alpsee und Hohenschwangau vorbei – folgen. An einer Kreuzung mit Buswendeplatz gehen wir links hinauf zur **Marienbrücke ❸**, 984 m. Auf der Brücke, die über die tief eingeschnittene Pöllatschlucht führt, hat man einen Paradeblick auf das Schloss.

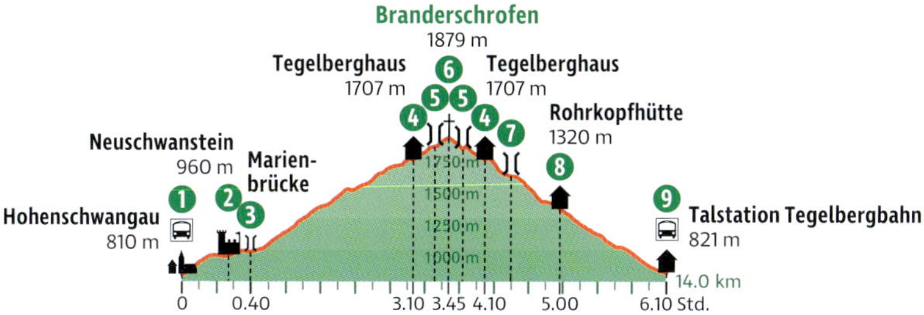

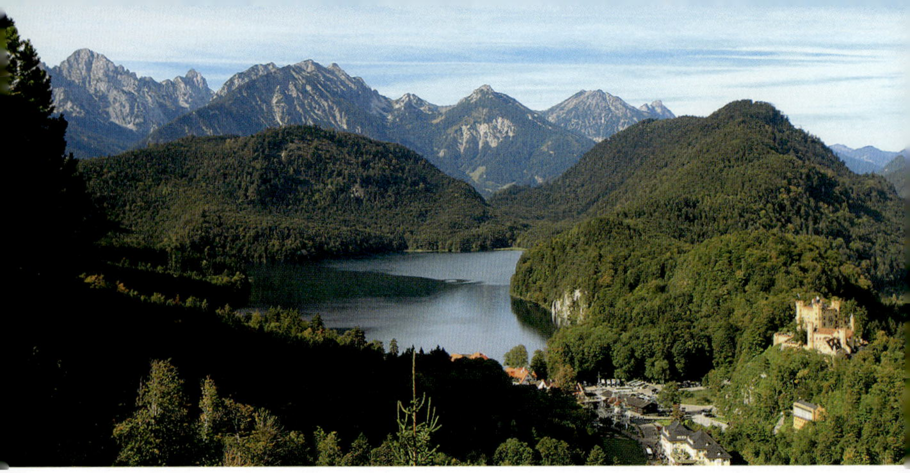

Der Alpsee mit Hohenschwangau vor der Kulisse der Tannheimer Berge.

Nun lassen wir die Massen hinter uns und folgen auf der anderen Seite der Brücke einem Steig durch lichten Mischwald in Kehren leicht ausgesetzt (eine Stelle mit Drahtseilsicherung) bergan. Dabei sind ein paar Felsstufen zu überwinden. Immer wieder eröffnen sich uns schöne Ausblicke auf Schloss Neuschwanstein und die Seen rund um Füssen. Dann verlassen wir vorübergehend den Wald und kommen an einigen auffallenden Felsformationen vorbei, ebenso im wieder anschließenden Fichtenwald. Hier geht es erst auf gleicher Höhe bleibend, dann bergauf den Hang unterhalb des Tegelberg-Rückens entlang. Wir gehen unter der Gondelbahn hindurch und kommen an der Abzweigung zum Gelbe-Wand-Klettersteig vorbei. In einer Rechtskehre zweigt links unser späterer Rückweg ab. Noch einmal steil hinauf erreichen wir bald darauf das **Tegelberghaus** ❹, 1707 m, und gleich dahinter die Bergstation der Gondelbahn mit dem Panorama-Restaurant. Von beiden Häusern hat man einen herrlichen Blick ins Unterland mit seinen Seen.

An der Bergstation folgen wir dem anfangs breiten Wanderweg zur **Branderschrofen-Schulter** ❺, einem schönen Aussichtsplatz mit Sitzbänken. Dann steigen wir, erst noch wenige Minuten auf einem Weg, dann ausgesetzt mit Drahtseilsicherung über Felsen auf den Gipfel des **Branderschrofen** ❻, 1879 m.

Auf demselben Weg geht es zurück zum **Tegelberghaus** ❹ und weiter bis zur Abzweigung. Hier verlassen wir unseren Aufstiegsweg nach rechts, gehen eine Mulde aus und kommen in einen **Sattel** ❼. Von dort wandern wir, mit schönem Blick auf Forggensee, Hopfensee und Bannwaldsee, durch Almgelände weiter bergab. Der Weg wird breiter und tritt in Fichtenwald ein. An einer Verzweigung folgen wir geradeaus dem Schild Richtung Talstation und passieren gleich darauf die **Rohrkopfhütte** ❽, 1320 m. Durch Wald kommen wir zu einer Gabelung, an der uns ein weiterer Wegweiser nach links leitet. Schließlich stoßen wir auf einen asphaltierten Fahrweg, folgen diesem und erreichen entlang einer Sommerrodelbahn die **Talstation der Tegelbergbahn** ❾, 821 m, mit der Bushaltestelle. Wer noch Zeit bis zur Abfahrt des Busses hat, kann sich die römischen Ausgrabungen direkt an der Talstation anschauen.

Scheinbergspitze, 1926 m

Aus dem Graswangtal

2

4.15 Std. | 7,2 km | ↗ 880 m | ↘ 880 m

Im Herzen der Ammergauer Alpen

Seit 2023 erschließt ein grenzüberschreitender Bus von Oberau über den Plansee nach Reutte in Tirol am Wochenende die Berge rund um das Graswangtal und eröffnet damit neue Tourenmöglichkeiten mitten in den Ammergauer Alpen. Fast durchgängig auf schönen Steigen geht es südseitig hinauf auf die Scheinbergspitze, einen herrlichen Aussichtsgipfel mit Blick in die Ammergauer, Lechtaler und Allgäuer Alpen. Schon am Beginn des Steiges lassen sich im Frühsommer Türkenbundlilien entdecken und auch auf den Wiesen unterhalb des Gipfels entfaltet sich eine ganz besondere Blumenpracht.

Ausgangs- und Endpunkt: Graswangtal, Bushaltestelle Parkplatz Stock, Ettal, 1062 m.

Anfahrt: Von München Hbf (Halt auch in München-Pasing und Tutzing) mit dem Regionalzug nach Oberau. Von dort mit dem Bus (Linie 9624, ab 2026 voraussichtlich Linie 399) Richtung Reutte in Tirol bis zur Haltestelle Parkplatz Stock. Samstag, Sonn- und Feiertag von Mai bis September morgens zwei Verbindungen, Dauer 1.50 Stunden.

Rückfahrt: Samstag, Sonn- und Feiertag von Mai bis September nachmittags zwei Verbindungen, Dauer 1.50 Stunden.

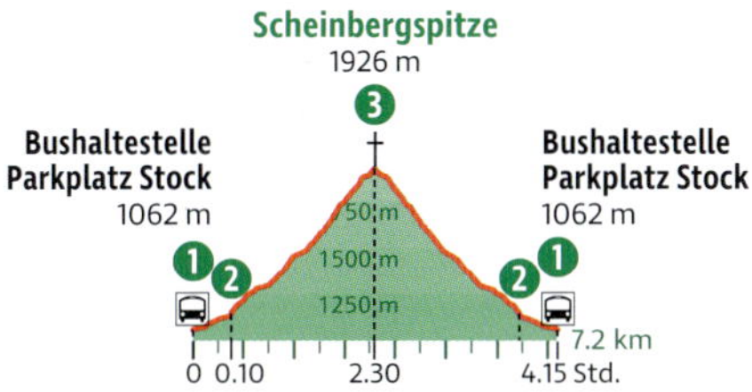

Anforderungen: Überwiegend guter Steig, kurze felsige Passagen und im Gipfelbereich Geröll. Trittsicherheit erforderlich.

Einkehr: Keine.

In der Ferne die Lechtaler und Allgäuer Alpen, rechts die Hochplatte.

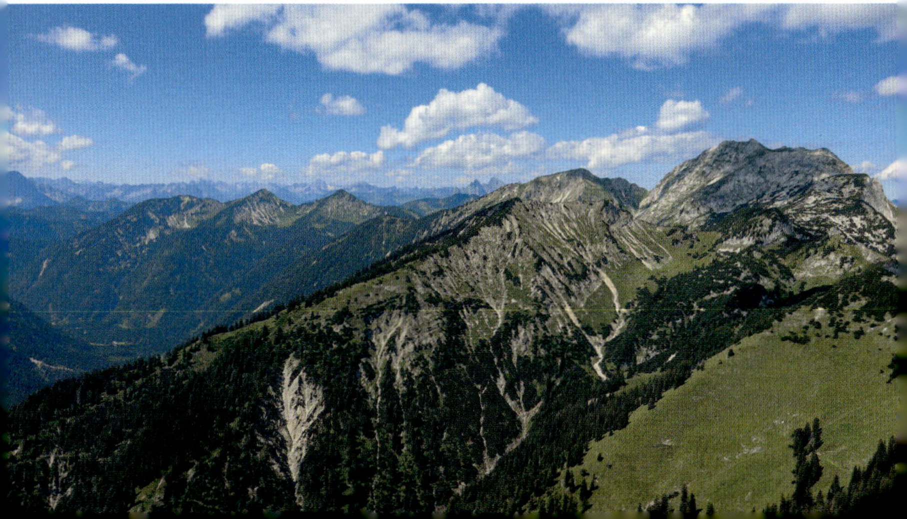

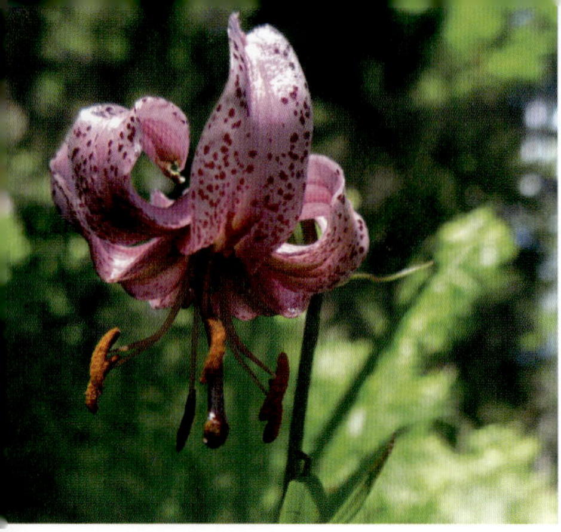

Türkenbundlilie.

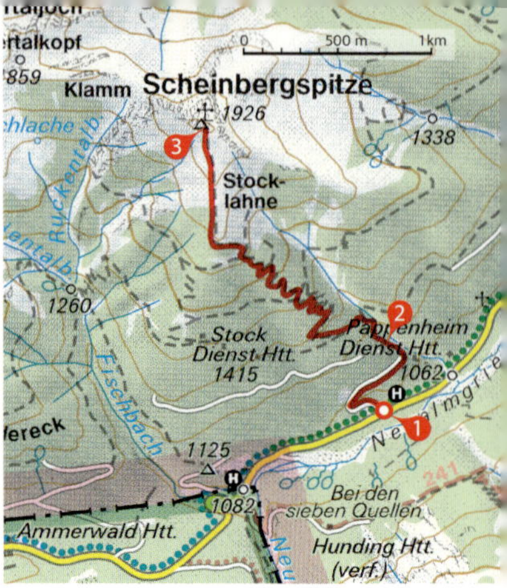

Von der Bushaltestelle **Parkplatz Stock ➊**, 1062 m, folgen wir dem Wegweiser Richtung Scheinbergspitze in den Fahrweg. Dieser führt in einem Bogen durch den Wald hinauf. Nach gut 10 Minuten zweigt der beschilderte **Steig ➋** zur Scheinbergspitze nach rechts ab.

In angenehmen Serpentinen geht es, anfangs am Rand des Stockgrabens, durch den Wald bergauf. Nach insgesamt gut 90 Minuten bergauf kommen wir in die Latschenregion und die Sicht wird zunehmend freier. Dann steigen wir, nun steiler, über den Rücken hinauf. Ein paar kurze Passagen führen über schrofigen Fels. Von einer Erhebung haben wir erstmals Blick auf den Gipfel. Es geht wenige Meter hinab und dann die letzten 50 Höhenmeter auf steilem und gerölligem Steig zum höchsten Punkt der **Scheinbergspitze ➌**, 1926 m, hinauf.

Der Abstieg erfolgt auf dem Anstiegsweg.

Gelber Enzian kurz unterhalb des Gipfels.

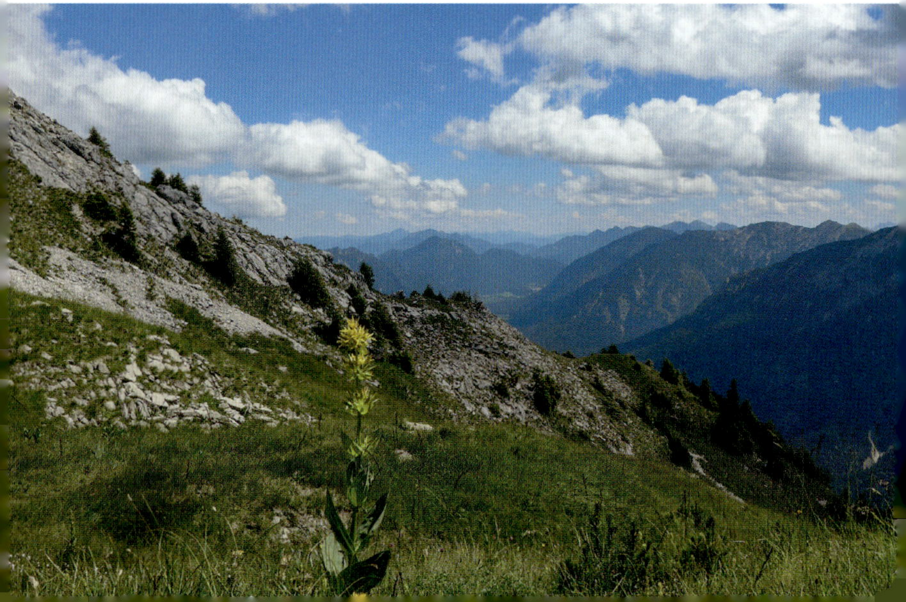

Teufelstättkopf, 1758 m

Von Schloss Linderhof nach Unterammergau

3

5.30 Std. | 13,0 km | ↗ 840 m | ↘ 950 m

Im schon von König Ludwig geliebten Ammergebirge unterwegs
Ausgangspunkt unserer Tour ist das von König Ludwig II. erbaute Schloss Linderhof, das in einer weitläufigen Parkanlage mit Brunnen, Wasserspielen, Tempeln und Pavillons liegt. Während der Besuch des Schlosses selbst an eine Führung geknüpft ist, ist der Park frei zugänglich. Auch wenn die kleine Straße bis Linderhof durchaus befahren ist, konnte sich das zauberhafte Graswangtal ein wenig von der Abgeschiedenheit bewahren, die der Märchenkönig so sehr liebte und hier immer wieder suchte. Das Graswangtal ist Teil des Naturschutzgebietes Ammergebirge, das mit fast 290 km² zu den größten Schutzgebieten Deutschlands zählt. Gerade beim Blick von oben entwickelt man ein Gefühl für die Schönheit dieser wenig erschlossenen Landschaft, in der sich die Zuflüsse der Ammer ihren Weg durch das Lindergries selber suchen dürfen. Bei unserem Abstieg durch die Schleifmühlklamm erwandern wir ein weiteres Stück Kulturgeschichte dieser Gegend: Unterammergau war lange Zeit das Dorf der Wetzsteinmacher. In der Klamm fanden sie das Material für die Wetzsteine und betrieben dort auch die Mühlen zu dessen Bearbeitung.

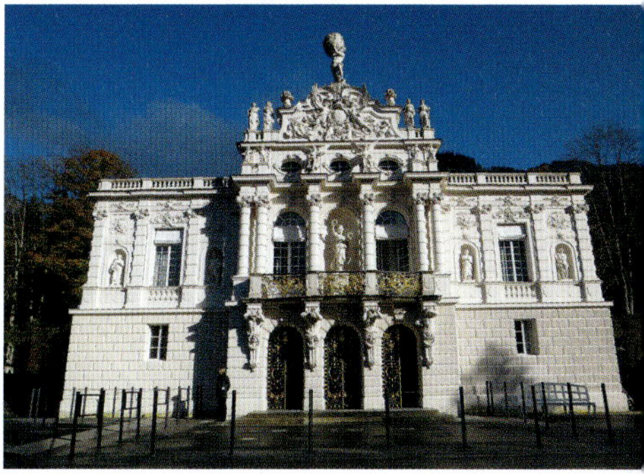

Schloss Linderhof.

Ausgangspunkt: Schloss Linderhof, 943 m (alternativ Bushaltestelle Linderhof Forsthaus).
Anfahrt: Von München Hbf (Halt auch in München-Pasing und Tutzing) mit dem Regionalzug nach Oberau und dort umsteigen in den Bus. Samstag, Sonn- und Feiertag von Anfang Mai bis Ende September von Oberau mit Linie 9624 (ab 2026 voraussichtlich Linie 399) Richtung Reutte bis zur Haltestelle Linderhof Forsthaus. Von dort 5 Minuten Fußweg zum Schloss. Morgens zwei Verbindungen, Dauer 1.45 Stunden. Ansonsten täglich, auch ab Oktober und bis April, von Oberau mit Linie 9606 (ab 2026 voraussichtlich Linie 326) Richtung Oberammergau / Füssen, teils bis Ettal Klostergasthof, teils bis Oberammergau Eugen-Papst-Straße, und dort umsteigen in Linie 9622 (ab 2026 voraussichtlich Linie 327) nach Schloss Linderhof. Morgens zwei Verbindungen, von November bis März eine, Dauer 2.15 bis 2.30 Stunden.
Endpunkt: Bahnhof von Unterammergau, 836 m.
Rückfahrt: Mit dem Regionalzug bis Murnau Bahnhof, dort umsteigen in den Zug Richtung München. Stündliche Verbindung, Dauer 1.45 Std.
Anforderungen: Wege und Steige, am Teufelstättkopf felsig mit Drahtseilsicherung. Trittsicherheit erforderlich. Beim Abstieg vom Pürschlinghaus überwiegend Wirtschaftsweg.
Einkehr: Pürschlinghaus (August-Schuster-Haus, Übernachtungsmöglichkeit).

Von der Bushaltestelle bei **Schloss Linderhof** ❶, 943 m, die Stufen hoch und Richtung Schloss. Vor den Souvenirshops links (rechts ist ein Abstecher in den Schlosspark und zum Schloss möglich) und nach ca. 100 Metern rechts in den Wirtschaftsweg (Schild »Pürschling«), der bergauf in den Wald führt und in einen Wanderweg übergeht. Nach gut 5 Minuten passieren wir einen Durchlass in einem Zaun. Gleich darauf mündet unser Weg in einen breiteren Weg ein. An der folgenden Gabelung halten wir uns geradeaus (nicht links dem Schild Brunnenkopf folgen) und gleich darauf an einer weiteren Gabelung rechts. Nun geht es relativ eben oberhalb des Schlossparks entlang. Wir überqueren einen

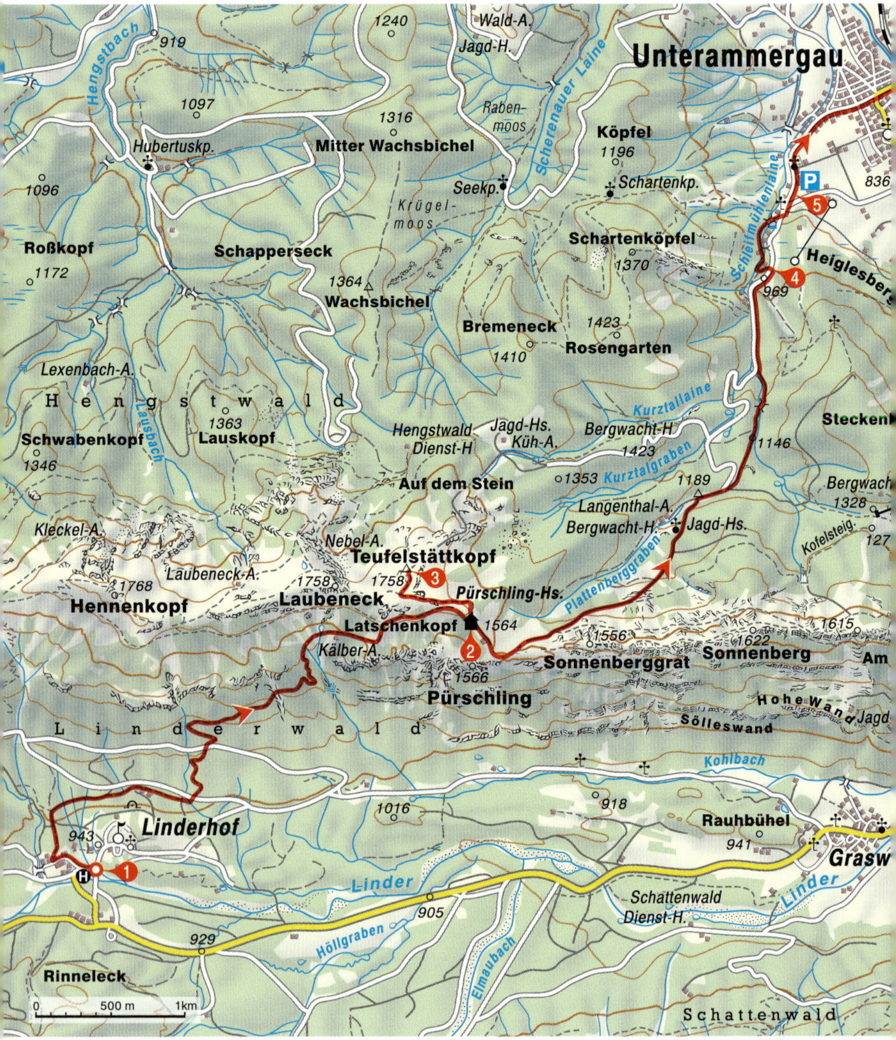

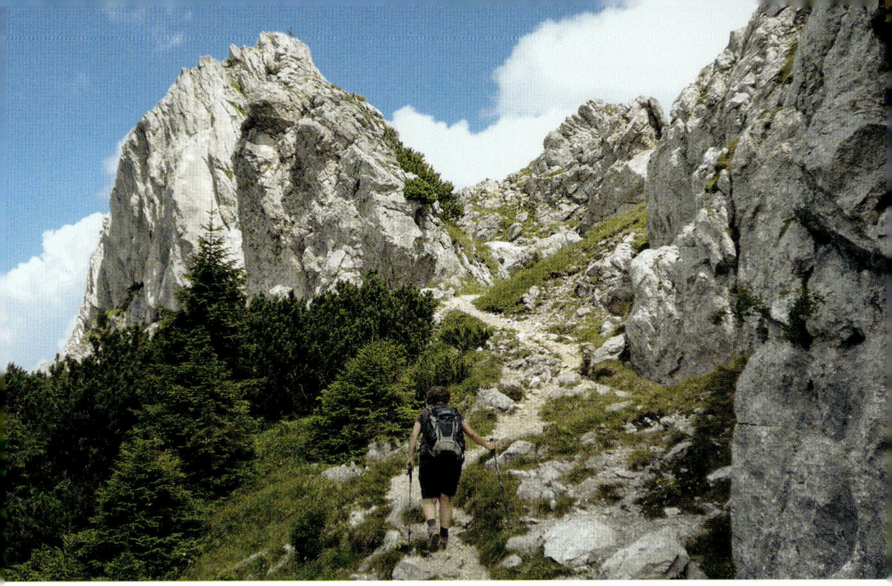

Auf den letzten Metern zum Fuß des felsigen Gipfels.

Wirtschaftsweg und folgen geradeaus dem markierten Wanderweg (an einer Gabelung rechts), weiterhin ohne anzusteigen, durch den Wald. Dann stoßen wir auf ein Schotter-Fahrsträßchen, gehen wenige Meter rechts und gleich wieder links in den Wanderweg. Dieser führt nun durch lichten Laub-, später Mischwald bergauf. Dabei überqueren wir einen weiteren Wirtschaftsweg. Immer wieder bieten sich Ausblicke ins Graswangtal sowie auf Ammergebirge und Wetterstein. An einer Verzweigung halten wir uns rechts. Nach gut 2 Stunden erreichen wir ungefähr auf Höhe des Pürschlinghauses freies Gelände mit im Frühsommer sehr schönen Blumenwiesen. Wenig später stoßen wir auf den Höhenweg, der Brunnenkopfhaus und Pürschlinghaus verbindet. Wir gehen rechts und gelangen, am Hang entlang, direkt auf die Terrasse des **Pürschlinghauses ②**, 1564 m, das – sei es vor oder nach der Besteigung des Teufelstättkopfs – zur Einkehr einlädt.

Am Haus vorbei, folgen wir links dem breiten Weg steil den freien Hang hinauf. Der Weg wird schmaler und führt nun zuerst durch lichten Wald, dann durch freies Gelände am Grat bzw. Rücken des Höhenzugs aufwärts. An einer Abzweigung gehen wir rechts auf den Gipfel zu. Die letzten Meter steigen wir mit Drahtseilsicherung über Fels zum höchsten

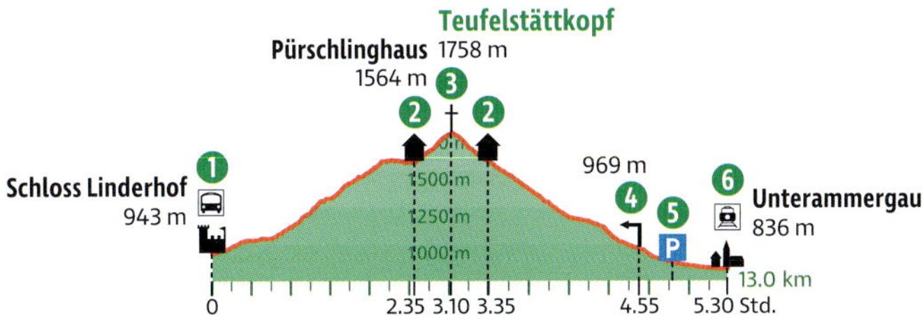

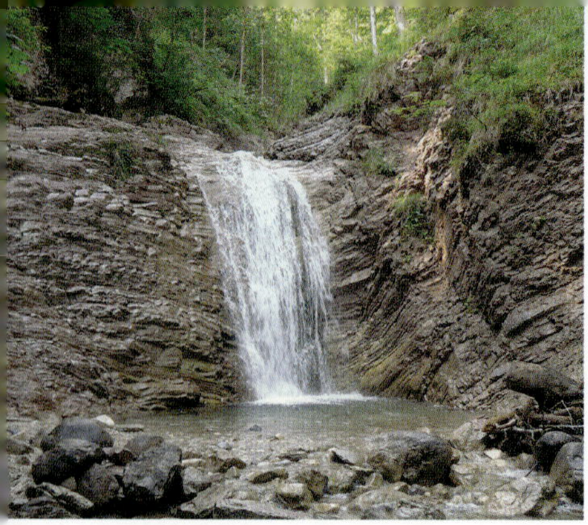

In der Schleifmühlklamm.

Punkt des **Teufelstättkopf** ❸ mit dem kleinen Kreuz, 1758 m, hinauf. Von hier haben wir vor allem ins Ammergebirge eine schöne Sicht.

Auf demselben Weg zurück zum **Pürschlinghaus** ❷. An diesem vorbei folgen wir mit Blick aufs Hörnle dem anfangs betonierten Fahrsträßchen hinab. An einem Kapellchen vorbei tauchen wir in den Wald ein. Ca. 40 Minuten nach der Hütte erreichen wir eine Senke mit einem neuen Almgebäude, halten uns hier rechts und sind kurz darauf an einer Weggabelung. Nach links macht das Fahrsträßchen einen weiten Bogen, den wir abkürzen, indem wir den mittleren Weg, einen Forstweg, nehmen und steil an einem Bach entlang bergab gehen. Dort, wo unser Forstweg wieder auf das Fahrsträßchen trifft, folgen wir diesem nach rechts abwärts. An einer **Abzweigung** ❹ hinter einigen Hütten verlassen wir das Fahrsträßchen nach links und steigen in die Schleifmühlklamm hinab. Auf dem gut angelegten Weg geht es nun durch die wildromantische Klamm mit ihren Wasserfällen und Gumpen. Einige Male überqueren wir dabei auch den rauschenden Bach. Hier waren früher Wetzsteinmühlen in Betrieb. Das schnell fließende Wasser eignete sich hervorragend zum Antreiben der Mühlen. Am Ende der Klamm treffen wir wieder auf das Fahrsträßchen und folgen diesem nach links, am **Wanderparkplatz** ❺ vorbei, zu den ersten Häusern von Unterammergau. Die Pürschlingstraße führt uns nun geradeaus durch den Ort (an der Kreuzung beim Gasthof Stern geradeaus) bis zur Bundesstraße. An dieser gehen wir wenige Meter nach links und gleich nach der Brücke nach rechts zum Bahnhof von **Unterammergau** ❻, 836 m.

Blick auf das Pürschlinghaus, im Hintergrund die Notkarspitze.

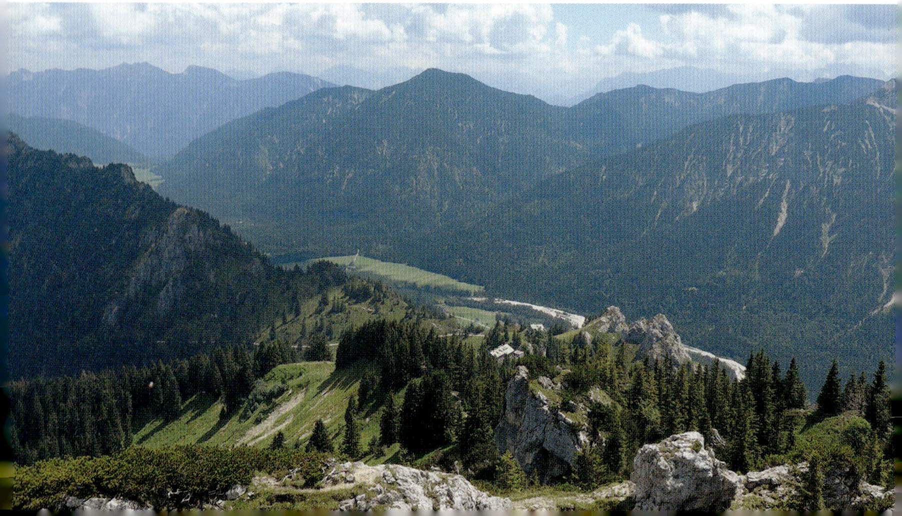

Brünstlkreuz, 1734 m
Überschreitung von Graswang nach Farchant

4

6.20 Std. | 15,7 km | ↗890 m | ↘1080 m

Einsames Ammergebirge
Wer sich gerne alleine in schöner Natur bewegt, ist im Ammergebirge gerade richtig. Die Siedlungsdichte ist gering, und auch sonst ist die Gebirgsgruppe verhältnismäßig wenig erschlossen. Bergbahnen, Alpenvereinshütten und Almwirtschaften gibt es hier weniger als anderswo. Entsprechend ruhig ist es auf manchen Touren. Auch auf dem Weg zum Brünstlkreuz wird man nur ein paar Menschen begegnen. Das Brünstlkreuz ist die östlichste Erhebung in einem langgestreckten Kamm oberhalb von Farchant und kann in Sachen Gipfelgefühl nicht ganz mithalten mit seinen Nachbarn, der Notkarspitze und dem Kramer. Dafür aber verläuft die Route auf abwechslungsreichen Wegen und Steigen, und man hat von oben einen schönen Blick auf Garmisch-Partenkirchen, Estergebirge, Karwendel und Wetterstein. Unsere Tour beginnt in Graswang, einem kleinen Ort an der Straße nach Schloss Linderhof.

Ausgangspunkt: Graswang, 866 m (alternativ Bushaltestelle Graswang Gröbl-Alm).
Anfahrt: Von München Hbf (Halt auch in München-Pasing und Tutzing) mit dem Regionalzug nach Oberau und dort umsteigen in den Bus. Samstag, Sonn- und Feiertag von Anfang Mai bis Ende September von Oberau mit Linie 9624 (ab 2026 voraussichtlich Linie 399) Richtung Reutte bis zur Haltestelle Graswang Gröbl-Alm. Von dort 5 Minuten Fußweg zurück zum Ausgangspunkt. Morgens zwei Verbindungen, Dauer 1.40 Stunden. Ansonsten täglich, auch ab Oktober und bis April, von Oberau mit Linie 9606 (ab 2026 voraussichtlich Linie 326) Richtung Oberammergau / Füssen, teils bis Ettal Klostergasthof, teils bis Oberammergau Eugen-Papst-Straße, und dort eventuell umsteigen in Linie 9622 (ab 2026 voraussichtlich Linie 327) Richtung Linderhof bis zur Haltestelle Graswang. Morgens zwei Verbindungen, von November bis März eine, Dauer 2.05 bis 2.25 Stunden.
Endpunkt: Bahnhof von Farchant, 672 m.

Rückfahrt: Mit dem Regionalzug nach München Hbf (Halt auch in Tutzing und München-Pasing). Stündliche Verbindung, Dauer 1.15 Stunden.
Anforderungen: Fast durchgängig Steige. Im Kühalpenbach-Tal teils etwas ausgesetzt. Trittsicherheit, etwas Schwindelfreiheit und Orientierungsvermögen nötig. Beim Aufstieg muss mehrmals ein Bach auf Steinen überquert werden.
Einkehr: Unterwegs keine.

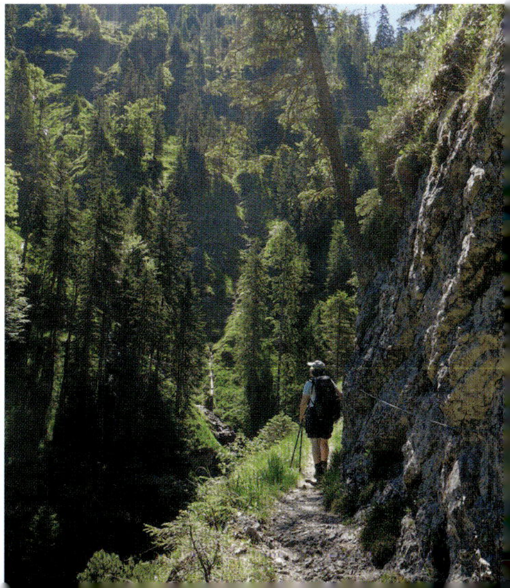

Im Kühalpenbach-Tal.

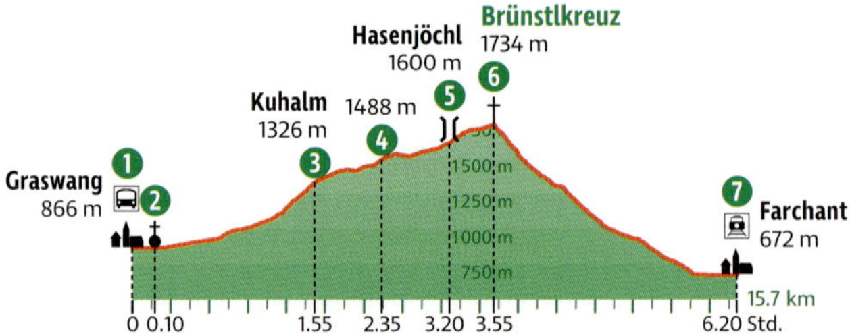

Von der Bushaltestelle in **Graswang** ❶, 866 m, gehen wir ein Stück an der Straße zurück und direkt an der Kirche nach rechts. Wir überqueren die Linder und folgen dem anfangs noch asphaltierten Sträßchen geradeaus weiter, an der barocken **Gertrudis-Kapelle** ❷ beim Forsthaus Dickelschwaig vorbei. An der Gabelung sowie an der nächsten Verzweigung leiten uns die Wegweiser Richtung Notkarspitze nach rechts. Wir gehen durch lichten Wald am Kühalpenbach entlang und überqueren diesen schließlich, dem Schild Richtung Notkarspitze folgend, auf

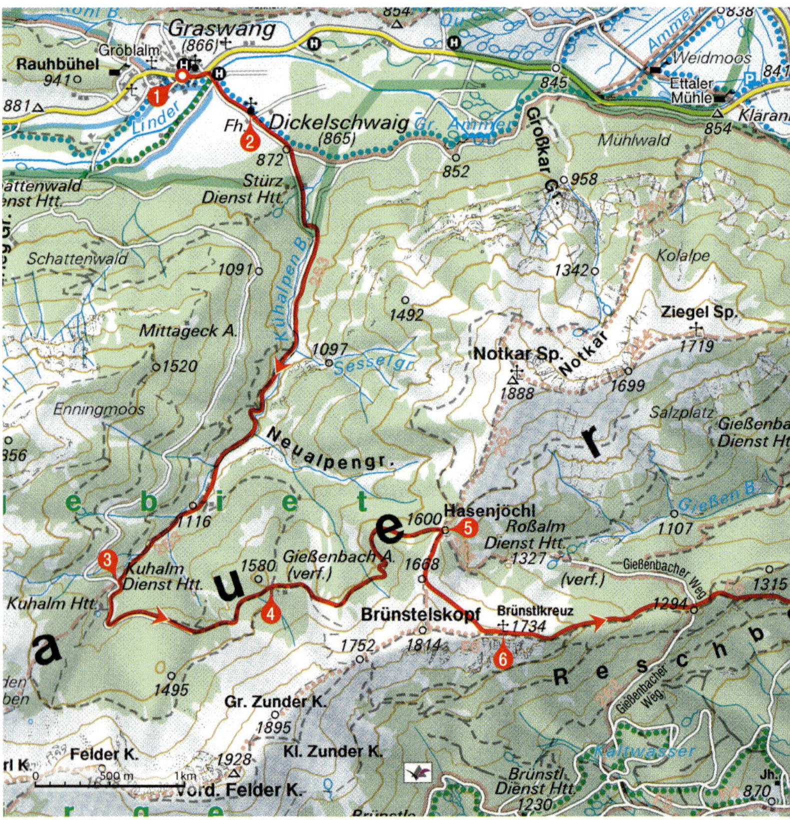

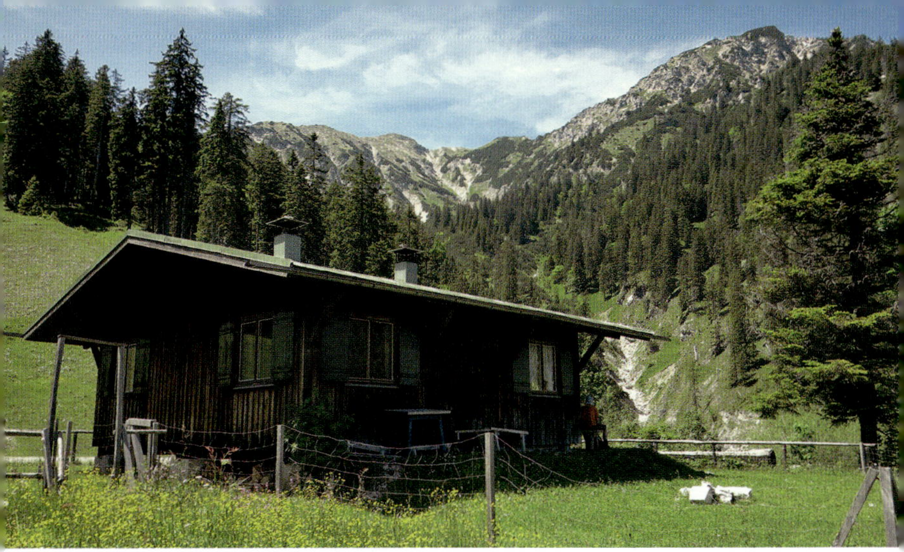

Die Kuhalm ist ein schöner Pausenplatz.

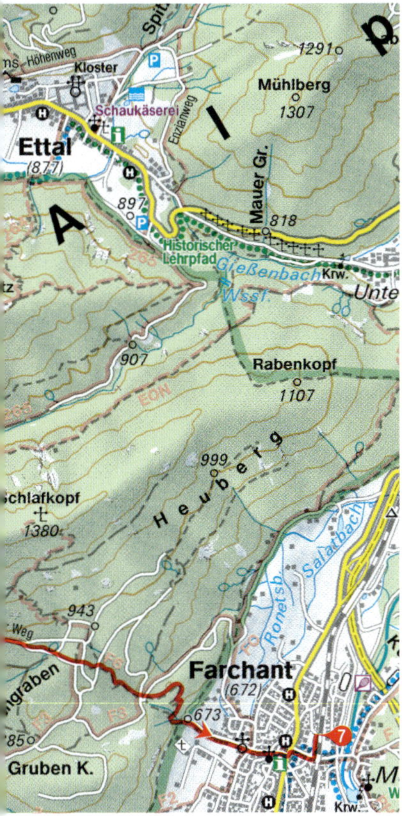

Holzstegen nach rechts. Nun führt uns ein schöner, teilweise leicht ausgesetzter Steig oberhalb vom Bach am Hang entlang durch das romantische Kühalpenbach-Tal, bis wir, uns an einer Verzweigung links abwärts haltend, wieder hinunter zum Wasser gelangen. Weiter geht es direkt am Bach entlang taleinwärts, wobei wir diesen einige Male auf Trittsteinen überqueren müssen. Dann steigen wir durch Wald hinauf zur **Kuhalm ❸**, 1326 m.

Hier treffen wir auf einen von Graswang heraufkommenden Forstweg und wenden uns nach links. An einer Verzweigung weist uns ein Schild Richtung Notkarspitze nach links. Wir kommen an eine Abzweigung und folgen einem weiteren Schild Richtung Notkarspitze wiederum nach links, gehen leicht bergab und verlassen den Forstweg gleich darauf nach rechts auf einen aufwärts führenden Wanderweg. An einer Lichtung mit den Resten einer Hütte, der **Gießenbachalm ❹**, folgen wir dem Schild Richtung Notkarspitze leicht rechtshaltend weiter bis in einen

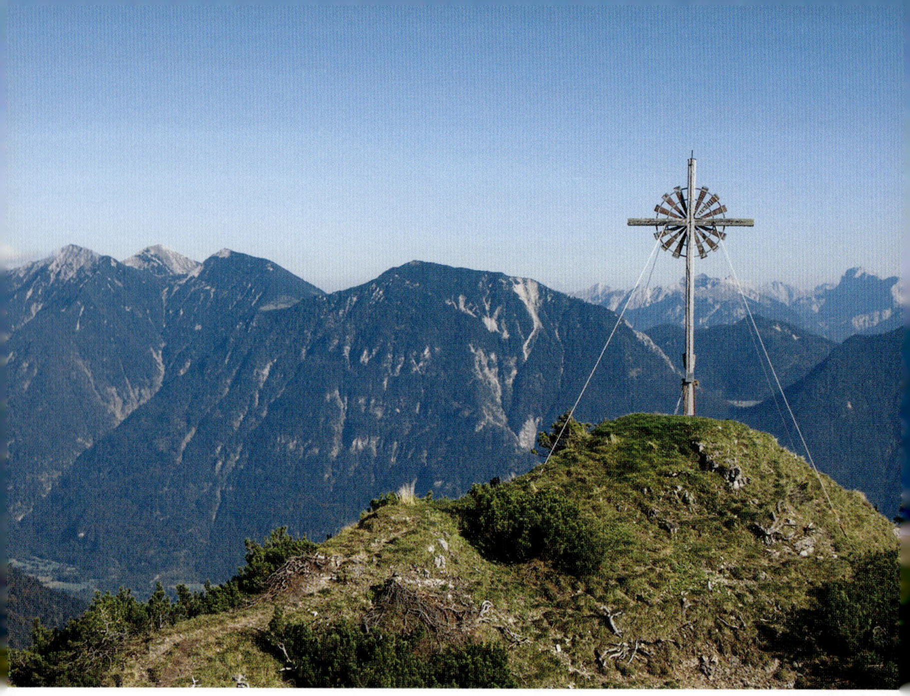

Blick vom Brünstlkreuz auf Estergebirge, Soierngruppe und Karwendel mit Östlicher Karwendelspitze und Wörner rechts im Bild.

schwach ausgeprägten Sattel, ca. 1525 m. Hier gehen wir erst geradeaus abwärts Richtung Notkarspitze, dann steigen wir leicht aufwärts in einen Sattel mit einer Kreuzung, das **Hasenjöchl** ❺, 1600 m.

Hier leitet uns ein Schild zum Brünstelskopf nach rechts. Unser Steig führt zunächst etwas links von einem Rücken nach Süden und zieht dann nach links auf den Kamm zwischen Brünstelskopf und Brünstlkreuz. Nun öffnet sich der Blick auf das Wettersteingebirge mit der Zugspitze, davor liegt das Massiv des Kramer. Linkshaltend erreichen wir unser Gipfelziel, das **Brünstlkreuz** ❻, 1734 m. Jetzt haben wir auch eine schöne Sicht auf das Karwendel und in den Kessel von Garmisch-Partenkirchen.

Vom Gipfel folgen wir dem Grat durch Latschen steil bergab, später tauchen wir in den Wald ein. Auf 1294 m treffen wir auf einen querenden Fahrweg. Auf der anderen Seite gehen wir einen Forstweg weiter, bis kurz darauf rechts ein mit Farchant ausgeschilderter Weg abzweigt. Dieser führt, anfangs in Serpentinen, bergab und kreuzt dabei mehrere Fahrwege. Dann mündet er in einen Forstweg ein. Hier müssen wir wenige Meter nach links, um die Fortsetzung unseres Weges zu finden. An einem Kinderspielplatz erreichen wir schließlich das Tal. Wir folgen rechtshaltend dem Teersträßchen und gehen geradeaus durch Farchant, bis wir auf die Hauptstraße stoßen. Um zum Bahnhof zu kommen, müssen wir diese ca. 100 m nach links und dann rechts in die Bahnhofstraße. Vor dem Bahnübergang geht es links zum Bahnhof von **Farchant** ❼, 672 m.

Notkarspitze, 1888 m

Von Ettal

5

6.15 Std. | 11,2 km | ↗1090 m | ↘1050 m

Rundtour-Klassiker in den Ammergauer Alpen
Mit nochmals verbesserter Busanbindung ist die Notkarspitze mit Öffis aus München bequem und schnell zu erreichen. Die Rundtour ist insgesamt sehr abwechslungsreich, verläuft auf spannenden Steigen und bietet, sowohl vom Gipfel als auch beim Abstieg über den langen Ostgrat, immer wieder tolle Tief- und Ausblicke, insbesondere auf Estergebirge, Karwendel und Wetterstein. All das macht die Notkarspitze insbesondere an Schönwetter-Wochenenden zu einem beliebten Ziel. Aus der Vogelperspektive präsentiert sich auch die Benediktinerabtei Kloster Ettal. Am Endpunkt der Tour in Ettal können wir das Kloster dann besichtigen – oder auch einfach nur gemütlich einkehren.

Ausgangspunkt: Ettal, Bushaltestelle Abzweigung Zieglerhof, 841 m.
Anfahrt: Von München Hbf (Halt auch in München-Pasing und Tutzing) mit dem Regionalzug Richtung Garmisch-Partenkirchen bis Oberau. Von dort mit dem Bus Richtung Oberammergau / Füssen (Linie 9606, ab 2026 voraussichtlich Linie 326) bis zur Haltestelle Ettal Abzweigung Zieglerhof. Morgens drei Verbindungen, Dauer ca. 1.40 Stunden. Samstag, Sonn- und Feiertag von Anfang Mai bis Ende September auch mit dem Regionalzug nach Oberau und von dort mit dem Bus (Linie 9624, ab 2026 voraussichtlich Linie 399) nach Ettaler Mühle und die Tour dort beginnen (siehe Variante). Morgens zwei Verbindungen, Dauer gut 1.30 Stunden.
Endpunkt: Ettal, Bushaltestelle Klostergasthof, 877 m.
Rückfahrt: Mit dem Bus (Montag bis Freitag Linie 9606, am Samstag, Sonn- und Feiertag Linie 9606 bzw. 9624, ab 2026 voraussichtlich Linie 326 bzw. 399) nach Oberau und weiter mit dem Regionalzug nach München. Alle ein- bis anderthalb Stunden, Dauer 1.30 bis 2 Stunden, letzte Verbindung Montag bis Freitag ca. 20.30 Uhr, Samstag, Sonn- und Feiertag ca. 19 Uhr.
Anforderungen: Bergsteige; Anstiegsweg im ersten Teil steil und etwas ausgesetzt. Trittsicherheit erforderlich.
Einkehr: Unterwegs keine.
Variante: Von der Bushaltestelle Ettaler Mühle kurz in Fahrtrichtung an der Straße weiter, dann dem Schild Richtung Notkarspitze nach links am Waldrand entlang folgen. Am Fahrweg rechts und an der nächsten Verzweigung links (Schild »Notkarspitze«). Nach ein paar Metern endet der Fahrweg. Rechts führt der Steig Richtung Notkarspitze weiter.

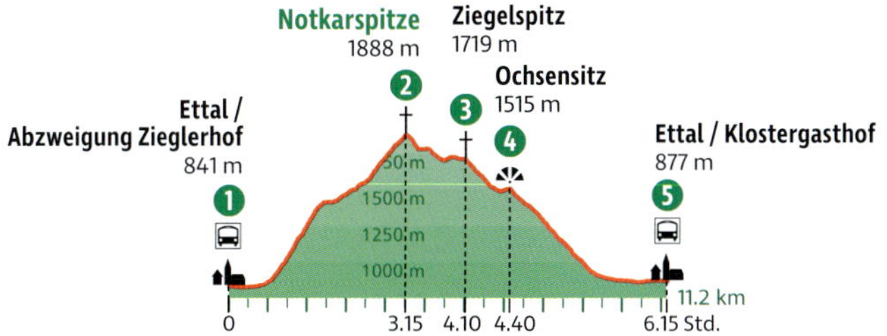

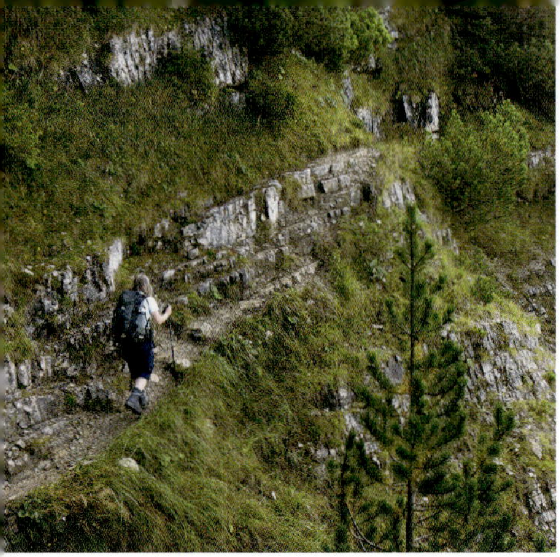

Hangquerung beim Aufstieg.

Von der Bushaltestelle **Abzweigung Zieglerhof**, 841 m, in **Ettal** ❶ gehen wir, aus Oberau kommend, kurz in Fahrtrichtung und biegen dann links in die Zieglerstraße ein. Diese verlassen wir vor dem Haus rechts auf einen Fahrweg. Von links mündet ein Forstweg ein, wir halten uns rechts. An einer Gabelung gehen wir links und an der nächsten wieder links. Nach ein paar Metern endet der Fahrweg. Rechts führt der beschilderte Steig zur Notkarspitze weiter. Dieser führt uns recht steil durch Mischwald bergauf, etwas ausgesetzte Passagen sind mit Drahtseilen gesichert. Der Wald lichtet sich und wir haben immer wieder einen schönen Blick auf Oberammergau mit dem markanten Kofel, das Hörnle, Kloster Ettal und den Laber. Schließlich wird der Steig flacher und zieht in den Wiesenkessel unterhalb der Notkarspitze. Dann geht es wieder steiler durch Latschen und über im Frühsommer üppig blühende Wiesen hinauf auf den Rücken und dort linkshaltend zum Gipfel der **Notkarspitze** ❷, 1888 m. Von hier hat man eine schöne Rundsicht auf Estergebirge, Karwendel, Wetterstein, Allgäuer Alpen, ins Ammergebirge und schließlich im Norden ins Voralpenland.

Vom Gipfel folgen wir dem latschenbestandenen Grat mit Blick in den Kessel von Garmisch-Partenkirchen nach Osten, zuerst abwärts, dann wieder leicht aufwärts, bis zum Gipfelkreuz des **Ziegelspitz** ❸, 1719 m. Von hier blickt man direkt auf Kloster Ettal hinunter.

Tiefblick auf Ettal mit dem Kloster, im Hintergrund Laber und Ettaler Manndl.

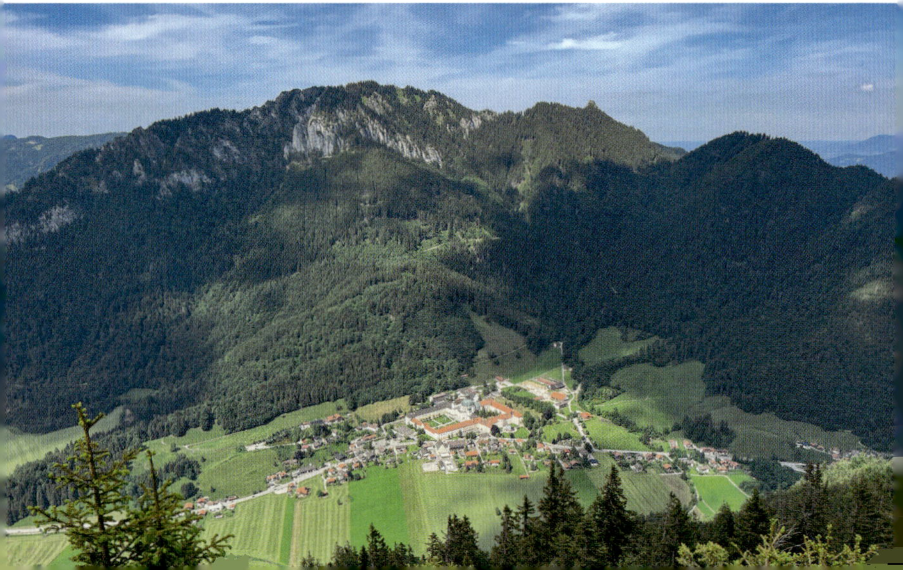

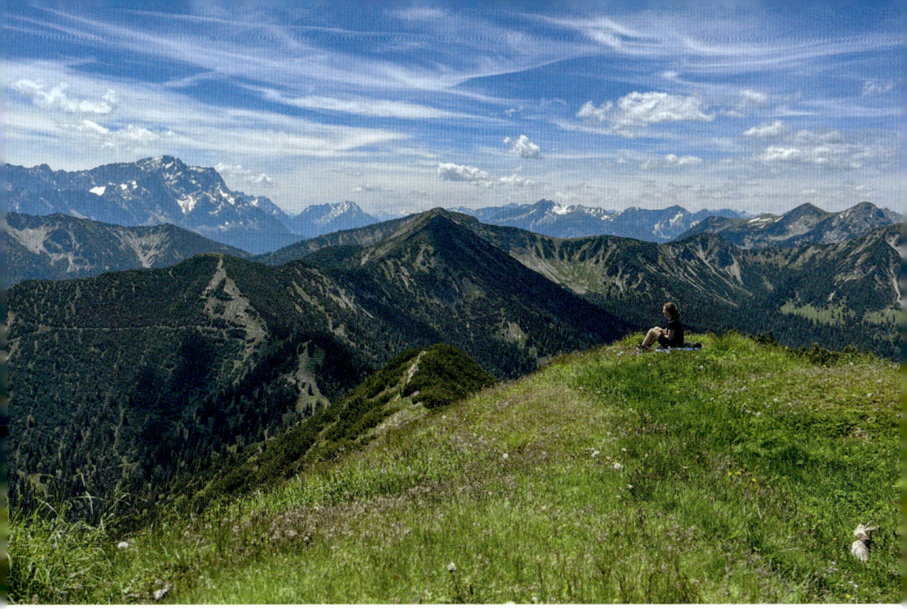

Gipfelpanorama mit Zugspitze.

Weiter geht es den nun licht bewaldeten Grat entlang abwärts. Dann leitet ein Schild links hinauf zum **Ochsensitz** 4, 1515 m, einem Aussichtspunkt mit Kreuz. (Der Hauptweg führt rechts am höchsten Punkt vorbei.)

Wie gehen wieder auf den Hauptweg und folgen dem Rücken weiter abwärts. An einem unscheinbaren Abzweig führt links ein Steig recht steil nach Ettal hinab, wir aber bleiben geradeaus weiter auf dem Rücken. Bald darauf geht es steiler durch den Wald bergab. Wir treffen auf einen Schotterweg, gehen diesen links und nach wenigen Metern bei einem quer verlaufenden Forstweg wieder links. An der Verzweigung folgen wir links dem Schild Richtung Ettal, bis wir auf einen querenden Fahrweg treffen. Dieser führt uns rechts zur Verbindungsstraße Oberau – Oberammergau. Hier links erreichen wir bald darauf das Kloster **Ettal** 5 mit der Bushaltestelle, 877 m.

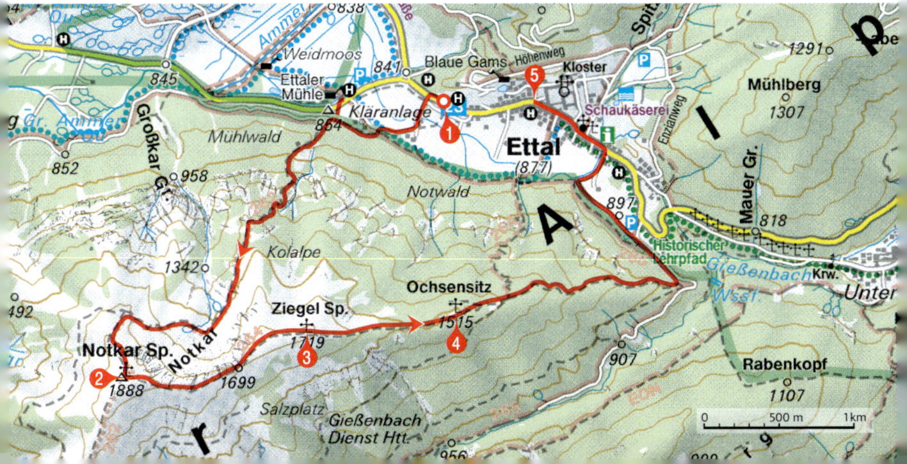

6 Hörnle, 1548 m
Von Unterammergau nach Bad Kohlgrub

5.00 Std. | 11,9 km | ↗820 m | ↘830 m

Gipfel-Dreiklang am Alpenrand

Das Hörnle, ein Ausläufer der Ammergauer Alpen, ist ein gemütlicher, im Sommer wie im Winter beliebter Familienberg. Ganze Pilgerscharen ziehen an schönen Tagen hinauf, und der von Bad Kohlgrub zur Hörnlehütte führende Sessellift tut ein Übriges. Bei gutem Wetter ist an der Hütte mit ihrer schönen Terrasse einiges los. Die hier vorgestellte Aufstiegsroute von Unterammergau ist schöner und weniger begangen als der Weg von Bad Kohlgrub. Vom Bahnhof geht es zuerst nach Kappel, der ältesten Kirche des Ammertales, dann führt uns der Weg direkt zum Hinteren Hörnle hinauf. Der höchste der drei Gipfel(chen) bietet auch das schönste Panorama, besonders der Blick auf das Alpenvorland mit Starnberger See und Ammersee, Staffelsee und Riegsee ist lohnend. Vom Hinteren Hörnle geht es über das Mittlere und Vordere Hörnle weiter bis zur Hörnlehütte und von dort auf kurzem Weg hinab nach Bad Kohlgrub, wo wir wieder auf die Bahnlinie Murnau – Oberammergau treffen, über die wir bereits zum Ausgangspunkt gekommen sind. Im Winter bietet der Auf- und Abstieg über Sonnen zum Vorderen Hörnle eine gute Möglichkeit, in Form einer Halbtagestour viel Sonne zu tanken.

Ausgangspunkt: Bahnhof von Unterammergau, 836 m.
Anfahrt: Von München Hbf (Halt auch in München-Pasing und Tutzing) mit dem Regionalzug Richtung Garmisch-Partenkirchen bis Murnau. Von Murnau mit dem Zug Richtung Oberammergau bis Unterammergau. Stündliche Verbindung, Dauer ca. 1.40 Stunden.
Endpunkt: Bahnhof von Bad Kohlgrub, 828 m.

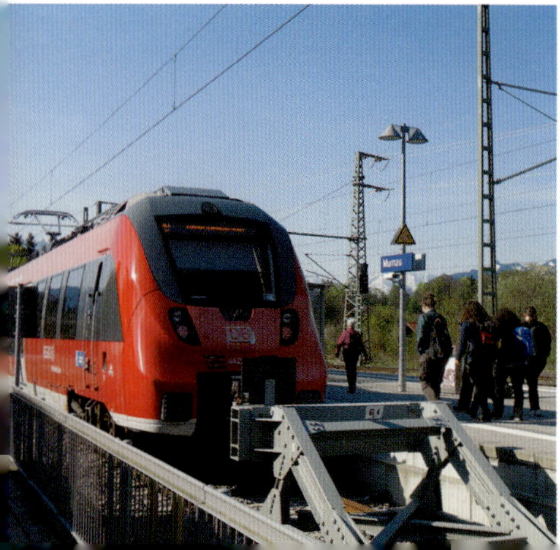

Rückfahrt: Mit dem Regionalzug bis Murnau Bahnhof, dort umsteigen in den Zug nach München. Stündliche Verbindung, Dauer ca. 1.25 Stunden.
Anforderungen: Aufstieg auf einem nur sporadisch markierten Steig, Abstieg auf breiten Wegen und Forststräßchen.
Einkehr: Hörnlealm, Hörnlehütte (Übernachtungsmöglichkeit), Guggenbergalm.
Variante: *Abstieg über den Winterweg:* Die Piste 20 Minuten nach der Hörnlehütte (hinter der unteren Station des Schlepplifts) nach links auf einen Schotterweg verlassen. Durch lichten Wald und über Freiflächen zu einer kleinen Kapelle, weiter zu einigen Scheunen und in den Ortsteil Sonnen. Das Sträßchen nach rechts, gleich hinter einem Findling nach links und zum Parkplatz an der Talstation der Hörnlebahn (1.40 Std. von der Hörnlehütte zum Bahnhof).

In Murnau steigt man Richtung Oberammergau um.

Vom Bahnhof in **Unterammergau** ❶, 836 m, gehen wir entgegen der Fahrtrichtung wenige Meter zu einer Kreuzung mit Brunnen. Geradeaus führt uns der »Kappelweg« aus dem Ort hinaus. Nach einer Linkskurve überqueren wir ein Asphaltsträßchen und folgen geradeaus dem Schild »Kappel / Hörnlehütte« durch Wiesen auf die bereits sichtbare Kirche zu. An einem Parkplatz wenden wir uns nach rechts und gehen auf dem Asphaltsträßchen an der **Kappelkirche** ❷ vorbei zu einer Kreuzung.

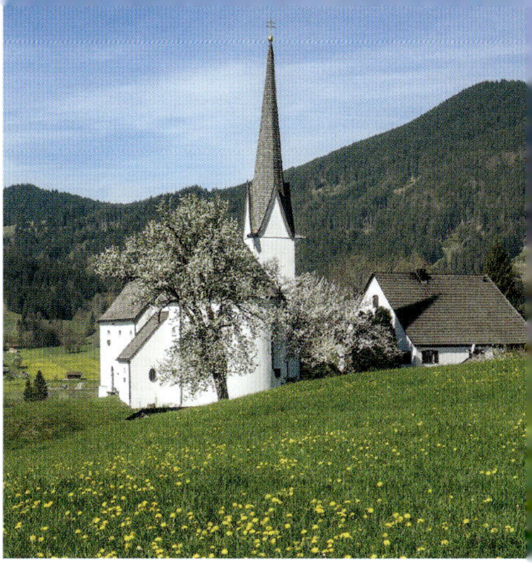

Die Kappelkirche.

Wenige Meter danach zweigt links ein Wanderweg ab, der direkt zur Hörnlehütte führt. Wir bleiben geradeaus auf dem Schottersträßchen. An der folgenden Verzweigung nicht links entlang des Baches in den Wald, sondern rechts durch ein Gatter und auf einem Wirtschaftsweg bergauf über eine Weide. Der Wirtschaftsweg führt in einem Bogen nach links auf den vom Hörnle herabziehenden Rücken und geht in Pfadspuren über. Mit schönem Ausblick auf Unterammergau und das nördliche Ammergebirge erreichen wir einen kleinen Absatz. Hier verlassen wir die Weide durch einen Zaun und gehen weiter auf einem Pfad steil den Hang hinauf. Nach ca. 20 Minuten ziehen die Pfadspuren nach links. Wir treffen auf einen Wirtschaftsweg und wandern auf diesem nach links bergauf. Bald folgt unser Weg einem Rücken und führt schließlich rechts unterhalb des Mittleren Hörnles zur **Hörnlealm** ❸, 1431 m.

Blick über Unterammergau auf Teufelstättkopf (links) und Klammspitze (Bildmitte).

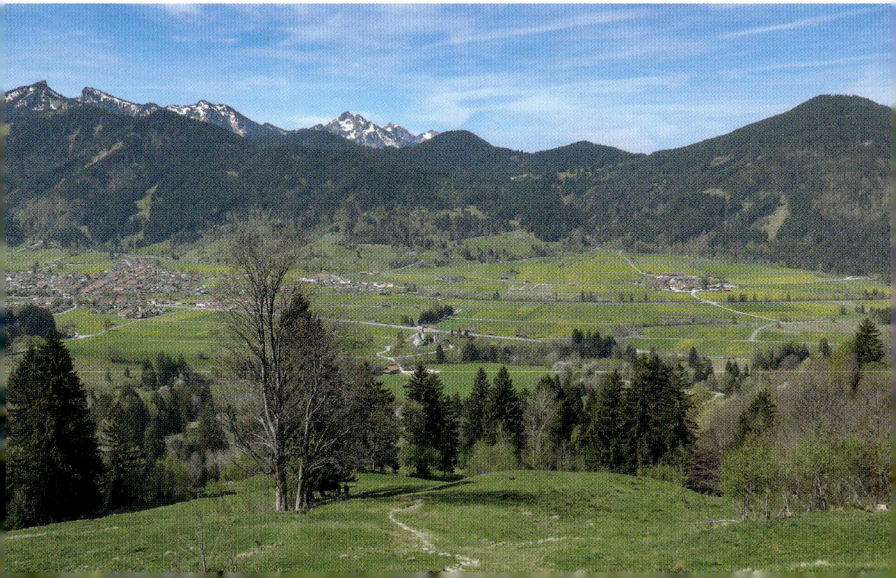

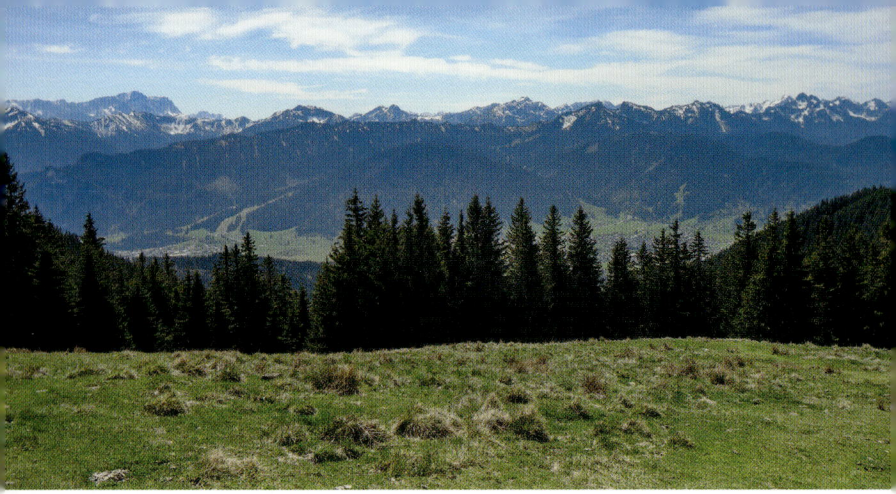

Zugspitze und Ammergauer Alpen vom Hinteren Hörnle.

An der Alm treffen wir auf einen quer verlaufenden Weg und folgen diesem nach rechts Richtung Hinteres Hörnle. Dabei halten wir uns an den Verzweigungen an die Schilder und verlassen zum Schluss den breiten Weg nach rechts über den Gipfelhang hinauf zum höchsten Punkt des **Hinteren Hörnles** ❹, 1548 m.
Wir gehen auf dem direkten Weg nach Westen hinab zum Aufstiegsweg und auf diesem zurück zur **Hörnlealm** ❸. Auf Steigspuren den grasigen Hang hinauf kommen wir auf das **Mittlere Hörnle** ❺, 1496 m (auf dem breiten Weg bleibend gelangt man in 15 Minuten direkt zur Hörnlehütte). Auf der anderen Seite hinunter und geradeaus wieder hinauf auf das **Vordere Hörnle** ❻, 1484 m (oder gleich links zur Hütte). Von dort geht es hinab zu der bereits von oben sichtbaren **Hörnlehütte** ❼, 1390 m.
Links an der Hütte entlang und in einem Rechtsbogen in den Wald. Kurz darauf stoßen wir auf die Skipiste und folgen ihr abwärts bis zur unteren Station eines Schlepplifts. Hier verlassen wir die Piste auf dem »Sommerweg« nach rechts, kommen wieder in den Wald und gehen ein Stück steil bergab am Sessellift entlang. Wir überqueren eine Forststraße, wandern weiter geradeaus und treffen schließlich auf ein Schottersträßchen. Diesem folgen wir wenige Meter nach links und biegen dann rechts in einen Schotterweg ein. Unter dem Sessellift hindurch halten wir uns an der Rechtsabzweigung weiter geradeaus. Der Weg geht in einen geteerten Fußweg über. An der **Guggenbergalm** ❽, 910 m, einer

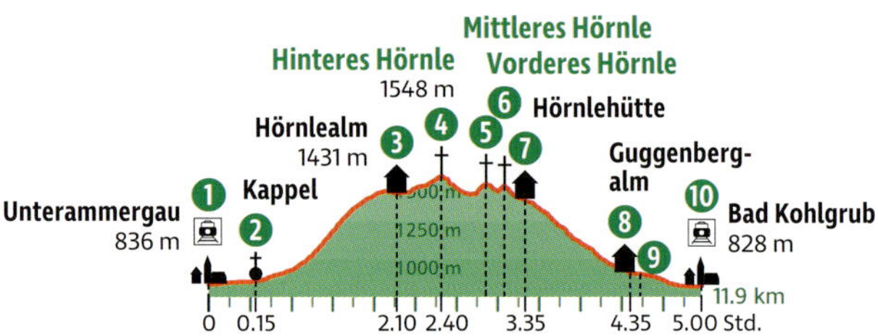

schönen Einkehrmöglichkeit, führt uns ein Asphaltsträßchen weiter. Kurz darauf sind wir an der **Talstation der Hörnlebahn ⑨**.

Noch ein kleines Stück geradeaus, dann biegen wir nach einem Hotelkomplex rechts in ein Sträßchen ein, den »Schillingsweg«. Dieses geht gleich darauf in einen Fußweg über, der uns nach Bad Kohlgrub hinabbringt. An der Querstraße wenden wir uns nach rechts zur Kirche, treffen auf die Hauptstraße und folgen dieser ebenfalls nach rechts. Die Bahnhofstraße führt von der Hauptstraße links weg zum Bahnhof von **Bad Kohlgrub ⑩**, 828 m. Kurz vorher kommen wir am »Café wohlig« am Johannisbrunnen vorbei, in dem man sich die Zeit bis zur Rückfahrt bei Kaffee und Kuchen vertreiben kann.

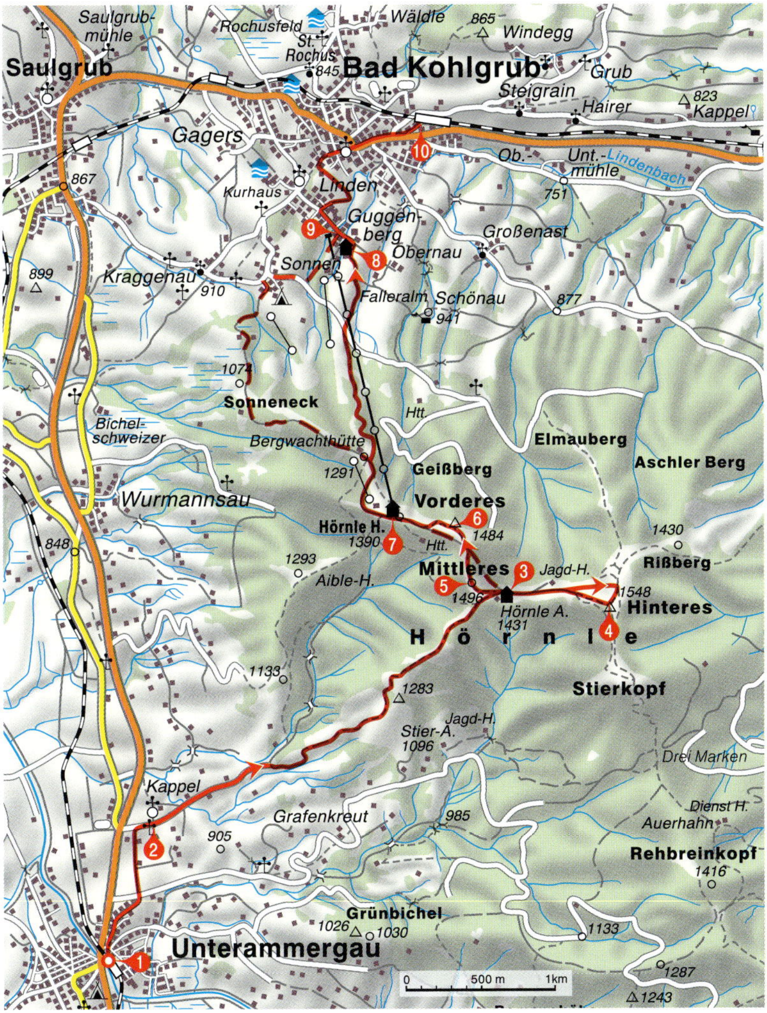

7 Laber, 1686 m, und Ettaler Manndl, 1633 m

Von Oberammergau nach Ettal

5.50 Std. | 12,2 km | ↗ 960 m | ↘ 920 m

Klettersteig über traditionsreichen Orten

Der Laberberg ist eine bewaldete Erhebung zwischen Oberammergau, Ettal und Oberau, aus der man schon auf der Anfahrt von München das felsige Ettaler Manndl hervorragen sieht. Auf dieses führt ein beliebter Klettersteig. Unsere Tour beginnt in dem Passionsspielort Oberammergau. Alle zehn Jahre wird hier das »Spiel vom Leiden, Sterben und Auferstehen unseres Herrn Jesus Christus« aufgeführt. Diese Tradition reicht zurück auf ein Gelübde aus dem Jahr 1633, als – mitten im Dreißigjährigen Krieg – die Pest in Oberammergau wütete. Eine noch längere Tradition als die Passionsspiele haben in Oberammergau das bis ins Mittelalter zurückgehende Holzschnitzgewerbe und die Lüftlmalerei. Zwei Routen führen von Oberammergau auf den Laber hinauf, eine längere und einfachere über den kleinen Soilasee und eine etwas kürzere, die hier vorgestellt wird, über den Schartenkopf. Wer es gemütlicher haben möchte, fährt mit der Laberbergbahn hinauf und landet direkt beim Berggasthaus. Von dessen Terrasse hat man einen schönen Blick auf Estergebirge, Wetterstein, Kramer und Notkarspitze und kann den Drachen- und Gleitschirmfliegern beim Start zusehen. Vom Gasthaus geht es zum Fuß des Ettaler Manndls und von dort über den Klettersteig auf den Gipfel. Wer sich diesen nicht zutraut, geht kurz vor dem Wandfuß direkt nach Ettal hinunter. Das Benediktinerkloster ist nicht nur eine Touristenattraktion, sondern mit seinen zahlreichen Betrieben auch einer der größten Arbeitgeber der Umgebung.

Am Grat zum Laber.

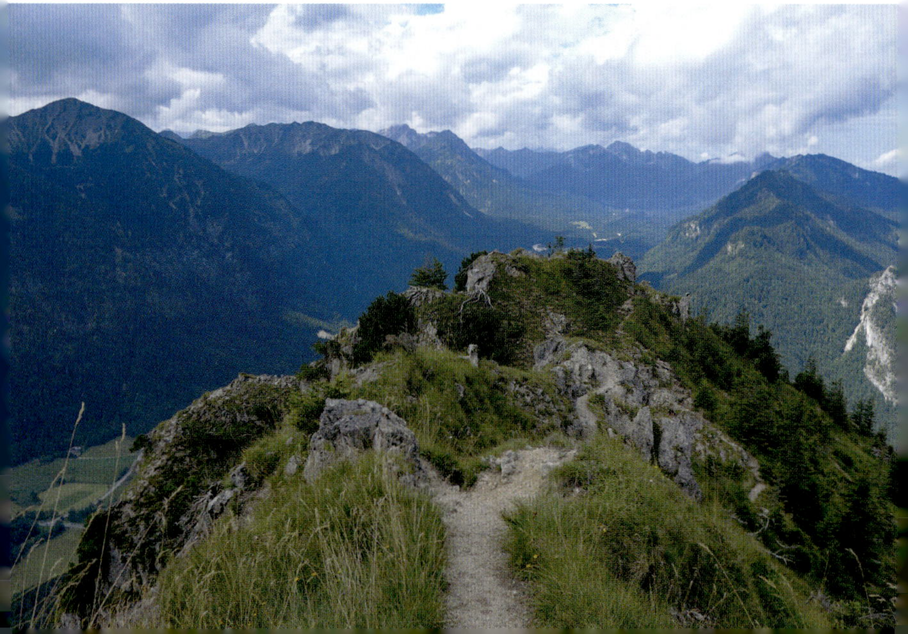

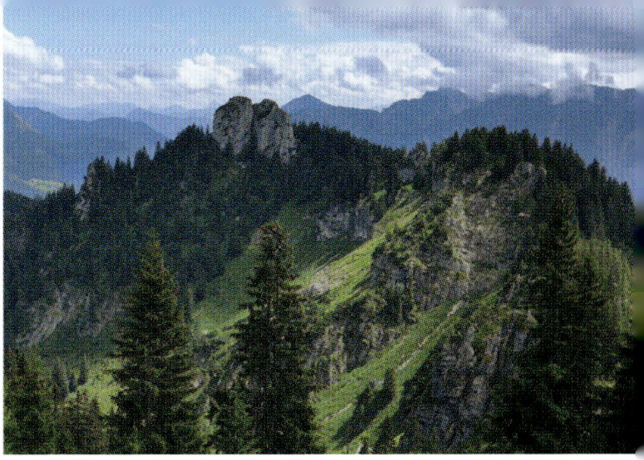

Blick auf das Ettaler Manndl.

Ausgangspunkt: Bahnhof von Oberammergau, 834 m.
Anfahrt: Von München Hbf (Halt auch in München-Pasing und Tutzing) mit dem Regionalzug Richtung Garmisch-Partenkirchen bis Murnau. Von Murnau mit dem Zug nach Oberammergau. Stündliche Verbindung, Dauer ca. 1.50 Stunden. Zusätzlich gibt es Verbindungen mit Umsteigen in Oberau in den Bus (Linie 9606, ab 2026 voraussichtlich Linie 326).
Endpunkt: Ettal, Bushaltestelle Klostergasthof, 877 m.
Rückfahrt: Mit dem Bus (Montag bis Freitag Linie 9606, am Samstag, Sonn- und Feiertag 9606 bzw. 9624, ab 2026 voraussichtlich Linie 326 bzw. 399) nach Oberau und weiter mit dem Regionalzug nach München. Alle ein- bis anderthalb Stunden, letzte Verbindung Montag bis Freitag ca. 20.30 Uhr, Samstag, Sonn- und Feiertag ca. 19 Uhr, Dauer 1.30 bis 2 Stunden.
Anforderungen: Beim Aufstieg zum Laber Trittsicherheit und etwas Schwindelfreiheit erforderlich, von dort direkt nach Ettal auf unproblematischen Wegen und Steigen. Auf das Ettaler Manndl ausgesetzte, an schwierigen Stellen mit Ketten gesicherte Steiganlage. Gute Trittsicherheit und Schwindelfreiheit nötig, die Verwendung eines Klettersteigsets ist möglich. Der Fels ist teilweise speckig, daher nicht bei Nässe.
Einkehr: Gaststätte an der Bergstation der Laberbergbahn.

Am Bahnhofsvorplatz von **Oberammergau ❶**, 834 m, gehen wir nach links die Hauptstraße (Bahnhofstraße) entlang, über die Ammer und an der Kreuzung geradeaus in die Dorfstraße. An den nächsten zwei Gabelungen folgen wir jeweils links der St.-Lukas-Straße und gehen dann, an einer Rechtsbiegung der Straße, geradeaus erst auf der rechten, später auf der linken Seite des Baches weiter zur **Talstation der Laberbergbahn ❷**, ca. 900 m.
Dort überqueren wir wieder den Bach, gehen über den Parkplatz und folgen dem Schild Richtung Laber nach rechts durch lichten Wald aufwärts zu einem Forstweg. Linkshaltend würde man über den Soilasee zum Laber gelangen. Wir folgen auf der anderen Seite des Forstwegs dem breiten Weg kurz bergauf und biegen dann links in einen Steig ein. Bald überqueren wir einen Fahrweg und folgen weiter dem Steig. Abwechselnd durch Fichtenwald und über eine Schneise geht es bergauf zu einer Verzweigung an der **Laberalm ❸**, 1398 m.
Hier halten wir uns rechts (Labersteig) und queren unter der Seil-

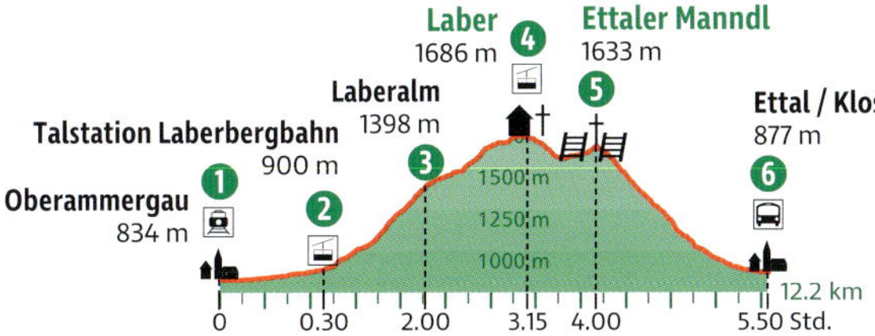

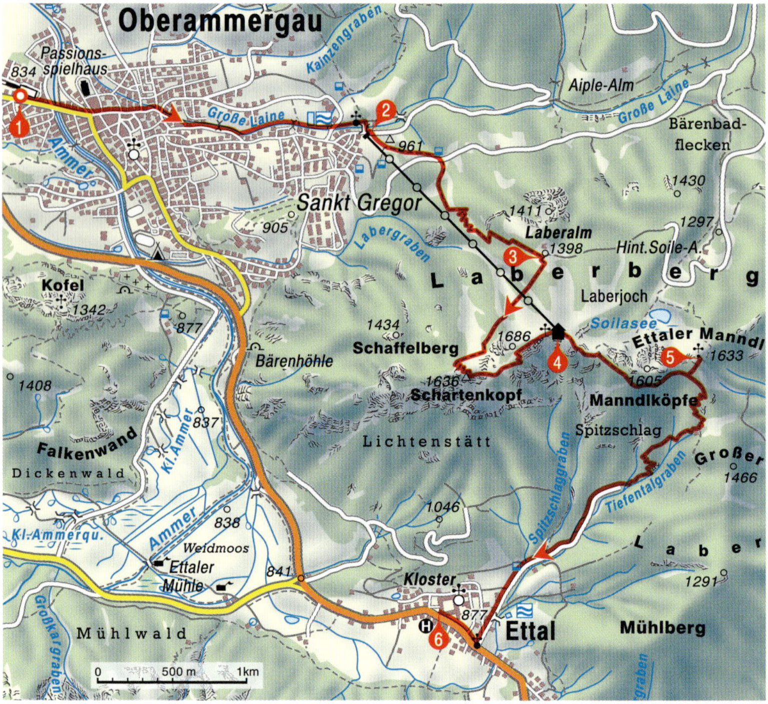

bahn hindurch leicht ansteigend den Hang. Schließlich knickt der Weg nach links und führt steil hinauf auf den Gratrücken des Laber. Hier wenden wir uns nach links und folgen dem Gratverlauf auf und ab, kurz durch Wald, bis zur **Bergstation der Laberbergbahn** ❹, 1686 m. Von der Terrasse des Gasthauses hat man einen schönen Ausblick, einen Gipfel im eigentlichen Sinn gibt es, bis auf das Ettaler Manndl, nicht.

Nun gehen wir ein kurzes Stück weiter den Grat entlang und folgen dann an den Wanderschildern rechts dem Weg hinab. Links unter uns taucht der kleine Soilasee auf. An der Gabelung gleich darauf halten wir uns rechts und gelangen nach leichtem Auf und Ab zu einer Abzweigung. Wer nicht auf das Ettaler Manndl möchte, folgt hier dem Schild Richtung Ettal nach rechts. Links kommen wir in wenigen Minuten an den Fuß des Ettaler Manndls. Nun geht es in luftiger Kletterei fast durchgängig mit Ketten gesichert den Felsaufbau hinauf, bis wir nach einem kleinen Gegenanstieg schließlich den Gipfel des **Ettaler Manndls** ❺, 1633 m, erreichen.

Auf demselben Weg geht es wieder hinab und zurück zu der Verzweigung. Nun halten wir uns links und wandern, teilweise durch Wald, in Kehren steil bergab, bis der Steig an einem Bach in einen breiten Schotterweg übergeht. 15 Minuten später verlassen wir den Wald und sehen vor uns das Kloster. Nun geht es auf einem Teersträßchen weiter. Schließlich treffen wir auf die Bundesstraße und folgen dieser nach rechts bis zur Bushaltestelle direkt vor **Kloster Ettal** ❻, 877 m.

Kohlbergspitze, 2202 m

Von Bichlbach

8

5.45 Std. | 11,5 km | ↗ 1130 m | ↘ 1130 m

Auf der Direttissima zu einer Aussichtskanzel im Danielkamm

Die Zugverbindung von München über Garmisch-Partenkirchen nach Reutte in Tirol macht ein äußerst reizvolles Eck des Ammergebirges von München aus bequem erreichbar. Der Zug bringt uns in gut zwei Stunden nach Bichlbach, dem Ausgangspunkt dieser Wanderung. Die Tour ist überaus lohnend: Der Einstieg ist direkt hinter dem Bahnhof, kleine Steige führen durch schöne Landschaft den Berg hinauf mit zunehmend freier werdenden Blicken. Das Gipfelerlebnis muss man sich meist eher mit Bergdohlen oder Schafen als mit Menschen teilen und die Aussicht ist grandios: Sie reicht vom Plansee und Ammergebirge im Norden über Zugspitze, Mieminger Kette, Zentralalpen, Lechtaler Alpen mit Rotem Stein und Thaneller bis in die Allgäuer und Tannheimer Berge. Mit ihrem sonnenzugewandten Aufstieg empfiehlt sich diese Wanderung auch für schöne Tage im Herbst.

Ausgangs- und Endpunkt: Bichlbach (Bahnhof Bichlbach-Berwang), 1079 m.
Anfahrt: Regionalzug von München Hbf (Halt auch in München-Pasing und Tutzing) mit Umsteigen in Garmisch-Partenkirchen. Montag bis Freitag morgens drei Verbindungen, Samstag, Sonn- und Feiertag sowie am 26.10. zwei Verbindungen, Dauer 2.10 Stunden. Deutschlandticket, Bayernticket, Werdenfelsticket und BahnCard gelten auch auf dem österreichischen Streckenabschnitt.
Rückfahrt: Fast stündliche Verbindung bis ca. 21.10 Uhr. Dauer ca. 2.10 Stunden.
Anforderungen: Gute Bergsteige. Trittsicherheit erforderlich.
Einkehr: Unterwegs keine.

Am Gipfel bietet sich ein grandioses Panorama: hinten die Zugspitze.

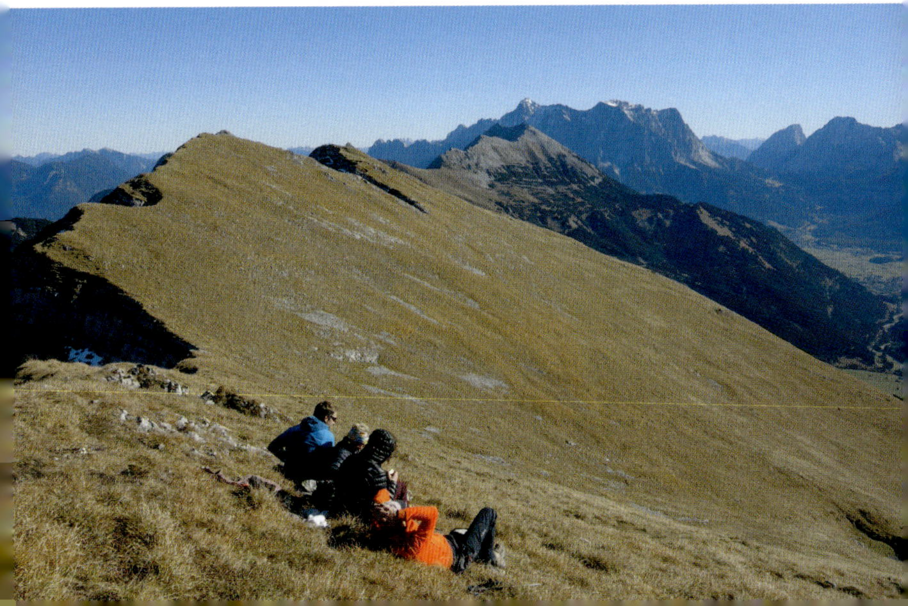

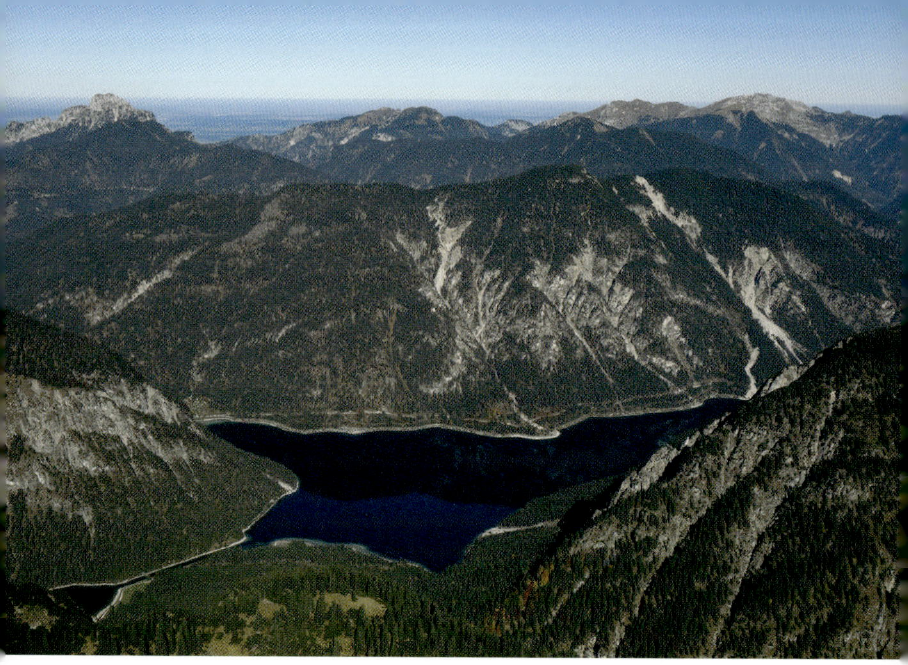

Blick vom Gipfel zum Plansee, links im Hintergrund der Säuling.

Um vom Bahnhof **Bichlbach-Berwang** ❶, 1079 m, zum Ausgangspunkt der Tour auf der anderen Seite des Baches zu kommen, machen wir zunächst einen kleinen Umweg: Wir unterqueren die große Durchgangsstraße, kommen zur Kirche, halten uns vor dieser rechts und gleich wieder rechts. Rechts am Kohlberghof vorbei gelangen wir durch eine weitere Unterführung auf die andere Seite der Durchgangsstraße zurück. Dann geht es unter den Bahngleisen hindurch und über den Bach. Hier beginnt der Steig auf die Kohlbergspitze, der nach kurzer Zeit in den Wald eintaucht und in steilen Kehren aufwärts führt. Anfangs hört man den Verkehr von der Straße noch recht deutlich, mit der Zeit aber wird es ruhiger. Nach gut 45 Minuten verlassen wir den Wald und folgen weiter dem Hauptweg. Wie schon vom Tal sehen wir auch von hier oberhalb von Lawinenverbauungen das Gipfelkreuz der Kohlbergspitze. Der schöne Steig führt nun meist durch lichten Wald in Kehren weiter bergauf. Nach insgesamt einer guten Stunde kommen wir an einer Quelle

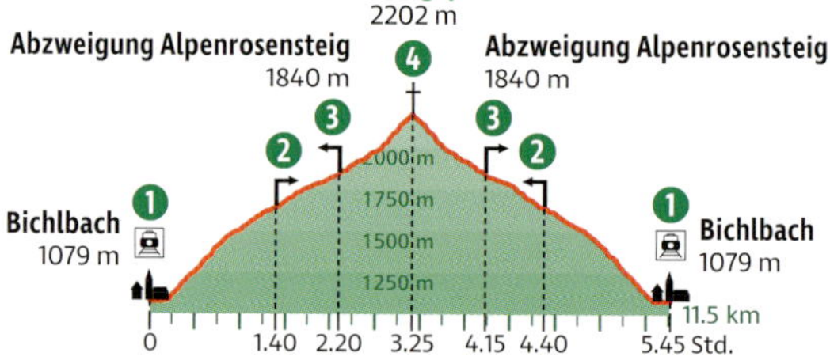

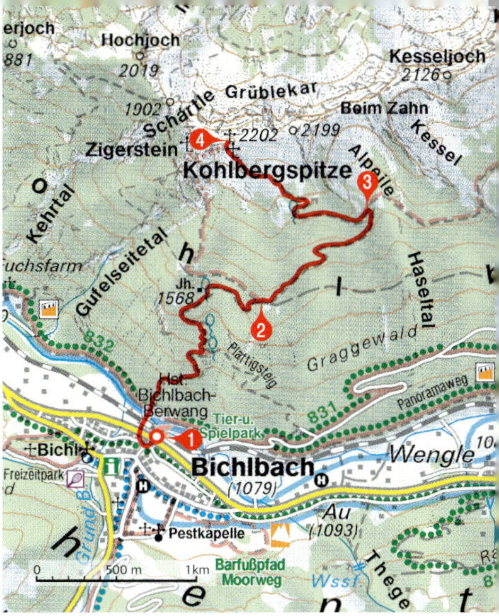

mit Rastbank vorbei. Schließlich erreichen wir eine **Gabelung ❷**, an der es in beide Richtungen auf die Kohlbergspitze geht. Wir folgen rechts dem einfacheren Weg und treffen gleich darauf auf einen Wendeplatz, an dem eine von rechts aus dem Tal hochkommende Forststraße endet. Links führt unser Steig weiter. Wir queren am Hang entlang, verlassen den Wald und biegen in den Taleinschnitt zwischen Kohlbergspitze und Kesseljoch / Pitzenegg ein. Hier haben wir einen schönen Blick in den Talkessel von Lermoos, auf Daniel, Zugspitze, Mieminger Kette und Pleisspitze mit Gartnerwand. Kurze Zeit später erreichen wir eine **Gabelung ❸**. Rechts führt der Alpenrosensteig weiter. Wir halten uns links, gehen durch Latschen und queren – zwischendrin noch einmal ein kurzes Stück durch Wald – einen Hang mit schöner Aussicht nach Westen. Noch einige Kehren, dann geht es recht steil über den grasigen Hang – das letzte Stück auf dem Rücken – zum Gipfel der **Kohlbergspitze ❹**, 2202 m, hinauf.

Der Abstieg erfolgt auf dem Aufstiegsweg.

Blick über Reutte in Tirol in die Tannheimer Berge.

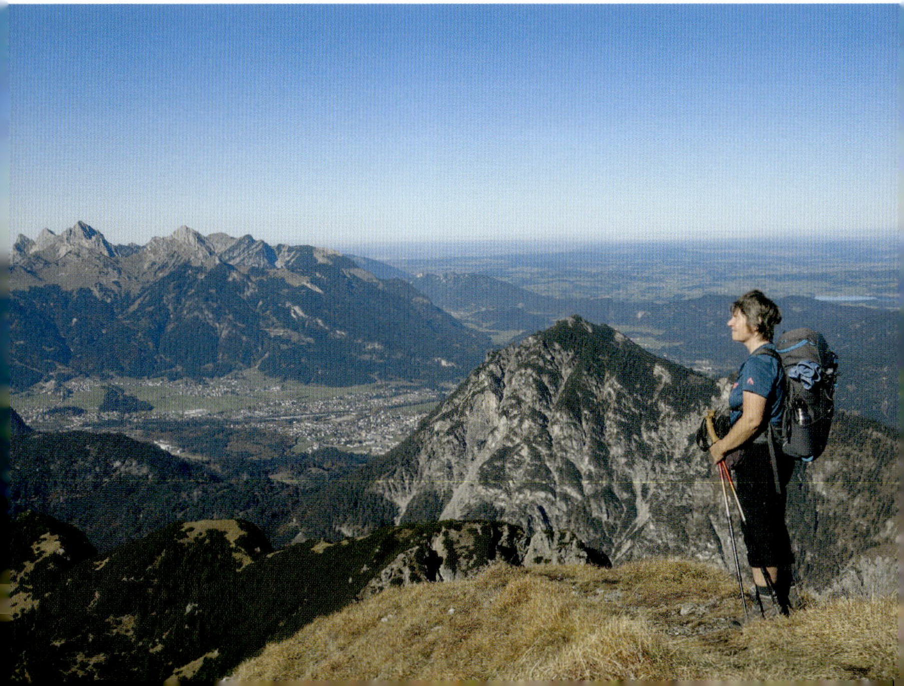

9 Grubigstein, 2233 m, und Pleisspitze, 2225 m

Über die Wolfratshauser Hütte

2 Tage | 21,2 km | ↗1950 m | ↘1880 m

Von einer beliebten Hütte in die Bergeinsamkeit

Besonders lohnend ist der Besuch der Wolfratshauser Hütte im Juni zu den Sonnwend- bzw. Herz-Jesu-Feuern, wenn auf den umliegenden Bergkämmen, in den Hängen und Karen mit Fackeln und Öllämpchen Lichterketten, Herzen, Kreuze und andere religiöse Symbole gebildet werden. Dank der Lage hoch über dem weiten Talkessel von Lermoos lässt sich dieses einzigartige Schauspiel von hier besonders gut beobachten. Aufgrund des bequemen Wanderweges, der von der Mittelstation der Grubigsteinbahn herüberführt, ist es auf der Wolfratshauser Hütte – zumindest tagsüber – auch sonst nicht einsam. Zweieinhalb Stunden dauert der Abstecher von der Hütte auf den Grubigstein. Auf dessen Ostseite befindet sich das Skigebiet von Lermoos, doch trotz der Liftanlagen und der Lawinenverbauungen im Gipfelbereich lohnt sich der Besuch – die Aussicht ist einfach großartig. Auf dem Weiterweg zur Pleisspitze am nächsten Tag können wir dann echte Bergeinsamkeit erleben. In dem idyllischen Hochtal werden wir außer Kühen und Schafen nur wenigen Lebewesen begegnen. Auch die Blumenpracht beim Abstieg von der Pleisspitze nach Bichlbach im Hochsommer ist fantastisch, u. a. Kugelorchis, Gelber Enzian und Türkenbundlilien sind zu sehen.

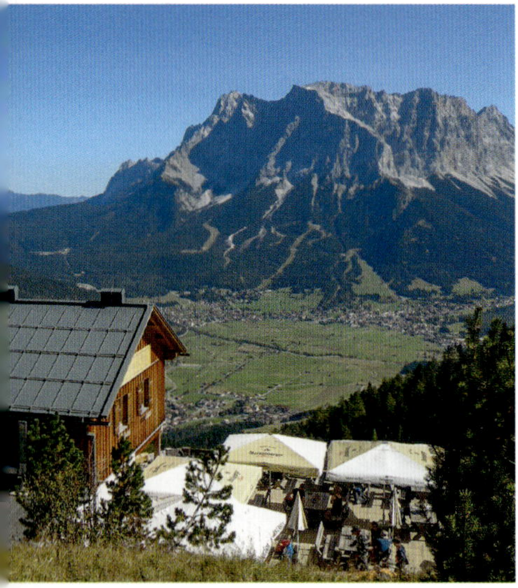

Die Wolfratshauser Hütte mit der Zugspitze.

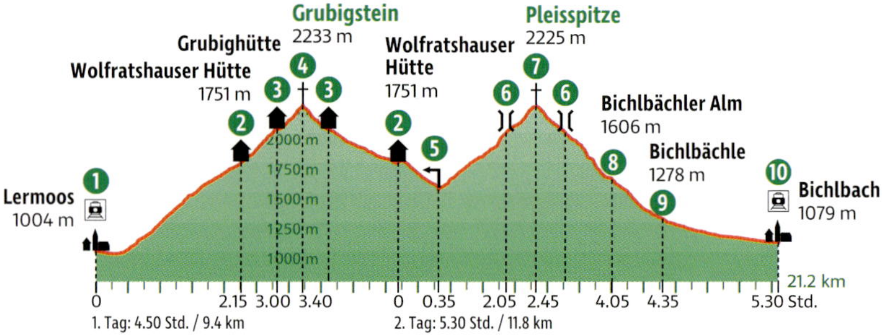

Ausgangspunkt: Bahnhof von Lermoos, 1004 m.
Anfahrt: Regionalzug von München Hbf (Halt auch in München-Pasing und Tutzing) mit Umsteigen in Garmisch-Partenkirchen. Morgens drei Verbindungen, Dauer 1.45 bis 2 Stunden (bei der kürzeren Verbindung kein Halt in Tutzing).
Deutschlandticket, Bayernticket, Werdenfelsticket und BahnCard gelten auch auf dem österreichischen Streckenabschnitt.
Endpunkt: Bichlbach (Bahnhof Bichlbach-Berwang), 1079 m.
Rückfahrt: Regionalzug nach München Hbf (Halt auch in Tutzing und München-Pasing) mit Umsteigen in Garmisch-Partenkirchen. Fast stündliche Verbindung bis ca. 21.10 Uhr, Dauer ca. 2.10 Stunden.
Höhenunterschied / Gehzeit:
1. Tag: 1250 m↑, 500 m↓; 4.50 Std.
2. Tag: 700 m↑, 1380 m↓; 5.30 Std.
gesamt: 1950 m↑, 1880 m↓; 10.20 Std.
Anforderungen: Gute Wege und Steige, am Grubigstein Schrofen und etwas ausgesetzt, Abstieg ins Gartnertal kurz etwas abschüssig (Seilsicherung). Trittsicherheit und etwas Schwindelfreiheit erforderlich.
Einkehr: Wolfratshauser Hütte (Übernachtungsmöglichkeit, Tel. +43 676 5996064, dav-wolfratshausen.de/huette), Grubighütte (Übernachtungsmöglichkeit, gipfelhaus.at), Gasthof Roter Stein in Kleinstockach.

1. Tag:
Vom Bahnhof **Lermoos** ❶, 1004 m, gehen wir rechts zur Hauptstraße hinunter und diese nach links bis zu einem Wanderparkplatz an der rechten Straßenseite. Wir überqueren den Parkplatz und halten uns an einer Verzweigung mit Wanderschildern links Richtung Wolfratshauser Hütte. Wenige Meter danach gehen wir rechts von einem Zaun aufwärts über eine Wiese, dann steigen wir durch lichten Wald einen Rücken hinauf. Wir treffen auf einen Forstweg, gehen wenige Meter nach rechts und biegen dann links in den Wanderweg ab. Nach ungefähr einer Stunde überqueren wir auf ca. 1300 m einen weiteren Forstweg. 30 Minuten später kreuzen wir eine Fahrspur und halten uns kurz darauf an einem querenden Weg rechts. Bald lichtet sich der Wald, und durch Fichten, Latschen und über Wiesen wandern wir zur **Wolfratshauser Hütte** ❷, 1751 m.

Blick vom Grubigstein auf Mieminger Kette und die Seen am Fernpass.

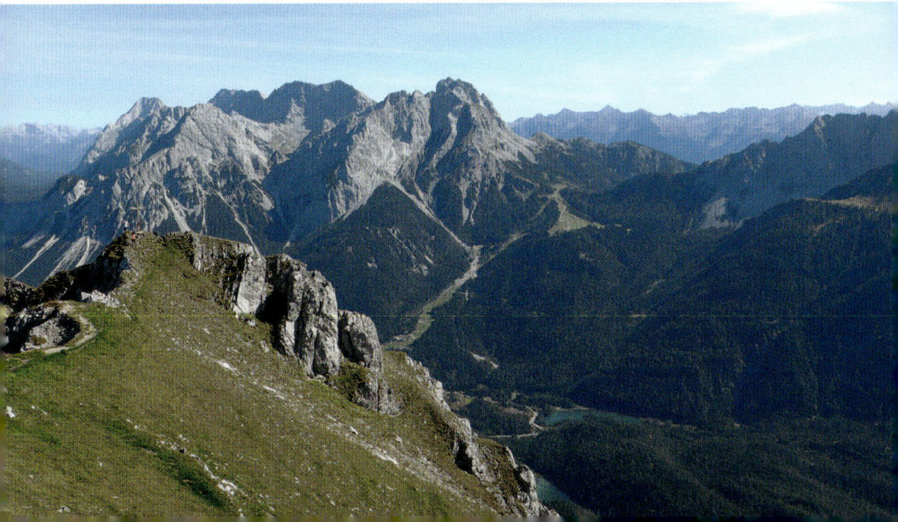

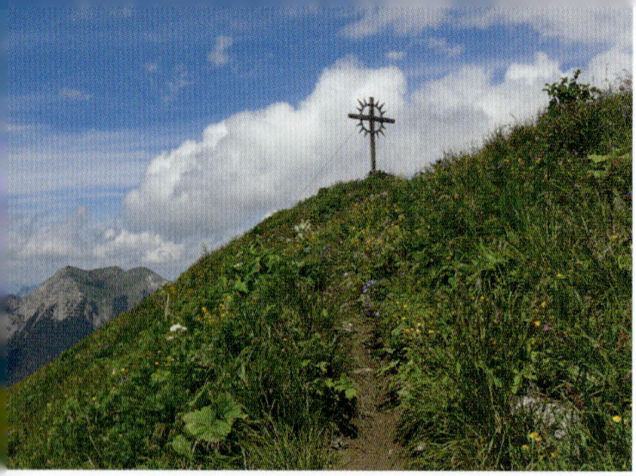

Blühende Wiesen an der Pleisspitze.

Nachdem wir uns einquartiert haben, gehen wir, nun mit leichterem Gepäck, rechts von der Materialseilbahn die Stufen hinauf und an der Abzweigung ins Gartnertal vorbei ein paar Meter weiter zur nächsten Verzweigung. Hier geht es geradeaus und links zum Grubigstein, wir folgen dem Steig geradeaus. Anfangs bleiben wir auf dem Rücken, dann zieht der Steig nach links. Wir erreichen durch locker mit Latschen bestandenes Gelände und zuletzt über einen Hang die neben der Bergstation der Grubigsteinbahn gelegene **Grubighütte ❸**, 2028 m.

Wir gehen an der Hütte entlang und rechts auf einen Steig, der uns erst auf der Ostseite um den Berg herumführt, bevor es durch Schrofen hinaufgeht. Dabei kommen wir durch Lawinenverbauungen, teilweise müssen wir sogar über deren Verankerungen steigen. Auf dem Gipfelgrat angekommen folgen wir diesem nach links zum Gipfel des **Grubigsteins ❹**, 2233 m. Von hier blicken wir nun auch hinunter zum Fernpass mit dem Blindsee, dahinter ragt der Wannig auf. Der Weiterweg auf die Gartnerwand ist erfahrenen Bergsteigern und Bersteigerinnen vorbehalten.

Auf demselben Weg gehen wir zurück zur **Grubighütte ❸**. Dort folgen wir dem Fahrweg hinab (eine Kehre können wir auf einem Steig abkürzen) und kommen dabei unter einem Sessellift und einer Bahn hindurch. In einer Kurve leitet uns ein Schild Richtung Wolfratshauser Hütte nach links auf einen Steig. Wir treffen auf den Aufstiegsweg und folgen diesem hinab zur **Wolfratshauser Hütte ❷**.

2. Tag:

Wie am Vortag gehen wir rechts von der Materialseilbahn die Stufen hinauf, folgen dann aber dem Schild Richtung Pleisspitze nach rechts. Auf einem schönen Steig geht es in Kehren, teilweise mit Seilsicherung, hinunter zu einer Verzweigung im **Gartnertal ❺**. Hier wenden wir uns nach links. Pfadspuren führen uns zwischen der imposanten felsigen Gartnerwand und den grünen Hängen der Ausläufer der Pleisspitze in dem ursprünglichen Hochtal hinauf. Kaum einen Menschen treffen wir

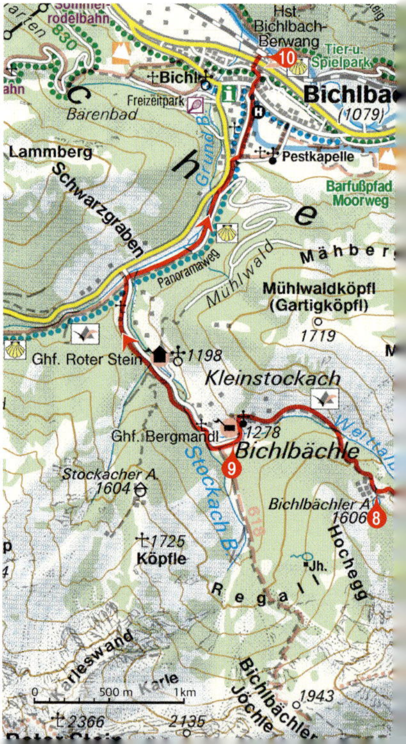

in diesem einsamen Tal. Schließlich erreichen wir am **Sommerbergjöchle** ❻, auch Sonnbergjoch, 2001 m, eine Wegkreuzung. Hier halten wir uns rechts und folgen den Markierungen auf Trittspuren den blumenübersäten Grashang und teilweise den Rücken hinauf bis zum Gipfel der **Pleisspitze** ❼, 2225 m. Die Aussicht ist herrlich: Von Wetterstein und Mieminger Kette über Allgäuer und Tannheimer Berge bis zu den Ammergauer Alpen reicht der Blick.

Auf demselben Weg gehen wir zurück zum **Sommerbergjöchle** ❻. Dort wenden wir uns nach rechts Richtung Bichlbächle, queren einen grasigen Hang und folgen dann einem Rücken abwärts. Der Weg schwenkt nach rechts und führt bald darauf durch lockeren Latschen- und Fichtenbestand zur **Bichlbächler Alm** ❽, 1606 m. Wir gehen an einem Brunnen vorbei durch die Almsiedlung und halten uns abwärts durch den Wald, bis wir im Talgrund des Weittalbaches ankommen. Hier verlassen wir den Wald, überqueren den Bach auf einem Holzbrett und gehen am rechten Ufer weiter bis zu der kleinen Siedlung **Bichlbächle** ❾, 1278 m. Dem hier beginnenden Teersträßchen folgen wir talauswärts, kommen nach zehn Minuten an dem Dörfchen Kleinstockach vorbei und stoßen nach weiteren 15 Minuten auf die Straße von Berwang nach Bichlbach. Noch vor der Straße zweigt rechts ein Fußweg ab, dem wir am Bach entlang zum Ortsanfang von Bichlbach folgen. Dort biegen wir rechts in ein kleines Teersträßchen ein, das uns in einem Linksbogen zur Hauptstraße führt. Hier gehen wir wenige Meter nach links, biegen dann rechts ab und erreichen durch eine Unterführung den Bahnhof **Bichlbach-Berwang** ❿, 1079 m.

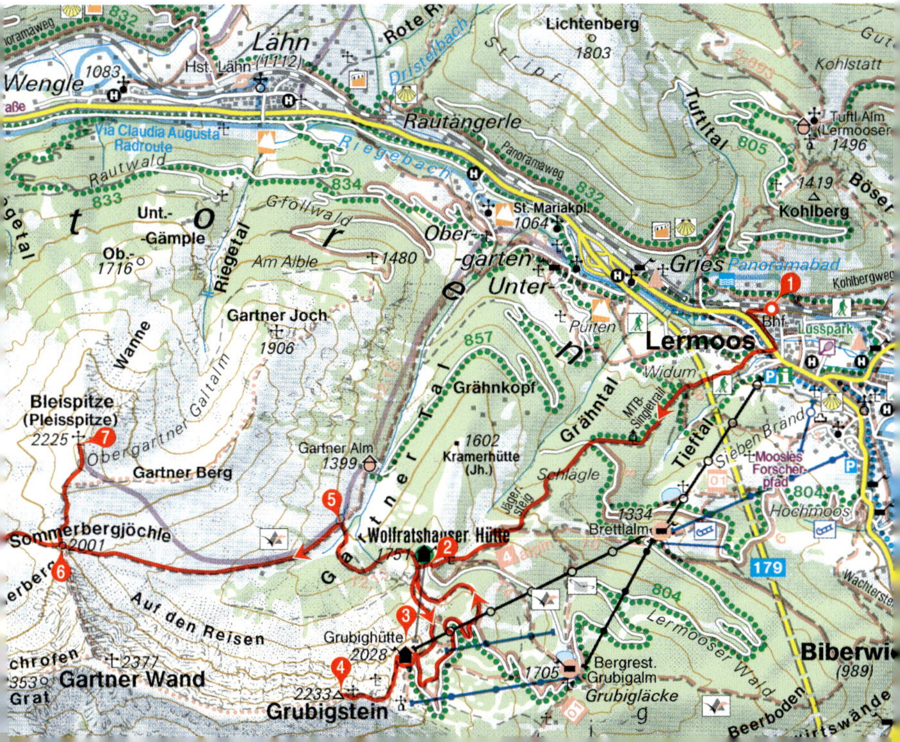

10 Daniel, 2340 m, und Upsspitze, 2332 m

Von Lermoos

TOP | 7.00 Std. | 12,6 km | ↗1370 m | ↘1370 m

Auf den höchsten Berg der Ammergauer Alpen

Der Daniel sticht, wenn man sich von Osten nähert, schon von Weitem als formschöne Felspyramide ins Auge. Er gibt dem sich zwischen Ehrwald und Reutte erstreckenden Danielkamm seinen Namen. Ausdauer ist gefragt, um die mehr als 1300 Höhenmeter auf den höchsten Berg der Ammergauer Alpen zu überwinden. Die Upsspitze direkt daneben, die mit dem Daniel zusammen einen Doppelgipfel bildet, ist nur ein paar Meter niedriger und wird weniger begangen als der Daniel. Die Tour bietet eigentlich alles, was man sich nur wünschen kann: Vom Einstieg direkt hinter dem Bahnhof führen durchgängig schöne Steige bis auf den Gipfel, unterwegs bietet die Tuftlalm eine gemütliche Einkehr und das Panorama auf dem Gipfel ist grandios. Man befindet sich dort nämlich hoch oberhalb des weiten, runden Talkessels von Ehrwald und Lermoos, gegenüber von Zugspitze und Ehrwalder Sonnenspitze, mit herrlicher Rundumsicht bis in die Stubaier, Ötztaler, Lechtaler und Allgäuer Alpen. Wer mit abschüssigem Felsgelände kein Problem hat, folgt der Tour wie beschrieben. Etwas weniger anspruchsvoll ist es, über die Upsspitze auf- und wieder abzusteigen; gute Trittsicherheit und Schwindelfreiheit sind jedoch auch hier notwenig.

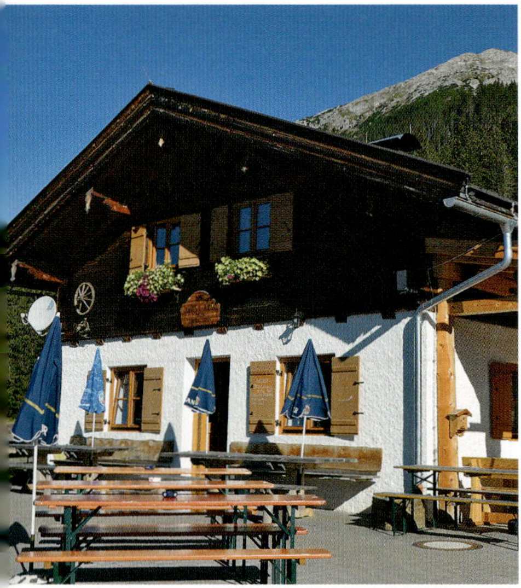

Die Tuftlalm.

Ausgangs- und Endpunkt: Bahnhof von Lermoos, 1004 m.
Anfahrt: Regionalzug von München Hbf (Halt auch in München-Pasing und Tutzing) mit Umsteigen in Garmisch-Partenkirchen. Morgens drei Verbindungen, Dauer 1.45 bis 2 Stunden (bei der kürzeren Verbindung kein Halt in Tutzing).
Deutschlandticket, Bayernticket, Werdenfelsticket und BahnCard gelten auch auf dem österreichischen Streckenabschnitt.
Rückfahrt: Fast stündliche Verbindung bis ca. 21.20 Uhr, Dauer ca. 2 Stunden.
Anforderungen: Kondition und, für den oberen Teil des Aufstiegs, Schwindelfreiheit und gute Trittsicherheit im Geröll und Schotter sowie bei der Querung einer abschüssigen Felsplatte erforderlich. Übergang zur Upsspitze eine kurze Stelle I (etwas ausgesetzt, Schwindelfreiheit Voraussetzung). Abstieg von der Upsspitze steil und geröllig, auch hier Trittsicherheit erforderlich.
Einkehr: Tuftlalm.

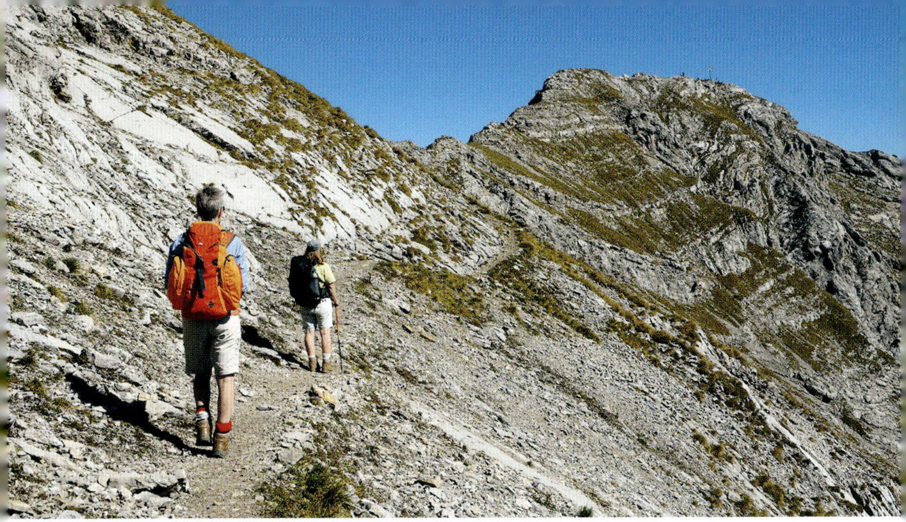

Querung unterhalb der Upsspitze: rechts der Gipfel des Daniel.

Am Bahnhof von **Lermoos** ❶, 1004 m, gehen wir kurz in Fahrtrichtung weiter und gelangen durch eine Unterführung auf die andere Seite der Gleise. Hier gehen wir rechts, passieren den Bahnhof und verlassen den Weg wenig später an einem Wegweiser nach links bergauf. Kurz darauf biegen wir links in einen Steig ein. Über locker mit Fichten bestandene Wiesen geht es steil bergauf in den Wald, bis wir nach gut 20 Minuten auf einen Forstweg stoßen. Rechts führt der Steig weiter und kreuzt bald darauf den Forstweg. Nach einer Weile überqueren wir den Forstweg ein weiteres Mal. Dann kommen wir aus dem Wald heraus, gehen über eine Wiese und überqueren einen Fahrweg. Wir treffen wieder auf den Fahrweg, folgen ihm wenige Meter nach links und verlassen ihn geradeaus auf einen Steig. Dieser führt einen bewaldeten Rücken hinauf zur bewirtschafteten **Tuftlalm** ❷, 1496 m.

Hinter dem Almgebäude folgen wir einem Steig bergauf über eine Wiese, dann geht es den locker mit Fichten bestandenen Hang hinauf, mit schönem Blick zurück in das Becken von Ehrwald und Lermoos. Am Rand des Kars zwischen Upsspitze, Daniel und Gräntjoch schwenkt der Steig nach links und führt, links am Kar entlang, erst durch Latschen, danach

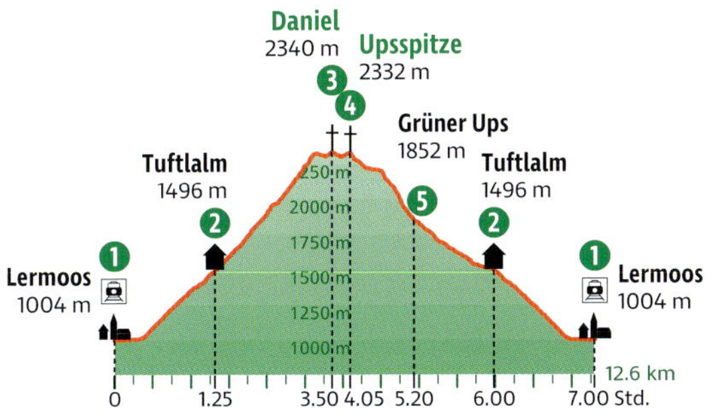

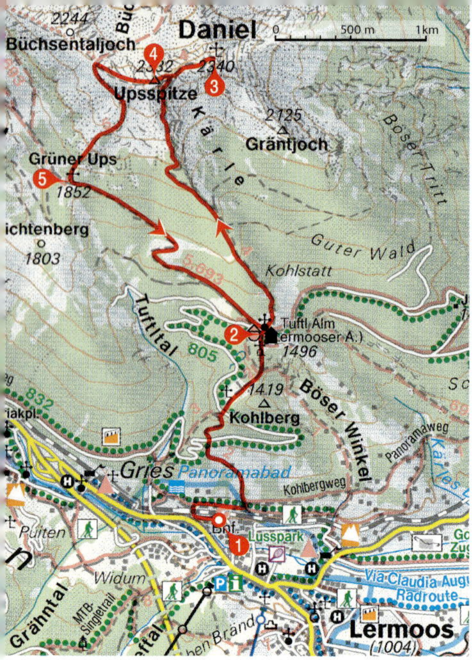

über Geröll einen Rücken hinauf. Dann geht es durch Schotter weiter. Schließlich queren wir unterhalb der Upsspitze und kommen in einen Sattel. Hier halten wir uns rechts. Teils über den Grat, teils rechts davon leitet der etwas ausgesetzte Steig zum Gipfel des **Daniel** ❸, 2340 m. Von hier haben wir eine tolle Aussicht auf Wetterstein und Mieminger Kette, in die Stubaier und Ötztaler Alpen, auf Gartnerwand, Pleisspitze, Roten Stein und Thaneller sowie in die Allgäuer, Tannheimer und Ammergauer Berge.

Vom Gipfel geht es zurück in den Sattel und geradeaus weiter. Dabei halten wir uns links vom Grat und gelangen, mit einer kurzen Kletterstelle (I), in ein paar Minuten hinauf auf die **Upsspitze** ❹, 2332 m.

Der Abstieg vom Gipfel führt Richtung Westen steil und geröllig den Hang hinab bis zu einem Steinmännchen kurz vor einem Wegweiser in einer Senke. Hier biegen wir scharf nach links und queren den Hang unterhalb der Upsspitze, nur leicht an Höhe verlierend. Wir kommen zu einem Wegweiser und folgen diesem steil abwärts durch Latschen zu einer Wiese mit einem Wegkreuz, dem sogenannten **Grünen Ups** ❺, 1852 m. Hier treffen wir auf einen anderen Steig und wenden uns nach links Richtung Lermoos. Durch Latschen, Wald und über eine Wiese stoßen wir, wieder im Wald, auf einen Fahrweg, dem wir links zur **Tuftlalm** ❷ folgen. Auf dem vom Aufstieg bekannten Weg geht es zurück zum Bahnhof von **Lermoos** ❶.

Der Grat zur Upsspitze: Blick in die Lechtaler und Allgäuer Alpen.

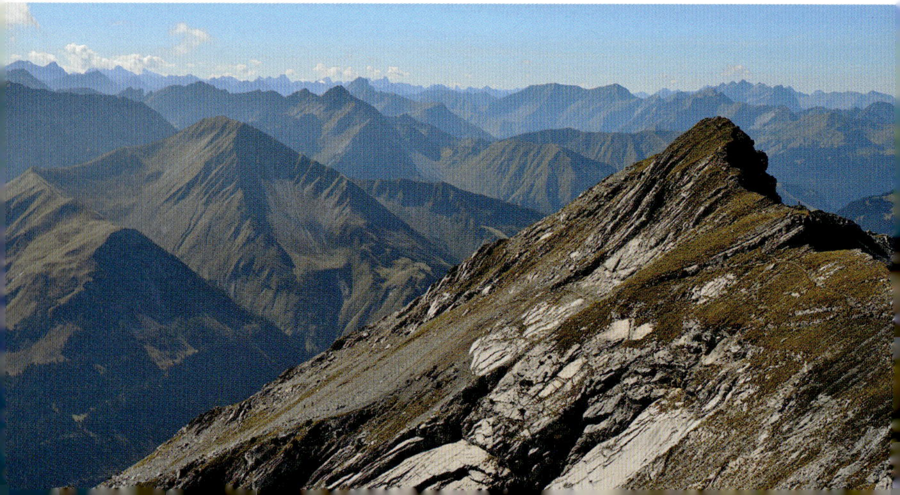

Hoher Ziegspitz, 1864 m

Von Untergrainau über die Stepbergalm

11

6.40 Std. | 16,1 km | ↗1110 m | ↘1110 m

TOP

Logenplatz mit Zugspitzblick

Der Hohe Ziegspitz gehört nicht zu den bekannteren Münchner Hausbergen, dabei kann er mit einer Reihe von Highlights aufwarten. Eines davon ist der abwechslungsreiche Steig, der an den beeindruckenden Felswänden des Gelben Gwänd vorbei zur bewirtschafteten Stepbergalm führt. Ungefähr 480 Schafe sind im Sommer auf der Alm, dazu noch einige Kühe und Jungrinder. Nach einer Querung durch das Weidegebiet geht es hinauf zum Gipfel: Einem kurzen steilen Anstieg folgt ein wunderbarer Kammweg, der mit herrlichem Zugspitzblick auf den höchsten Punkt leitet. Nun ist das Panorama – mit Tiefblick auf den Eibsee – noch umfassender. Am kürzesten ist es, auf dem Aufstiegsweg wieder abzusteigen. Wer allerdings einen einsameren Teil des Ammergebirges erkunden möchte, kann den etwas weiteren Weg über die Rotmoosalm zum Bahnhof von Griesen wählen. Dieser verläuft zwar länger auf Forstwegen und erfordert etwas Orientierungssinn, dafür gewinnt man zum Abschluss einen spannenden Einblick in das Naturwaldreservat Friedergrieß, in dem die sich bewegenden Geröllmassen Bäume zum Absterben bringen, gleichzeitig aber auch wieder neue Vegetation entsteht.

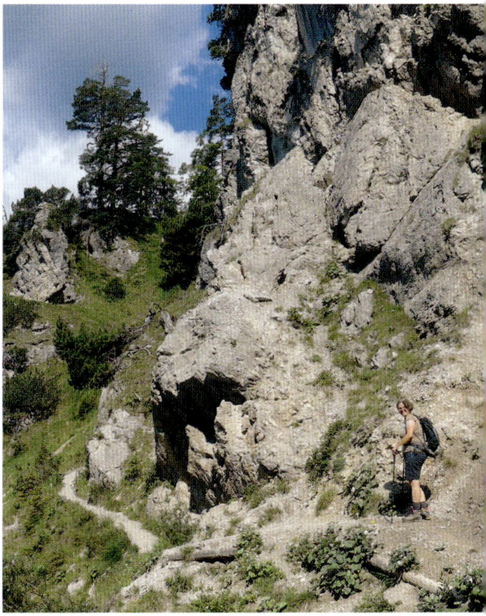

Am Gelben Gwänd.

Ausgangs- und Endpunkt: Bahnhof von Untergrainau, 760 m.
Anfahrt: Mit dem Regionalzug von München Hbf (Halt auch in München-Pasing und Tutzing) mit Umsteigen in Garmisch-Partenkirchen. Morgens drei Verbindungen, Dauer 1.20 bis 1.40 Stunden (bei der kürzeren Verbindung kein Halt in Tutzing).
Rückfahrt: Fast stündliche Verbindung bis ca. 21.50 Uhr, Dauer 1.40 Stunden. Außerdem stündliche Verbindung mit dem Bus (Linie 9840, ab 2026 voraussichtlich Linie 323) zum Bahnhof von Garmisch-Partenkirchen und weiter mit dem Zug, Dauer ca. 1.50 Stunden.
Anforderungen: Trittsicherheit und etwas Schwindelfreiheit erforderlich. Nicht durchgängig beschildert / markiert. Die Variante führt zum Teil durch sumpfiges Gelände und erfordert etwas Orientierungssinn.
Einkehr: Stepbergalm (Montag Ruhetag, außer an Feiertagen).

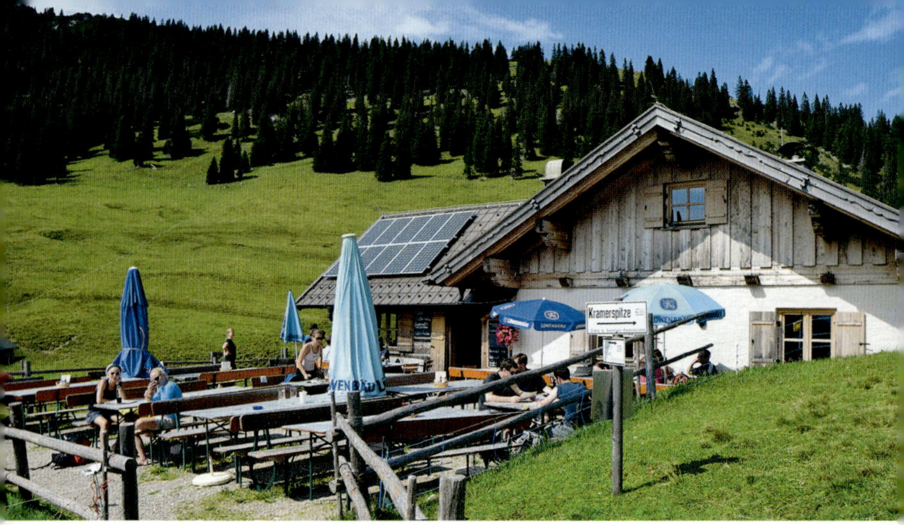

Die Stepbergalm bietet eine gemütliche Einkehr.

Vom Bahnhof **Untergrainau** ❶, 760 m, gehen wir wenige Meter vor zur Straße, folgen ihr nach links über die Gleise und weiter, bis wir auf die Bundesstraße treffen. Auf der anderen Seite leitet uns ein Schild Richtung Herrgottschrofen / Kramerplateauweg in einen nach links ziehenden Fahrweg. Kurz darauf wenden wir uns nach rechts und überqueren auf einer Brücke die Loisach. An der Verzweigung auf der anderen Seite folgen wir dem Schild Richtung Kramerplateauweg geradeaus durch den Wald. Wir kommen an einem Unterstand vorbei und verlassen unseren Weg kurz darauf nach links aufwärts auf einen unmarkierten und unbeschilderten Weg. Bald darauf treffen wir auf einen breiten Schotter-Fahrweg. Wir halten uns links und an der folgenden Gabelung, dem Schild »Stepberg / Kramer« folgend, rechts. Schließlich, knapp eine Stunde nach Beginn der Tour, verlassen wir den Fahrweg in einer Rechtskurve geradeaus auf einen Steig. Dieser zieht durch den Wald und biegt oberhalb des Taleinschnitts der Kramerlaine nach Norden. Dann lichten sich die Bäume und wir kommen an den Felswänden des Gelben Gwänd vorbei. Später geht es, wieder durch Wald, zum Teil in Serpentinen aufwärts, bis wir an der bewirtschafteten **Stepbergalm** ❷, 1583 m, auf einen Querweg stoßen.

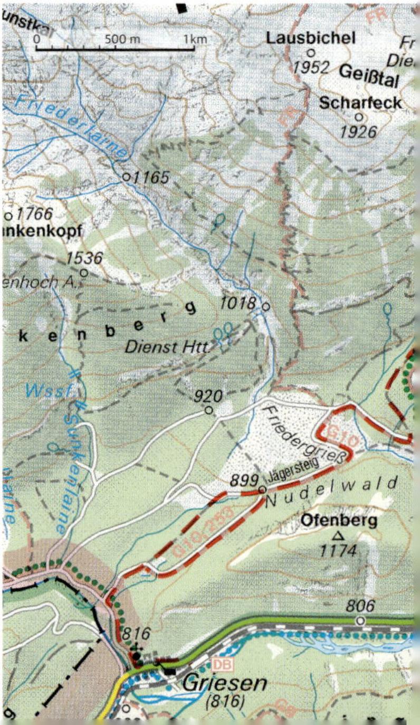

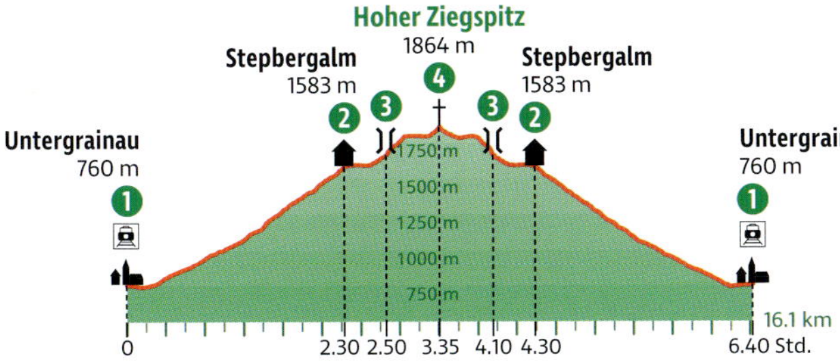

Wir folgen diesem nach links über Almgelände und durch einige Bäume, erst annähernd Höhe haltend, dann etwas ansteigend unter dem Hirschbühel entlang in einen **Sattel** ❸, ca. 1666 m (mit Sitzbank), zwischen Hirschbühel und Ziegspitz. Geradeaus führt ein Weg über die Rotmoosalm nach Griesen hinunter (siehe Variante). Wir aber folgen links dem unmarkierten und unbeschilderten Steig steil hinauf auf den Grat, wo sich uns ein herrlicher Blick eröffnet. Wir wenden uns nach rechts und wandern, zunächst unterhalb des Vorderen Ziegspitz, am steil abfallenden Grashang entlang auf der linken Seite des Grats relativ eben weiter. Zum Schluss geht es noch einmal kurz steil hinauf zum Gipfel des Hohen **Ziegspitz** ❹, 1864 m. Hier blicken wir direkt auf das Wettersteingebirge – die Zugspitze befindet sich fast genau vis-à-vis – mit dem Eibsee rechts davor. Links der Kessel von Garmisch-Partenkirchen und das Karwendel, rechts Außerfern und Ammergauer Alpen.

Der Abstieg erfolgt auf dem Aufstiegsweg.

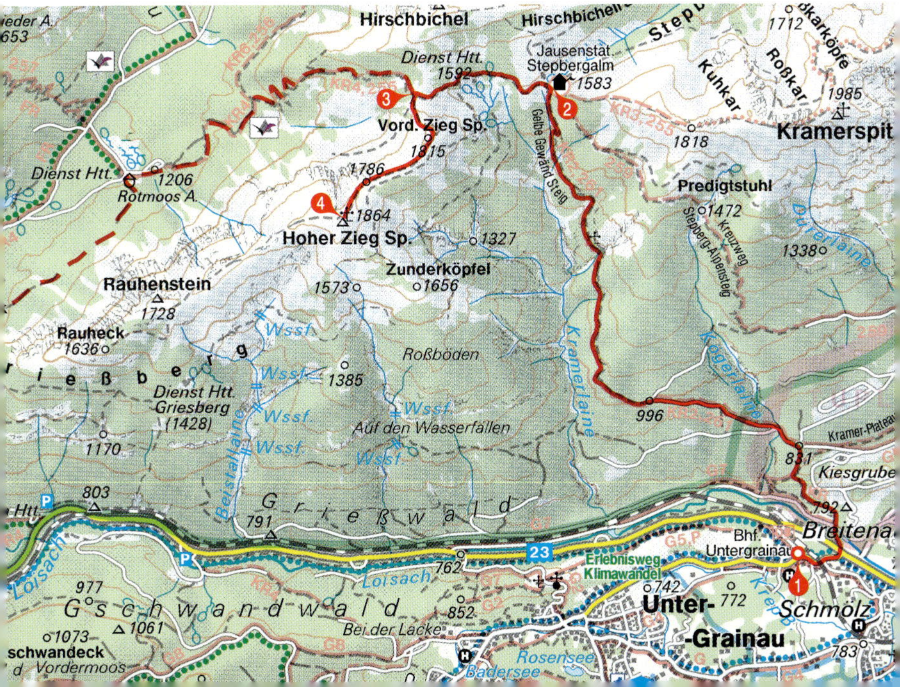

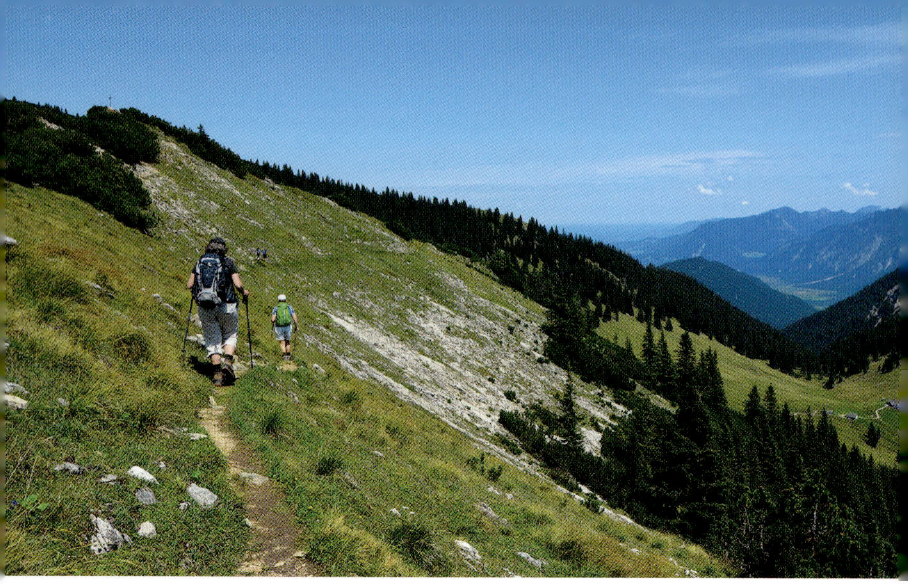

Beim Abstieg vom Hohen Ziegspitz.

Variante: Abstieg vom Sattel zwischen Hirschbühel und Ziegspitz nach Griesen (gut 20 Minuten länger). Obwohl der Abstieg nach Griesen überwiegend auf Fahrwegen verläuft, ist etwas Orientierungssinn erforderlich sowie genügend Abenteuerlust für das Begehen zweier verwachsener, sumpfiger Passagen. Hierzu wenden wir uns im Sattel nach links und folgen dem Fahrweg, an der Abzweigung zur Enningalm vorbei, durch den Wald hinab zur Rotmoosalm, 1206 m.
Dort halten wir uns links zwischen den Almhütten hindurch (nicht beschildert). Ein Forstweg führt uns leicht bergauf und bergab. Wo er endet, gehen wir geradeaus auf dem Steig abwärts. Der Steig geht in einen Fahrweg über und führt auf eine breite Schotterstraße hinab. Gegenüber leitet ein unscheinbarer, nicht markierter sumpfiger Pfad nach links ziehend hinab. Der Pfad wird breiter, ist aber immer noch morastig, und trifft, bald nachdem wir einen Bach überquert haben, auf einen Schotter-Fahrweg. Diesem folgen wir nach rechts, überqueren wieder den Bach, bald darauf einen zweiten und wandern in einem weiten Bogen durch das Friedergrieß. Dann biegt der Fahrweg nach rechts, wird später breiter und zieht kurz darauf leicht nach links aufwärts. Wer bequem weitergehen möchte, bleibt auf dem Fahrweg. Interessanter aber ist es, ihn nach rechts auf eine undeutliche Fahrspur zu verlassen. Diese führt ein Stück durch das Grieß und verliert sich dann. Wir behalten die Richtung bei und folgen einem sumpfigen, teilweise kaum sichtbaren Pfad durch den Wald. Dieser trifft wieder auf den Schotter-Fahrweg. Wir halten uns rechts und stoßen bald auf ein querendes Fahrsträßchen. Hier wenden wir uns nach links, kommen zur Bundesstraße und folgen dieser nach links an den Häusern von Griesen, 816 m, vorbei zum Bahnhof. Rückfahrt mit Umsteigen in Garmisch-Partenkirchen, drei Verbindungen am Nachmittag, zwei am Abend, Dauer 1.45 Stunden.

Kramerspitze, 1985 m
Überschreitung von St. Martin zur Stepbergalm

8.30 Std. | 20,5 km | ↗1300 m | ↘1300 m

Lohnender Klassiker gegenüber dem Wetterstein

Eindrucksvoll ragt das Massiv der Kramerspitze westlich von Garmisch-Partenkirchen in die Höhe und kommt dabei schon recht nahe an die 2000-Meter-Marke heran. Von zwei Seiten kann man den Gipfel auf schönen Wegen und Steigen erreichen, die sich gut zu einer großzügigen Rundtour verbinden lassen. Der hier vorgestellte Aufstiegsweg führt von Garmisch über St. Martin hinauf. Schon von der Terrasse dieses beliebten Berggasthauses, das übrigens auch im Winter auf geräumtem Forstweg problemlos zu erreichen ist, hat man einen tollen Blick auf Garmisch-Partenkirchen und in die imposante Nordseite des Wettersteins. Allerdings sollte die Pause nicht zu lang sein, zu viele Höhenmeter sind noch zu bewältigen. Der schöne Wetterstein-Blick bleibt uns erhalten und vom Gipfel können wir dann ein 360°-Panorama genießen. Der Abstiegsweg führt über den Westrücken des Kramer und die bewirtschaftete Stepbergalm. Einziger Wermutstropfen der ansonsten herrlichen Überschreitung: Vom Berggasthof Almhütte etwas oberhalb von Garmisch zum Bahnhof dauert es noch 50 Minuten, aber immerhin gibt es auf dem Weg durchs Zentrum von Garmisch viele nette Einkehrmöglichkeiten.

Ausgangs- und Endpunkt: Bahnhof von Garmisch-Partenkirchen, 708 m.
Anfahrt: Regionalzug von München Hbf (Halt auch in München-Pasing und Tutzing). Täglich stündliche Verbindung, Dauer ca. 1.20 Stunden. Samstag, Sonn- und Feiertag morgens drei zusätzliche, schnellere Verbindungen (kein Halt in Tutzing), Dauer ca. 1.10 Stunden.
Rückfahrt: Stündliche Verbindung bis zum späten Abend, Dauer ca. 1.20 Stunden. Samstag, Sonn- und Feiertag gegen Abend drei zusätzliche, schnellere Verbindungen (jeweils ohne Halt in Tutzing), Dauer ca. 1.10 Stunden.
Anforderungen: Gute Wege und Steige. Im oberen Teil des Aufstiegs etwas ausgesetzt. Beim Abstieg zur Stepbergalm kurze etwas abschüssige, überwiegend mit Drahtseil gesicherte Passagen durch rutschigen Schotter. Kondition und gute Trittsicherheit erforderlich.
Einkehr: St. Martin am Grasberg (Dienstag Ruhetag), Stepbergalm (Montag Ruhetag, außer an Feiertagen), Berggasthof Almhütte (Mittwoch Ruhetag).
Variante: Beim Abstieg von der Stepbergalm über das Gelbe Gwänd nach Untergrainau verkürzt sich die Gehzeit um 45 Minuten (siehe Tour 11).

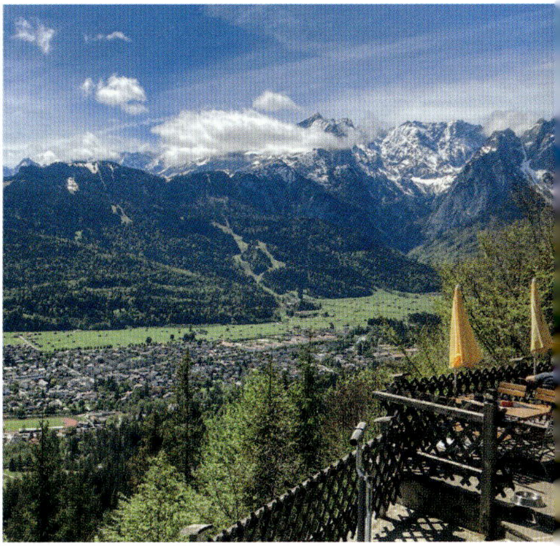

Blick von St. Martin am Grasberg.

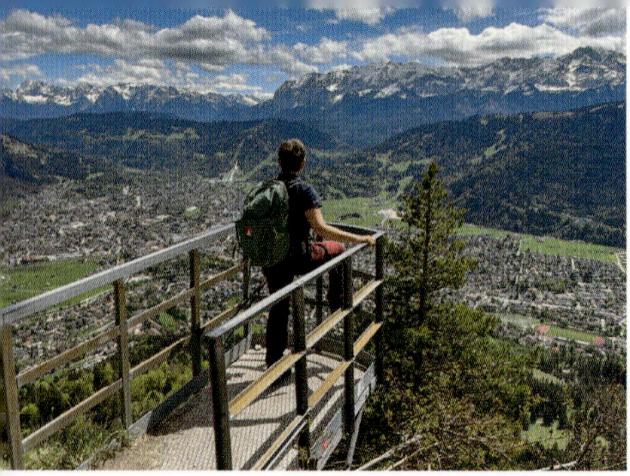

Auf der »Felsenkanzel«.

Den Bahnhof von **Garmisch-Partenkirchen** ❶, 708 m, verlassen wir durch den hinteren Ausgang und gehen, links sehen wir das Gebäude der Zugspitzbahn, nach rechts zur St.-Martin-Straße. Dieser folgen wir nach links, biegen an der zweiten Querstraße, der Klammstraße, rechts ab und erreichen das Zentrum von Garmisch. Hier überqueren wir einen kleinen Platz und gehen geradeaus in die Fürstenstraße. An der großen Querstraße halten wir uns rechts, überqueren gleich darauf an einer Mehrfachkreuzung erst die Loisach, und dann an der Ampel die große Straße nach links. Leicht nach links versetzt folgen wir weiter der Fürstenstraße. Noch vor der Kirche verlassen wir diese nach links in die Lazarettstraße und gehen geradeaus bis zu einer Verzweigung. Hier links in die Brauhausstraße umgehen wir ein abgezäuntes Grundstück und erreichen die Bayernhalle.

Hier zweigt an einer Wandertafel ein asphaltierter Weg nach links ab. An der Abzweigung gleich darauf leitet uns das Schild »Kramerplateauweg, Kellerleitensteig« nach rechts einige Kehren durch den Wald hinauf. Wir kreuzen den Kramerplateauweg und folgen dem schmaleren Kellerleitensteig, teils über Treppen, aufwärts bis zu einer Verzweigung. Hier halten wir uns links Richtung St. Martin am Grasberg, treffen auf einen Forstweg und folgen diesem nach rechts. An einer Gabelung links (rechts am Gasthaus vorbei geht es direkt Richtung Kramerspitze) erreichen wir gleich darauf das **Berggasthaus St. Martin** ❷ am Grasberg, 1028 m, mit seiner schönen Aussichtsterrasse.

Auf der anderen Seite der Terrasse gehen wir hinter dem Gasthaus ca. 50 Meter bergauf und folgen dem Weg nach links. Bald lichtet sich der Wald, sodass wir immer wieder auf Garmisch-Partenkirchen hinunterschauen können. Auf einem Höhenweg gelangen wir zur sogenannten **Felsenkanzel** ❸, 1238 m, einer über den Abgrund gebauten kleinen Aussichtsplattform aus Metall. Dahinter geht es erst noch kurz weiter am Hang entlang, dann in Kehren durch den wieder dichter werdenden Wald aufwärts. An einer Abzweigung ca. 30 Minuten nach der Felsenkanzel halten wir uns links. Bald geht der Wald in Latschen über und der Steig

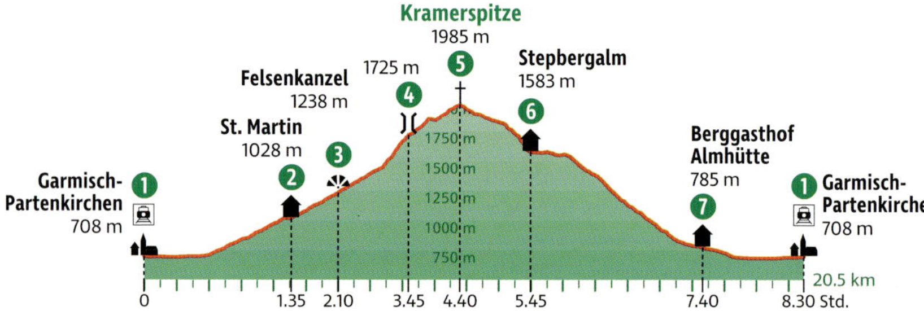

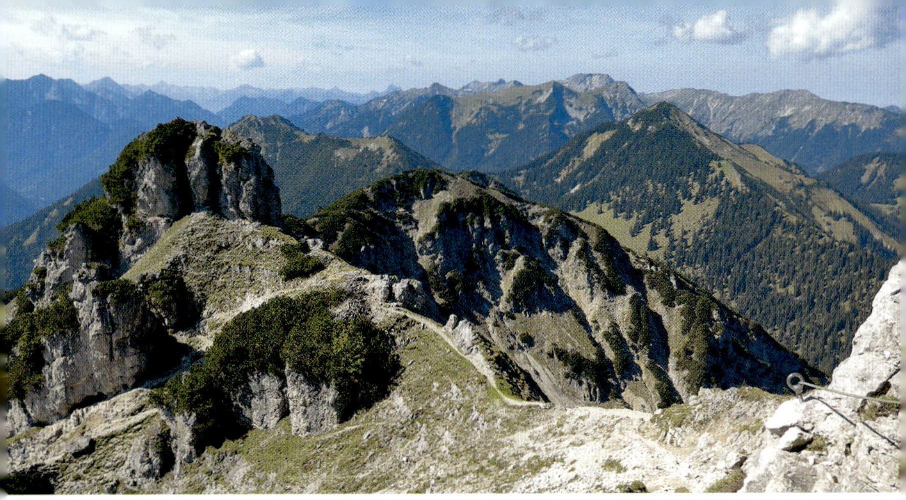

Unterhalb des Gipfels: Ausblick bis in die Allgäuer Alpen.

führt steiler bergauf. Schließlich kommen wir in einen **Sattel** ❹, ca. 1725 m, von dem wir nun auch nach Norden auf Felderkopf, Zunderkopf, Brünstelskopf und Notkarspitze blicken können. Einen großen Teil der Höhenmeter haben wir nun schon geschafft, doch das verbleibende Wegstück ist nicht zu unterschätzen. Am Sattel wenden wir uns nach links und folgen dem Grat auf eine grasige Erhebung. Hier halten wir uns geradeaus, verlieren ein paar Höhenmeter und umgehen einen Gratkopf auf der rechten Seite durch Schuttreißen. Nach einer Weile knickt der Steig scharf nach links, führt den mit Latschen und Felsen durchsetzten Grashang hinauf und trifft wieder auf den Grat. Diesem folgen wir nach rechts auf den Gipfel der **Kramerspitze** ❺, 1985 m. Hier befinden

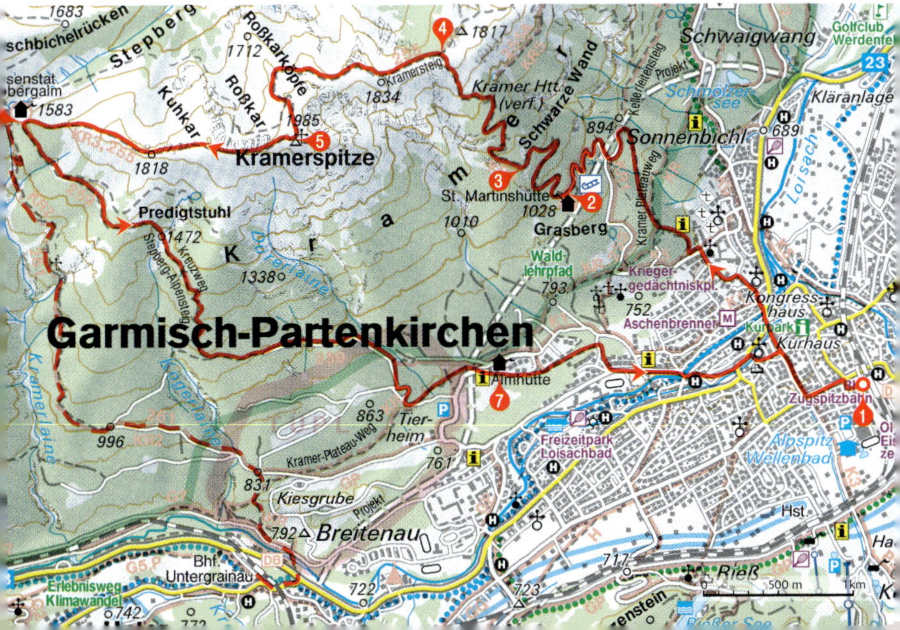

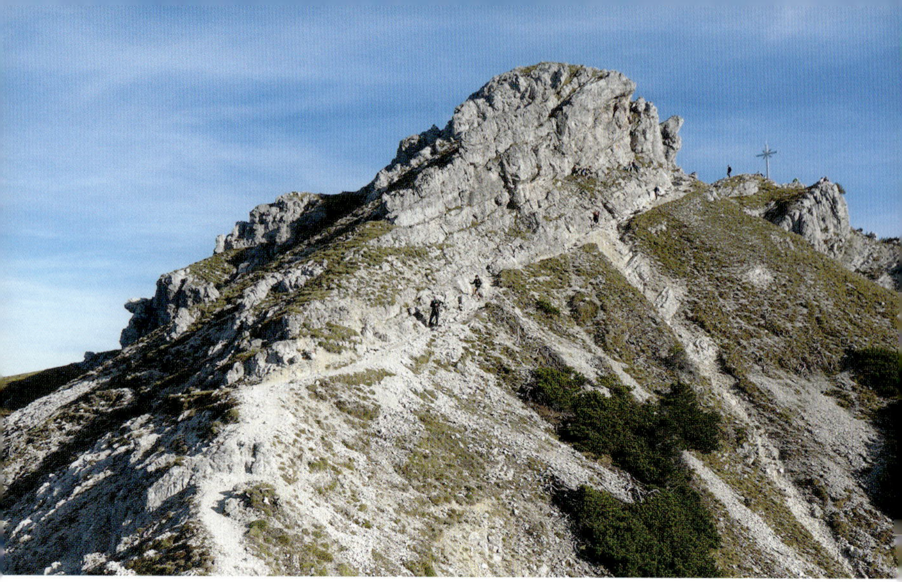

Der Gipfel der Kramerspitze mit unserem Abstiegsweg.

wir uns direkt über Garmisch-Partenkirchen und blicken auf Estergebirge, Karwendel, Wetterstein und in die Ammergauer Alpen.

Vom Gipfel folgen wir dem Steig nach rechts hinab. Eine kurze leicht abschüssige Passage durch rutschigen Schotter ist mit einem Drahtseil gesichert, ebenso ein felsiger Abschnitt kurz darauf. Anschließend geht es erst links vom Grat auf einem Höhenweg sanft bergab, dann führt uns ein gerölliger Weg durch Latschengassen und schließlich über eine Wiese steiler hinunter, bis wir die bewirtschaftete **Stepbergalm ❻**, 1583 m, erreichen.

An der Terrasse der Alm biegen wir, dem Schild »Garmisch, Kreuzweg 259« folgend, scharf nach links ab. Der Weg zieht fast eben in den lichten Wald und führt einige Male etwas auf und ab, bevor er im Taleinschnitt der Kögerlaine, abwechselnd in Serpentinen und am Hang entlang, abwärts führt. Schließlich wendet er sich nach Osten und biegt, kurz vor der Dürerlaine, nach rechts. An einer Gabelung ignorieren wir den Weg nach links, treffen kurz darauf auf ein Schottersträßchen und folgen diesem nach links zu einer Kreuzung, an der wir, wieder links, in den Kramerplateauweg einbiegen. An einer Abzweigung halten wir uns rechts zum **Berggasthof Almhütte ❼**.

Wir folgen rechts am Haus entlang dem ausgeschilderten Fußweg hinab, der am Sportplatz auf die Maximilianstraße trifft. Hier, nun schon im Ortsgebiet von Garmisch, halten wir uns links. An einer Brücke überqueren wir die Loisach, gehen schräg links in die Von-Müller-Straße und folgen dieser bis zu einem Springbrunnen mitten auf einem Platz. Mit Blick auf die Kirche gehen wir geradeaus weiter bis zur Hauptstraße, hier kurz rechts und dann über die Ampel links in die Fußgängerzone. Geradeaus und dann rechts treffen wir wieder auf den vom Hinweg bekannten kleinen Platz, gehen rechts in die Klammstraße und auf bekanntem Weg zum Bahnhof von **Garmisch-Partenkirchen ❶** zurück.

Höllentalangerhütte, 1387 m

Von Hammersbach durch die Höllentalklamm

13

4.20 Std. | 11,8 km | ↗ 750 m | ↘ 750 m

TOP

Idylle mit imposanter Felskulisse

Die Höllentalklamm bietet ein grandioses Naturschauspiel. Ein künstlich in den Fels gebauter Steig führt durch Tunnel und Galerien, über Brücken und Treppen, vorbei an Wasserfällen und Gumpen. Das Wasser des Hammersbachs donnert durch die tief eingeschnittene Klamm und es eröffnen sich immer wieder neue Ausblicke, während wir langsam bergauf steigen. Schließlich weitet sich die Schlucht und wir kommen aus der feuchten Kühle wieder in die Sonne. Weiter geht es auf einem schönen Weg bis in den Kessel am Talschluss, den Höllentalanger. An diesem idyllischen Platz befindet sich die gleichnamige Hütte, umgeben von einer imposanten Kulisse aus so mächtigen Gipfeln wie den Höllentalspitzen, der Zugspitze, den Riffelköpfen und dem Großen Waxenstein. Die Höllentalangerhütte ist Zwischenstation auf dem Weg zur Zugspitze über den Höllentalferner. Da das alte Gebäude stark sanierungsbedürftig war, wurde es 2014/15 durch einen Neubau ersetzt. Die historische Höllentalangerhütte wurde im Garten des Alpinen Museums in München wieder aufgebaut. Auf dem Rückweg nach Hammersbach über den Stangensteig überqueren wir die Höllentalklamm auf einer Brücke in 76 Meter Höhe. Der Tiefblick ist spektakulär!

Ausgangs- und Endpunkt: Bahnhof von Hammersbach, 758 m, Haltestelle der Bayerischen Zugspitzbahn.
Anfahrt: Von München Hbf mit dem Regionalzug (Halt auch in München-Pasing und Tutzing) bis Garmisch-Partenkirchen, dort umsteigen in die Bayerische Zugspitzbahn (dorthin durch den hinteren Ausgang des Bahnhofs von Garmisch-Partenkirchen). Stündliche Verbindung, Dauer 1.55 Stunden. Hammersbach ist Bedarfshaltestelle. Deutschlandticket und Bayernticket gelten in der Zugspitzbahn bis Hammersbach, das Werdenfelsticket gilt dort nicht.
Rückfahrt: Zurück stündliche Verbindung bis zum späten Nachmittag, im Juli und August eine Stunde länger, Dauer 1.55 Stunden. Außerdem stündliche Verbindung bis zum späten Abend mit dem Bus (Linie 9840, ab 2026 voraussichtlich Linie 323) zum Bahnhof von Garmisch-Partenkirchen und weiter mit dem Regionalzug, Dauer 2 Stunden.
Anforderungen: Der Weg durch die Klamm ist gut ausgebaut und gesichert. Für den Abstieg auf dem kaum gesicherten und teilweise ausgesetzten Stangensteig gute Trittsicherheit und Schwindelfreiheit erforderlich. Mit Kindern auf dem Aufstiegsweg absteigen.
Einkehr: Höllentalklamm-Eingangshütte, Höllentalangerhütte (Übernachtungsmöglichkeit).
Hinweis: Die Höllentalklamm ist nur von Mitte / Ende Mai bis Ende Oktober (witterungsabhängig) geöffnet. Ermäßigter Eintritt für AV-Mitglieder.

In der Höllentalklamm.

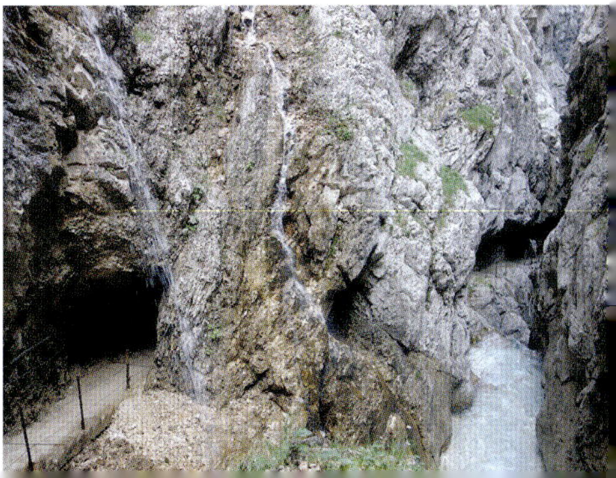

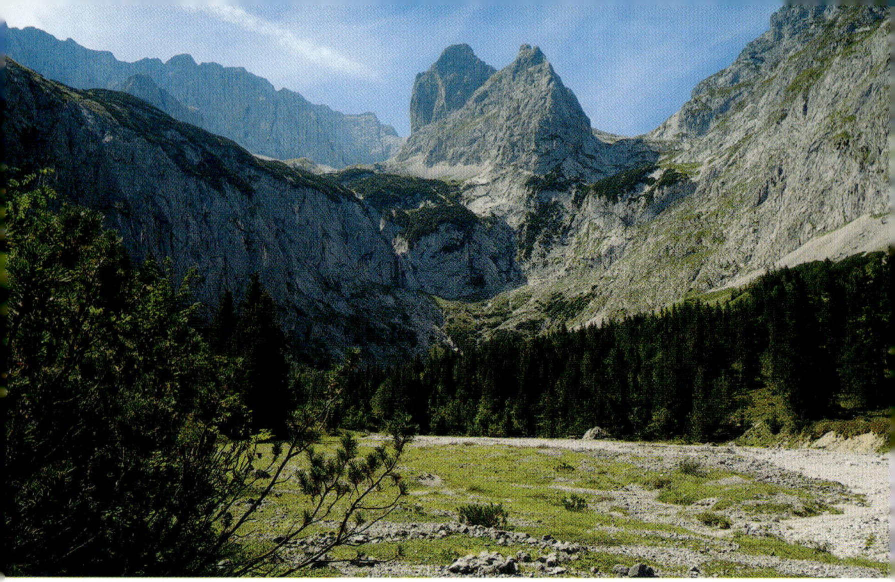

Der Höllentalanger im Talschluss des Höllentals.

Vom Bahnhof **Hammersbach** ❶, 758 m, gehen wir wenige Meter in Fahrtrichtung, wenden uns vor dem Bach nach links und überqueren die Straße. Zunächst geht es weiter am Bach entlang durch den Wald, dann leitet der Weg, kurz nachdem wir den Bach überquert haben, von diesem nach rechts aufwärts weg. Wir treffen auf einen Forstweg und folgen diesem geradeaus. Bald darauf schwenkt der Weg zurück an den Bach und führt an zwei Materialseilbahnen vorbei. Nun deutlicher bergauf gelangen wir nach kurzer Zeit zu einer Verzweigung. Rechts geht es zum Stangensteig, links erreichen wir gleich darauf die **Höllentalklamm-Eingangshütte** ❷, 1045 m. Direkt dahinter beginnt die eindrucksvolle Klamm. Wir folgen dem in den Fels gesprengten, gut angelegten Weg durch Tunnel und über Treppen am tosenden Hammersbach entlang. Immer wieder eröffnen sich neue Perspektiven. An einem Schild sehen wir weit über uns die Brücke des Stangensteigs über die Klamm führen. Schließlich verlassen wir die enge Schlucht, die Felswände treten zurück und wir genießen die warmen Sonnenstrahlen. Kurz darauf zweigt links der Stangensteig ab, unser Rückweg. Erst aber folgen wir dem schönen Weg weiter hinauf, bis sich das Tal zu einem beeindruckenden Felsenkessel weitet. Hier, an diesem gleichzeitig imposanten und

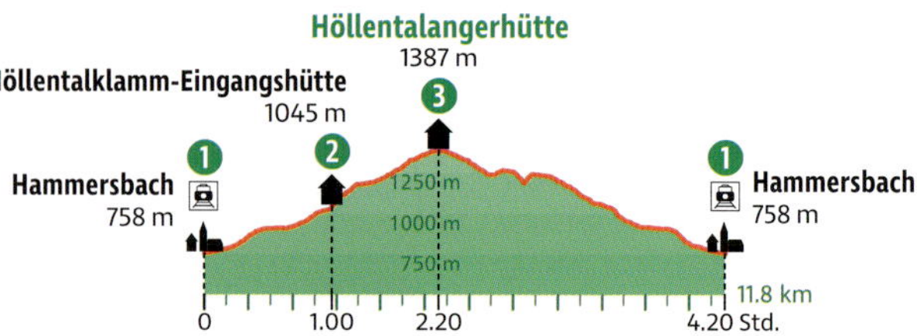

idyllischen Platz, befindet sich die **Höllentalangerhütte 3**, 1387 m. Nach einer ausgiebigen Pause gehen wir auf demselben Weg zurück bis zur Abzweigung des Stangensteigs (ausgeschildert). Wir folgen dem Steig hinunter zum Bach, überqueren diesen auf einer Brücke und gehen auf der anderen Seite kurz steil hinauf. Dann führt uns ein herrlicher Höhenweg, noch etwas weiter ansteigend, oberhalb der Klamm entlang. Schließlich geht es in Kehren wieder hinab und wir überqueren die Schlucht auf der Brücke, die wir auf dem Hinweg von unten gesehen haben. Der Tiefblick ist atemberaubend. Auf der anderen Seite steigen wir erst wieder einige Höhenmeter hinauf, dann führt der Weg mit Blick auf die Wände der Klamm weiter, bis sich die Sicht auf Kramerspitze, Garmisch und Estergebirge öffnet. Unser Weg zieht über Felsbänder und schließlich in Kehren durch den Wald bergab. An einer Ab-

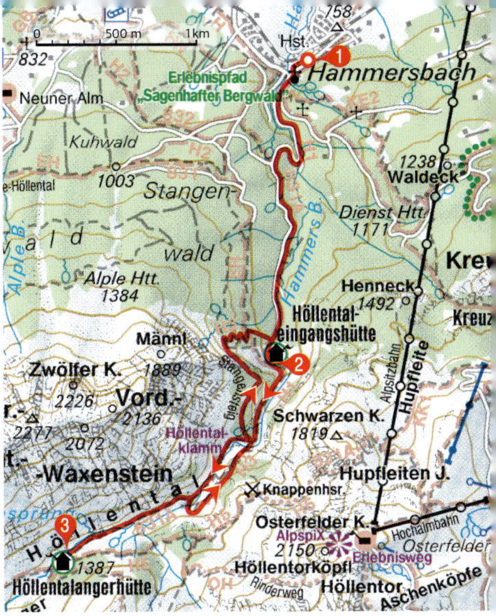

zweigung zum Eibsee vorbei treffen wir in der Nähe der Höllentalklamm-Eingangshütte auf den vom Hinweg bekannten Weg. Auf diesem gehen wir zum Bahnhof von **Hammersbach 1** zurück.

Die Höllentalangerhütte.

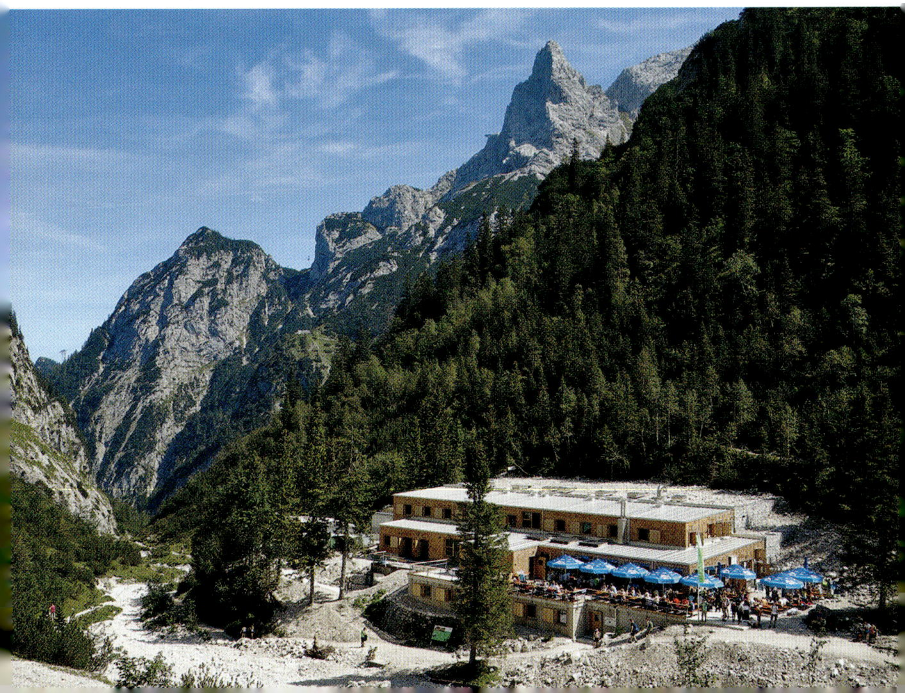

14 Zugspitze, 2962 m
Durch das Reintal

2 Tage | 23,9 km | ↗ 2300 m | ↘ 40 m

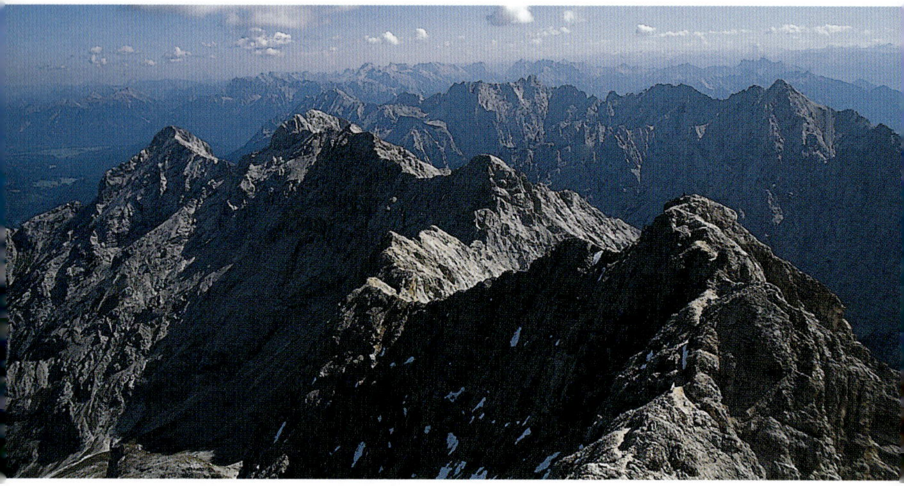

Der Jubiläumsgrat vom Gipfel der Zugspitze.

Wanderweg auf Deutschlands höchsten Berg

Wer hätte nicht schon einmal auf Deutschlands höchsten Berg steigen wollen? Die hier vorgestellte Route, die in zwei Tagen durch das idyllische Reintal und über das Zugspitzplatt hinaufführt, ist zwar weit, aber der leichteste Anstiegsweg. Auf ihm können alle, die über Kondition, gute Trittsicherheit und etwas Schwindelfreiheit verfügen, auf den Gipfel gelangen. Über die urige Reintalangerhütte erreichen wir am ersten Tag die Knorrhütte am Rand des Zugspitzplatts. Am nächsten Tag geht es über das Schneefernerhaus auf den Gipfel. Im Schneefernerhaus befindet sich seit 1999 ein Zentrum für Höhen- und Klimaforschung. Davor war es 60 Jahre lang Deutschlands höchstgelegenes Hotel. Der Schneeferner ist inzwischen fast komplett zurückgegangen, der Südliche Schneeferner hat seinen Status als Gletscher bereits verloren. Schon die Verbauungen des Skigebiets hier sind kein schöner Anblick, aber spätestens auf dem Gipfel ist es endgültig vorbei mit dem Naturgenuss. Zahllose Menschen werden Tag für Tag mit drei Bergbahnen heraufgeschafft, und die Infrastruktur lässt keinen freien Platz. Eine Alpenvereinshütte, verschiedene Einkehrmöglichkeiten, Ausstellungsräume, Sendeanlagen sowie eine Wetterstation gibt es hier. Kaum ein anderer Gipfel ist so verbaut. Trotzdem, die Aussicht ist grandios, und das Erlebnis lohnt die Mühe allemal.

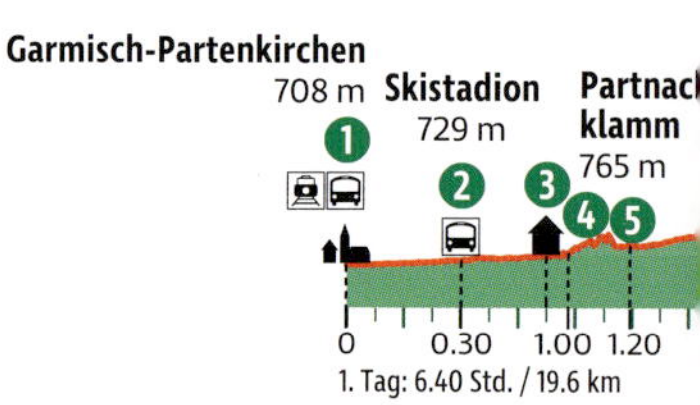

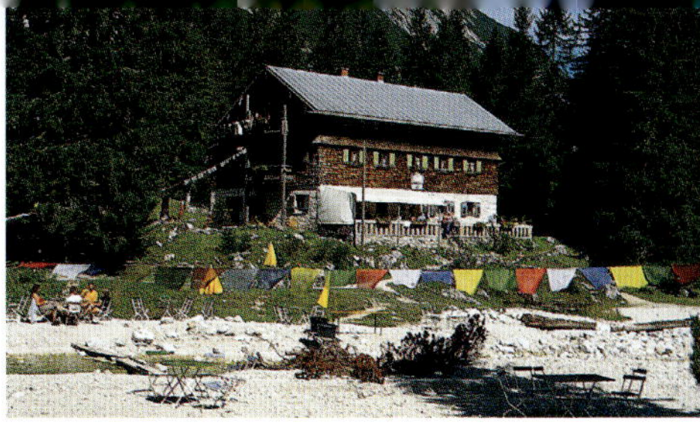

Die Reintalangerhütte.

Ausgangspunkt: Bahnhof von Garmisch-Partenkirchen, 708 m.
Anfahrt: Regionalzug von München Hbf (Halt auch in München-Pasing und Tutzing). Täglich stündliche Verbindung, Dauer ca. 1.20 Stunden. Samstag, Sonn- und Feiertag morgens zusätzlich drei schnellere Verbindungen (kein Halt in Tutzing), Dauer ca. 1.10 Stunden. Vom Bahnhof von Garmisch-Partenkirchen je nach Verbindung mit dem Ortsbus (Linie 2 Richtung Klinikum, Deutschlandticket und Bayernticket sind gültig) zum Skistadion (30 Minuten Fußweg weniger).
Endpunkt: Eibsee, 970 m.
Rückfahrt: Mit der Bayerischen Zugspitzbahn oder mit dem Bus (Linie 9840, ab 2026 voraussichtlich Linie 323) von Eibsee nach Garmisch-Partenkirchen und weiter mit dem Regionalzug nach München. Jeweils stündliche Verbindung, Zugspitzbahn bis 17.15 Uhr, im Juli und August bis 18.15 Uhr, Bus bis ca. 19.10 Uhr. Dauer 2.10 bzw. 2.15 Stunden. Deutschlandticket und Bayernticket sind in der Zugspitzbahn erst ab Grainau gültig, das Werdenfelsticket gar nicht.
Höhenunterschied / Gehzeit:
1. Tag: 1390 m↑, 40 m↓; 6.40 Std.
2. Tag: 910 m↑, 0 m↓; 3.30 Std.
gesamt: 2300 m↑, 40 m↓; 10.10 Std.
Anforderungen: Kondition, gute Trittsicherheit und etwas Schwindelfreiheit erforderlich. Vom Schneefernerhaus zum Gipfel erst durch ein steiles Geröllfeld, dann mit Seilsicherung über Fels und Schrofen. Dieses Stück kann man sich ersparen, wenn man vom Skigebiet Zugspitze mit der Seilbahn hinauffährt. Vorsicht an den letzten Metern zum Gipfelkreuz: Hier herrscht Gedränge und der Fels ist speckig.
Einkehr: Klammhaus (Mittwoch Ruhetag), Bockhütte (geöffnet Ende Juni bis Anfang September täglich, restlicher Juni und September an den Wochenenden), Reintalangerhütte (Übernachtungsmöglichkeit, Tel. +49 160 97503090, alpenverein-muenchen-oberland.de), Knorrhütte (Übernachtungsmöglichkeit, Tel. +49 151 14443496, alpenverein-muenchen-oberland.de), Sonn-Alpin, mehrere Einkehrmöglichkeiten auf der Zugspitze (eingeschränkte Übernachtungsmöglichkeit für Alpinistinnen und Alpinisten im Münchner Haus, Tel. +49 8821 2901, alpenverein-muenchen-oberland.de).

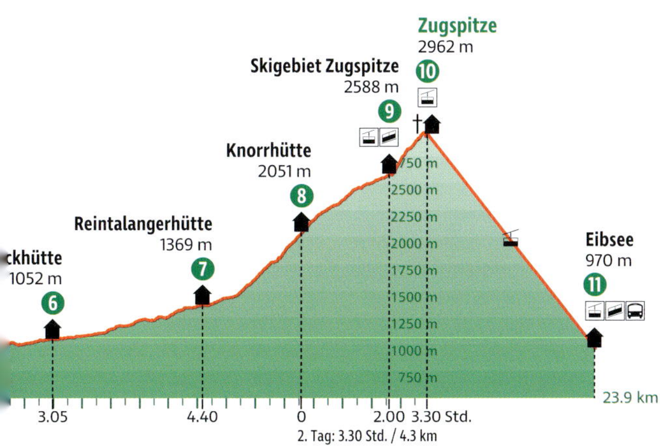

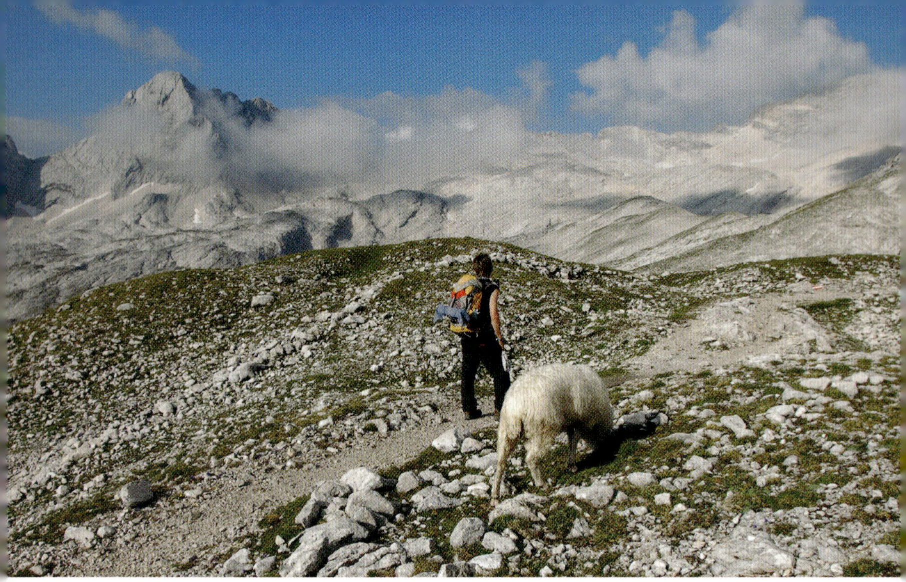

Am zweiten Tag führt der Weg über das Zugspitzplatt.

1. Tag:
Vom Bahnhofsvorplatz in **Garmisch-Partenkirchen ❶**, 708 m, gehen wir kurz geradeaus die Bahnhofstraße entlang, dann rechts in die Partnachauenstraße. Erst rechts, dann links der Partnach kommen wir durch eine Grünanlage, gehen unter einem Bahngleis hindurch geradeaus den Schotterweg weiter und treffen am **Skistadion ❷** auf eine Asphaltstraße.
Hier wenden wir uns nach rechts und kommen erst an der Lenz'n-Hütte, dann am **Klammhaus ❸** und einem Kiosk vorbei. Nun führt ein Fußweg direkt an der Partnach entlang zum Eingang der gebührenpflichtigen **Partnachklamm ❹**.
Durch Tunnel und auf Galeriewegen geht es am tosenden Bach entlang durch die tief eingeschnittene Klamm, kaum ein Sonnenstrahl dringt nach unten. Bereits nach gut 15 Minuten weitet sich die Schlucht wieder. An der Verzweigung kurz darauf halten wir uns rechts an der Partnach entlang, überqueren einen ihrer Zuflüsse und erreichen eine **Kreuzung ❺**, 797 m, mit mehreren Wegweisern. Wir folgen den Schildern Richtung Reintalangerhütte und Knorrhütte geradeaus, überqueren die Partnach und wandern nun leicht steigend auf einem schotterigen Fahrsträßchen taleinwärts. An der Einmündung in ein anderes Schottersträßchen bleiben wir an der Partnach und überqueren gleich darauf einen Bach. An der Abzweigung direkt dahinter folgen wir dem Fußweg zehn Minuten, treffen wieder auf das Fahrsträßchen und halten uns rechts. Schließlich geht das Sträßchen in einen Fußweg über, der

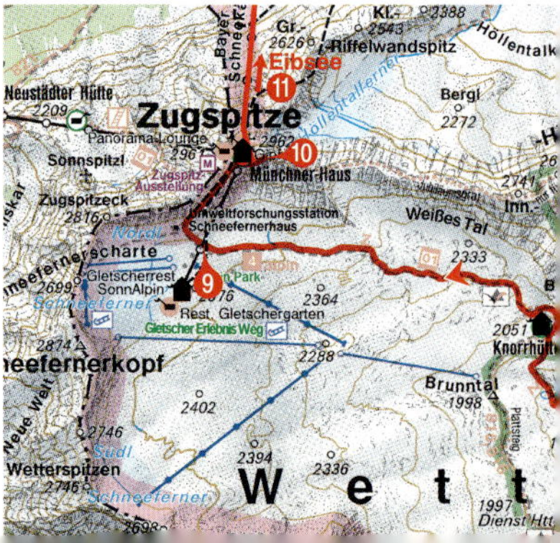

nun direkt an der Partnach, erst auf ihrer rechten, dann auf ihrer linken Seite, weiterführt. An einer Gabelung halten wir uns rechts, überqueren den Bach ein weiteres Mal und erreichen die **Bockhütte** ❻, 1052 m.

Von der Hütte wandern wir weiter in das romantische Reintal hinein, wuchtige Felswände ragen nun neben uns auf. Schließlich weitet sich das Tal etwas und wir erreichen die idyllisch gelegene, urige **Reintalangerhütte** ❼, 1369 m. Hier flattern nepalesische Gebetsfahnen über der Partnach im Wind. Die Hüttenterrasse ist nicht sehr groß, aber an den Tischen direkt am Ufer sitzt es sich sowieso schöner.

Nach einer ausgiebigen Rast folgen wir dem Weg weiter in den Talkessel hinein, an einer Abzweigung zum Partnachursprung vorbei. Im hinteren Teil des Kessels überqueren wir entlang von Steinmännchen ein Geröllfeld. An dessen Ende beginnt linkshaltend der steile Aufstieg Richtung Knorrhütte (auf die Markierungen achten). Nach ungefähr einer Stunde teilt sich an einer Geröllmulde der Weg. Wir folgen dem sogenannten Felsensteig nach links durch die Mulde, gehen in einem Rechtsbogen weiter und steigen dann – die Vegetation wird immer spärlicher – entlang der Markierungen im Geröll bergauf, bis wir plötzlich vor der **Knorrhütte** ❽, 2051 m, stehen.

2. Tag:

Am nächsten Tag leitet uns das Schild »Sonnalpin, Zugspitze« steil bergauf. An der Verzweigung halten wir uns links entlang den Markierungen (nicht dem Schild »Zugspitze über Jubiläumsgrat« nach rechts folgen). Nun weniger steil ansteigend überqueren wir die Hochfläche des

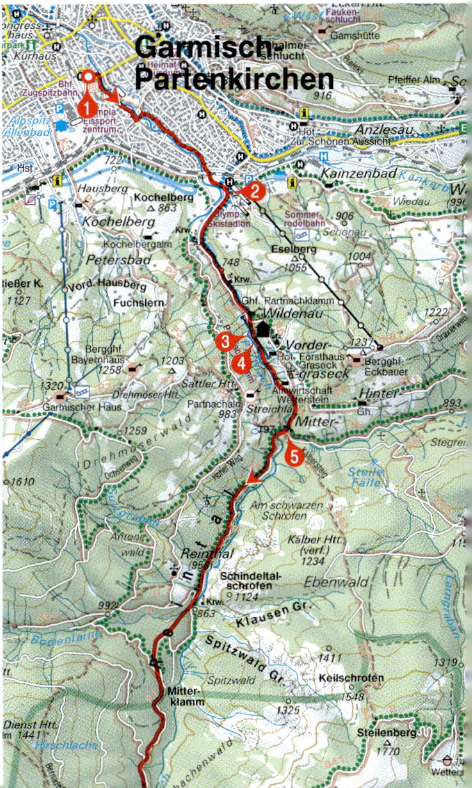

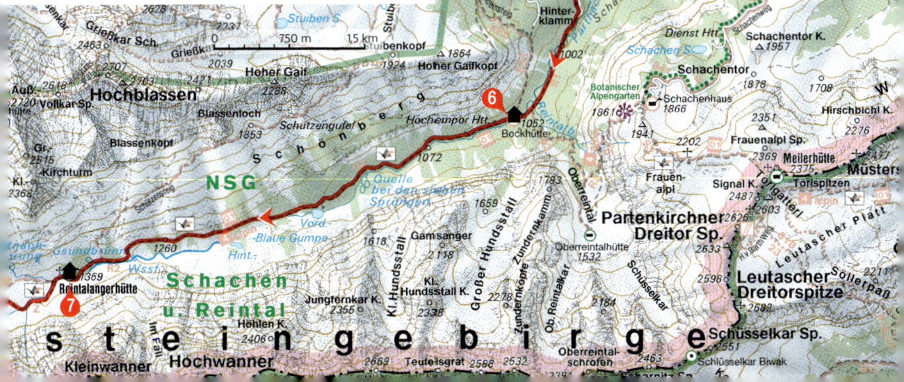

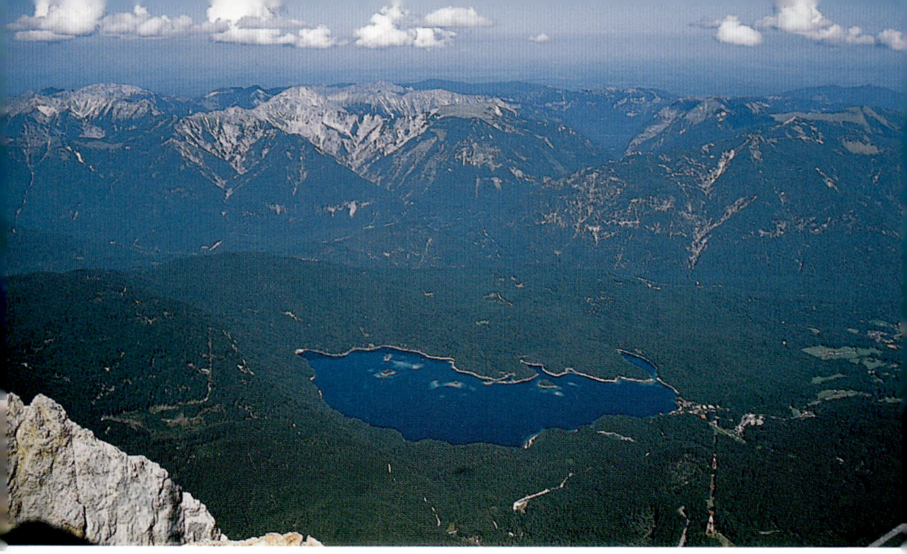

Eibsee und Ammergauer Alpen vom Gipfel.

Zugspitzplatts unterhalb vom Jubiläumsgrat und können, wenn wir genau hinschauen, die Bergsteiger und Bergsteigerinnen oben auf dem Grat ausmachen. Nach ungefähr zwei Stunden erreichen wir das **Skigebiet Zugspitze ❾**, 2588 m, mit der Endstation der Zahnradbahn und dem Beginn der Seilbahn.

Hier fängt etwas unterhalb des Schneefernerhauses ein ausgesprochen steiles Geröllfeld an. Über dieses müssen wir hinauf – die anstrengendste Passage der ganzen Tour. Nach 30 Minuten haben wir das Geröllfeld hinter uns. Gut mit Drahtseilen gesichert gelangen wir über Fels und Schrofen auf den Grat und über diesen rechtshaltend zur Plattform mit den Gebäuden der verschiedenen Bergbahnen und dem Münchner Haus. Hier geht es zu wie in einem Biergarten. Nun fehlen nur noch wenige Meter zum Gipfelkreuz der **Zugspitze ❿**, 2962 m. Diese kraxeln wir über eine kleine Leiter und speckigen Fels hinauf – im Gedränge froh über die Drahtseilsicherung. Die Aussicht von hier oben ist, wie könnte es anders sein, grandios. Das Gipfelkreuz befindet sich übrigens auf dem Ostgipfel; der Westgipfel wurde eingeebnet, um Platz für die verschiedenen Bauwerke zu schaffen.

Um hinunterzukommen, fahren wir entweder mit der Gletscherbahn zur Station Sonn-Alpin im Skigebiet Zugspitze und von dort mit der Bayerischen Zugspitzbahn, oder, die schnellere Variante, vom Gipfel mit der Seilbahn Zugspitze zum **Eibsee ⓫** und von dort weiter mit der Zugspitzbahn. Diese bringt uns bis **Garmisch-Partenkirchen ❶**. An der Endstation gehen wir nach rechts und sind gleich darauf am Bahnhof.

Am Gipfel der Zugspitze.

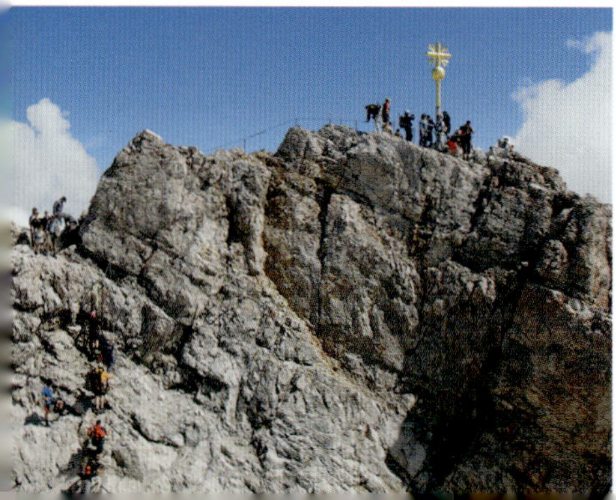

Partenkirchner Dreitorspitze, 2633 m

Über Schachenhaus und Meilerhütte

15

2 Tage | 34,4 km | ↗ 2060 m | ↘ 2060 m

Auf den Spuren Ludwigs II.

Diese Tour wartet mit einer Reihe von Höhepunkten auf und hätte, wenn der Zustieg von Garmisch-Partenkirchen über den Kälbersteig und der Rückweg durch das Reintal nicht so lang wären, durchaus das Prädikat »Top-Tour« verdient. Am ersten Tag kommen wir gleich zu Beginn durch die beeindruckende, tief in den Fels eingeschnittene Partnachklamm mit ihrem tosenden Bach, den Wasserfällen und Gumpen. Über den Kälbersteig erreichen wir das Schachenhaus und das um 1870 erbaute Schachenschloss, das Ludwig II. bei seinen Aufenthalten in den Bergen als Rückzugsort diente. Das Schloss ist von außen ein schlichter Holzbau und in den Wohnräumen im Erdgeschoss recht einfach ausgestattet. Der »Türkische Saal« im ersten Stock überrascht mit prunkvoller Ausstattung. Bunte Glasfenster, reich bestickte Textilien und Kerzenleuchter spiegeln die Orientbegeisterung des Königs und seiner Zeit wider (Führungen von Anfang Juni bis Anfang Oktober täglich um 11, 13, 14 und 15 Uhr sowie bei Bedarf). Etwas unterhalb befindet sich der Alpengarten, eine Außenstelle des botanischen Gartens in München. Hier gedeihen an die 800 Pflanzenarten aus den verschiedenen Hochgebirgen der Welt, von den Alpen bis zum Himalaya (geöffnet von Mitte Juni bis Anfang September täglich von 8 bis 17 Uhr). Auf dem Weg vom Schachenhaus zur Meilerhütte, die fast direkt auf der deutsch-österreichischen Grenze liegt, wird die Szenerie grandioser. Am nächsten Tag geht es auf dem Hermann-von-Barth-Weg, einem leichten, aber ausgesetzten Klettersteig, auf den Westgipfel der Partenkirchner Dreitorspitze, den höchsten der drei Gipfel. Auf bekanntem Weg steigen wir ab zum Schachenhaus, dann wandern wir durch das lange Reintal zur Partnachklamm und weiter nach Garmisch-Partenkirchen.

Schachenschloss und Schachenhaus.

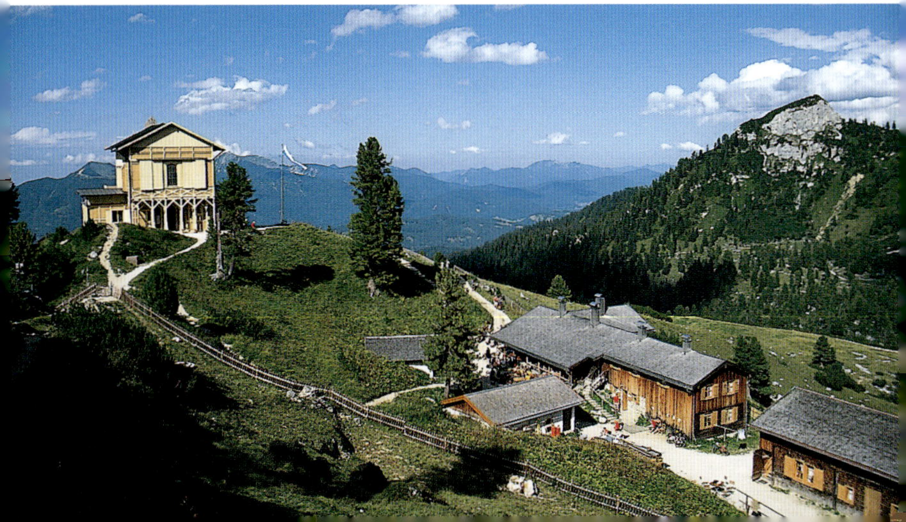

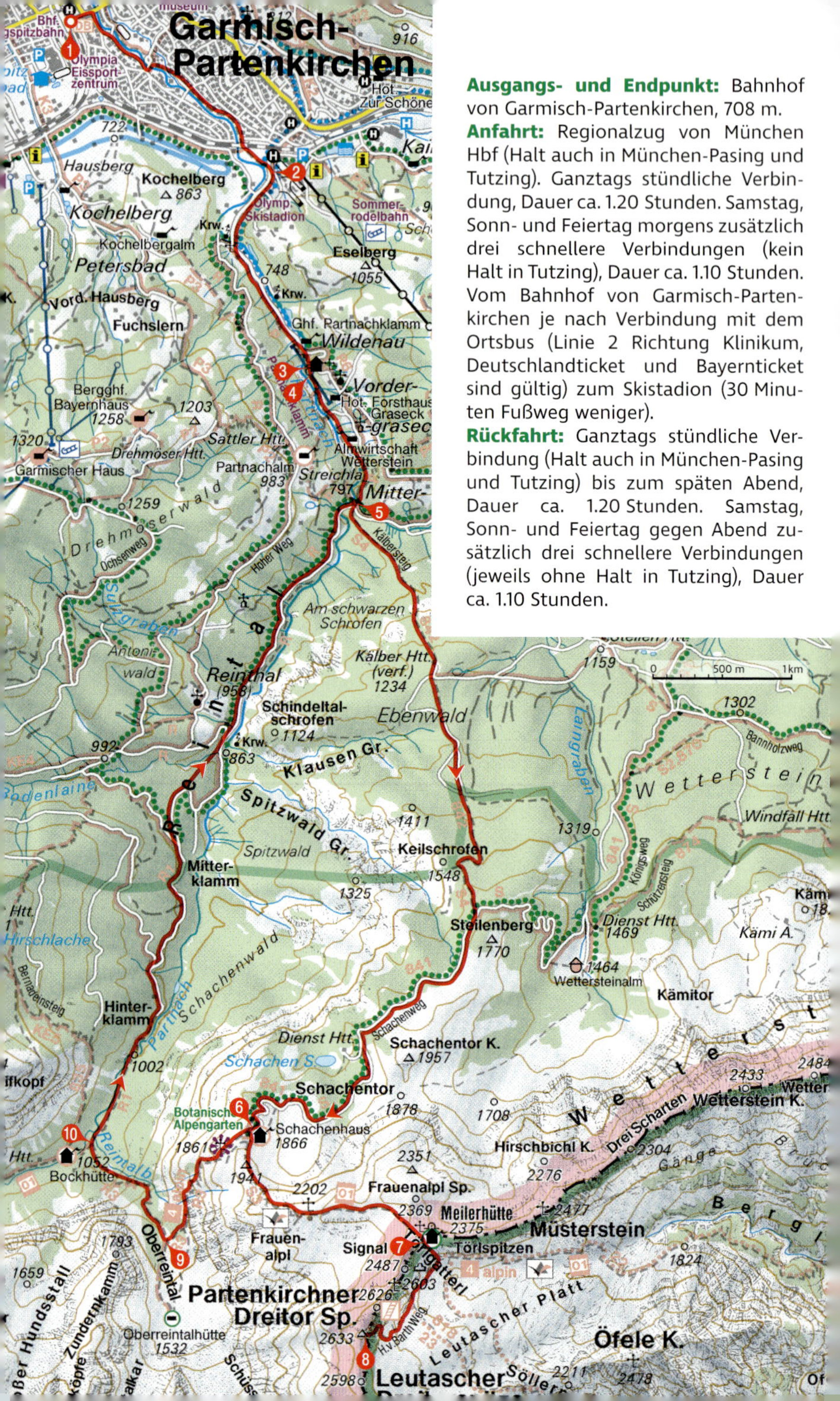

Ausgangs- und Endpunkt: Bahnhof von Garmisch-Partenkirchen, 708 m.

Anfahrt: Regionalzug von München Hbf (Halt auch in München-Pasing und Tutzing). Ganztags stündliche Verbindung, Dauer ca. 1.20 Stunden. Samstag, Sonn- und Feiertag morgens zusätzlich drei schnellere Verbindungen (kein Halt in Tutzing), Dauer ca. 1.10 Stunden. Vom Bahnhof von Garmisch-Partenkirchen je nach Verbindung mit dem Ortsbus (Linie 2 Richtung Klinikum, Deutschlandticket und Bayernticket sind gültig) zum Skistadion (30 Minuten Fußweg weniger).

Rückfahrt: Ganztags stündliche Verbindung (Halt auch in München-Pasing und Tutzing) bis zum späten Abend, Dauer ca. 1.20 Stunden. Samstag, Sonn- und Feiertag gegen Abend zusätzlich drei schnellere Verbindungen (jeweils ohne Halt in Tutzing), Dauer ca. 1.10 Stunden.

Höhenunterschied / Gehzeit:
1. Tag: 1670 m↑, 0 m↓; 6.30 Std.
2. Tag: 390 m↑, 2060 m↓; 8.15 Std.
gesamt: 2060 m↑, 2060 m↓; 14.45 Std.
Anforderungen: Zur Meilerhütte gute Wege und Steige. Der Anstieg auf den Westgipfel der Partenkirchner Dreitorspitze über den Hermann-von-Barth-Weg ist ausgesetzt, sehr gute Trittsicherheit und Schwindelfreiheit erforderlich. Dieser (leichte) Klettersteig ist bis kurz unterhalb des Gipfels gut gesichert. Klettersteighelm erforderlich; wer unsicher ist, kann auch ein Klettersteigset benutzen. Vom Schachenhaus ins Oberreintal gesicherte Passagen, teils ausgesetzt, Trittsicherheit und Schwindelfreiheit erforderlich.
Einkehr: Klammhaus (Mittwoch Ruhetag), Schachenhaus (Übernachtungsmöglichkeit, kein Trinkwasser, Tel. +49 172 8768868, schachenhaus.de), Meilerhütte (Übernachtungsmöglichkeit, kein Trinkwasser, Tel. +49 171 5227897), Bockhütte (kurzer Abstecher).
Hinweis: Die Partnachklamm ist von Juni bis September bis 20 Uhr geöffnet, in den übrigen Monaten bis 18 Uhr.

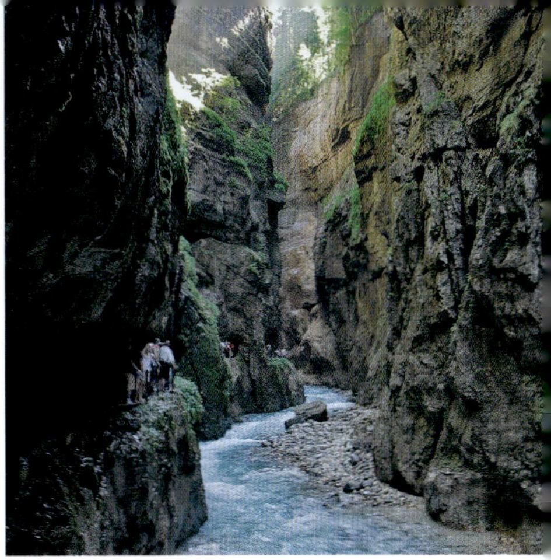
In der Partnachklamm.

1. Tag:
Vom Bahnhofsvorplatz in **Garmisch-Partenkirchen ❶**, 708 m, folgen wir kurze Zeit geradeaus der Bahnhofstraße, dann biegen wir rechts in die Partnachauenstraße ein. Nun gehen wir erst rechts, dann links an der Partnach weiter. Unter einem Bahngleis hindurch geradeaus dem Schotterweg folgend treffen wir am **Skistadion ❷** auf eine Asphaltstraße. Hier wenden wir uns nach rechts und kommen erst an der Lenz'n-Hütte, dann am **Klammhaus ❸** und einem Kiosk vorbei zum Eingang der gebührenpflichtigen **Partnachklamm ❹**. Durch Tunnel und auf Galeriewegen geht es am tosenden Bach entlang durch die tief eingeschnittene Klamm. Bereits nach gut 15 Minuten weitet sich die Schlucht wieder. An der Verzweigung kurz darauf bleiben wir rechtshaltend an der Partnach, überqueren einen ihrer Zuflüsse und erreichen eine **Kreuzung ❺**, 797 m, mit mehreren Wegweisern.

Hier leitet uns das Schild »Kälbersteig, Schachen« nach links. Ein paar Meter weiter zweigt rechts der sogenannte Kälbersteig ab. Diesem folgen wir, teilweise über Stufen, einen Rücken hinauf durch den Wald. Ungefähr 1.20 Stunden nach Beginn des Steiges kreuzen wir einen Forstweg. Bald darauf treffen wir erneut auf diesen, folgen ihm nun ein Stück nach links und verlassen ihn kurz nach einer Rechtskurve wieder nach links. Wir kreuzen den Forstweg noch einmal und steigen weiter bergauf, bis wir auf ca. 1660 m auf einen quer verlaufenden Forstweg, den Schachenweg, treffen. Hier geht es links nach Elmau. (Der Aufstieg von dort ist etwas kürzer, verläuft aber durchgängig auf einem Forstweg.) Wir folgen dem relativ eben verlaufenden Weg nach rechts und verlassen nach einiger Zeit den Wald. Nun öffnet sich der Blick auf Garmisch-Partenkirchen, die Ammergauer Alpen, das Estergebirge sowie auf die Alpspitze

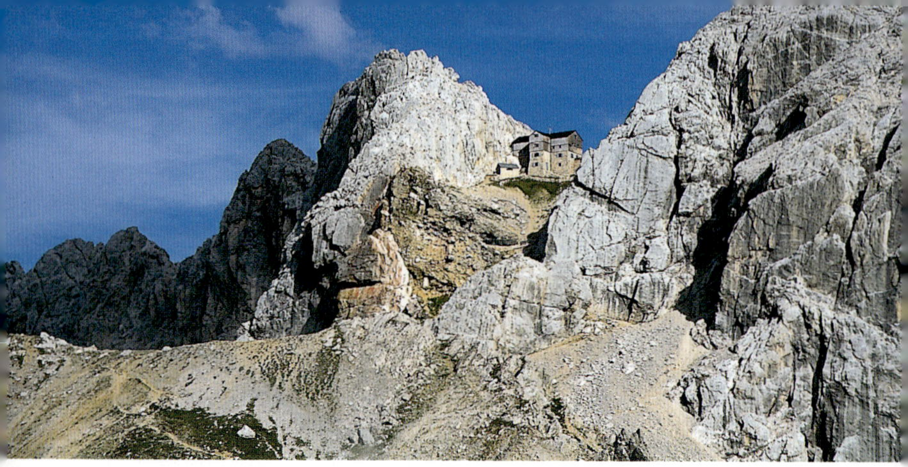

Die Meilerhütte.

und den Blassenkamm. Oberhalb des kleinen Schachensees vorbei gehen wir das letzte Stück zum nun bereits sichtbaren Schachenschloss und zum beliebten **Schachenhaus ⑥**, 1866 m, hinauf.
An der Terrasse des Schachenhauses folgen wir dem Schild Richtung Meilerhütte nach rechts den Hang hinauf. Hier teilt sich der Weg. Rechts geht es ins Oberreintal hinab (unser Rückweg). Wir halten uns links Richtung Meilerhütte und folgen – mit schönem Blick ins Oberreintal – einem Grat. Die Szenerie wird immer imposanter. Ein Schotterweg führt uns schließlich steiler bergauf bis auf ein grasiges Plateau, das Frauenalpl. Nun sehen wir die Meilerhütte vor uns. Wir überqueren das Plateau und steigen weiter hinauf. Dann geht es ein paar Meter hinab und, an einer Felswand einem Pfeil folgend, nach rechts. Noch einige Meter steil bergauf, und wir sind am Ziel des ersten Tages angekommen, der **Meilerhütte ⑦**, 2375 m, am Dreitorspitzgatterl.

2. Tag:
Am nächsten Tag gehen wir von der Meilerhütte wenige Meter hinab und durch ein Metalltor. An der Verzweigung gleich darauf halten wir uns rechts. Der sogenannte Hermann-

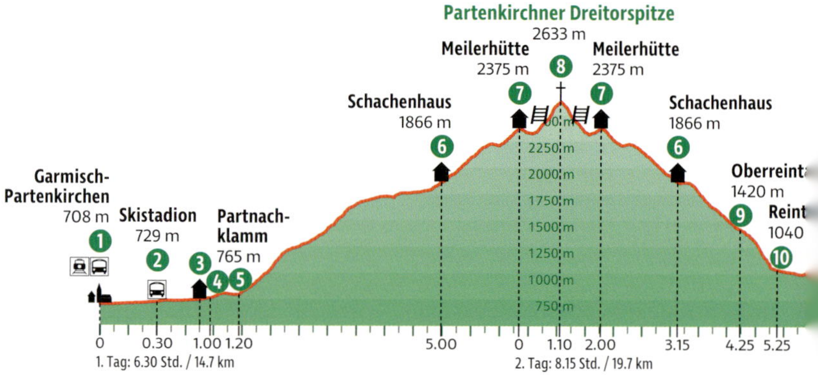

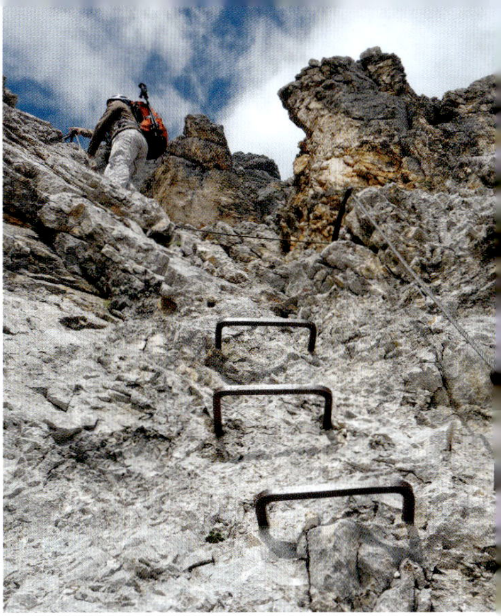

Im Klettersteig.

von-Barth-Weg führt kurz eben dahin, dann etwas bergab, und quert schließlich, teilweise mit Drahtseilsicherung, ausgesetzt eine Wand. An der Linksabzweigung zum Söllerpass vorbei folgen wir den Markierungen durch das Kar unterhalb der Dreitorspitze. Kurz nach einer Rechtsbiegung erreichen wir den Beginn des eigentlichen Klettersteigs. Durchgehend mit Drahtseilen gesichert und mit Hilfe einiger Metallbügel geht es nun den steilen, ausgesetzten Steig über Schrofen und durch Felsrinnen hinauf. Kurz vor dem Gipfel hören die Sicherungen auf. Ein schotteriger Steig führt die letzten Meter hinauf auf den Westgipfel der **Partenkirchner Dreitorspitze** ❽, 2633 m. Das Panorama ist fantastisch! Fast das gesamte Wetterstein breitet sich vor uns aus. Darüber hinaus blicken wir auf Ammergauer Alpen, Estergebirge und Karwendel sowie im Süden bis weit in die Zentralalpen.

Vom Gipfel geht es auf demselben Weg zurück zur **Meilerhütte** ❼ und weiter Richtung **Schachenhaus** ❻. Etwas oberhalb von diesem leitet uns ein Schild Richtung Reintal und Oberreintal nach links auf einen Steig. An einer Verzweigung kurz darauf geht es der Beschilderung folgend links (geradeaus zu einem Aussichtspavillon) in Kehren steil hinab (anfangs auch Stufen und Treppen). Dabei haben wir einen herrlichen Blick ins Reintal und zum Zugspitzplatt. An einer unbeschilderten Linksabzweigung vorbei erreichen wir das **Oberreintal** ❾. Hier wenden wir uns nach rechts. Links von einem Bach geht es nun in Kehren durch den Wald hinab, bis wir im **Reintal** ❿, ca. 1040 m, auf einen breiteren Weg treffen. Diesem folgen wir nach rechts an der Partnach entlang. Nach gut 10 Minuten geht der Weg in ein Schottersträßchen über. Dieses mündet in ein anderes Schottersträßchen, dem wir nach rechts folgen. An einer Linksabzweigung bleiben wir geradeaus auf dem Hauptweg. Kurz darauf verlassen wir diesen nach links auf einen mit »Partnachklamm« ausgeschilderten Fußweg. An der Partnach treffen wir wieder auf das Sträßchen, folgen ihm nach links und halten uns an der Gabelung gleich darauf rechts. 1.30 Stunden nachdem wir in das Reintal eingebogen sind, treffen wir auf die vom Hinweg bekannte **Kreuzung** ❺, gehen durch die Partnachklamm und weiter auf dem bekannten Weg zum Bahnhof von **Garmisch-Partenkirchen** ❶.

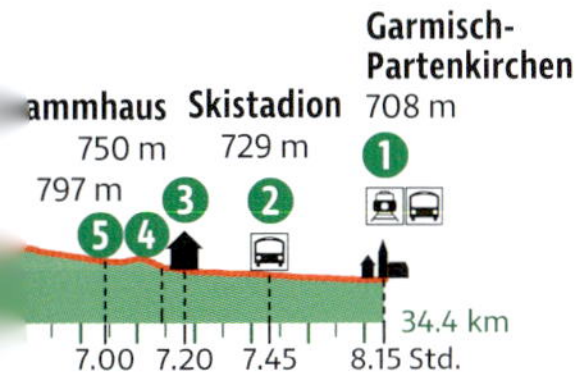

16 Gehrenspitze, 2367 m, und Predigtstuhl, 2234 m

Aus der Leutasch über die Wettersteinhütte

2 Tage | 27,5 km | ↗1970 m | ↘1920 m

Zwei Panoramagipfel südlich des Wetterstein-Hauptkamms

Das 16 Kilometer lange Hochtal der Leutascher Ache, das von Mittenwald unterhalb des Wetterstein-Hauptkamms nach Südwesten zieht, wird zum Wandern von München aus eher selten besucht. Zu abgelegen scheint es zu sein. Im Westen geht die Leutasch in das engere Gaistal über. Hier verbrachte der bayerische Heimatschriftsteller Ludwig Ganghofer 20 Jahre lang einen Großteil seiner Zeit. Sein Jagdhaus Hubertus war um 1900 ein beliebter Treffpunkt von bekannten Künstlern wie Hugo von Hofmannstal, Franz von Stuck und Richard Strauss. Sowohl von Mittenwald als auch von Seefeld gibt es eine Busverbindung in die Leutasch. Dadurch können wir das Gebiet südlich des Wetterstein-Hauptkamms im Rahmen einer Zweitagestour erkunden. Die hier vorgeschlagene Route führt am ersten Tag auf die Gehrenspitze. Nach einer Übernachtung in der gemütlichen Wettersteinhütte, oder alternativ in der Wangalm, wandern wir am nächsten Tag auf einem traumhaften Panoramaweg unterhalb des Wettersteinkamms und gegenüber der Hohen Munde Richtung Predigstuhl (auch Predigtstein). Nach einem Abstecher auf den Gipfel, eine tolle Aussichtskanzel, geht es wieder hinab ins Tal. Die Rotmoosalm, die sich früher am Fuß des Predigtstuhls befand, wurde 2009 von einer Lawine zerstört und am Schönberg neu aufgebaut.

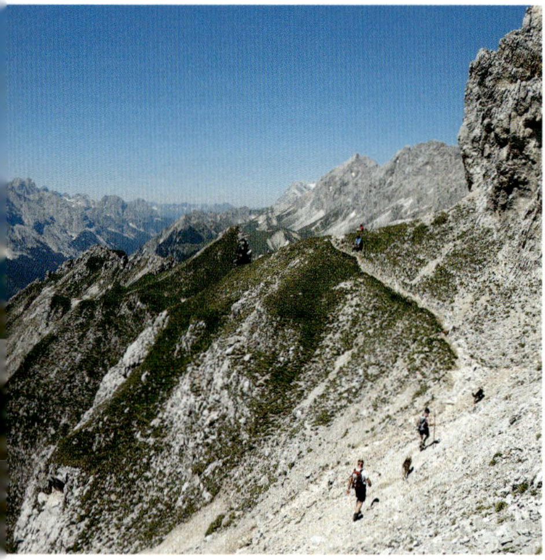

Querung abschüssiger Hänge an der Gehrenspitze.

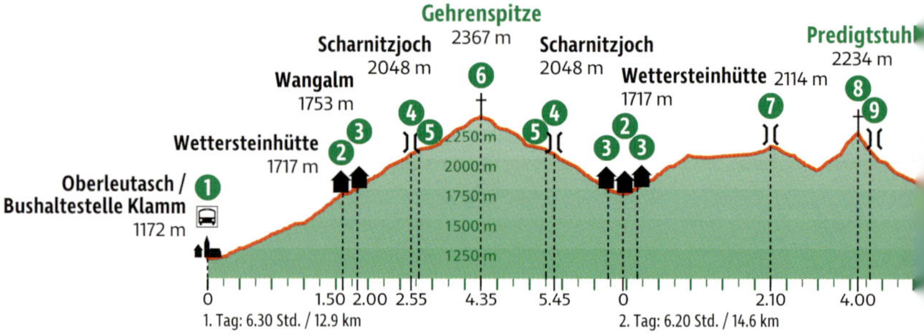

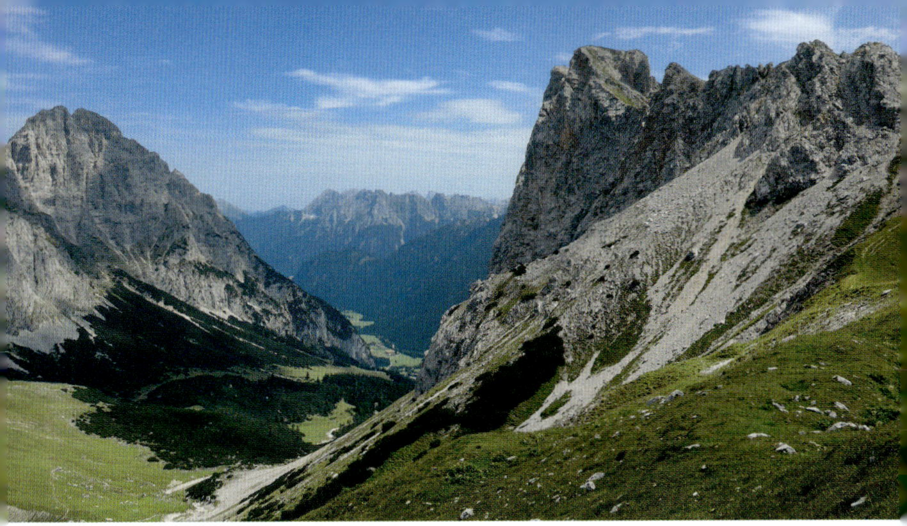

Die Gehrenspitze (rechts) über dem Puittal.

Ausgangspunkt: Oberleutasch, Bushaltestelle Leutasch Klamm / Vereinshaus, 1172 m.
Anfahrt: Von München Hbf mit dem Regionalzug (Halt auch in München-Pasing und Tutzing, umsteigen in Garmisch-Partenkirchen) nach Seefeld. Weiter mit dem Bus (Linie 430 bzw. 433). Samstag, Sonn- und Feiertag auch von München Hbf mit dem Zug (Halt auch in München-Pasing) nach Mittenwald und von dort mit dem Bus (Linie 431, in Leutasch Weidach Zentrum umsteigen in Linie 430) bis Leutasch Klamm / Vereinshaus. Täglich morgens zwei Verbindungen, Dauer 2.30 bis 3.10 Stunden. Deutschlandticket, Bayernticket und Werdenfelsticket (ohne Innsbruck) sind nur bis Mittenwald gültig. Zugticket ab Mittenwald vor der Fahrt kaufen, es kann nicht im Zug nachgelöst werden. Abfahrtszeiten siehe oebb.at.
Endpunkt: Oberleutasch, Bushaltestelle Leutasch Gaistal / Salzbach, ca. 1220 m.
Rückfahrt: Von Anfang / Mitte Juli bis Anfang Oktober mit dem Bus (Linie 433) nach Seefeld und weiter mit dem Regionalzug nach München (umsteigen in Garmisch-Partenkirchen). Nachmittags / am frühen Abend zwei Verbindungen, Dauer 2.40 Stunden. Fahrzeiten siehe oebb.at.
Höhenunterschied / Gehzeit:
1. Tag: 1200 m↑, 650 m↓; 6.30 Std.
2. Tag: 770 m↑, 1270 m↓; 6.20 Std.
gesamt: 1970 m↑, 1920 m↓; 12.50 Std.
Anforderungen: Gute Trittsicherheit und Schwindelfreiheit erforderlich. An der Gehrenspitze längere Querung an abschüssigen Gras- und Schotterhängen; Vorsicht bei Nässe. Auf- und Abstieg beim Predigtstuhl etwas ausgesetzt. Aufstieg über Schrofen, Abstieg mit Kraxelstellen und über Schotter.
Einkehr: Wettersteinhütte (Übernachtungsmöglichkeit, Tel. +43 664 8958227, wettersteinhuette.at), Wangalm (Übernachtungsmöglichkeit, Tel. +43 664 9196073, wangalm.at), Rotmoosalm (Abstecher, Übernachtungsmöglichkeit, Tel. +43 676 4516900, rotmoosalm.at).

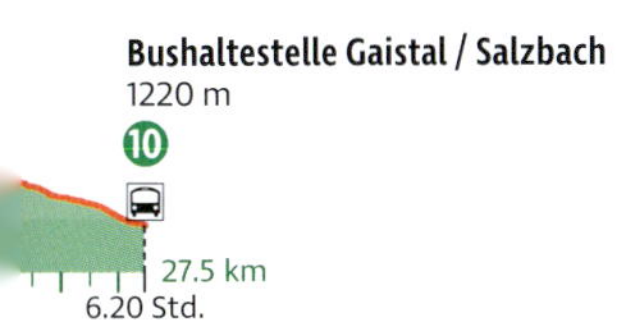

1. Tag:

Von der Bushaltestelle Leutasch Klamm in **Oberleutasch** ❶, 1172 m, gehen wir die Straße ein paar Minuten in Fahrtrichtung weiter. An der Rechtsabzweigung vor dem Bach folgen wir dem Teersträßchen, dann einem Schotterfahrweg aufwärts zu einer Gabelung. Links führt uns ein Forstweg erst wenige Meter bergab und über den Bach, dann zieht er in weiten Kehren durch Fichtenwald hinauf. Einige Kehren können wir auf einem steileren Schotterweg abkürzen. An einer Abzweigung folgen wir links dem Schild »Wettersteinhütte Waldsteig« auf einem Steig aufwärts zur kleinen, liebevoll eingerichteten **Wettersteinhütte** ❷, 1717 m.

Hinter dieser führt uns ein Fahrweg ein kurzes Stück hinab und über einen Bach. Dann treffen wir auf einen Wirtschaftsweg und erreichen linkshaltend kurz darauf die **Wangalm** ❸, 1753 m. Von dort folgen wir einem Steig ins Scharnitztal hinein und durch einen mit Felsblöcken übersäten Kessel bis zu einer Gabelung. Links geht es Richtung Rotmoosalm (unser Weg am nächsten Tag), jetzt halten wir uns rechts hinauf ins **Scharnitzjoch** ❹, 2048 m, und dort nach rechts aufwärts zur **Erinnerungshütte** ❺. Nun queren wir auf einem schmalen Steig etwas südlich vom Grat die abschüssigen Hänge. Dann geht es kurz über Fels und Gras auf den Gipfel der **Gehrenspitze** ❻, 2367 m. Nach dem Genuss des herrlichen Panoramas gehen wir auf demselben Weg zurück zur **Wettersteinhütte** ❷.

2. Tag:

Am nächsten Tag folgen wir dem bekannten Weg über die **Wangalm** ❸ bis zu der Gabelung in dem Kessel. Nun halten wir uns links und steigen den grasbewachsenen Hang hinauf in einen Sattel. In leichtem Auf und Ab geht es unterhalb der schroffen Felswände des Wetterstein-Hauptkamms einen schönen Höhenweg entlang. Auf der anderen Seite des Gaistals dominiert die Hohe Munde, auch die Rotmoosalm sieht man bereits liegen. Schließlich gelangen wir in den **Sattel** ❼ nördlich vom Schönberg. Links können wir in 15 Minuten einen Abstecher zur aussichtsreich

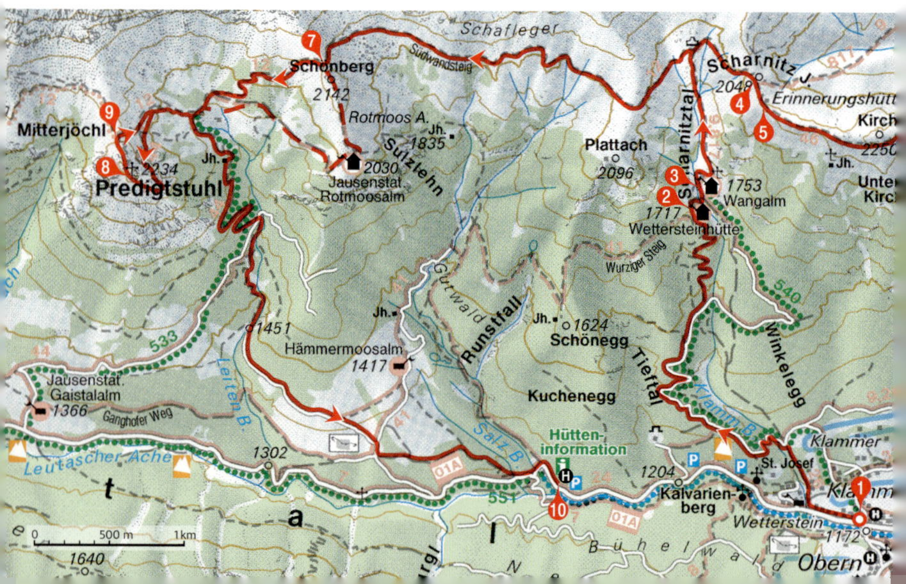

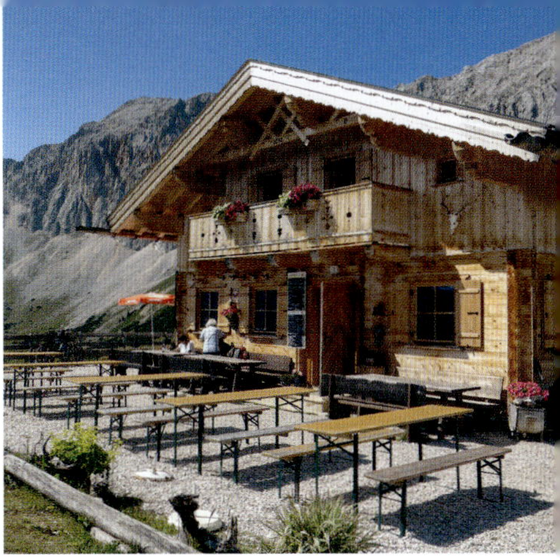

Die Rotmoosalm.

gelegenen Rotmoosalm machen. (Von dort führt ein Fahrweg zur Abzweigung des Steigs zum Predigtstuhl.) Wer gleich weiter zum Predigtstuhl möchte, folgt geradeaus dem Höhenweg erst noch am Hang entlang, dann durch Latschen abwärts zu dem Fahrweg. Hier befand sich früher die Rotmoosalm. Ein kurzes Stück auf diesem nach rechts, dann zweigt der Steig Richtung Predigtstuhl rechts ab. An einer Verzweigung weist uns ein Pfeil auf einem Stein mit der Aufschrift Predigtstuhl nach links. Nun geht es sehr steil hinauf an den Fuß des felsigen Gipfelaufbaus. Hier wenden wir uns nach links, gehen ein Stück um den Gipfelaufbau herum und steigen weiter steil hinauf. Nach einer leichten Kraxelei durch eine schrofige Rinne sind wir auf dem Grat und rechtshaltend gleich darauf am höchsten Punkt des **Predigtstuhls ⑧**, 2234 m, von dem wir eine fantastische Aussicht haben.

Vom Gipfel führt uns ein sehr steiler Steig durch eine Rinne mit einigen, teilweise etwas ausgesetzten Kraxelstellen durch losen Schotter in nördliche Richtung hinab. Dann erreichen wir über flacheres, grasiges Gelände eine Verzweigung in einem **Sattel ⑨** mit einer Bank. Hier halten wir uns rechts und folgen dem Steig zurück zum Fahrweg. Diesen rechts hinab, bis nach ungefähr einer halben Stunde links ein mit »Hämmermoosalm / Parkplatz Salzbach« ausgeschilderter Weg abzweigt, dem wir durch Latschen und Fichten abwärts zu einer Gabelung folgen. Linkshaltend führt uns ein schöner Steig erst oberhalb eines Taleinschnitts hinab, dann hinunter an einen Bach, ca. 1470 m, den wir überqueren. Der Weg verbreitert sich zu einem Fahrweg. Dieser zieht, teils eben, teils leicht bergab, an der Abzweigung zur Hämmermoosalm vorbei bis zu einem quer verlaufenden Schotersträßchen. Hier wenden wir uns nach rechts und an der Kreuzung kurz darauf nach links. Erst eben, dann einige Kehren hinab erreichen wir ein breiteres Fahrsträßchen, auf dem wir linkshaltend zu einer Gabelung gelangen. Hier wieder links sind wir gleich darauf am Parkplatz Salzbach. Um zur **Bushaltestelle Gaistal / Salzbach ⑩**, 1220 m, zu gelangen, gehen wir das Teersträßchen ein Stück weiter.

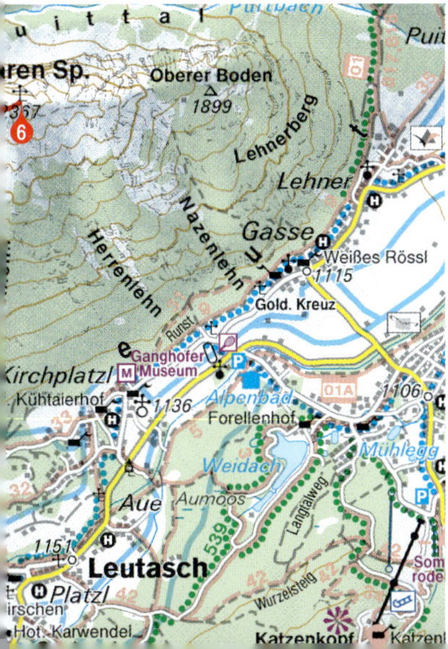

17 Wank, 1780 m
Von Schlattan nach Partenkirchen

5.20 Std. | 13,9 km | ↗900 m | ↘1070 m

Das sonnige Visavis des Wettersteins
Der Wank ist der südlichste Gipfel des Estergebirges und befindet sich direkt über Partenkirchen. Da die bis fast zum Gipfel hinaufführende Wankbahn, eine Kleinkabinenbahn, den Besuch erleichtert, ist hier vor allem an schönen Wochenendtagen einiges los. Trotz des Trubels, der hier oben bisweilen herrscht, lohnt sich die Tour: Der Wank ist ein schöner Aussichtsberg und sowohl der beschriebene Auf- als auch der Abstiegsweg führen über reizvolle und aussichtsreiche, dabei aber einfache und für Kinder geeignete Bergwege und Steige. Schön sind auch die lichten Wälder, und hier vor allem die für die Südseite des Wanks so typischen Kiefernbestände. Und neben dem Restaurant in der Wankbahn-Bergstation und dem Wankhaus, einer Alpenvereinshütte direkt am Gipfel, lockt beim Abstieg die gut bewirtschaftete Tannenhütte mit ihrer schönen Terrasse zur Einkehr. Wer es auf dem Gipfel lieber etwas ruhiger mag, kommt am besten, wenn die Wankbahn Revision hat. Oder im Winter, sofern nicht allzu viel Schnee liegt – unser Abstiegsweg und auch der Weg von der Tal- über die Mittelstation sind oft gespurt. Der Skibetrieb auf dem Wank wurde 2002 eingestellt, die Bahn ist seitdem im Winter nur noch sehr eingeschränkt in Betrieb. Die nicht mehr benötigten Liftanlagen wurden 2010 rückgebaut.

Vom Gschwandtnerbauern blicken wir direkt auf Alpspitze und Zugspitze.

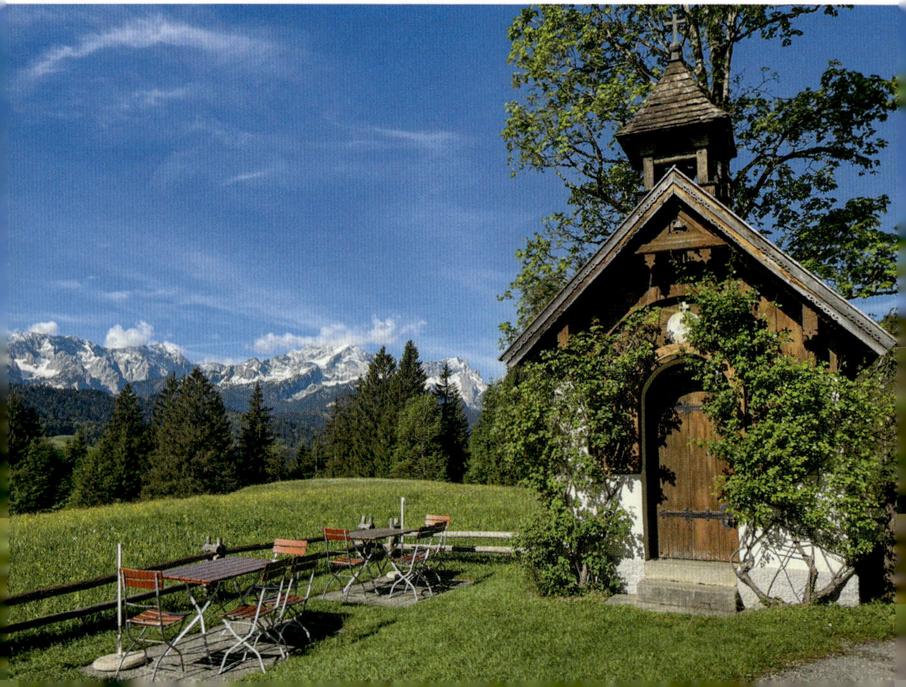

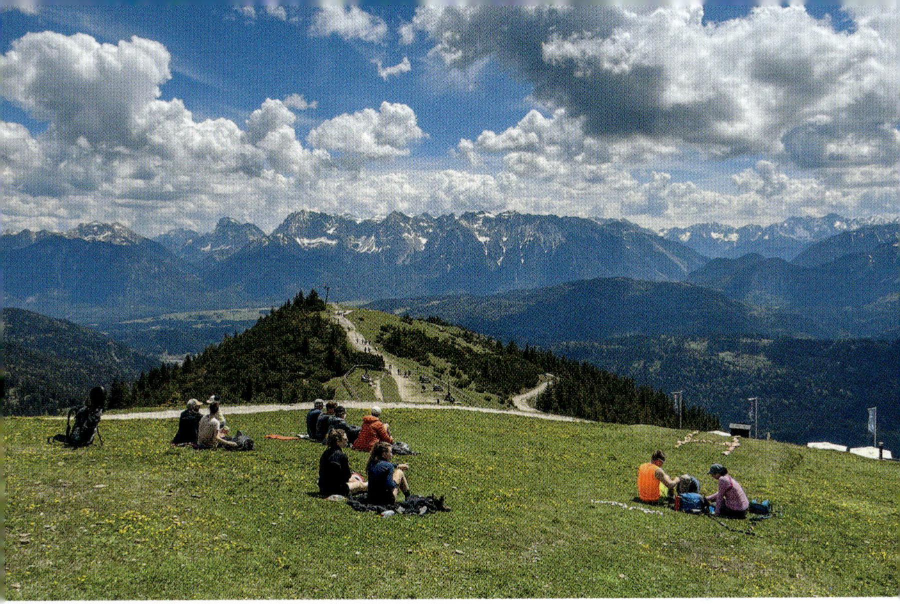

Auf dem Wank: im Hintergrund die Soierngruppe und das Karwendel.

Ausgangspunkt: Schlattan, 880 m.
Anfahrt: Von München Hbf mit dem Regionalzug nach Garmisch-Partenkirchen. Von der rechten Seite des Bahnhofsvorplatzes mit dem Bus (Linie 9608 bzw. 9618, ab 2026 voraussichtlich Linie 328 bzw. 329) Richtung Wallgau bzw. Mittenwald bis Schlattan. Montag bis Freitag zwei frühe Verbindungen (Halt auch in München-Pasing und Tutzing, jeweils Bus Linie 9618), Dauer 1.45 Stunden. Samstag, Sonn- und Feiertag morgens drei Verbindungen (Halt auch in München-Pasing, jeweils Bus Linie 9608), Dauer 1.35 Stunden.
Endpunkt: Bahnhof von Garmisch-Partenkirchen, 708 m.
Rückfahrt: Ganztags stündliche Verbindung (Halt auch in München-Pasing und Tutzing) bis zum späten Abend, Dauer ca. 1.20 Stunden. Samstag, Sonn- und Feiertag gegen Abend drei zusätzliche, schnellere Verbindungen (jeweils ohne Halt in Tutzing), Dauer ca. 1.10 Stunden.
Anforderungen: Problemlose Wege und Steige.
Einkehr: Gschwandtnerbauer (Montag und Freitag Ruhetag), Bergstation der Seilbahn, Wankhaus (Übernachtungsmöglichkeit), Tannenhütte (Montag und Dienstag Ruhetag, dann steht im Nebengebäude ein Getränke-, Snack- und Eisautomat zur Verfügung).

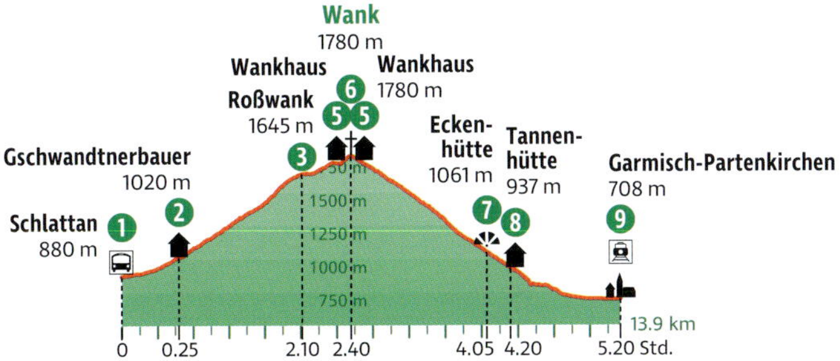

An der Bushaltestelle von **Schlattan** ❶, 880 m, überqueren wir die Bundesstraße und folgen dem Teersträßchen hinauf Richtung Schlattan und Höfle. Wir ignorieren die Auffahrt zu einem Haus und halten uns an den nächsten zwei Gabelungen rechts. Gleich darauf führt links ein Forstweg hinauf zum **Gschwandtnerbauern** ❷, 1020 m. Von der Sonnenterrasse dieses Almgasthofs blickt man direkt auf Wetterstein und Karwendel.

Hinter dem Hauptgebäude folgen wir dem Steig Richtung Wank hinauf, kommen kurz darauf in den Wald und halten uns an einer Verzweigung rechts. Der Steig führt nun in Serpentinen durch lichten Mischwald aufwärts, mit immer wieder schönem Ausblick, und verläuft dann entlang eines Bacheinschnitts. Diesen überqueren wir, gehen auf der rechten Seite weiter und dann in einem Bogen hinauf zu einer Gabelung. Rechts geht es zur Esterbergalm, links Richtung Wank. Der Weg führt erst durch lichten Wald, dann durch Latschen zu einer Verzweigung am **Roßwank** ❸. Hier kann man nach links einen Rundweg um den Roßwank machen. Wir folgen jedoch dem breiten Weg geradeaus weiter auf den bereits sichtbaren Wank zu. Rechts von uns liegen Fricken, Bischof und Krottenkopf. An einer Verzweigung gehen wir rechts am Startplatz der Gleitschirm- und Drachenflieger vorbei (links auf dem breiteren Weg etwas kürzer) zur **Bergstation** ❹ der Gondelbahn, die auch über ein Restaurant verfügt.

Hinter dem Gebäude geht es auf breitem Weg hinauf zum **Wankhaus** ❺ und an diesem vorbei zum Gipfelkreuz des **Wank** ❻, 1780 m. Von hier haben wir einen schönen Rundblick auf Estergebirge, Bayerische Voralpen, Karwendel, Wetterstein, Außerfern, Allgäuer Alpen und Ammergebirge.

Nach der Gipfelpause gehen wir, am **Wankhaus** ❺ vorbei, ein kurzes Stück zurück und noch vor der Bergstation nach rechts. Nun steigen wir erst durch Latschen, dann durch lichten Kiefern- und Fichtenwald mit Blick auf Garmisch-Partenkirchen in Serpentinen hinab; ein

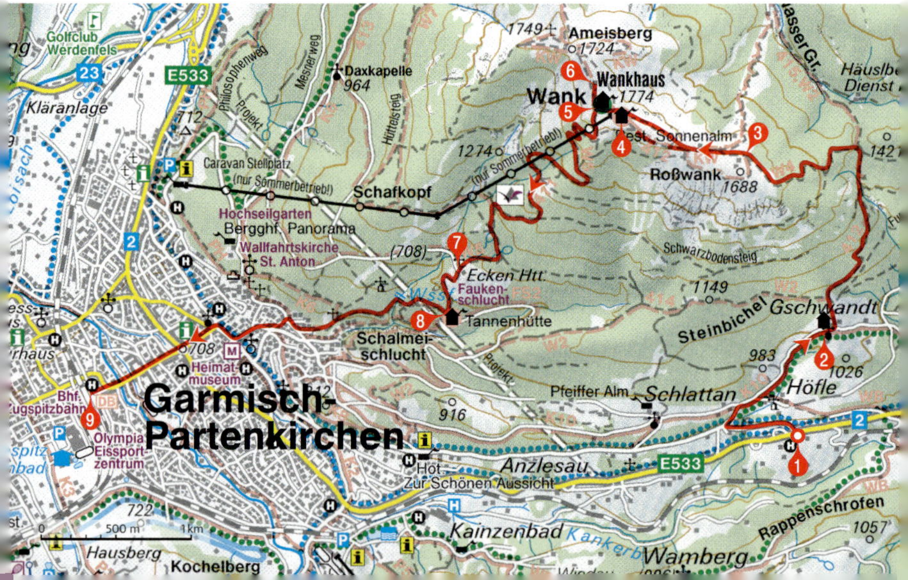

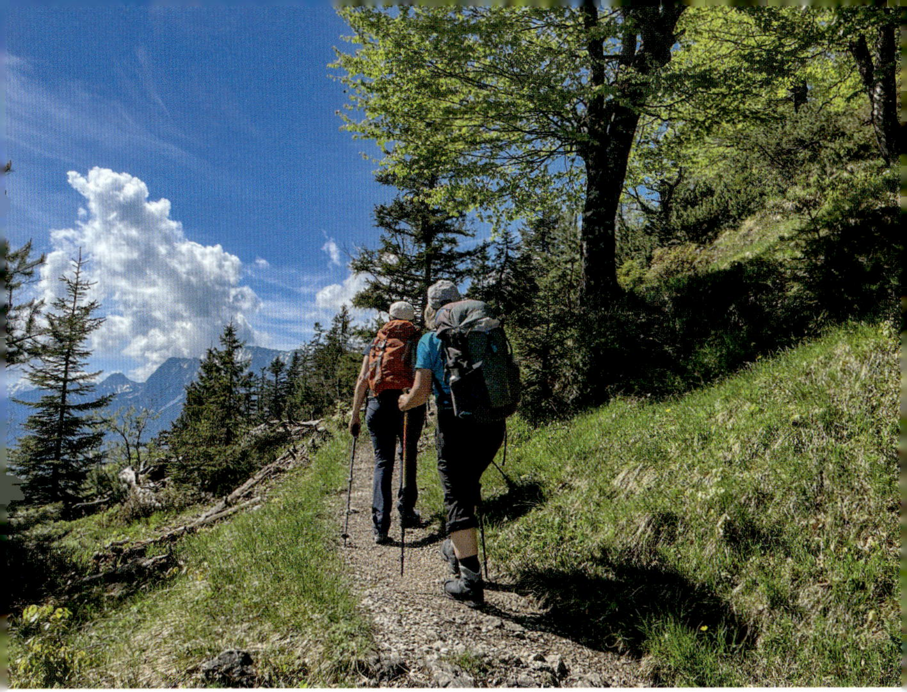

Schon beim Aufstieg gibt es viel Aussicht.

paar Mal kreuzen wir dabei die Gondelbahn. Nach einer guten Stunde ab dem Gipfel treffen wir auf einen querenden Weg. Rechts geht es zur Mittelstation der Wankbahn, wir halten uns links. Kurz darauf lichtet sich der Wald und wir kommen, das letzte Stück über Wiese, auf einen aussichtsreichen Geländeabsatz mit einer kleinen Hütte, der **Eckenhütte ⑦**, 1061 m. Ein Wegweiser bei der Hütte weist nach links über eine Wiese Richtung Tannenhütte. Am unteren Rand der Wiese beginnt ein Wanderweg, der in den lichten Wald hineinführt. An einer Verzweigung gehen wir rechts durch ein Gatter zur **Tannenhütte ⑧**, 937 m, mit ihrer schönen Aussichtsterrasse.

Hier führt der Weg nach rechts in den Wald und in Kehren, zum Teil über Stufen, bis zu einer Weggabelung. Wir gehen rechts durch das Tobel, überqueren einen Bach und wandern höhehaltend auf schönem Weg weiter. Auf einer Lichtung (Josefsbichl) mit Blick auf Garmisch-Partenkirchen, Daniel und Kramer halten wir uns links abwärts und erreichen eine Straße mit den ersten Häusern von Partenkirchen, an der wir uns nach links wenden. Die Straße mündet in die Prof.-Michael-Sachs-Straße. Dieser folgen wir zunächst geradeaus, dann in einem Linksbogen. An einem Platz mit einem Brunnen rechts in die Sonnenbergstraße. In diesem Teil von Partenkirchen gibt es noch einige alte Bauernhöfe. An einer Kreuzung beim Hotel-Gasthof Drei Mohren gehen wir rechts in die Ludwigstraße. Vor einem kleinen Kirchlein biegen wir nach links und folgen der Ludwigstraße zu einer großen Kreuzung. Weiter geradeaus gelangen wir durch die Bahnhofstraße zum Bahnhof von **Garmisch-Partenkirchen ⑨**, 708 m.

18 Hoher Fricken, 1940 m

Von Farchant über die Kuhfluchtwasserfälle

6.30 Std. | 12,6 km | ↗ 1270 m | ↘ 1270 m

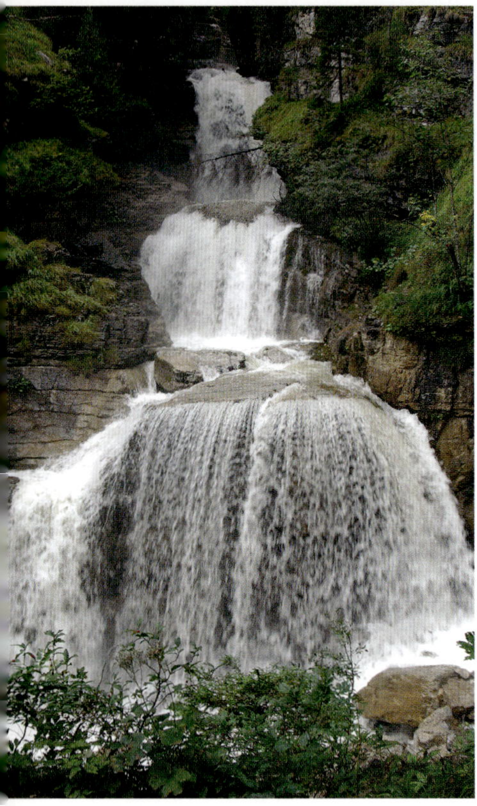

Kuhfluchtwasserfall.

Aussichtskanzel über dem Loisachtal

Wer etwas für seine Kondition tun und dabei wechselnde spannende Perspektiven haben möchte, ist hier gerade richtig! Kurz nach Beginn der Tour kommen wir an den tief eingeschnittenen Kuhfluchtgraben mit seinen malerischen Gumpen. Etwas weiter oben »stürzen« zwei Wasserfälle in einem Becken zusammen und bieten ein imposantes Schauspiel. Und überhaupt geht es, mit immer wieder neuen Einblicken und Aussichten, durch lichten Wald Hunderte von Höhenmetern einfach nur bergauf. Auf dem Gipfel des Fricken sitzen wir schließlich wie auf einer Aussichtskanzel direkt über dem Loisachtal und blicken hinunter in den Kessel von Garmisch-Partenkirchen sowie auf das dahinter aufragende Wettersteingebirge. Auf dieser mit mehr als 1200 Höhenmetern doch recht konditionsfordernden Tour gibt es keinerlei Einkehrmöglichkeit, es sei denn, auf dem Rückweg reicht die Energie noch für einen Abstecher zur Esterbergalm, einem beliebten Ausflugsziel.

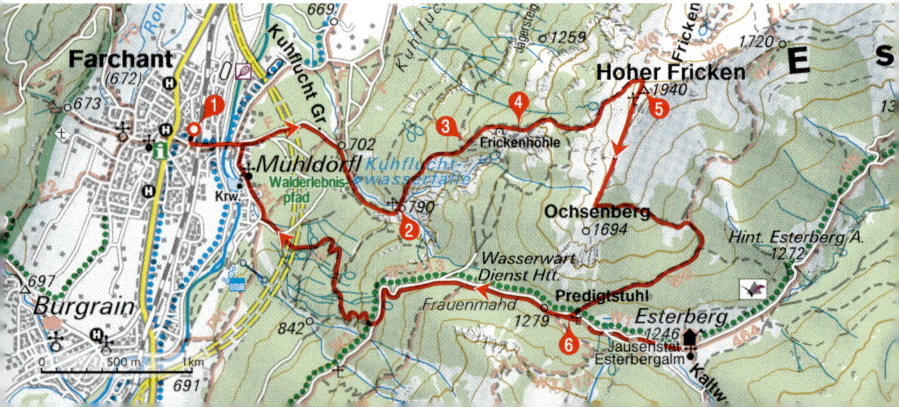

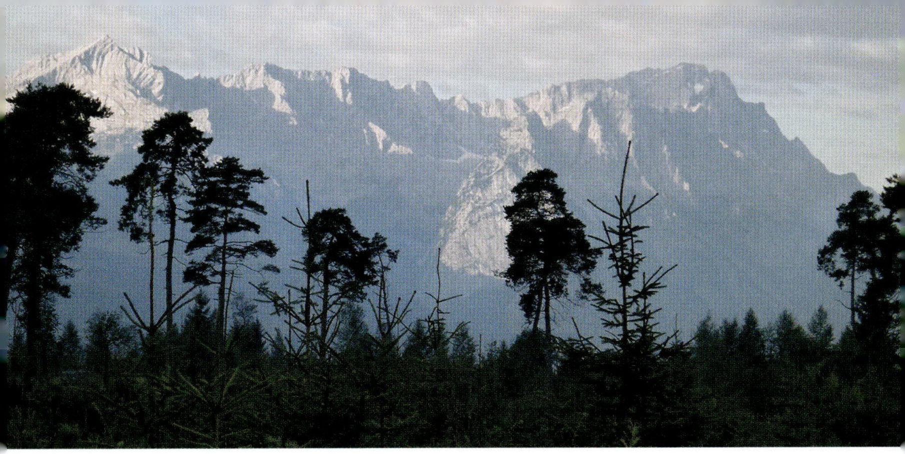

Alpspitze und Zugspitze im Morgenlicht.

Ausgangs- und Endpunkt: Bahnhof von Farchant, 672 m.
Anfahrt: Regionalzug von München Hbf (Halt auch in München-Pasing und Tutzing). Ganztags stündliche Verbindung, Dauer ca. 1.20 Stunden.
Rückfahrt: Ganztags stündliche Verbindung, Dauer ca. 1.15 Stunden.
Anforderungen: Aufstieg teils entlang steil abfallender Hänge, gute Trittsicherheit und Schwindelfreiheit erforderlich. Vorsicht bei Nässe, stellenweise rutschig.
Einkehr: Esterbergalm (Abstecher, Mittwoch Ruhetag).

Vom Bahnhof in **Farchant ❶**, 672 m, gehen wir in Fahrtrichtung bis zum Ende des Bahnsteigs und am Bahnübergang links über die Gleise. Dann folgen wir geradeaus der Mühldörflstraße und biegen, kurz nach Überquerung der Loisach, an einer Rechtskehre links in den Kuhfluchtweg ein. Das Sträßchen führt gleich darauf aus dem Ort hinaus und mündet in einen Wanderparkplatz. Diesen verlassen wir durch ein Tor und folgen dem Wanderweg (Walderlebnispfad) geradeaus. An einer Rechtsabzweigung vorbei stoßen wir auf den Kuhfluchtbach und gehen rechts von ihm weiter. Dabei treffen wir auf Stationen des Walderlebnispfades, wie zum Beispiel eine Weitsprunganlage und einen Barfußpfad. An Gumpen und kleinen Wasserfällen vorbei kommen wir zu den **Kuhfluchtwasserfällen ❷**, 790 m. Wenige Meter rechts hinauf befindet sich ein Aussichtspunkt.

Wir überqueren den Bach unterhalb der Wasserfälle und folgen auf der anderen Seite dem steilen und zum Teil wurzeligen Steig (auf Markierungen achten) durch Kiefernwald aufwärts. Gut eine Stunde nach den Wasserfällen haben wir auf ca. 1200 m von einem **Geländevorsprung ❸** einen schönen Blick ins Tal. Dann geht es entlang des tief eingeschnittenen Kuchfluchtbaches einen Rücken hinauf. Etwa eine halbe Stunde später erreichen wir den nächsten **aussichtsreichen Pausenplatz ❹**. Von hier blicken wir auf Alpspitze und Zugspitze sowie in die Ammergauer Alpen. Auch Kloster Ettal sieht man nun. Eine weitere halbe Stunde später gehen wir an einer Abzweigung geradeaus weiter aufwärts. Schließlich zieht der Weg nach links. Wir verlassen den Wald und kommen in die Latschenregion. Über uns sehen wir nun das Gipfelkreuz. Weiter oben biegt der Steig

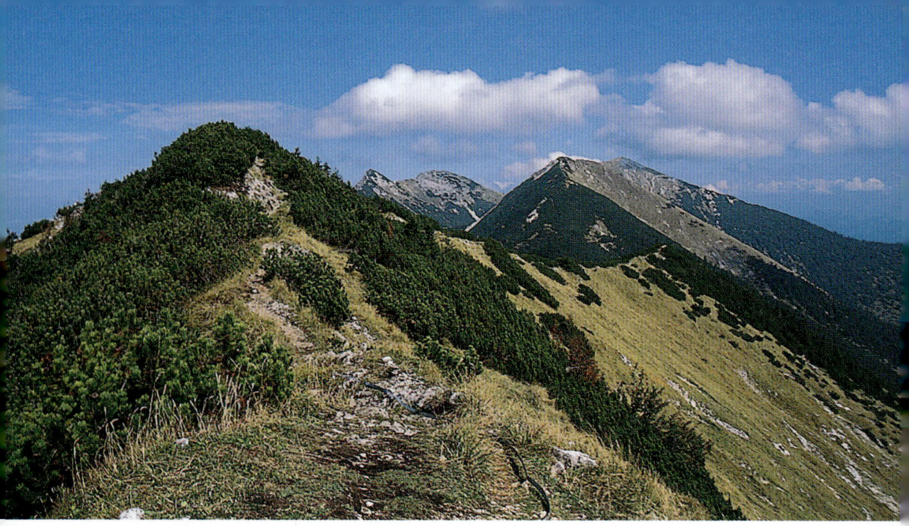

Am Gipfelgrat des Hohen Fricken.

nach rechts. Bald darauf sind wir auf dem Grat und erreichen nach rechts über den höchsten Punkt hinweg das Gipfelkreuz des **Hohen Fricken** ❺, 1940 m.

Vom Gipfel folgen wir dem Grat knapp 30 Minuten in südliche Richtung, bis der Steig auf einer Lichtung nach links biegt und in den Wald eintaucht. Gut 20 Minuten geht es bergab, dann mündet in einer Kehre von links ein unscheinbarer Steig ein. Kurz darauf leiten uns ein Holzschild »Ga-Pa / Farchant« und ein Pfeil an einem Baum nach links über ein kleines Wiesenplateau. Wir treffen auf einen querenden Steig und folgen diesem nach rechts durch lichten Wald am Hang entlang abwärts. Bei einem markanten Felsblock treffen wir auf den **Fahrweg** ❻ zur Esterbergalm. Hier bietet sich ein zehnminütiger Abstecher nach links zur beliebten Einkehr an.

Ansonsten folgen wir, stellenweise unangenehm steil, dem Fahrweg nach rechts hinab, bis, wiederum rechts, ein ausgeschilderter Fußweg nach Farchant abzweigt. Dieser führt in Kehren hinab ins Tal. Dort treffen wir auf ein Teersträßchen, folgen diesem nach links und stoßen auf eine etwas breitere Straße. Nach rechts gelangen wir wieder in den Ort. Am Kraftwerk vorbei stoßen wir auf eine vom Hinweg bekannte Verzweigung und gelangen linkshaltend zurück zum Bahnhof von **Farchant** ❶.

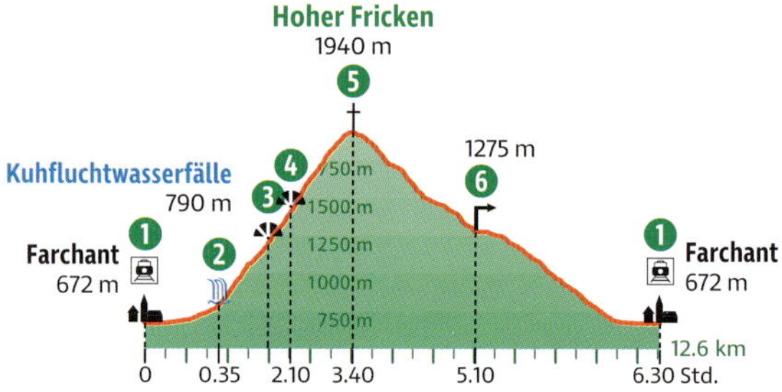

Hohe Kiste, 1922 m, und Krottenkopf, 2086 m

Von Eschenlohe nach Wallgau

19

2 Tage | 25,3 km | ↗1630 m | ↘1400 m

TOP

Abwechslungsreiche Überschreitung des Estergebirges

Vom Loisachtal aus betrachtet, wirkt das Estergebirge – mit der Hohen Kiste als markantem Felsaufbau – steil und unzugänglich, von der »Rückseite« dagegen gibt es sich einladender. Viele Höhenmeter sind bei der hier vorgestellten Überschreitung zu überwinden, dafür werden wir mit reizvollen Wegen und Steigen, einer fantastischen Aussicht und einem umfassenden Einblick in das Estergebirge belohnt. Überraschend abwechslungsreich präsentiert sich die Landschaft auf dieser Tour. Erst geht es von Eschenlohe auf einem Forstweg gemächlich bergan, dann bringen uns Bergwege mit alpinem Charakter immer höher hinauf, bis wir schließlich mit der Hohen Kiste unseren ersten Aussichtsgipfel erreichen. Nach Osten, in Richtung Krün und Wallgau, fällt das Estergebirge sanft in einem teilweise mit Latschen und Alpenrosen bestandenen Karstplateau ab. An diesem entlang erreichen wir die in einem Sattel zwischen Krottenkopf und Oberem Rißkopf gelegene Weilheimer Hütte, auch Krottenkopfhütte genannt. Beide Gipfel lassen sich auf einfachen Wegen besteigen und sind top Aussichtsberge. Am zweiten Tag geht es anfangs über die Hochebene, dann durch wunderschöne Wälder und an zwei bewirtschafteten Almen vorbei aussichtsreich hinab nach Wallgau. Wer nur einen Tag Zeit hat und über eine gute Kondition verfügt, steigt von der Hohen Kiste auf dem Anstiegsweg wieder ab.

Ausgangspunkt: Bahnhof von Eschenlohe, 636 m.

Anfahrt: Regionalzug von München Hbf (Halt auch in München-Pasing und Tutzing). Ganztags stündliche Verbindung, Dauer ca. 1.10 Stunden.

Endpunkt: Wallgau, Bushaltestelle Wallgau Rathaus, 866 m.

Rückfahrt: Mit dem Bus (Linie 9608, ab 2026 voraussichtlich Linie 328) nach Kochel oder mit dem Bus (Linie 9618, ab 2026 voraussichtlich Linie 329) nach Garmisch-Partenkirchen. Von dort jeweils mit dem Zug nach München. Mindestens stündliche Verbindung bis zum frühen Abend, Dauer 2 bis 2.10 Stunden. Weitere bzw. spätere und etwas längere Verbindungen mit dem Bus (Linie 9608) nach Garmisch-Partenkirchen (eine Verbindung auch nach Mittenwald und dort umsteigen in den Zug).

Höhenunterschied / Gehzeit:
1. Tag: 1410 m↑, 100 m↓; 5.40 Std.
2. Tag: 220 m↑, 1300 m↓; 4.50 Std.
gesamt: 1630 m↑, 1400 m↓; 10.30 Std.

Anforderungen: Kondition und Trittsicherheit erforderlich (kurze Stellen etwas ausgesetzt). Beim Abstieg bei schlechter Sicht auf dem Hochplateau gut auf die blauen Markierungen achten.

Einkehr: Weilheimer Hütte (Krottenkopfhütte; Übernachtungsmöglichkeit, Tel. +49 170 2708052, dav-weilheim.de/huetten/weilheimer-huette), Krüner Alm (im Hochsommer einfach bewirtschaftet, bei schlechtem Wetter eventuell geschlossen; kalte Getränke und Brotzeiten), Wallgauer Alm (Montag Ruhetag, außer an Feiertagen, Getränke und Brotzeiten).

Variante: *Oberer Rißkopf, 2049 m:* Von der Weilheimer Hütte in nordwestliche Richtung den Trittspuren am Zaun entlang in direkter Linie auf den Gipfel folgen.

1. Tag:
Vom Bahnhof **Eschenlohe ❶**, 636 m, gehen wir über den Bahnhofsvorplatz und folgen der quer verlaufenden größeren Straße nach rechts. Am Kriegerdenkmal in der Ortsmitte wenden wir uns nach links, überqueren die Loisach und gehen geradeaus in die Krottenkopfstraße. Auf dieser bleiben wir, uns schräg rechts haltend, auch an der nächsten Verzweigung. Wir gehen über eine weitere Brücke und folgen der Straße wiederum schräg rechts. Vor uns sehen wir die Hohe Kiste. An der Abzweigung bleiben wir weiter auf der Straße und erreichen am Ortsende den **Wengerer Hof ❷**, ca. 660 m. Hier leitet uns ein Schild Richtung Krottenkopf / Asamklamm geradeaus auf einen Forstweg. Dieser steile und steinige Weg führt bergauf durch den Wald (an einer Verzweigung halten wir uns links) und trifft bald darauf auf eine Schotter-Forststraße, der wir nach links oberhalb der Eschenlaine aufwärts folgen. Nach ungefähr 50 Minuten auf der Forststraße bleiben wir an einer Abzweigung linkshaltend auf dem Hauptweg. Bald danach zieht das Forststräßchen nach rechts und verläuft nun relativ flach oberhalb eines Tals, auf dessen anderer Seite sich der Simetsberg erhebt. Kurz darauf verlassen wir das Forststräßchen nach rechts auf einen Wanderweg. Dieser geht in einen Steig über, der uns auf der rechten Seite des Pustertals aufwärts führt. Von rechts mündet der ebenfalls von Eschenlohe heraufkommende Hahnbichelsteig ein. Hier verlassen wir vorübergehend den Wald und wandern nun, etwas ausgesetzt, aber mit Drahtseilsicherung, ein Seitental aus. Der Steig zieht anschließend, einige Bäche querend, abwechslungsreich durch lichten Wald hinauf auf einen grasbewachsenen Absatz auf gut 1300 m mit den **Pustertal Jagdhäusern ❸**.
Auf der anderen Seite leitet uns ein Weg durch Latschen (an einer Linksabzweigung dem roten Pfeil geradeaus folgen) auf den nächsten Absatz, immer wieder mit Blick auf Heimgarten, Herzogstand und Benedikten-

Blick vom Gipfel der Hohen Kiste auf (Vor-)Karwendel mit Soierngruppe.

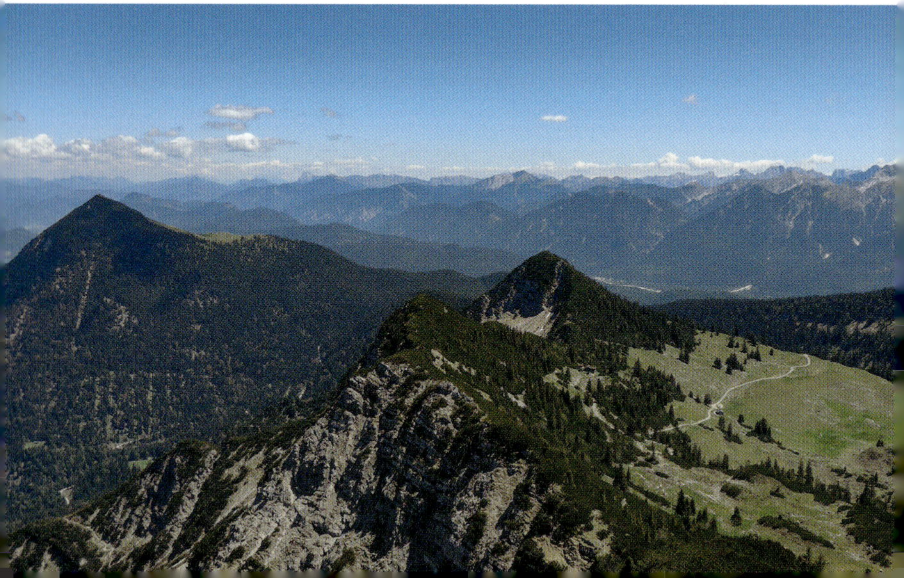

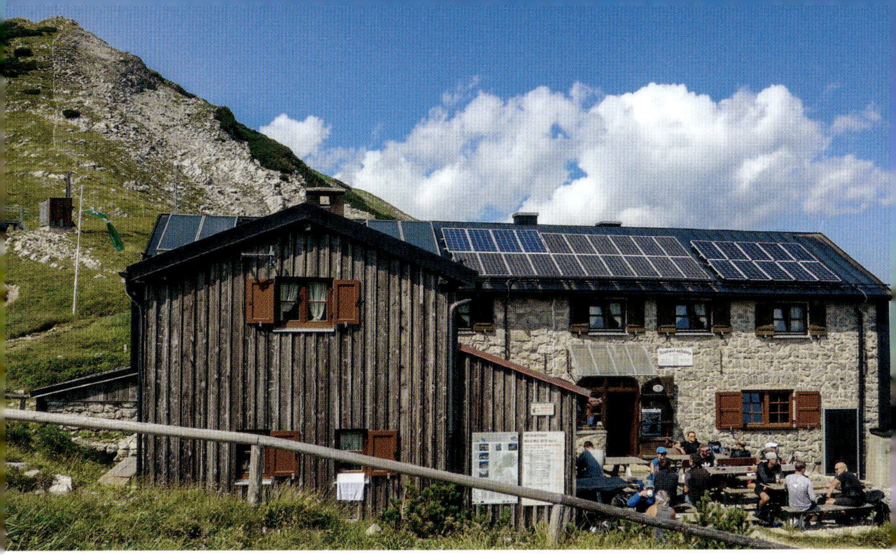

Die Weilheimer Hütte mit dem Oberen Rißkopf.

wand. Bald wird es steiler. Zunächst noch durch Latschen, dann durch Geröll und über einen Felsriegel geht es auf den dritten Absatz. Nun führt der Weg in einem Bogen aus dem Kessel empor, erst nach rechts ziehend durch Latschen, dann nach links durch ein Kar unterhalb der Hohen Kiste entlang in eine Scharte. Von hier haben wir das erste Mal einen herrlichen Blick über die Karsthochfläche des Estergebirges mit dem Karwendel im Hintergrund. Wir folgen rechts dem Höhenweg (Schild »Krottenkopf«), bis uns ein weiteres Schild einen Steig steil hinauf zum Gipfel der **Hohen Kiste** ❹, 1922 m, weist. Die Aussicht von hier oben ist hervorragend. Auch die Weilheimer Hütte sieht man schon liegen.

Vom Gipfel gehen wir zurück zum Höhenweg und folgen diesem nach rechts. Dabei wandern wir mit schönem Karwendelblick links vom Grat oberhalb der Hochebene entlang. Erst leicht abwärts, dann wieder ansteigend erreichen wir, an einer Abzweigung Richtung Krün vorbei (unser Weg am nächsten Tag), die **Weilheimer Hütte** ❺, 1946 m, im Sattel zwischen Krottenkopf und Oberem Rißkopf.

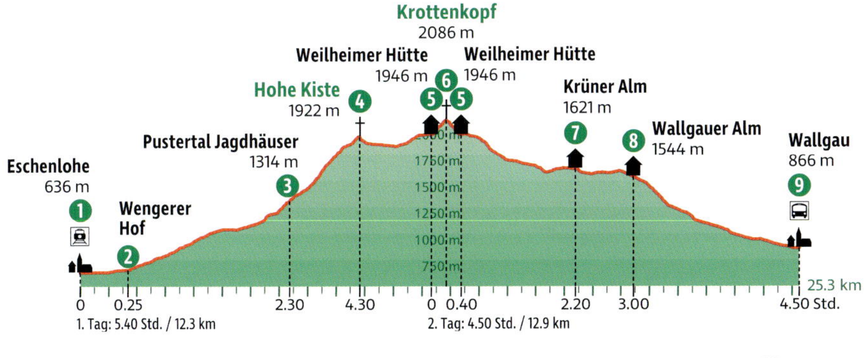

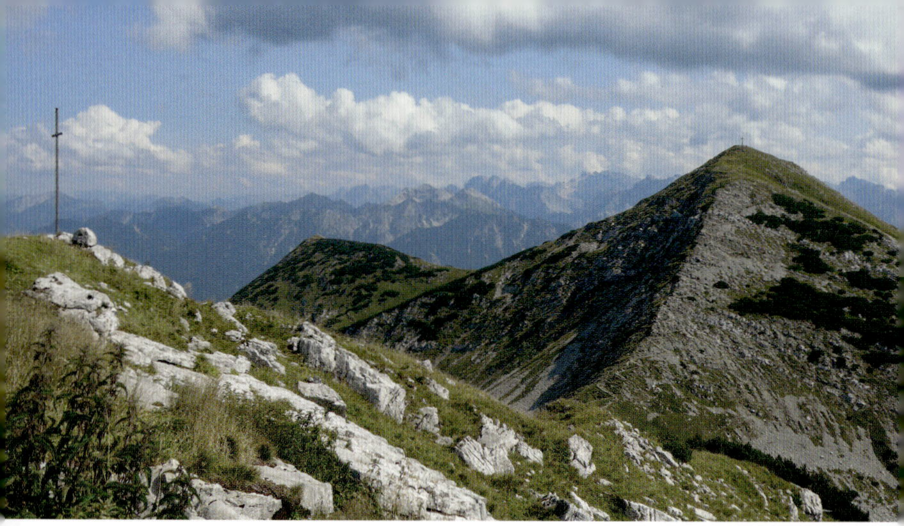

Am Oberen Rißkopf, rechts der Krottenkopf.

2. Tag:
Sofern wir nicht schon am Vortag oben waren, folgen wir von der Hütte erst einmal dem ausgeschilderten Steig in südöstlicher Richtung auf den **Krottenkopf ❻**, der mit seinen 2086 Metern der höchste Gipfel des Estergebirges ist.
Dann gehen wir auf demselben Weg wieder hinab zur **Weilheimer Hütte ❺** und auf dem Höhenweg zurück in Richtung Hohe Kiste bis zu der mit »Krün« ausgeschilderten Rechtsabzweigung. Auf diesem Steig (stellenweise nur Pfadspuren – auf die blauen Markierungen achten!) überqueren wir die zum Teil mit Latschen und Alpenrosen bestandene Hochebene bis zur Waldgrenze.

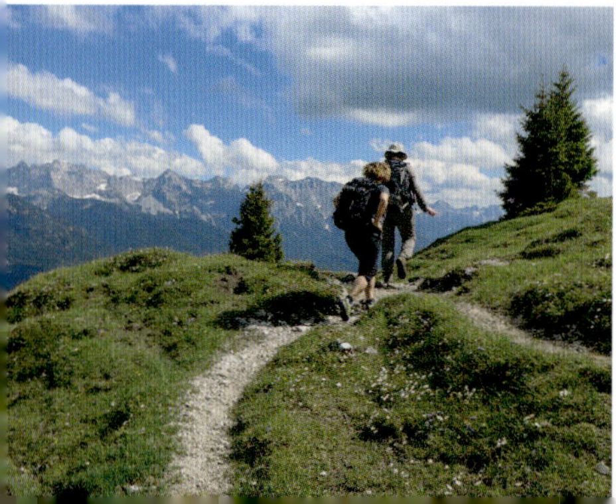

Weiter durch lichten Baumbestand, bis wir ca. 90 Minuten nach der Hütte durch ein abschüssiges Geröllfeld leicht bergauf queren. Schließlich erreichen wir auf einer Lichtung die nur im Hochsommer bewirtschaftete **Krüner Alm ❼**, 1621 m.
Von der Alm folgen wir dem Weg wenige Minuten weiter, dann verlassen wir ihn nach links auf einen Steig (Schild »Wallgauer Alm«). In einem sanften Bogen gelangen wir erst durch lichten Wald, dann über schönes Almgelände zur bewirtschafteten **Wallgauer Alm ❽**, 1544 m.
Von dort folgen wir knapp 10 Minuten dem Almfahrweg bergab, bevor wir ihn nach links auf einen Steig verlassen. Wir überqueren einen schmalen Forstweg, treffen wenige Meter danach auf den Almfahrweg und gehen etwas nach links versetzt auf dem Steig weiter. Bei einem Unterstand stoßen wir wieder auf den Almweg. Geradeaus führt unser Steig weiter. Nach 20 Minuten verbreitert sich der Steig zu einem Schotterweg. Bald da-

Von der Krüner Alm zur Wallgauer Alm.

rauf stoßen wir auf eine Forststraße und verlassen diese nach wenigen Metern rechts auf einen Schotterweg. Dieser trifft auf eine Forststraße, der wir nach rechts folgen. Kurz darauf kürzen wir eine Kehre der Forststraße nach rechts ab. An einer Rechtsabzweigung vorbei erreichen wir bei einem Holzlagerplatz ein querendes Forststräßchen und folgen diesem nach rechts. Am Ortsanfang von Wallgau geht es in ein Asphaltsträßchen über, das uns einige Minuten oberhalb des Ortes entlangführt. An einer Gabelung rechts abwärts stoßen wir auf die Hauptstraße von **Wallgau ⑨**, 866 m, und gehen nach rechts bis zur Bushaltestelle.

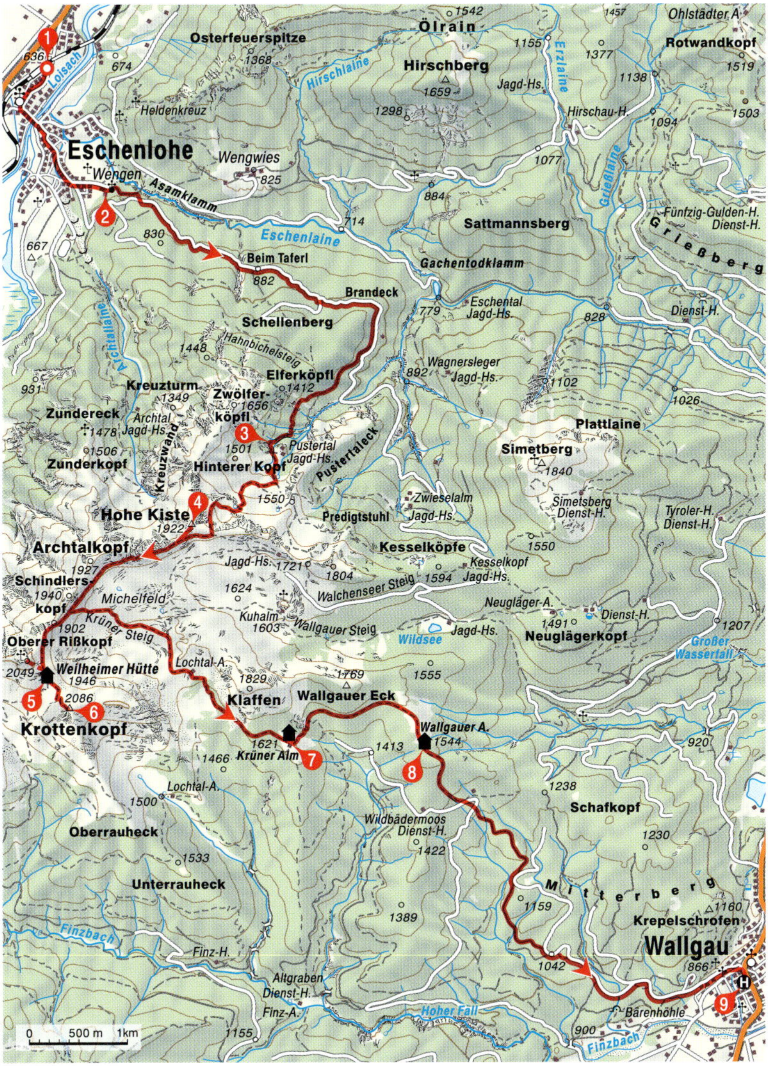

20 Heimgarten, 1790 m
Vom Walchensee nach Ohlstadt

TOP | 6.00 Std. | 13,9 km | ↗1070 m | ↘1240 m

Auf den Wächter des Werdenfelser Landes

Diese klassische Überschreitung ist ein echtes Highlight und führt uns auf durchwegs schönen Steigen abwechslungsreich vom Walchensee ins Loisachtal. Der Walchensee ist wegen seiner Windverhältnisse gut zum Surfen geeignet und das klare, tiefe Wasser lockt Taucherinnen und Taucher an. Das Wasser des Sees wird seit 1924 vom Kraftwerk Walchensee im 200 Meter tiefer gelegenen Kochel zur Stromgewinnung genutzt. Unser Aufstieg erfolgt über einen gut angelegten Steig mit zunehmend freier werdenden Blicken auf den türkisfarbenen Walchensee, in die Südabhänge des Heimgartenmassivs und auf die umliegende Bergwelt. An der Hütte kurz unterhalb des Gipfels und auf dem Gipfel selbst kann es an schönen Tagen durchaus lebhaft zugehen, der Grat vom Herzogstand herüber ist eine beliebte Route. In dem Moment, in dem wir den aussichtsreichen Gipfel hinter uns lassen, wird es wieder ruhiger. Unser Abstieg verläuft auf einem wieder sehr schönen Steig, der im unteren Teil wildromantisch an einem Bach entlangführt.

Ausgangspunkt: Bushaltestelle Herzogstandbahn am Walchensee, 804 m.
Anfahrt: Mit dem Regionalzug von München Hbf (Halt auch in München-Pasing, Starnberg und Tutzing) nach Kochel. Von dort mit dem Bus (Linie 9608, ab 2026 voraussichtlich Linie 328) Richtung Walchensee / Garmisch-Partenkirchen bis Walchensee Herzogstandbahn. Montag bis Freitag morgens zwei, Samstag, Sonn- und Feiertag drei Verbindungen, Dauer 1.40 Stunden.
Endpunkt: Bahnhof Ohlstadt, 636 m.
Rückfahrt: Regionalzug nach München Hbf (Halt auch in Tutzing und München-Pasing). Ganztags stündliche Verbindung, Dauer 1 Stunde.
Anforderungen: Problemlose Steige; nur der Abstieg erfolgt im zweiten Teil auf einem etwas raueren Weg. Trittsicherheit nötig.
Einkehr: Heimgartenhütte.
Variante: Umgehung der abrutschgefährdeten Passage nach der Bärenfleckhütte, indem man dem Forstweg nach rechts folgt, sich an einer Einmündung links hält und an einer Art Mehrfachkreuzung kurz nach links hinunter zur Kaltwasserlaine geht. Hier treffen wir auf die Hauptroute und folgen einem Steig rechts am Bach entlang.

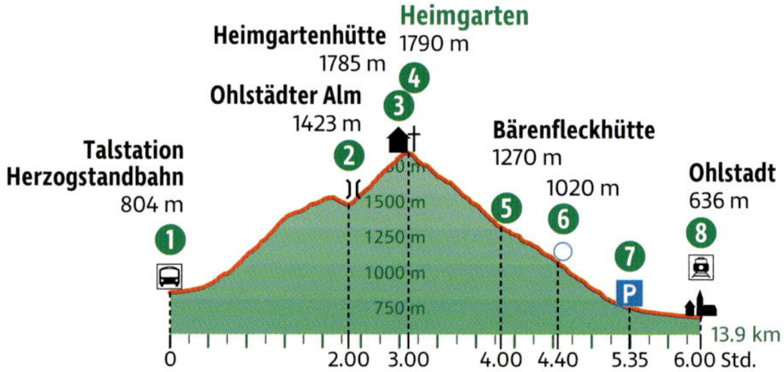

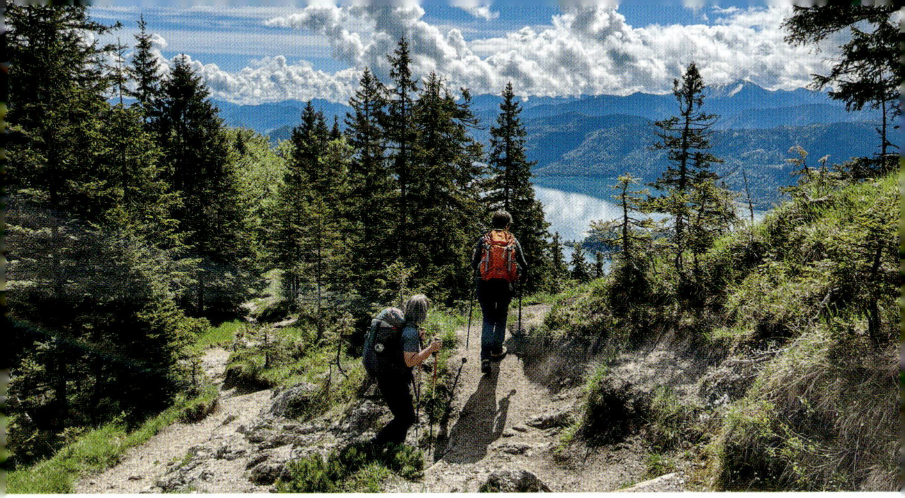

Schon der Aufstieg bietet beeindruckende Blicke auf Walchensee und Karwendel.

Von der Bushaltestelle an der **Talstation der Herzogstandbahn ❶**, 804 m, gehen wir noch gut 50 Meter in Fahrtrichtung an der Hauptstraße entlang, biegen dann rechts in ein Sträßchen ab und halten uns an der Gabelung wiederum rechts. Kurz darauf geht das Sträßchen in einen Forstweg über, dem wir an einem Bach entlang durch den Wald folgen. Der Weg wird schmaler und steigt an. Bald darauf treffen wir auf einen quer verlaufenden Weg, der uns nach rechts über den Bach führt. Wir ignorieren eine Linksabzweigung und folgen kurz darauf an einem Schild dem Weg nach links bergauf. Nun geht es auf einem wunderschön angelegten Steig, teilweise über Stufen, teilweise in Kehren, steil auf einen Rücken hinauf. Immer wieder haben wir dabei einen herrlichen Ausblick auf den Walchensee. Dann steigt der Weg nur noch leicht an, bis er schließlich fast höhehaltend auf dem Rücken entlangführt und sich bald darauf nach rechts wendet. Wir gehen nun mit Einblicken in das Heimgartenmassiv auf einem schönen Höhenweg un-

Der Kochelsee und der Grat hinüber zum Herzogstand.

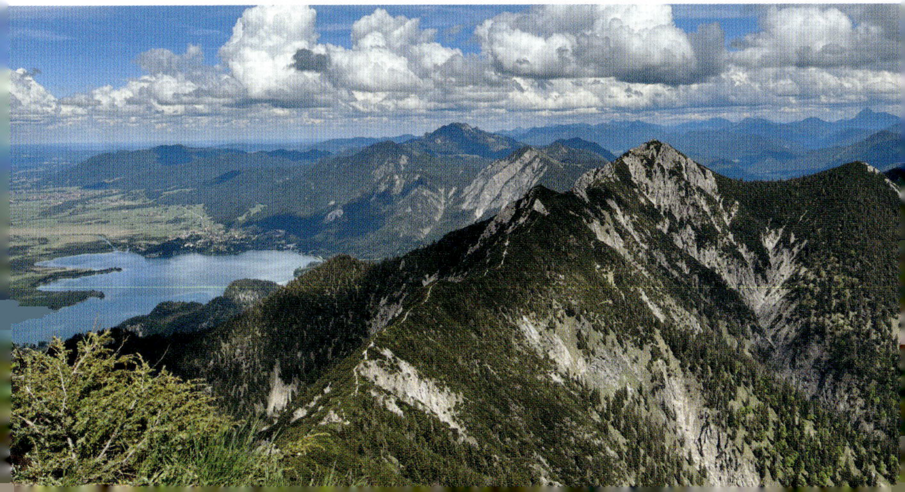

terhalb des Rotwandkopfs entlang und dann einige Höhenmeter hinab in den Sattel bei der **Ohlstädter Alm** ❷, 1423 m.
Hier zweigt links ein Weg nach Eschenlohe ab. Wir aber folgen geradeaus dem Schild Richtung Heimgarten. Der Weg führt in Kehren durch lichten Fichtenwald hinauf zur **Heimgartenhütte** ❸, 1785 m. Links um die Hütte herum ist man gleich auf dem Gipfel des **Heimgartens** ❹, 1790 m. Von hier hat man einen fantastischen Blick auf Benediktenwand, Herzogstand, Mangfallgebirge, Walchensee, Rofan, Karwendel, Soierngruppe, Alpenhauptkamm, Estergebirge, Wetterstein und Ammergebirge sowie im Norden zur oberbayerischen Seenplatte und nach München.
Vom Gipfel folgen wir dem Grat nach Norden, bis unser Weg gleich nach der Rechtsabzweigung zum Herzogstand nach links schwenkt. Kurz darauf ignorieren wir einen nach rechts abzweigenden Weg, ebenso den Weg über die Kaseralm nach Ohlstadt. Gleich darauf treffen wir auf einen von der Heimgartenhütte kommenden Weg und folgen diesem nach rechts. An der nächsten Abzweigung (Schild »Ohlstadt über Bärenfleckhütte«) verlassen wir den Rücken nach rechts. In Kehren geht es erst durch Latschen, dann durch lichten Fichtenwald auf einem schö-

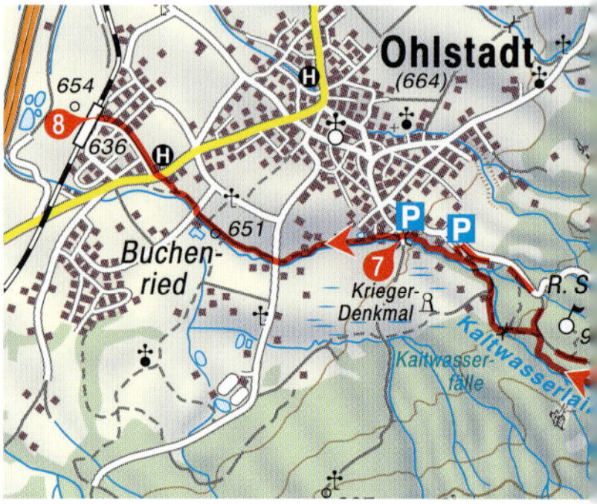

nen Steig mit Blick ins Tal hinab. Wir treffen auf einen Bach und gehen an diesem entlang zur **Bärenfleckhütte** ❺, einer Selbstversorgerhütte, ca. 1270 m.
Wir folgen dem Steig geradeaus und treffen auf einen Forstweg. Hier gehen wir geradeaus weiter auf dem Steig – nach einem Erdrutsch vor einigen Jahren auf eigene Gefahr und nicht nach viel Niederschlag (Umgehung siehe Variante). Dieser biegt bald nach rechts und führt zu einem Bachbett hinab, dem wir abwärts folgen. Kurz darauf überqueren wir dieses und einen einmündenden Bach (wir ignorieren den nach rechts führenden Forstweg) und gehen nun am rechten Ufer des Bachs auf einem Steig weiter. Zwei Forstwege, die nach rechts abzweigen, beachten wir nicht und folgen dem Bach, weiterhin auf der rechten Seite, bis zu einer Holzhütte und einem **Wasserbecken** ❻, 1020 m.
Wer es bequem haben möchte, wandert nun auf dem hier rechts beginnenden Fahrweg (bei Verzweigungen an die Beschilderung Richtung Ohlstadt halten) bis zum Wanderparkplatz 1. An diesem geht es links durch ein Gatter und den Bach entlang zu **Wanderparkplatz 2** ❼.

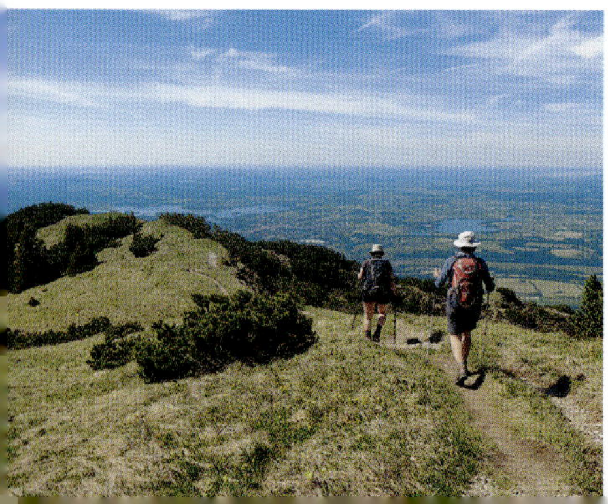

Abstieg Richtung Ohlstadt.

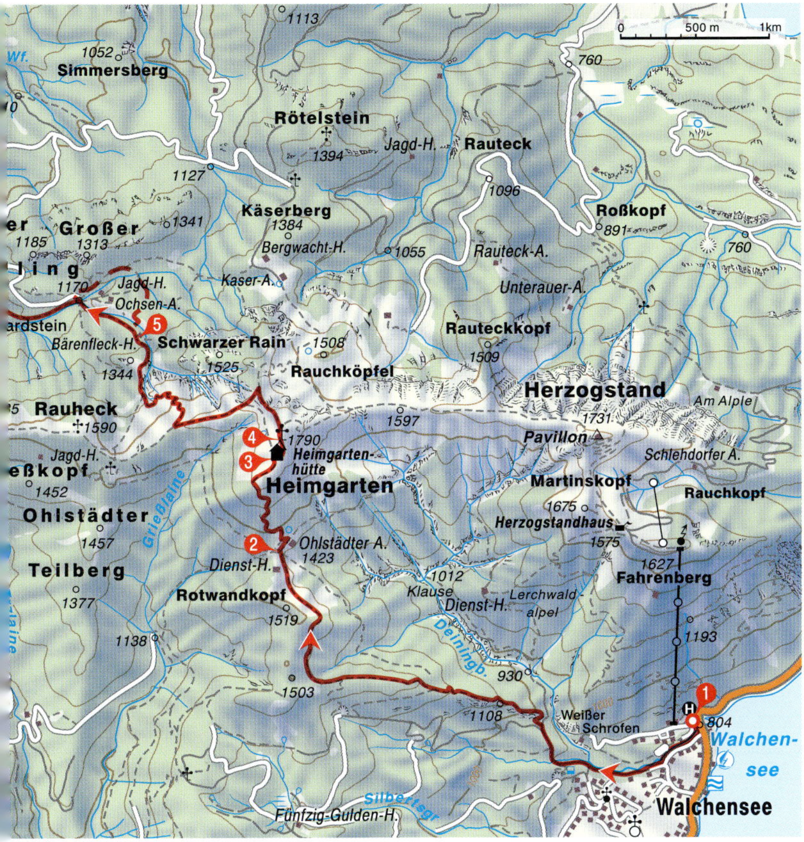

Schöner ist es, weiter entlang der Kaltwasserlaine abzusteigen. Hierzu folgen wir an dem Wasserbecken dem links wegführenden Steig, der teils direkt am Bach entlang, teils etwas oberhalb davon verläuft. Dann verbreitert sich der Steig zu einem Fahrweg. Wo dieser nach rechts biegt, folgen wir links einem Steig weiter am oder oberhalb des Bachs entlang. Wir ignorieren eine Linksabzweigung zum Bach hinunter. Kurz danach führt unser Weg in Serpentinen abwärts zur Kaltwasserlaine, die wir auf einer Brücke überqueren. Wir wechseln noch zweimal die Bachseite, folgen am linken Ufer dem breiten geschotterten Weg, queren die Kaltwasserlaine erneut und erreichen am rechten Ufer entlang nach wenigen Minuten **Wanderparkplatz 2** ❼. Wir gehen über den Parkplatz, kurz an der Straße nach rechts und dann links in ein Schottersträßchen (Ramweg, Sackgassenschild). An dessen Ende folgen wir links dem Fußweg am Bach entlang. Wir überqueren ein Teersträßchen, kommen an einem Schwimmbad vorbei, überqueren erneut ein Teersträßchen und gehen an einer Gabelung rechts zur Hauptstraße. Auf der anderen Seite folgen wir dem Bahnhofweg bis zum Bahnhof von **Ohlstadt** ❽, 636 m.

21 Herzogstand, 1731 m
Vom Walchensee

4.45 Std. | 13,5 km | ↗ 930 m | ↘ 930 m

Königlicher Aussichtsberg über dem Walchensee
Schon König Ludwig II. schätzte die Aussicht vom Herzogstand und ließ deshalb etwas unterhalb des Gipfels das sogenannte Königshaus errichten, das später als Gasthaus genutzt wurde, 1990 allerdings bis auf die Grundmauern niederbrannte. Das an gleicher Stelle wieder aufgebaute Berggasthaus Herzogstand hat bis auf die Revisionszeiten der Bergbahn und einzelne zusätzliche Wochen das ganze Jahr über geöffnet. Wer es bequem haben möchte, kann die ungefähr 800 Höhenmeter vom Walchensee hier herauf mit der Herzogstandbahn überwinden. Allerdings ist der Aufstieg zu Fuß auf dem schön angelegten Steig – mit Walchenseeblick! – absolut lohnend. Am Herzogstandhaus vorbei geht es über einen Serpentinenweg auf den Gipfel, von dem die Aussicht grandios ist: Der Blick reicht vom Alpenvorland, der Benediktenwand und dem gegenüberliegenden Jochberg über Karwendel, Alpenhauptkamm, Wetterstein und Estergebirge bis zu den Ammergauer Alpen und Tannheimer Bergen. Eine beliebte Überschreitung, die neben Trittsicherheit etwas Schwindelfreiheit voraussetzt, führt vom Gipfel über den etwas ausgesetzten Grat zum Heimgarten hinüber. Von dort kann man auf ebenfalls reizvollen Wegen zum Walchensee zurückkehren oder nach Ohlstadt absteigen. Der hier vorgestellte Abstiegsweg ist der ehemalige königliche Reitweg. Auf diesem lässt sich das Herzogstandhaus bei sicherer Lawinenlage sogar im Winter erreichen. Im Hochsommer wartet er mit einer üppigen Alpenflora auf – und bei einem Abstecher vom Endpunkt Richtung Sachenbach mit der Möglichkeit, im Walchensee zu baden.

Der Walchensee vom Herzogstand.

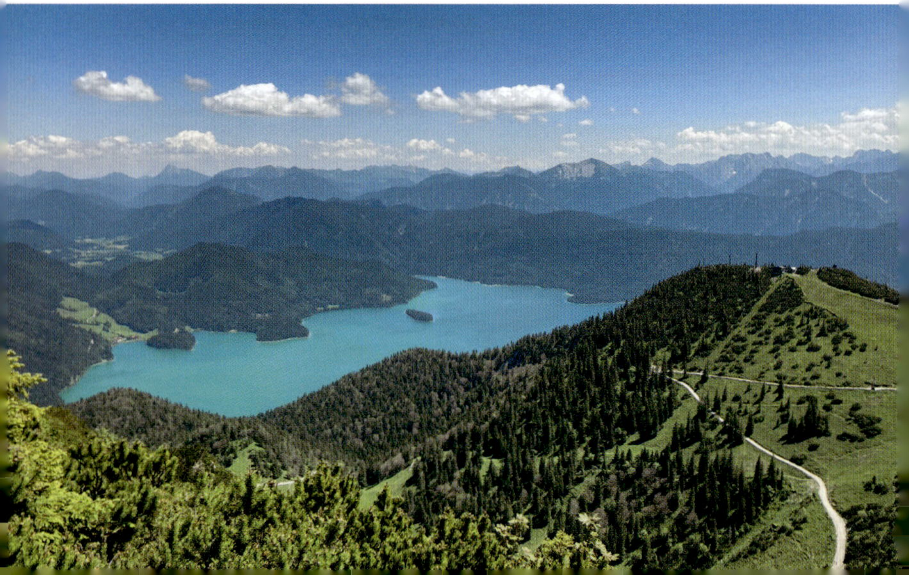

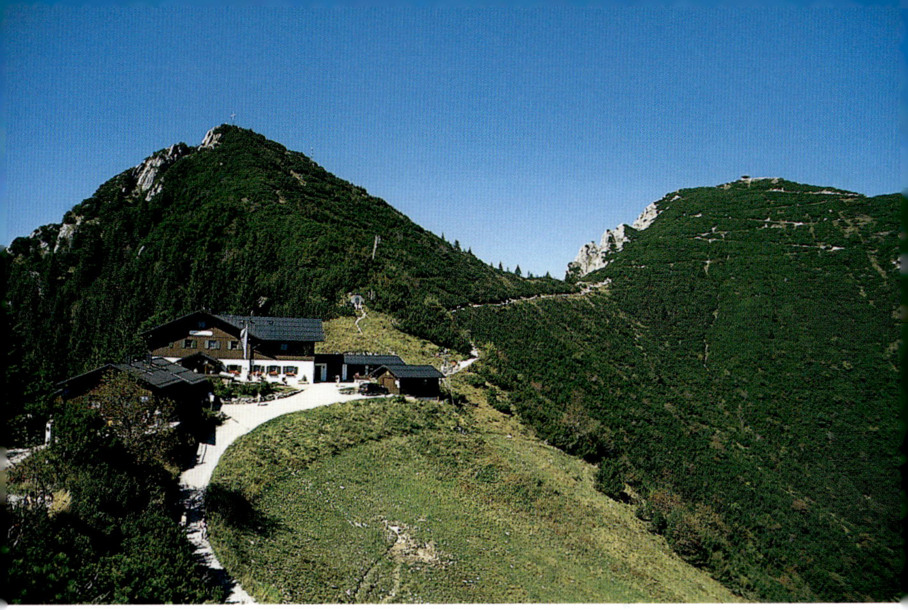

Das Herzogstandhaus mit Martinskopf (links) und Herzogstand (rechts).

Ausgangspunkt: Bushaltestelle Herzogstandbahn am Walchensee, 804 m.
Anfahrt: Mit dem Regionalzug von München Hbf (Halt auch in München-Pasing, Starnberg und Tutzing) nach Kochel. Von dort mit dem Bus (Linie 9608, ab 2026 voraussichtlich Linie 328) Richtung Walchensee / Garmisch-Partenkirchen bis Walchensee Herzogstandbahn. Montag bis Freitag morgens zwei, Samstag, Sonn- und Feiertag drei Verbindungen, Dauer 1.40 Stunden.
Endpunkt: Bushaltestelle Urfeld, Kochel am See, 804 m.
Rückfahrt: Von Urfeld mit dem Bus (Linie 9608, ab 2026 voraussichtlich Linie 328) nach Kochel und weiter mit dem Regionalzug nach München. Am Nachmittag / frühen Abend stündliche Verbindung bis ca. 19 Uhr, Dauer 1.50 Stunden.
Anforderungen: Aufstieg auf gutem Steig, Trittsicherheit erforderlich. Abstieg auf Forstweg.
Einkehr: Herzogstandhaus (Übernachtungsmöglichkeit von Donnerstag bis Sonntag), Heimgartenhütte (Variante).
Variante: *Heimgarten, 1790 m:* Vom Herzogstand über den etwas ausgesetzten Grat in 1.30 Stunden (200 Höhenmeter) zum Heimgarten. Trittsicherheit und etwas Schwindelfreiheit erforderlich, die ausgesetzten Stellen sind aber gut mit Drahtseilen gesichert. Vom Heimgarten hinab zur Talstation der Herzogstandbahn oder nach Ohlstadt.

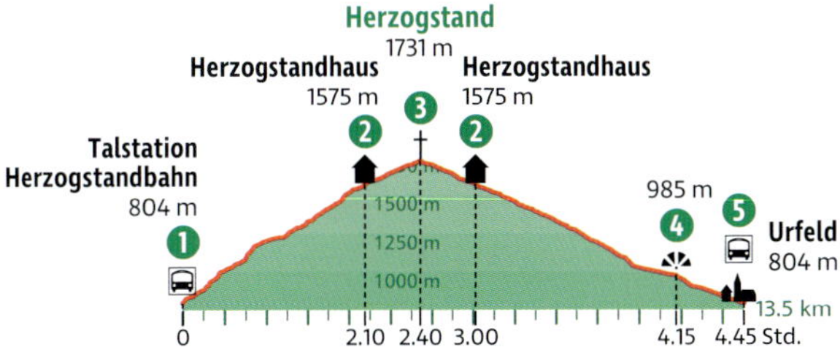

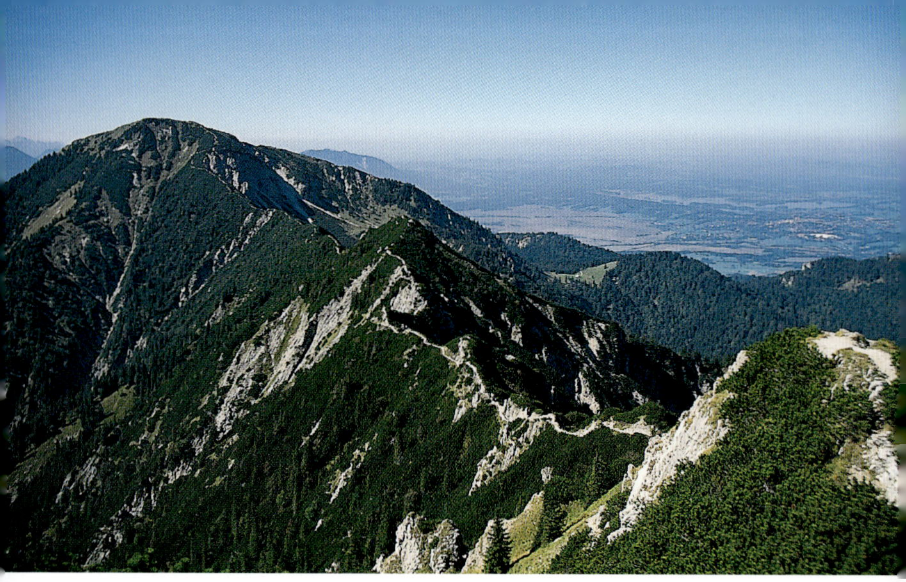

Eine schöne Gratwanderung führt hinüber zum Heimgarten.

Von Kochel kommend am hinteren Ende der **Bushaltestelle Herzogstandbahn ❶**, 804 m, gehen wir an einer Schranke vorbei. Nach wenigen Metern beginnt ein mit »Herzogstand« ausgeschilderter Steig, der uns durch Mischwald anfangs relativ steil, dann angenehmer in Serpentinen bergauf führt. Nach 20 Minuten kreuzen wir die Herzogstandbahn. Immer wieder öffnen sich schöne Blicke auf den Walchensee. Später dreht der Weg nach Norden auf einen Rücken, dem wir für kurze Zeit in Serpentinen aufwärts folgen. Schließlich erreichen wir, ab-

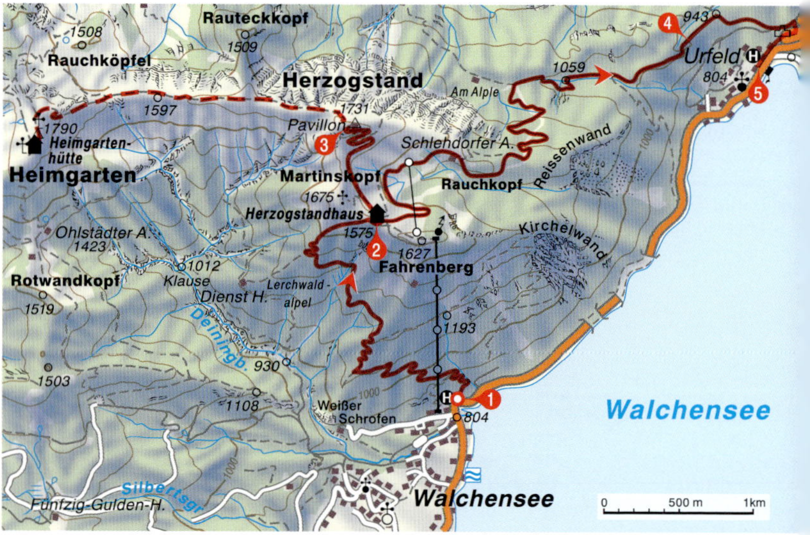

wechselnd einen Hang querend und weiter ansteigend, den Einschnitt eines Tälchens. Noch eine halbe Stunde auf dem schönen Steig weiter bergauf und wir sind beim **Herzogstandhaus** ❷, 1575 m, angelangt.

Von der Hütte geht es auf einem breiten, ebenen Weg unterhalb des Martinskopfes entlang, dann folgen wir einem Steig in Serpentinen durch Latschen aufwärts und erreichen, am Gipfelkreuz vorbei, den höchsten Punkt des **Herzogstands** ❸ mit dem Pavillon, 1731 m.

Auf dem Anstiegsweg gehen wir zurück zum **Herzogstandhaus** ❷ und folgen dort linkshaltend dem Fahrweg hinab. Dieser führt in einem Bogen um einen Kessel herum und zieht dann, einige Male die Skipiste kreuzend, durch den Wald. An einer Kreuzung halten wir uns rechts Richtung Urfeld. Später führt ein kurzer Abstecher nach rechts an einen **Aussichtspunkt** ❹ mit Sitzbank, von dem wir nochmals einen Blick auf den malerischen Walchensee werfen können.

Dann folgen wir weiter dem Fahrweg. Wenige Meter bevor wir auf die Bundesstraße treffen (hier nur Bushaltestelle Richtung Garmisch-Partenkirchen), gehen wir rechts hinunter über einen Parkplatz, dann kurz an der Straße entlang. Am Ende der Linkskurve verlassen wir diese nach rechts und kürzen über einige Treppenstufen die folgende Rechtskurve ab. Dann gehen wir wieder kurz an der Straße entlang bis in die nächste Linkskurve. Hier folgen wir rechts dem Schild nach Urfeld, 804 m, hinunter und gehen ein kleines Stück in den Ort hinein. Die Bushaltestelle **Urfeld** ❺, 804 m, Richtung Kochel befindet sich kurz vor dem urigen »Café am See« mit Mini-Lebensmittelmarkt.

Zwischen Karwendel und Wetterstein reicht der Blick bis in die Stubaier Alpen.

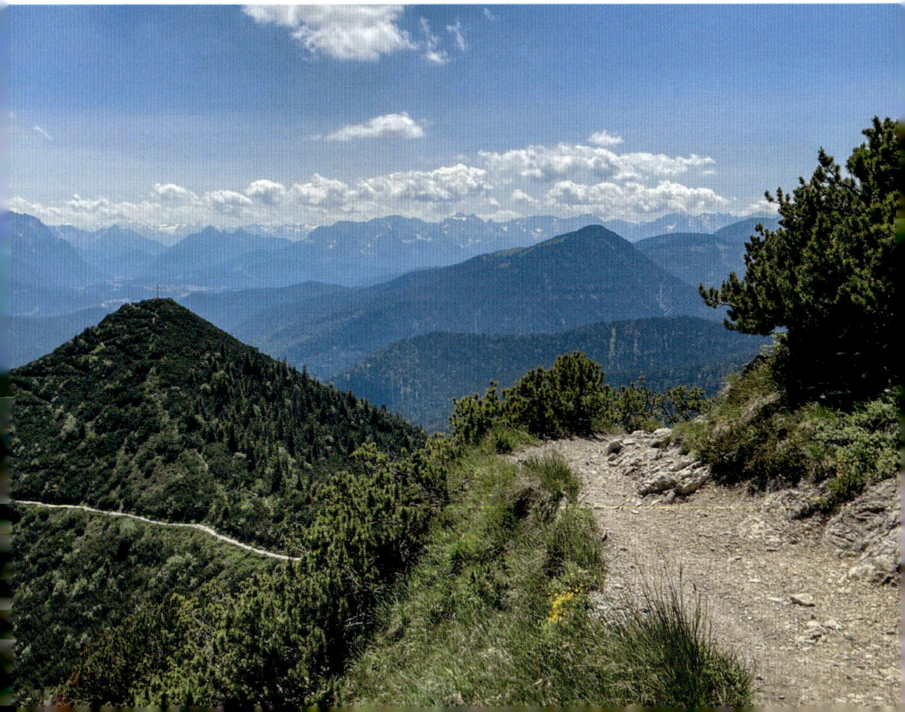

22 Benediktenwand, 1800 m
Von Lenggries nach Benediktbeuern

6.50 Std. | 19,6 km | ↗500 m | ↘1400 m

Aussichtsreiche Kammwanderung durch ein Steinbockrefugium
Fast aus jeder Himmelsrichtung führen Wege auf die Benediktenwand – ihre markante, weit aus dem Alpenvorland sichtbare Nordwand ist allerdings den Kletterinnen und Kletterern vorbehalten. Bei der hier vorgestellten Tour von Lenggries über das Brauneck auf den Gipfel und hinab über die Tutzinger Hütte nach Benediktbeuern wird der Kamm in seiner ganzen Länge überschritten. Wer nicht über eine ausgesprochen gute Kondition verfügt, sollte von Lenggries mit der Gondelbahn auf das Brauneck fahren, um so knapp 800 Höhenmeter und gut zwei Stunden Gehzeit zu sparen. Viele, die mit der Bergbahn hochkommen, kehren weit vor der Benediktenwand um. Dann wird es ruhiger. Wer Glück hat, kann nun ein paar Steinböcke beobachten. Eigentlich in den Zentralalpen heimisch, wurde das Steinwild in den 1960er-Jahren hier angesiedelt. 2023 wurden weitere Tiere aus der Schweiz umgesiedelt, um den Genpool der isolierten Population zu erweitern. Aktuell leben hier rund 100 dieser Tiere. Nach dem Genuss des Panoramas geht es vom Gipfel der Benediktenwand hinab zur Tutzinger Hütte. Von der Terrasse blickt man direkt in die Nordwand der Benediktenwand. Hier können wir uns noch einmal stärken, der Weiterweg zum Bahnhof von Benediktbeuern dauert gut zweieinhalb Stunden.

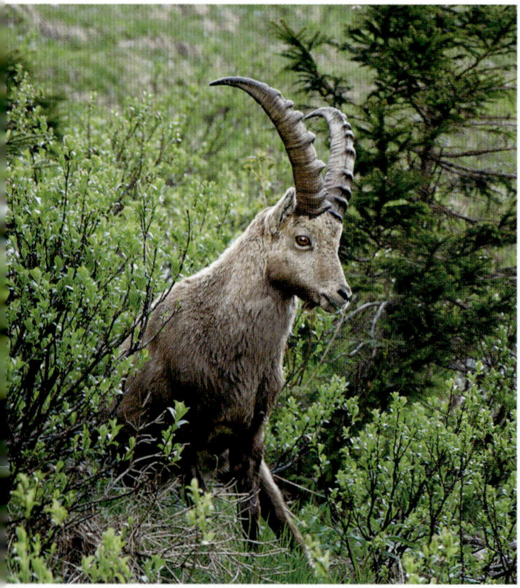

Steinbock bei der Tutzinger Hütte.

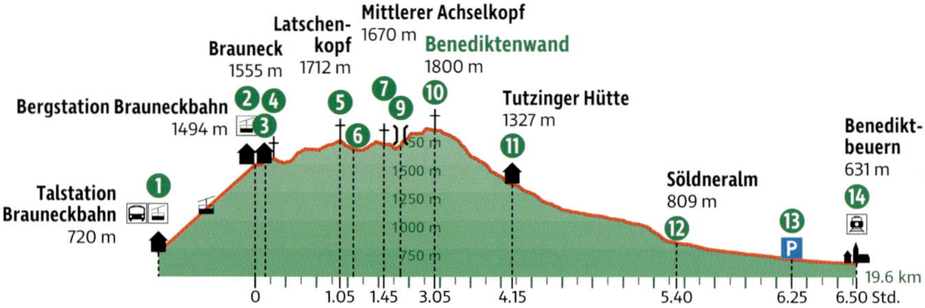

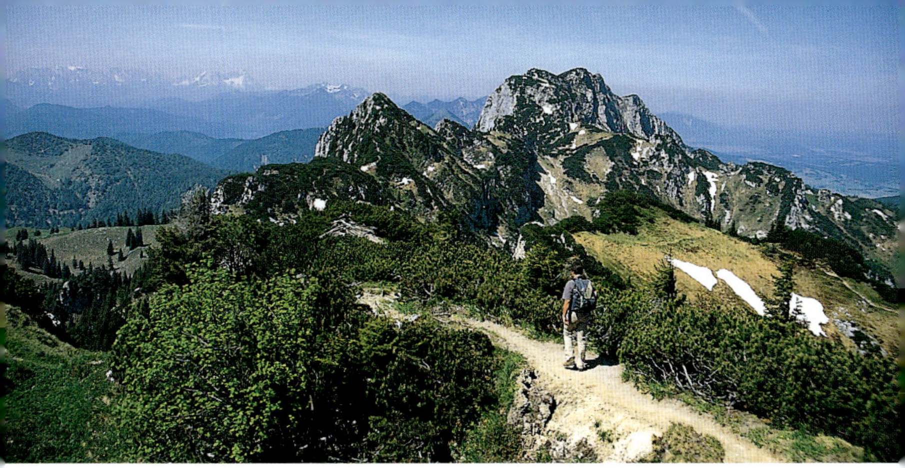

Am Kamm vom Brauneck zur Benediktenwand.

Ausgangspunkt: Lenggries, Talstation der Brauneckbahn, ca. 720 m.
Anfahrt: Von München Hbf (Halt auch an der Donnersbergerbrücke, am Harras sowie wochentags an den Siemenswerken bzw. an Samstagen, Sonn- und Feiertagen in Solln) mit der BRB (Bayerische Regiobahn) über Holzkirchen nach Lenggries. Weiter mit dem Bus (Linie 364 und 395) zur Talstation. Morgens stündliche Verbindung, Dauer ca. 1.20 Stunden.
Endpunkt: Bahnhof von Benediktbeuern, 631 m.
Rückfahrt: Mit dem Regionalzug (Halt auch in Tutzing, Starnberg und München-Pasing) nach München. Stündliche Verbindung bis spätabends, am Abend mit Umsteigen in Tutzing (dann ohne Halt in Starnberg), Dauer 1.10 Stunden.
Anforderungen: Kondition, Trittsicherheit und an den Achselköpfen Schwindelfreiheit erforderlich. Mehrere Passagen mit Felskraxeleien. Bei Umgehung der Achselköpfe rote Tour.
Einkehr: Reiseralm (Variante, Montag und Dienstag Ruhetag), Bergstation der Brauneckbahn, Brauneck-Gipfelhaus (Übernachtungsmöglichkeit, Montag und Dienstag Ruhetag), Tutzinger Hütte (Übernachtungsmöglichkeit).
Variante: Wer zu Fuß zum Brauneck aufsteigen möchte, folgt am Buswendeplatz bei der Talstation der Brauneckbahn dem Wanderschild Richtung Brauneck rechts vom Schlepplift den Fahrweg hinauf. Ein links abzweigender Fahrweg bringt uns zur Reiseralm. Hier geradeaus zu einem zweiten Haus und hinter diesem auf einem Waldsteig bergauf. An einem querenden Fahrweg halten wir uns links. Durch das Skigebiet aufwärts erreichen wir – zum Schluss auf einem Wanderweg – die Bergstation der Brauneckbahn (Gehzeit 2.15 Std.).

Von der **Talstation der Brauneckbahn** ❶, 720 m, schweben wir in wenigen Minuten mit der Gondelbahn knapp 800 Höhenmeter hinauf. An der **Bergstation** ❷ gehen wir rechts, am **Brauneck-Gipfelhaus** ❸ vorbei, hinauf zum **Brauneck** ❹, 1555 m.
Nun folgen wir, mit tollem Blick aufs Karwendel, dem Grat nach Westen. An einer Verzweigung halten wir uns links vom Grat, gehen aber wenig später wieder auf diesen hinauf. In leichtem Auf und Ab gelangen wir, an einem vorgelagerten Felszacken mit Kreuz vorbei, auf den **Latschenkopf** ❺, 1712 m, und 15 Minuten später an eine **Kreuzung** ❻, ca. 1630 m. Rechts geht es mit deutlichem Gegenanstieg auf einem leichteren Weg Richtung Benediktenwand. Wir

folgen dem geradeaus über die Achselköpfe führenden spannenderen Steig. Nach 10 Minuten überwinden wir mit Hilfe einer kurzen Leiter eine kleine Wand, dann steigen wir über Fels bergauf und gehen unter dem höchsten Punkt des ersten Achselkopfs vorbei. Nun kraxeln wir, eine Stelle mit Seilsicherung, abwärts, folgen weiter dem Kammverlauf und gelangen auf den mittleren **Achselkopf** **7**, ca. 1670 m. Wieder geht es erst mit Kraxeleinlage hinab, dann – eine kurze Stelle etwas ausgesetzt – über Fels hinauf auf den dritten **Achselkopf** **8**, ca. 1680 m. Von dort steigen wir, wieder mit Kraxelei (eine kurze Passage mit einem Seil gesichert), in 10 Minuten hinab zu einer Verzweigung, 1615 m. Von rechts mündet der leichtere Weg ein. Wir gehen geradeaus weiter, gelangen zu einer Verzweigung im **Rotohrsattel** **9**, ca. 1660 m, und folgen dem Steig nach links. Mit Drahtseilsicherungen steigen wir eine felsige Passage hinauf, dann geht es flacher auf dem Grat zum Gipfel der **Benediktenwand** **10**, 1800 m, mit einem kleinen Unterstandshäuschen. Die Aussicht von hier ist fantastisch.

Vom Gipfel gehen wir in westliche Richtung durch Latschen hinab. Nach einer guten halben Stunde folgen wir an einer Verzweigung rechts dem Schild Richtung Tutzinger Hütte. Nach einer Rechtsbiegung des Weges blicken wir in die beeindruckende Nordwand der Benediktenwand und sehen weiter unten auch

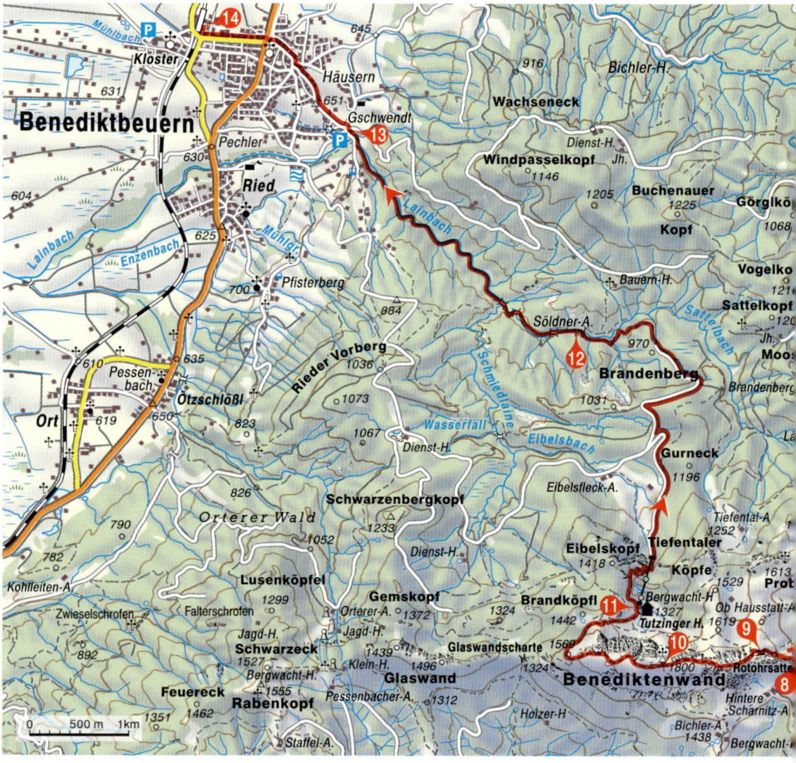

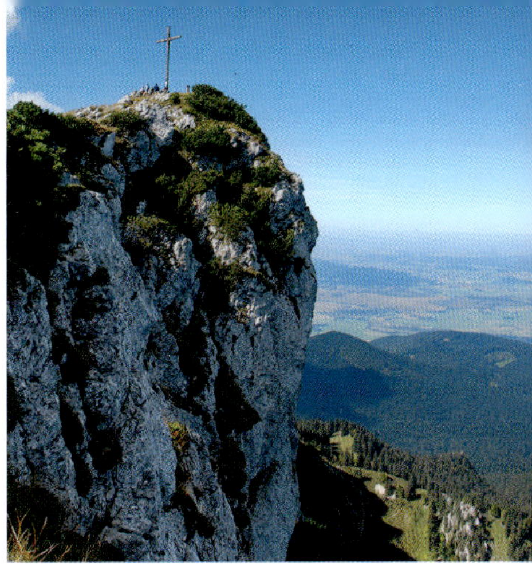

Steil bricht die Benediktenwand ins Alpenvorland ab.

die Hütte liegen. Unterhalb der Wand entlang treffen wir auf einen quer verlaufenden Weg und folgen diesem nach links zur **Tutzinger Hütte ⑪**, 1327 m. Hier können wir uns noch einmal für den langen Rückweg stärken.

An der Hütte vorbei tauchen wir in den Wald ein. Nun geht es in Serpentinen hinab, bis wir eine knappe halbe Stunde später auf eine Forststraße treffen. Dieser folgen wir nach rechts und bleiben nach wenigen Metern an der Linksabzweigung geradeaus auf dem Sträßchen. Nach einer Linkskehre biegen wir in ein rechts abzweigendes Forststräßchen ein und folgen an allen kommenden Abzweigungen den Schildern Richtung Benediktbeuern. Die Forststraße endet an einem Unterstand. Geradeaus führt uns ein gerölliger Weg hinab zum Lainbach. Wir überqueren den Bach und folgen ihm dann auf einem Schotterfahrsträßchen talauswärts.

An der **Söldneralm ⑫**, 809 m, beginnt ein Wildbachlehrpfad mit zehn Stationen. Vier Kilometer geht es nun am Bach entlang, bis wir schließlich einen **Wanderparkplatz ⑬** und an einer querenden Asphaltstraße die ersten Häuser von Gschwendt erreichen. Gegenüber weist uns ein Schild zum Bahnhof in den Mariabrunnweg. An der Gabelung bleiben wir rechts auf der Teerstraße, stoßen auf die Dorfstraße und folgen dieser nach rechts zur Bundesstraße. Auf der anderen Seite gehen wir in die Bahnhofstraße und erreichen, vor der Schranke rechts, den Bahnhof von **Benediktbeuern ⑭**, 631 m.

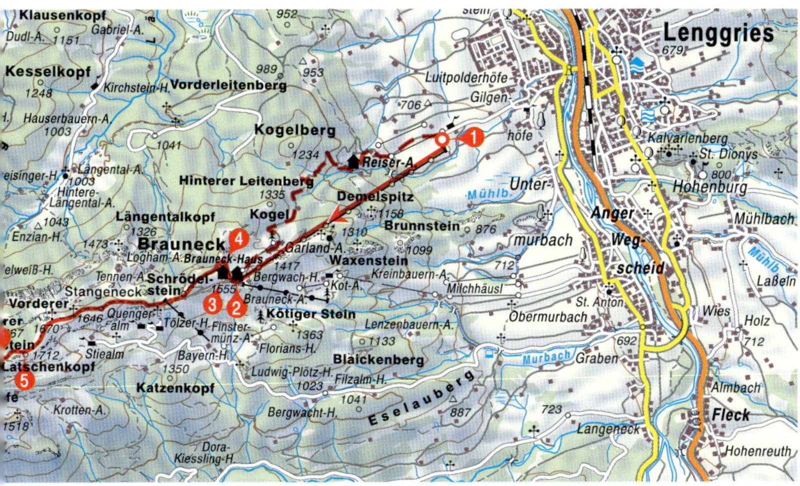

23 Schöttelkarspitze, 2050 m

Von Krün über den Seinskopf

7.10 Std. | 14,5 km | ↗1270 m | ↘1260 m

Abwechslungsreiche Runde in der Soierngruppe

Zugegeben, es erfordert ein wenig Tüftelei, die Tour auf die Schöttelkarspitze mit öffentlichen Verkehrsmitteln zu planen. Aber wer erst einmal begriffen hat, wie es geht, gelangt Öffis zu einem Topziel der Münchner Hausberge und muss am Ende, wenn man sich auf dieser langen und schönen Tour ohnehin schon ausgetobt hat, nicht mehr im Tal zum Ausgangspunkt nach Krün zurückgehen. Die Tour ist sehr abwechslungsreich, verläuft auf wundervollen Steigen und hat im Gipfelbereich alpinen Charakter. Sie bietet außerdem viel Aussicht, inklusive schönem Gipfelpanorama sowie wechselnden interessanten Perspektiven auf die umliegende Bergwelt und in die Soierngruppe mit ihren Kesseln, Karen, Seen und stolzen Gipfeln. Zudem ist diese Route weniger begangen als die häufig mit Übernachtung im Soiernhaus unternommene Runde über Schöttelkarspitze und Soiernspitze. An einer Einkehrmöglichkeit kommen wir allerdings nicht vorbei. Wem die ganze Tour zu lang ist, der kann mit Abstieg vom Seinskopf auf dem Aufstiegsweg eine immer noch lohnende kürzere Wanderung daraus machen.

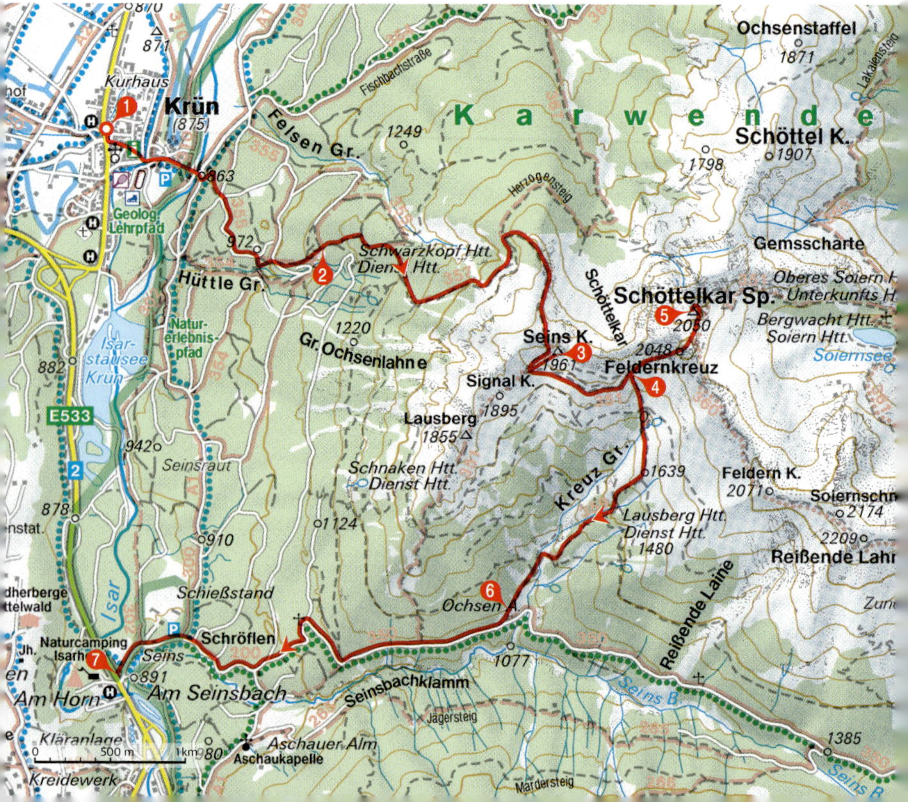

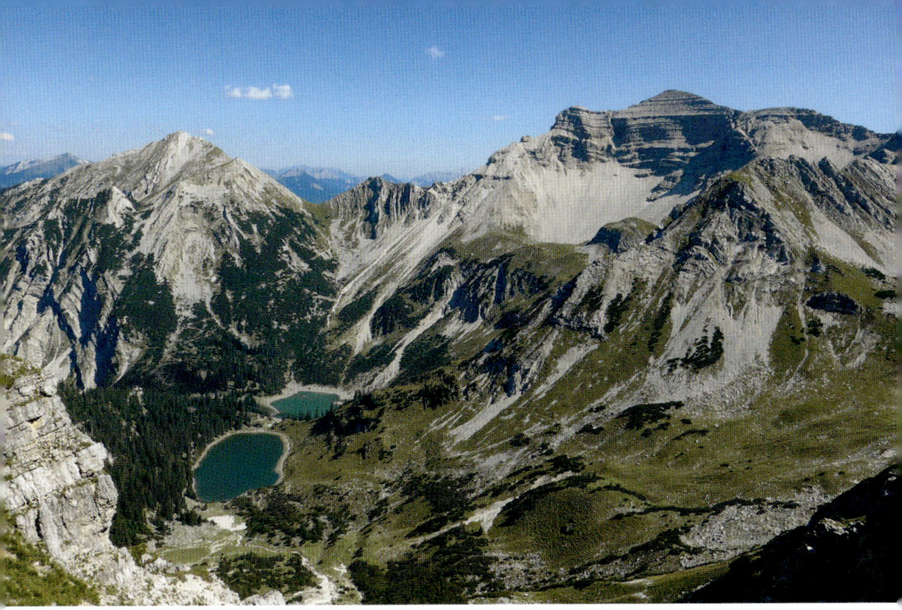

Tiefblick in den Soiernkessel: links die Krapfenkar-, rechts die Soiernspitze.

Ausgangspunkt: Krün, Bushaltestelle Krün Ortsmitte, 875 m.
Anfahrt: Von München Hbf (Halt auch in München-Pasing und Tutzing) mit dem Regionalzug entweder nach Garmisch-Partenkirchen bzw. Mittenwald (teils umsteigen in Garmisch-Partenkirchen) oder nach Kochel (Halt auch in Starnberg). Von dort jeweils weiter mit dem Bus (Linie 9608, ab 2026 voraussichtlich Linie 328, bzw. Linie 9618, ab 2026 voraussichtlich Linie 329). Montag bis Freitag morgens drei Verbindungen über Garmisch-Partenkirchen und eine über Kochel, Samstag, Sonn- und Feiertag morgens vier Verbindungen über Mittenwald und zwei Verbindungen über Kochel, Dauer 2 bis 2.30 Stunden.
Endpunkt: Bushaltestelle Isarhorn, Mittenwald, 891 m.
Rückfahrt: Mit dem Bus (Linie 9608, ab 2026 voraussichtlich Linie 328) nach Mittenwald oder Garmisch-Partenkirchen bzw. nach Kochel und weiter mit dem Regionalzug nach München. Täglich am Nachmittag und Abend zahlreiche Verbindungen. Dauer 2 bis 2.25 Stunden.
Anforderungen: Anstrengende Tour auf meist guten Wegen und Steigen, das letzte Stück auf Forstweg. Einige ausgesetzte Stellen, vor allem beim Übergang vom Feldernkreuz zur Schöttelkarspitze. Gute Trittsicherheit und Schwindelfreiheit erforderlich.
Einkehr: Unterwegs keine.

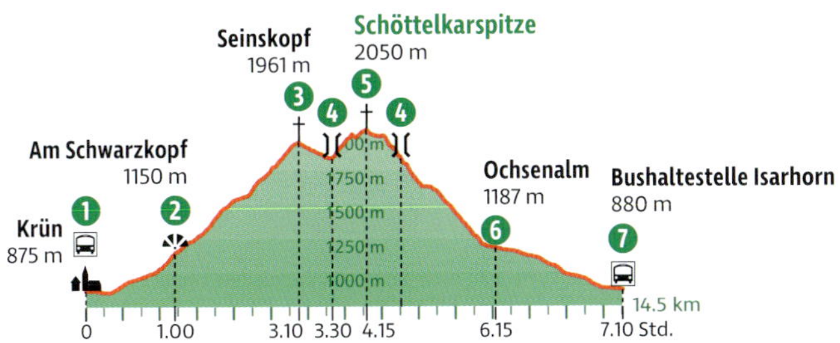

Von der Bushaltestelle Krün / Ortsmitte in **Krün** ❶, 875 m, geht es einige Meter auf der Hauptstraße Richtung Süden und an der nächsten Kreuzung links in die Schöttelkarspitzstraße. Diese biegt am Ortsrand nach links und geht in die Soiernstraße über. Auf dieser, anfangs leicht abwärts, weiter, bis die Straße nach rechts abknickt. Hier gehen wir auf einem Schotterweg geradeaus über die Isar und treffen auf einen querenden Forstweg mit Wandertafel und Wegweisern. Wir folgen diesem wenige Meter nach rechts und biegen dann scharf links in einen ausgeschilderten Wanderweg ein, der uns durch Mischwald bergauf führt. Nach einigen Minuten überqueren wir kurz hintereinander erst einen Weg, dann einen Forstweg und gehen in einem Bogen über eine Art Ebene. An einer beschilderten Gabelung halten wir uns an einem Unterstand vorbei links. Ab hier wird der Weg steiler und führt uns in Serpentinen durch den Wald bergauf. Nach einer Weile stoßen wir auf einen quer verlaufenden Steig, gehen nach rechts und gelangen nach wenigen Metern zu einem Aussichtspunkt mit Bank, **»Am Schwarzkopf«** ❷.

Der Steig taucht wieder in den Wald ein und zieht in einem weiten Bogen nach rechts. Über das Schotterfeld einer Mure gehen wir steil bergauf. Der Weg zieht nach links. Wir gehen ein etwas ausgesetztes Tobel aus und haben jetzt zunehmend freiere Blicke ins Tal und auf das Estergebirge. Wir passieren die Einmündung des Herzogsteigs und steigen nun wieder steiler bergauf. Der Weg verläuft ein kurzes Stück entlang einer Abbruchkante, von der sich ein beeindruckender Blick in den Kessel des Schöttelkars mit der Schöttelkarspitze bietet. Wir verlassen endgültig den Wald und gelangen, zunächst durch Latschen, später über Wiesen, in Kehren in einen Sattel, von dem wir links in einem Abstecher in wenigen Minuten unseren ersten Gipfel, den **Seinskopf** ❸, 1961 m, erreichen. Bereits von hier ist die Aussicht grandios.

Am Seinskopf präsentiert sich das Wettersteinmassiv in seiner ganzen Breite.

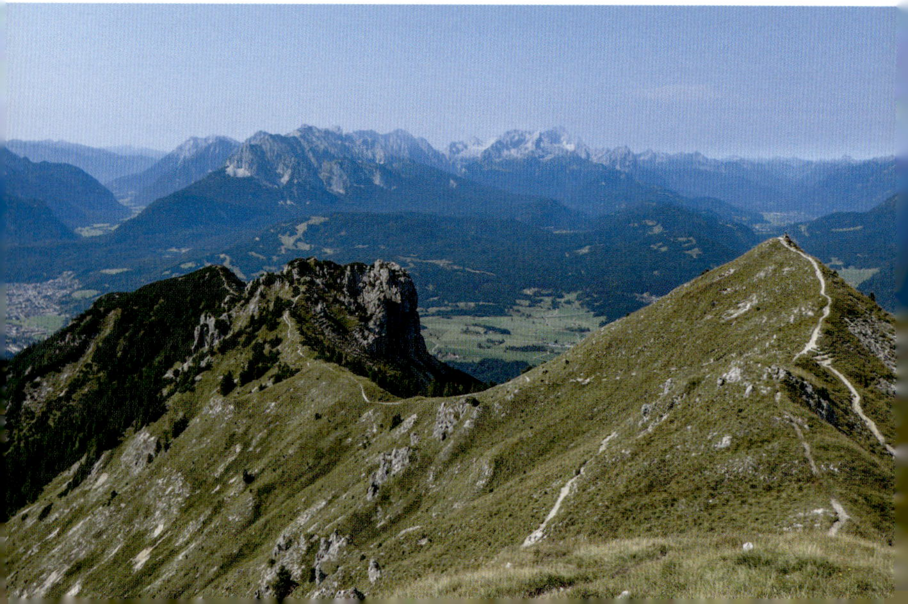

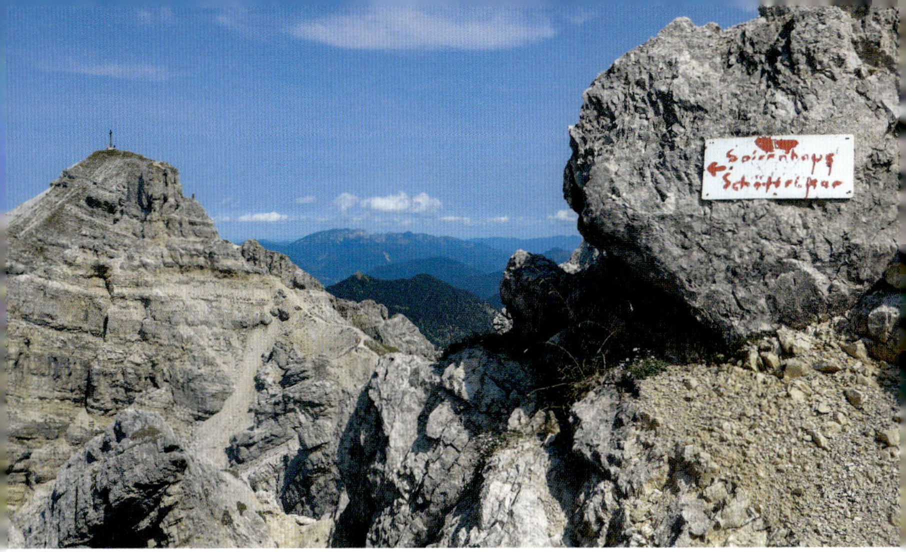

Über Fels und Schotter geht es hinauf zur Schöttelkarspitze.

Zurück im Sattel biegen wir scharf nach links und queren unterhalb des Grates bis in einen weiteren **Sattel ❹**, in dem rechts unser späterer Abstiegsweg abzweigt. Jetzt aber gehen wir geradeaus und steigen in Kehren auf markiertem Weg hoch zu einer Gabelung an einer Felsscharte unterhalb des Feldernkreuzes. Wir passieren die Felsscharte in nördliche Richtung und queren, zunächst etwas bergab in einen Sattel, dann wieder bergauf, hinüber zur **Schöttelkarspitze ❺**, 2050 m. Um den Gipfelaufbau herum erreichen wir den höchsten Punkt. Von hier bietet sich eine herrliche Aussicht: In der Nähe beeindrucken die formschöne Pyramide der Soiernspitze und der Tiefblick in den Soiernkessel. Im Mittelgrund sieht man unter anderem in die Bayerischen Voralpen, ins Rofan, Karwendel und Wetterstein. Bei guter Sicht reicht der Blick bis in die Stubaier und Allgäuer Alpen.

Vom Gipfel gehen wir zurück in den **Sattel ❹**, in dem nach links unser Abstiegsweg abzweigt. Mit schönem Blick in den Talkessel von Mittenwald steigen wir, zunächst durch Erosionsrinnen bzw. auf Trittspuren im Gras, später auf besserem Weg, steil hinab. Wir erreichen den Latschengürtel, später lichten Wald, überqueren ein Bachbett, passieren die **Ochsenalm ❻** und treffen kurz darauf auf einen von der Fereinalm kommenden geschotterten Forstweg.

Diesem folgen wir nach rechts, ignorieren 15 Minuten später eine Abzweigung nach links Richtung Mittenwald (hier könnte man in ca. 1.15 Stunden zum Bahnhof von Mittenwald gehen) und wandern auf dem Forstweg in Kehren recht schön durch Mischwald weiter abwärts. 20 Minuten nach der Abzweigung erreichen wir eine Gabelung, an der wir geradeaus weitergehen (Schild »Isarhorn 15 Min.«). Schließlich mündet unser Forstweg in eine querende Straße, der wir nach links folgen und die uns in wenigen Minuten zur Bundesstraße Mittenwald – Krün mit der **Bushaltestelle Isarhorn ❼** bringt. Auf beiden Seiten sehen wir eine Haltestelle (je nach Richtung, in die wir den Bus nehmen wollen).

24 Hoher Kranzberg, 1391 m

Von Mittenwald

TOP | 4.00 Std. | 14,0 km | ↗550 m | ↘550 m

Gemütliche Halbtagestour auf einen aussichtsreichen Gipfel

Der Hohe Kranzberg bei Mittenwald ist beliebt: Er kann mit wenig Anstrengung bestiegen werden, bietet aber trotzdem eine schöne Aussicht auf die Berge darum herum, besonders auf die über Mittenwald aufragende Nördliche Karwendelkette. Wenige Meter unterhalb des Gipfels befindet sich das seit Jahren geschlossene Kranzberghaus, dessen Wiedereröffnung nach wie vor fraglich ist (Stand 2024). Wer es ganz bequem möchte, fährt mit der Kranzbergbahn hinauf und hat dann keine 200 Höhenmeter mehr zum Gipfel zu bewältigen. Beim Abstieg laden zwei schöne Seen zu einem erfrischenden Bad ein. Der Ferchensee bietet viel Naturgenuss und an seiner Nordspitze lockt ein Gasthaus zur Einkehr. Nicht weit davon entfernt am Lautersee gibt es weitere Gasthäuser und auch ein kleines Strandbad. Der Kranzberg ist übrigens auch ein klassisches Winterwanderziel und kann ganzjährig auf den beschriebenen Wegen erreicht werden. Im Anschluss an die Tour lohnt eine Besichtigung des Geigenbauer-Ortes Mittenwald, bekannt auch für seine Lüftlmalerei.

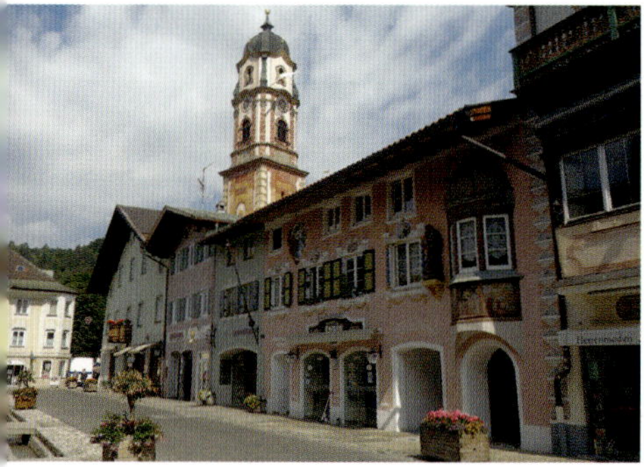

Im Zentrum von Mittenwald.

Ausgangs- und Endpunkt: Bahnhof von Mittenwald, 912 m.
Anfahrt: Regionalzug von München Hbf (Halt auch in München-Pasing und Tutzing) mit Umsteigen in Garmisch-Partenkirchen. Täglich stündliche Verbindung, Dauer gut 1.50 Stunden. Samstag, Sonn- und Feiertag morgens drei zusätzliche, etwas schnellere, durchgehende Verbindungen (kein Halt in Tutzing).
Rückfahrt: Täglich stündliche Verbindung mit Umsteigen in Garmisch-Partenkirchen (Halt auch in Tutzing und München-Pasing) bis zum späten Abend, Dauer gut 1.50 Stunden. Samstag, Sonn- und Feiertag drei zusätzliche, etwas schnellere, durchgehende Verbindungen am späten Nachmittag / frühen Abend (kein Halt in Tutzing).
Anforderungen: Einfache, gute Wanderwege und Fahrwege.
Einkehr: Berggasthaus St. Anton (Dienstag Ruhetag), Gasthaus Ferchensee (Donnerstag und Freitag Ruhetag), mehrere Einkehr- und Übernachtungsmöglichkeiten am Lautersee.
Variante: Ungefähr 15 Minuten kürzer ist der Aufstieg entlang des Sessellifts (großteils Fahrweg). Dazu an der Kreuzung nach dem Professor-Schreyögg-Platz rechts, nach wenigen Metern links und auf dem links abzweigenden betonierten Weg zur Talstation der Kranzbergbahn. Links von der Talstation dem Schild Richtung Hoher Kranzberg in den betonierten Weg folgen. An Verzweigungen immer entlang der Wegweiser bis zum Berggasthaus St. Anton. Von dort weiter wie unten beschrieben.

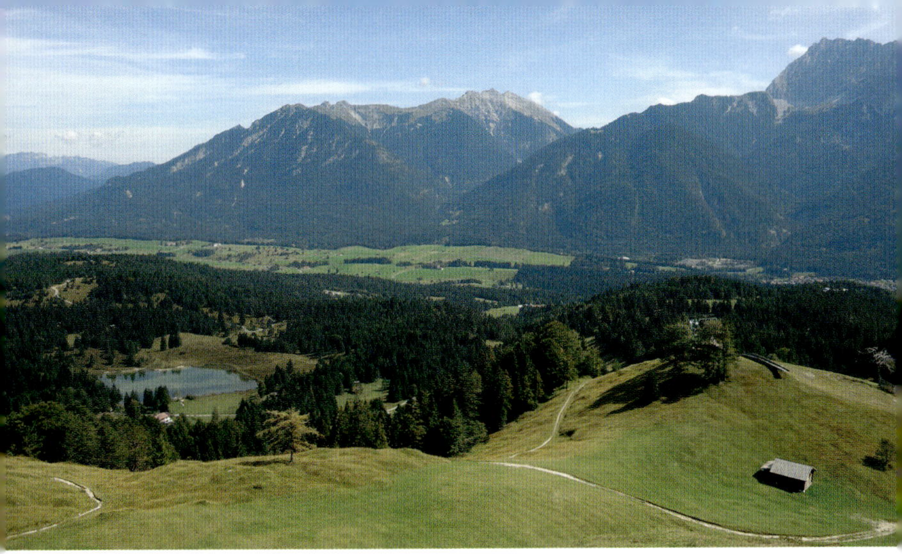

Der Blick fällt über den Wildensee auf die Soierngruppe, rechts der Wörner.

Vom Bahnhof in **Mittenwald** ❶, 912 m, folgen wir der Bahnhofstraße Richtung Ortszentrum. An der Straßenbiegung gehen wir geradeaus, dem Schild Richtung Wander- und Skigebiet Kranzberg folgend, in eine verkehrsberuhigte Straße, die Hochstraße. An der Kirche geradeaus weiter kommen wir zu einem Platz mit Brunnen, dem Professor-Schreyögg-Platz. Hier leitet uns ein Schild Richtung Kranzberglift in die Straße Im Gries. An der Kreuzung gehen wir geradeaus Richtung »Hoher Kranzberg / St. Anton / Ferchensee, Lautersee« in die Kranzbergstraße und gleich darauf an der Gabelung links in den Klausnerweg. Diesen verlassen wir nach wenigen Metern geradeaus in den Schwibbacherweg. An dessen Ende führt rechts ein Wanderweg weiter. Wir folgen diesem, an der Verzweigung weiter aufwärts, mit schönem Blick über Mittenwald. Dann stoßen wir auf einen quer verlaufenden Höhenweg, einen geologischen Lehrpfad, und halten uns links. An der Gabelung folgen wir dem Wegweiser Richtung Hoher Kranzberg und St. Anton nach

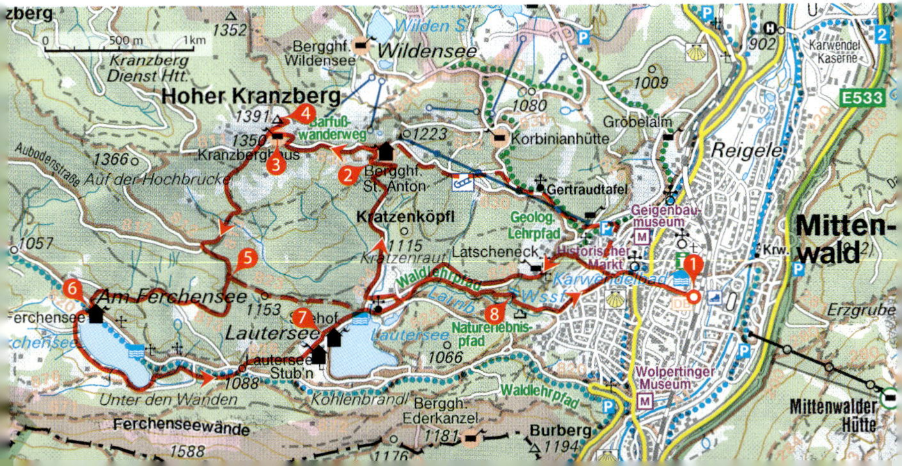

rechts. Dann sehen wir den Lautersee vor uns liegen. An der Kreuzung geht es wiederum nach rechts, ebenso an der Verzweigung bald darauf. Wir wandern über eine locker mit Fichten bestandene Wiese und tauchen dann in den Wald ein. Nun geht es bergauf. Nach einer Holzbrücke wird der Weg schmaler. An einer Verzweigung halten wir uns links. Dann verlassen wir den Wald und stehen vor dem **Berggasthaus St. Anton ❷**, 1227 m.

Hier halten wir uns links und folgen dem Fahrweg bergauf, an einem Barfußpfad vorbei. Bald darauf können wir vorübergehend einen links abzweigenden Fußweg nehmen. Nach einer Rechts-/Linkskehre des Fahrwegs erreichen wir das **Kranzberghaus ❸**, 1350 m. An der Verzweigung wenige Meter danach halten wir uns rechts und sind fünf Minuten später auf dem Gipfel des **Hohen Kranzbergs ❹**, 1391 m. Hier gibt es einen Unterstand und Holzliegen, von denen man das herrliche Panorama genießen kann.

Nach der Gipfelpause gehen wir zurück bis kurz vor das Kranzberghaus und folgen an der Verzweigung dem Schild geradeaus weiter Richtung Ferchensee und Lautersee, ebenso an der nächsten Verzweigung. An einer Abzweigung bleiben wir auf dem Hauptweg und steigen nun steil durch schönen Wald bergab. An einer Gabelung halten wir uns rechts (links eine Schranke). 25 Minuten nach dem Gipfel stoßen wir auf eine Fahrstraße, gleich geht es aber wieder links in einen Fußweg. Bald sind wir an der nächsten **Verzweigung ❺**.

Wer direkt zum Lautersee und nach Mittenwald möchte, hält sich hier links. Wir aber folgen dem Weg geradeaus Richtung Ferchensee und stoßen 20 Minuten später auf einen Fahrweg. Wenige Meter links und wir sind am **Ferchensee ❻**, 1059 m, mit dem Gasthaus Ferchensee.

Direkt am Gasthaus leitet uns ein Fußweg an schönen Badeplätzen vorbei mit Karwendelblick um den See herum (etwas kürzer ist es, auf

Über Mittenwald ragt die Nördliche Karwendelkette auf.

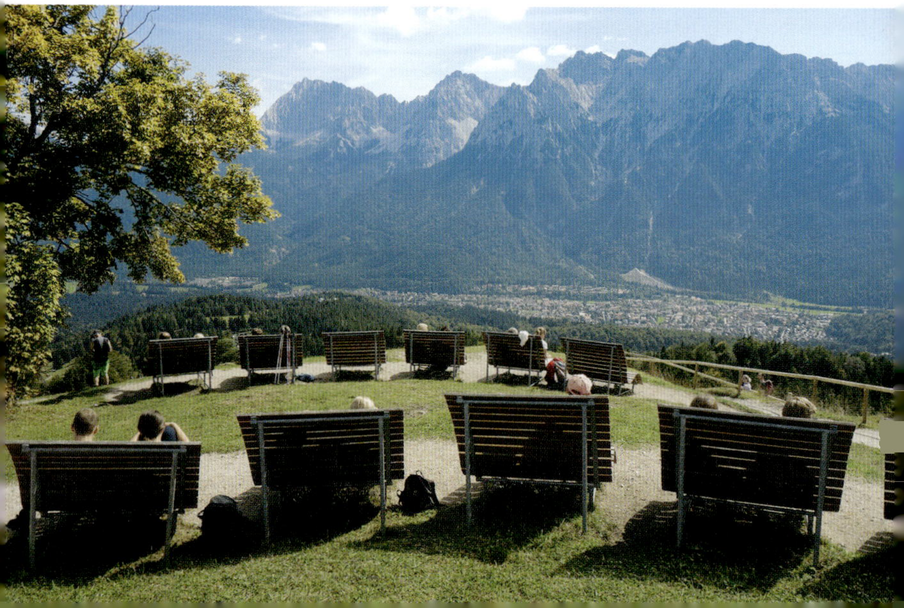

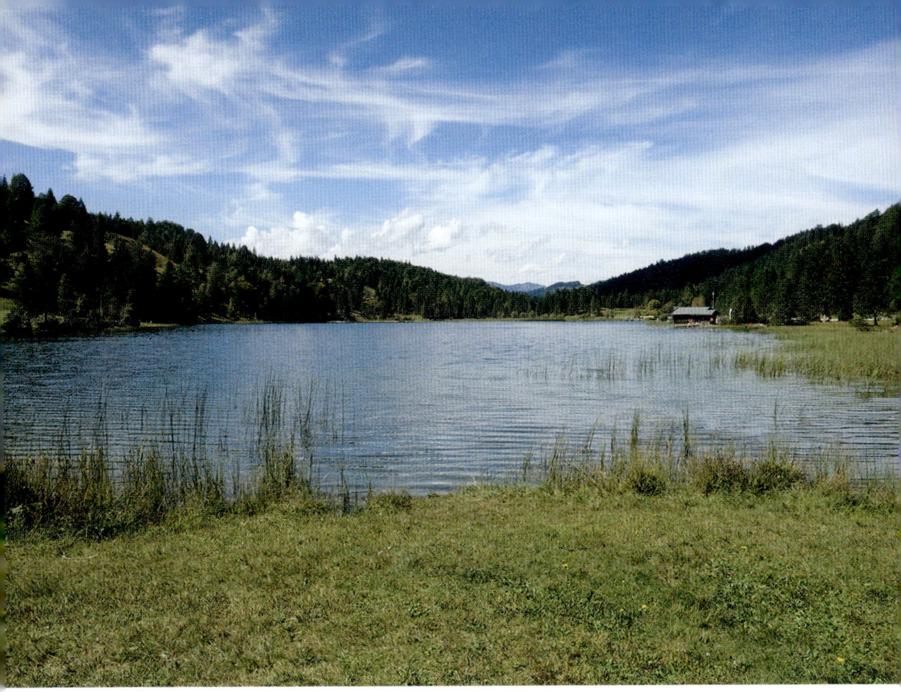

Der Ferchensee bietet herrliche Badeplätze.

dem Fahrsträßchen zu bleiben). Am anderen See-Ende stoßen wir auf einen quer verlaufenden Weg und folgen diesem nach rechts. An einer Kreuzung gehen wir geradeaus weiter, halten uns an der darauf folgenden Verzweigung links Richtung Mittenwald und Lautersee und überqueren gleich darauf das Fahrsträßchen. An einer unbeschilderten Gabelung wandern wir geradeaus hinab zum **Lautersee** ⑦, 1017 m, mit verschiedenen Einkehrmöglichkeiten und einem Strandbad (Eintritt). Wir gehen über eine Holzbrücke und halten uns rechts Richtung »Mittenwald über Laintal«. An der vom Hinweg bekannten Kreuzung halten wir uns geradeaus und an der folgenden Verzweigung rechts, dem Schild »Mittenwald über Laintal« folgend. Nun bleiben wir immer am Bach, der in der Folge in mehreren Stufen und einem **Wasserfall** ⑧ hinabstürzt. Am Ortsanfang von Mittenwald geht der Weg in eine Straße über. An einer querenden Straße wenden wir uns nach links. Im Zentrum stoßen wir wieder auf den Professor-Schreyögg-Platz und gehen auf der bekannten Route zurück zum Bahnhof von **Mittenwald** ①.

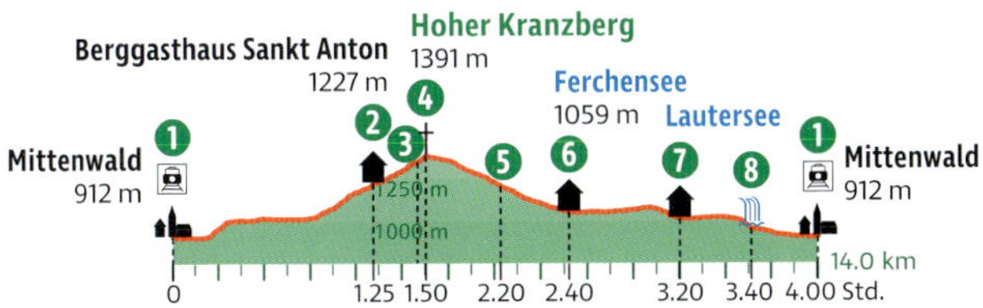

25 Rotwandl- und Brunnensteinspitze, 2180 m

Von Scharnitz nach Mittenwald

7.15 Std. | 13,9 km | ↗1280 m | ↘1330 m

Auf steilem Grat zu einem lohnenden Gipfelpaar

Wer es sportlich mag, für den ist diese Tour gerade richtig. Schon wenige Minuten nach dem Bahnhof beginnt der 1200 Höhenmeter überwindende, direkte und teilweise steile Aufstieg über den Pürzlgrat. Mit zunehmender Höhe werden die Blicke ins Karwendel immer umfassender. In dieser traumhaften Landschaft trifft man nur wenige Menschen. Kurz bevor man oben ist, kommt man an der winzigen Tiroler Hütte vorbei, die früher tatsächlich mal bewirtschaftet war. Die Aussicht von beiden Gipfeln ist fantastisch. Beim Abstieg mündet kurz unterhalb der Tiroler Hütte der von der Westlichen Karwendelspitze kommende Mittenwalder Höhenweg ein. Der Weiterweg führt hinab zur Brunnsteinhütte. Auf der Terrasse können wir uns mit Blick aufs Wetterstein in der Nachmittagssonne entspannen. Zu bedenken ist nur, dass der Weg zum Bahnhof von Mittenwald noch gut zwei Stunden dauert.

Ausgangspunkt: Bahnhof von Scharnitz, 964 m.
Anfahrt: Regionalzug von München Hbf (Halt auch in München-Pasing und Tutzing) mit Umsteigen in Garmisch-Partenkirchen. Morgens drei Verbindungen, Dauer 2 bis 2.10 Stunden. Deutschlandticket, Bayernticket und Werdenfelsticket (ohne Innsbruck) gelten nur bis Mittenwald. Ticket ab Mittenwald unbedingt vor der Fahrt kaufen, nicht im Zug nachlösbar.
Endpunkt: Bahnhof von Mittenwald, 912 m.
Rückfahrt: Täglich stündliche Verbindung mit Umsteigen in Garmisch-Partenkirchen (Halt auch in Tutzing und München-Pasing) bis zum späten Abend, Dauer gut 1.50 Stunden. Samstag, Sonn- und Feiertag drei zusätzliche, etwas schnellere, durchgehende Verbindungen am späten Nachmittag / frühen Abend (kein Halt in Tutzing).
Anforderungen: Zum Teil recht steile Steige, abschüssige Passagen. Gute Trittsicherheit und etwas Schwindelfreiheit nötig.
Einkehr: Brunnsteinhütte (Übernachtungsmöglichkeit).

Klein und gemütlich: die Brunnsteinhütte.

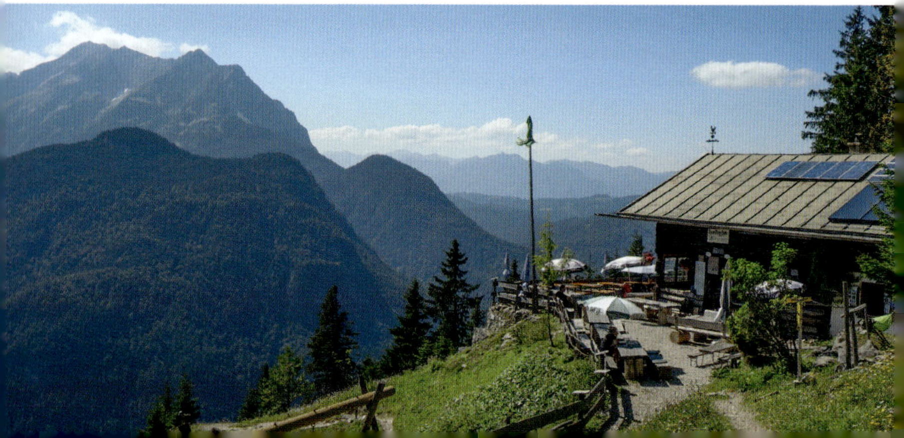

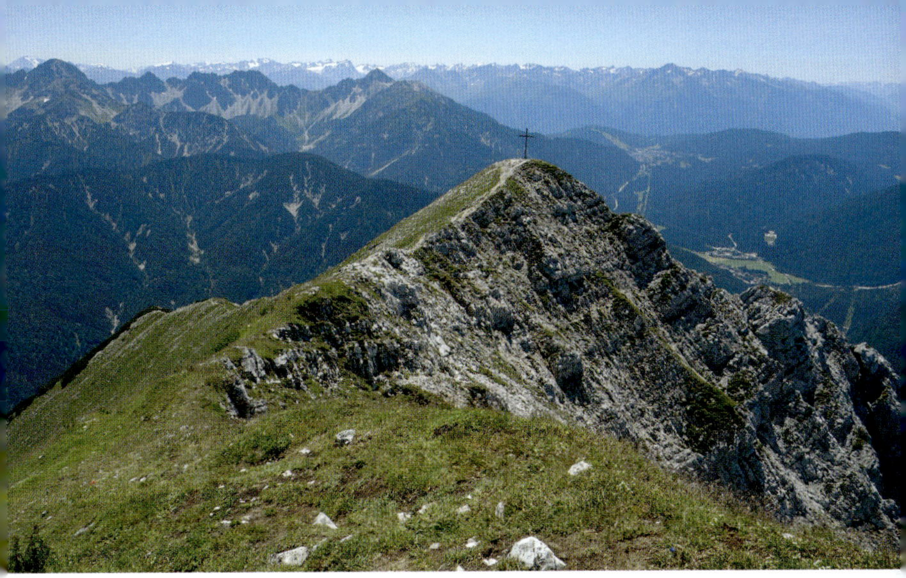

Über die Brunnensteinspitze hinweg sehen wir bis in die Stubaier und Ötztaler Alpen.

Vom Bahnhof **Scharnitz** ❶, 964 m, gehen wir vor zur Hauptstraße und an dieser wenige Minuten nach links. Noch vor der Isar zweigen wir links aufwärts in die Inrainstraße ab, überqueren das Bahngleis und gehen schräg links weiter. Das Sträßchen geht in einen Weg über, der aus dem Ort hinausführt. An der Gabelung folgen wir dem Steig Richtung Brunnensteinspitze links aufwärts durch den Wald. An einer Abzweigung führt ein Abstecher von wenigen Metern hinunter zur sogenannten **Adlerkanzel** ❷, einer Aussichtskanzel, von der man einen schönen Blick auf Scharnitz und die Arnspitze hat. Die an der Abzweigung angegebenen zwei Stunden zur Brunnensteinspitze sind eindeutig zu knapp. Bald führt unser Steig am Rücken, dem sogenannten Pürzlgrat, steil hinauf. Nach insgesamt 1.30 Stunden kommen wir auf ca. 1530 m in felsiges Gelände und überwinden ein paar Kraxelstellen. Die Fichten gehen nun in Latschen über, und die Sicht Richtung Arnspitze und Wetterstein auf der einen und Karwendel auf der anderen Seite wird immer freier. Teils über Schotter, teils über Fels geht es weiter steil bergauf. Schließlich

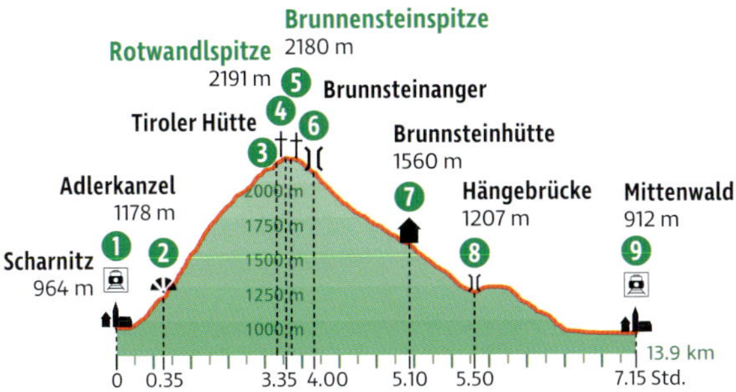

wird es vorübergehend flacher und der Weg führt durch Latschengassen weiter. Vor uns sehen wir nun erstmals die Brunnensteinspitze. Dann wird der Rücken schmaler, die Latschen treten zurück und wir haben wieder freie Sicht. Bald darauf stehen wir an einem Felskopf. Hier verzweigt sich der Steig. Links kann man auf den Felskopf klettern (ausgesetzt) und weiter über den Grat direkt auf die Brunnensteinspitze steigen. Wir aber gehen rechts an dem Felskopf vorbei und folgen dem Schottersteig an einem abschüssigen Hang entlang. Anschließend queren wir den Grashang unterhalb der Brunnensteinspitze aufwärts, bis wir bei der kleinen **Tiroler Hütte** ❸, 2153 m, auf den von der Rotwandlspitze herabziehenden Grat treffen. Wir halten uns links und kommen über die grasige **Rotwandlspitze** ❹, 2191 m, zur etwas niedrigeren **Brunnensteinspitze** ❺, 2180 m, mit Gipfelkreuz. Nun sehen wir nicht nur ins Karwendel und ins Wetterstein, sondern auch in die Zillertaler, Stubaier und Ötztaler Alpen.

Über die **Rotwandlspitze** ❹ geht es zurück Richtung Tiroler Hütte und kurz vor dieser links in Kehren

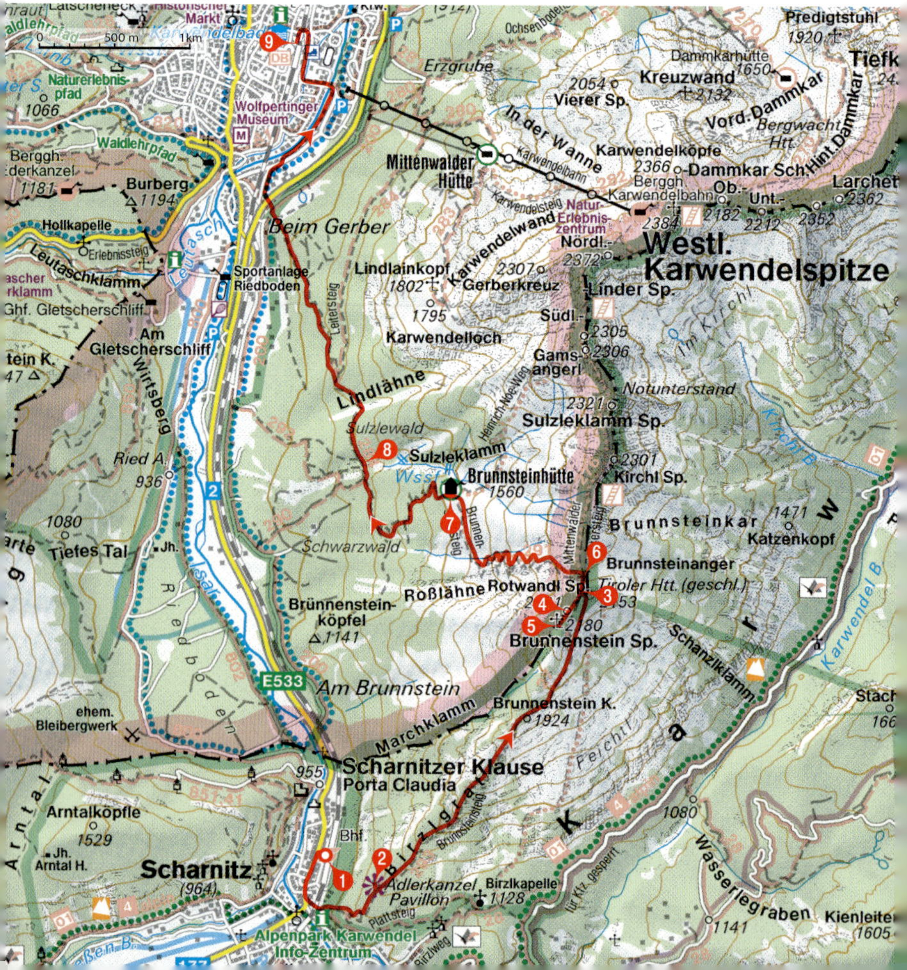

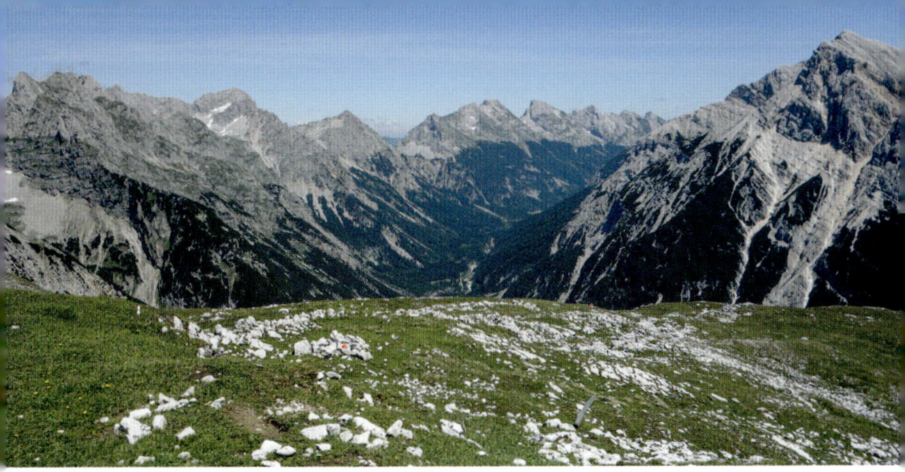

Grandiose Karwendel-Kulisse an der Tiroler Hütte.

hinab zum **Brunnsteinanger** ❻, 2082 m. Hier mündet auch der Mittenwalder Höhenweg, ein Klettersteig, ein. Wir halten uns links und folgen dem Steig, der anfangs steil durch ein stellenweise etwas abschüssiges Schotterkar bergab führt und teilweise drahtseilversichert ist. Dann geht es mit schöner Aussicht in zahlreichen weiten Kehren durch Latschen hinab. Nach einer Hangquerung erreichen wir schließlich die **Brunnsteinhütte** ❼, 1560 m.

Nun tauchen wir in den Wald ein und gehen weiter in Kehren bergab. 40 Minuten nach der Hütte gelangen wir an eine Abzweigung. Hier gehen wir rechts auf den Leitersteig und überqueren die Sulzleklamm auf einer ca. 50 m langen **Hängebrücke** ❽. An der Verzweigung gleich danach wieder rechts geht es noch einmal etwas hinauf. Dann queren wir auf einem Waldsteig, ein Tobel ausgehend, den teilweise steil abfallenden Hang bis zu einer weiteren Abzweigung. Hier verlassen wir den Leitersteig und folgen dem Schild »Mittenwald über Gerberhäuser 45 Min.« auf einen Waldsteig nach links hinab, bis wir bei einem Haus im Tal ankommen. Ein Wegweiser leitet uns weiter Richtung Mittenwald. Auf einem Teersträßchen gehen wir durch eine Unterführung unter der Bundesstraße hindurch. An der Kreuzung gleich darauf halten wir uns rechts von den Gleisen. Wir stoßen am Ortsrand auf eine Asphaltstraße, gehen rechts und biegen gleich darauf links in einen Rad-/Fußweg ein, der uns an der Isar entlangführt. An der nächsten Brücke überqueren wir den Fluss und folgen der Straße erst geradeaus, dann in einem Rechtsbogen zu einer Verzweigung. Hier gehen wir links in die Sackgasse und gleich darauf an deren Ende einen Fußweg weiter. Dieser trifft auf eine Straße. Links über die Bahngleise und gleich wieder links kommen wir zum Bahnhof von **Mittenwald** ❾, 912 m.

Hängebrücke über die Sulzleklamm.

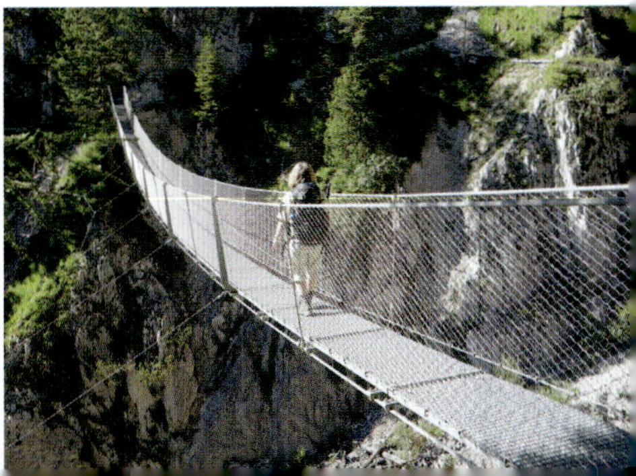

26 Reither Spitze, 2374 m

Von Reith nach Seefeld

TOP | 6.50 Std. | 13,2 km | ↗ 1270 m | ↘ 1220 m

Auf einen Top-Panorama-Gipfel am Rande des Karwendels
Diese Tour hat alles, was eine Traumtour braucht. Sie führt auf reizvollen Steigen abwechslungsreich durch wunderschöne Mischwälder und interessante alpine Regionen mit der Möglichkeit, in der Nördlinger Hütte einzukehren. Nach ein wenig Kraxelei im Gipfelbereich genießen wir einen wahrhaft traumhaften Rundblick, vor allem ins Karwendel, aber auch auf die benachbarten Gebirgsgruppen. Da unsere Tour »im Windschatten« der den Berg nordseitig erschließenden Bahnen verläuft, ist sie, abgesehen von etwas mehr Menschen an der Nördlinger Hütte und im Gipfelbereich, relativ wenig begangen. Am Endpunkt werden wir zudem mit der guten Infrastruktur eines der führenden Tourismusorte Österreichs verwöhnt und können in der Fußgängerzone direkt in Bahnhofsnähe unter zahlreichen traditionellen bis szenig-modernen Einkehrmöglichkeiten wählen. Die Reither Spitze gehört wie der Große Solstein zur Karwendel-Nordkette. Diese für uns paradoxe Bezeichnung spiegelt die Innsbrucker Perspektive wieder, aus der die Kette die Stadt und das Inntal im Norden überragt. Mit dem von München im Ein- bis Zwei-Stunden-Takt verkehrenden Zug über Garmisch-Partenkirchen ist sie dennoch bequem und trotz der weiten Strecke schnell zu erreichen. Für Nutzerinnen und Nutzer von Öffis sind beide Gipfelziele sicherlich absolute Geheimtipps!

Blick auf Seefeld mit Hoher Munde und Wetterstein.

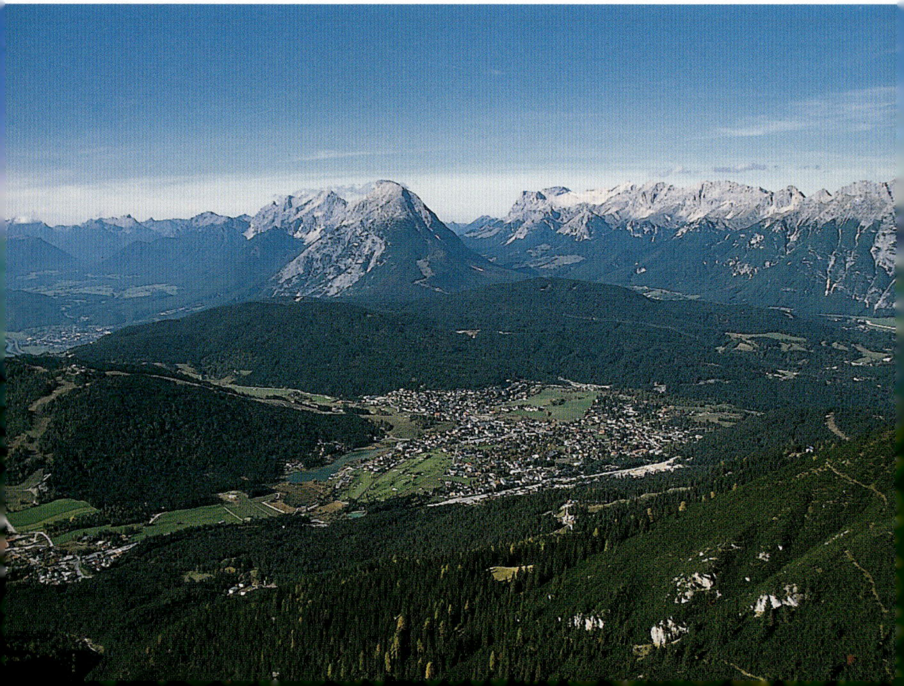

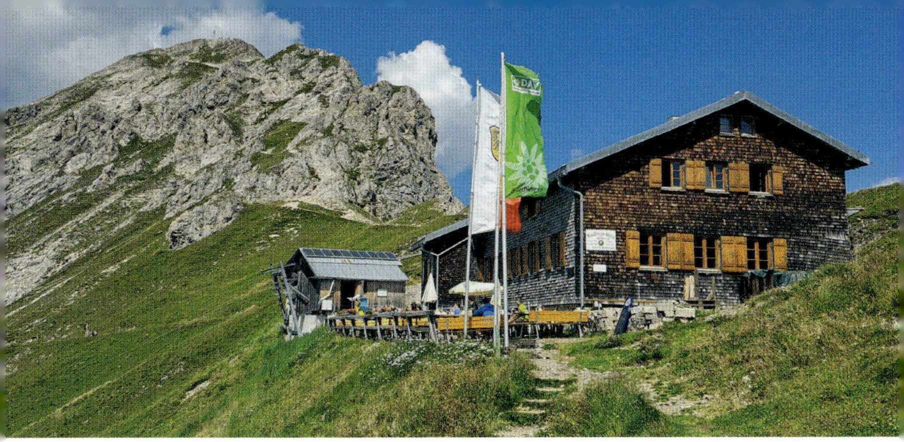

Die Nördlinger Hütte mit der Reither Spitze.

Ausgangspunkt: Bahnhof von Reith, 1130 m.
Anfahrt: Regionalzug von München Hbf (Halt auch in München-Pasing und Tutzing) mit Umsteigen in Garmisch-Partenkirchen bzw. Garmisch-Partenkirchen und Seefeld. Morgens zwei Verbindungen, Dauer 2.20 bzw. 2.50 Stunden. Deutschlandticket, Bayernticket und Werdenfelsticket sind nur bis Mittenwald gültig (Werdenfels+ Innsbruck bis Reith). Ticket ab Mittenwald unbedingt vor der Fahrt kaufen, nicht im Zug nachlösbar.
Endpunkt: Bahnhof von Seefeld, 1180 m.
Rückfahrt: Regionalzug mit Umsteigen in Garmisch-Partenkirchen nach München Hbf (Halt auch in Tutzing und München-Pasing). Fast stündliche Verbindung, Dauer 2.10 bis 2.20 Stunden. Ticket bis Mittenwald unbedingt vor der Fahrt lösen.
Anforderungen: Gute Bergsteige. Im Gipfelbereich leichte, etwas ausgesetzte Kraxelstellen mit Drahtseilsicherung. Trittsicherheit und etwas Schwindelfreiheit nötig.
Einkehr: Nördlinger Hütte (Übernachtungsmöglichkeit), Reither Jochalm (Montag Ruhetag).

Vom Bahnhof von **Reith** ①, 1130 m, gehen wir hoch zur Hauptstraße und folgen dieser nach rechts zur Kirche. Hier biegen wir links in ein kleines, steil bergauf führendes Teersträßchen ab. An der Gabelung nach wenigen Metern halten wir uns rechts, an der nächsten Gabelung links. Das Sträßchen geht in einen Fahrweg über, der an einem Haus endet. Rechts führt ein Weg weiter, auf dem wir in den Wald eintauchen.

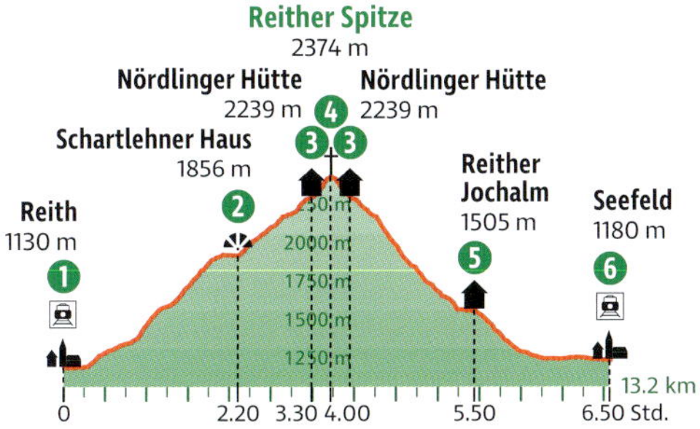

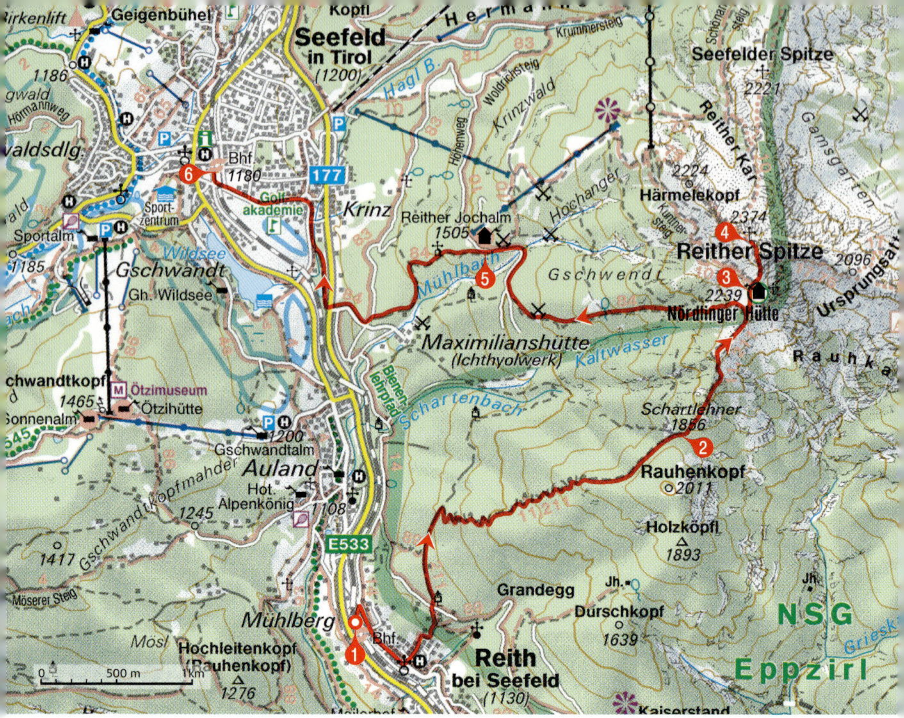

Wir überqueren eine Forststraße und folgen geradeaus dem Schild Richtung Nördlinger Hütte. Knapp 40 Minuten ab dem Bahnhof zweigt rechts ein Steig ab, der in Serpentinen durch den lichten Mischwald bergauf zieht. 30 Minuten nach der Abzweigung treffen wir auf einen breiten Forstweg und folgen diesem nach links. Kurz darauf führt rechts unser Steig weiter. An einer kleinen Lichtung verflacht er und wir sehen nun zum ersten Mal unseren Gipfel. Wir queren den Hang unterhalb des Rauhenkopfs, verlassen den Wald und erreichen das **Schartlehner Haus ❷**, 1856 m (schöner Rastplatz hinter dem Haus).

Ab hier führt unser Steig zunächst steil durch Latschen, dann sanfter ansteigend über einen freien Rücken bergauf, bis wir, an der Einmündung unseres Abstiegsweges vorbei, schließlich die **Nördlinger Hütte ❸**, 2239 m, erreichen. Von der Terrasse hat man bereits eine brillante Aussicht in die Stubaier Alpen, das Sellrain, die Lechtaler Alpen, auf die Mieminger Kette und das Wetterstein.

An der Hütte vorbei halten wir uns an der Abzweigung rechts und erreichen über teils drahtseilgesicherte Schrofen den Gipfel der **Reither Spitze ❹**, 2374 m. Hier ist das 360°-Panorama komplett, denn nun haben wir auch eine grandiose Sicht ins Alpenvorland, ins Karwendel und in die Tuxer und Zillertaler Alpen.

Auf demselben Weg gehen wir, an der **Nördlinger Hütte ❸** vorbei, zurück bis zu einem rechts abzweigenden Steig. Diesem folgen wir in Kehren durch Latschen steil bergab. Am Abzweig eines aufgelassenen Weges weist uns ein Schild Richtung Reither Jochalm nach links. Später zieht der Steig nach rechts, führt unter der Materialseilbahn hindurch und quert

kurz darauf einen kleinen Taleinschnitt. Wir gelangen allmählich in den Wald, überqueren zwei Bächlein und treffen ungefähr 1.20 Stunden nach der Hütte auf einen Forstweg. Diesem folgen wir nach rechts in Richtung der bereits sichtbaren Reither Jochalm. Der Weg überquert nach links biegend einen Bach und trifft kurz darauf auf einen anderen Forstweg. Hier gehen wir links. Nach wenigen Metern verlassen wir den Forstweg an einem Kreuz unterhalb der **Reither Jochalm ❺**, 1505 m, nach links auf einen Wanderweg.
Dieser führt hinab durch den Wald, zieht nach links bis kurz vor ein Bachbett, knickt vor diesem nach rechts und geht in einen Wirtschaftsweg über. Wir treffen auf eine Forststraße, folgen dieser nach links und gleich darauf einem Teersträßchen nach rechts, bis es auf die Landesstraße trifft. Auf der anderen Seite (Vorsicht, schneller Verkehr!) führt ein Fußweg nach rechts – zunächst an der Landesstraße entlang – zum Ortsrand von Seefeld. Hier geht der Weg in ein Teersträßchen über. Dieses biegt gleich darauf nach links und trifft auf ein querendes Sträßchen, dem wir nach rechts folgen (Römerweg). An einer Verkehrsinsel gehen wir links in die Reitherspitzstraße. Diese kreuzt nach einigen Minuten die Bahngleise. Gleich rechts ist der Bahnhof von **Seefeld ❻**, 1180 m. Wer noch Zeit bis zur Abfahrt des Zuges hat, findet in der netten Fußgängerzone, die gleich am Bahnhof beginnt, einige Cafés und Restaurants.

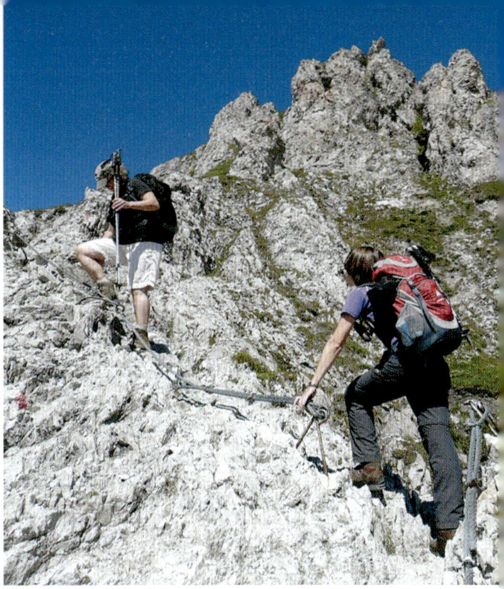

Beim Gipfelanstieg.

Blick ins Karwendel mit Erlspitze (Mitte) und Solsteinen (hinten rechts).

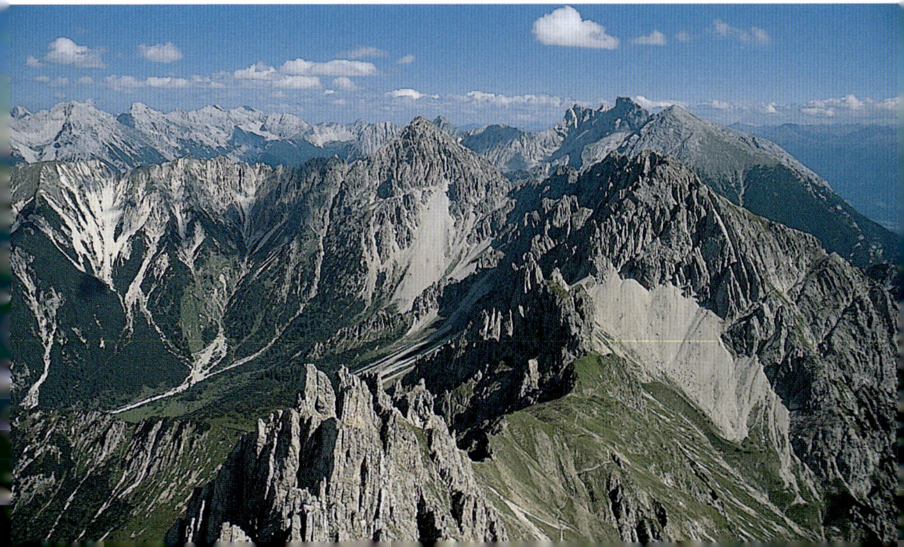

27 Großer Solstein, 2541 m

Von Hochzirl, mit Kirchberger Köpfl

2 Tage | 22,2 km | ↗2000 m | ↘2000 m

Fantastische Zweitagestour in der Karwendel-Nordkette

Der Bahnhof von Hochzirl ist von München aus überraschend unkompliziert zu erreichen und ist aus beiden Richtungen, das heißt München im Norden und Innsbruck im Süden, ein idealer Ausgangspunkt. Unser Wanderweg beginnt nämlich direkt am Bahnsteig, und was sich ab hier bietet, ist ein bemerkenswert schönes Bergerlebnis. In Talnähe durchwandern wir herrliche, zum Teil verwunschene Wälder. Sowohl die Neue Magdeburger Hütte, auf der wir übernachten, als auch das Solsteinhaus sind teilweise modernisiert und gut geführt, und auf unseren beiden Gipfeln bietet sich bei guter Fernsicht ein grandioses Panorama: Schon die Aussicht von Kirchberger Köpfl und Hechenberg ist erstaunlich – wie so oft, wenn man sich auf einem Berg direkt über dem Inntal befindet. Definitiv getoppt wird der Genuss dann aber am zweiten Tag, nachdem wir uns durch das karge Wörgltal einige Etagen emporgearbeitet haben und auf dem Großen Solstein stehen. Das Panorama ist einzigartig und die Tour für Aussichtsfreaks extra so angelegt, dass genug Zeit bleibt, um auf dem Gipfel ausgiebig die umliegende Bergwelt zu studieren und anschließend noch im Solsteinhaus einzukehren. Außerdem geht man den anspruchsvollsten Part der Tour, das Wörgltal, im Aufstieg.

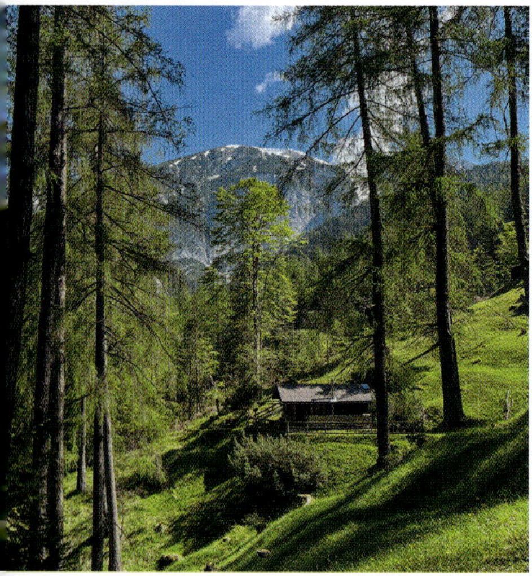

Aufstieg über die Zirler Mähder.

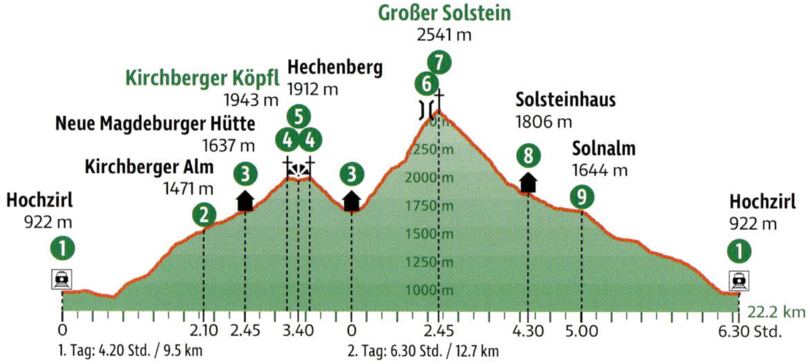

Ausgangs- und Endpunkt: Bahnhof Hochzirl, 922 m.
Anfahrt: Regionalzug von München Hbf (Halt auch in München-Pasing und Tutzing) mit Umsteigen in Garmisch-Partenkirchen bzw. Garmisch-Partenkirchen und Seefeld. Morgens zwei Verbindungen, Dauer 2.25 bzw. 2.55 Stunden. Deutschlandticket, Bayernticket und Werdenfelsticket gelten nur bis Mittenwald (Werdenfels+Innsbruck bis Hochzirl). Ticket ab Mittenwald unbedingt vor der Fahrt kaufen, nicht im Zug nachlösbar.
Rückfahrt: Nachmittags / abends insgesamt sechs bis sieben Verbindungen, Dauer 2.25 bis 2.55 Uhr.
Höhenunterschied / Gehzeit:
1. Tag: 1100 m↑, 380 m↓; 4.20 Std.
2. Tag: 900 m↑, 1620 m↓; 6.30 Std.
gesamt: 2000 m↑, 2000 m↓; 10.50 Std.
Anforderungen: Meist gute Wege und Steige, vor allem im Abstieg auch Forstwege. Von der Neuen Magdeburger Hütte zum Solstein bei der Querung ins Wörgltal sowie im Wörgltal unangenehme Schotterpassagen, einige Stellen etwas ausgesetzt; gute Trittsicherheit sowie etwas Schwindelfreiheit erforderlich. Bei Aufstieg auf dem Abstiegsweg rote Tour.
Einkehr: Neue Magdeburger Hütte (Übernachtungsmöglichkeit, Tel. +43 5238 88790 und +43 664 4236137, magdeburger-huette.at) und Solsteinhaus (Übernachtungsmöglichkeit, Tel. +43 664 3336531, solsteinhaus.at).
Variante: Bei Auf- und Abstieg über das Solsteinhaus lässt sich die Tour auch als Eintagestour durchführen (technisch einfach, aber mit gut 8.30 Stunden lang und anstrengend).

1. Tag:

Am Bahnhof **Hochzirl** ❶, 922 m, gehen wir durch die Unterführung auf die andere Seite der Gleise, wo Schilder den Weg Richtung Magdeburger Hütte weisen. Am Ende des Bahnsteigs beginnt unser Wanderweg, der durch schönen, anfangs aufgrund der vielen Farne verwunschen wirkenden Wald führt. Nach wenigen Minuten überqueren wir einen Forstweg. Bald darauf stoßen wir auf einen zweiten Forstweg. Gegenüber führt ein breiter Weg leicht abwärts, bis wir, direkt an der Bahntrasse, einen Bach überqueren. Auf der anderen Seite gehen wir auf einem Steig (an der Verzweigung kurz darauf geradeaus Richtung Brunntal) in Kehren bergauf. Gleich hinter einer Bank

Blick vom Großen Solstein auf den – 100 Meter höheren – Kleinen Solstein.

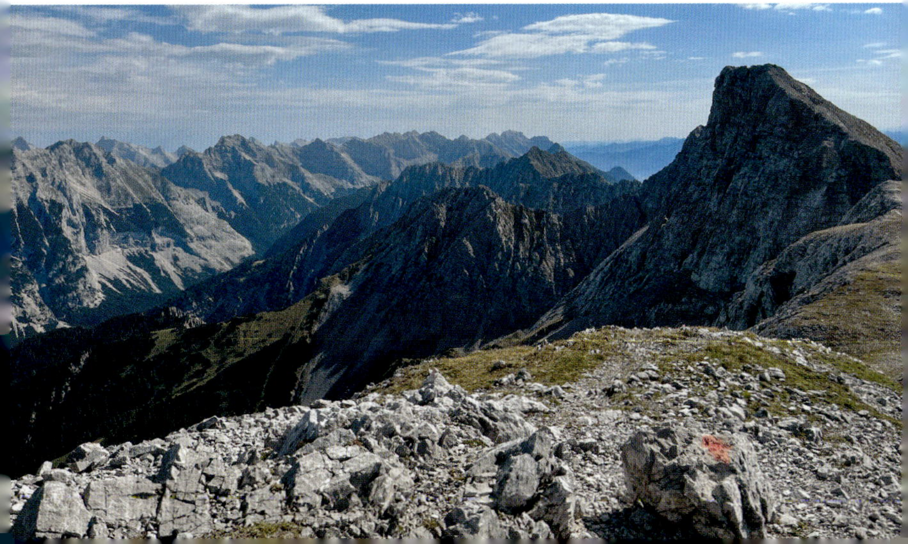

treffen wir auf einen querenden Weg und halten uns rechts. Der Weg mündet in einen Forstweg, hier weisen uns Schilder nach links. 10 Minuten später zweigt an einer Kapelle rechts unser Weg ab (Schild »Neue Magdeburger Hütte über Kirchbergalm«). Nach wenigen Metern geht der Schotterweg in einen Steig über, der uns über die mit lichtem Lärchenwald bestandenen Zirler Mähder aufwärts führt. Wir treffen auf einen Wirtschaftsweg, folgen diesem nach links und sehen nach 15 Minuten etwas über uns die **Kirchberger Alm ❷**, 1471 m. Hier gehen wir auf dem querenden Forstweg kurz nach links und dann scharf rechts hoch zu den Almgebäuden. Nachdem wir diese links passiert haben, führt uns ein nach links ziehender Steig in gut 30 Minuten zur Neuen **Magdeburger Hütte ❸**, 1637 m, wo wir unser Übernachtungsgepäck zurücklassen können.

Anschließend gehen wir zwischen den Almgebäuden hindurch (rechts von uns ein Weiher) und halten auf einen mit Lärchen bestandenen Rücken zu. Auf diesem steigen wir bergauf, bis sich der Weg gabelt. Links würde man zum Hechenbergl (nicht zu verwechseln mit dem Hechenberg) gelangen, wir folgen dem Schild Richtung Kirchberger Köpfl nach rechts. Der Lärchenwald geht in Latschen über, und wir erreichen, 50 Minuten nach der Hütte, das **Kirchberger Köpfl ❹**, 1943 m. Wegen der freieren Sicht lohnt es sich, noch einige Minuten auf dem vorgelagerten Rücken leicht bergab zu gehen und entweder auf dem an einer Messstation erkennbaren **Hechenberg ❺**, 1912 m, oder, schöner noch, etwas vorher Pause zu machen und den grandiosen Ausblick zu genießen. Anschließend gehen wir in 40 Minuten auf dem Aufstiegsweg zurück zur **Neuen Magdeburger Hütte ❸**.

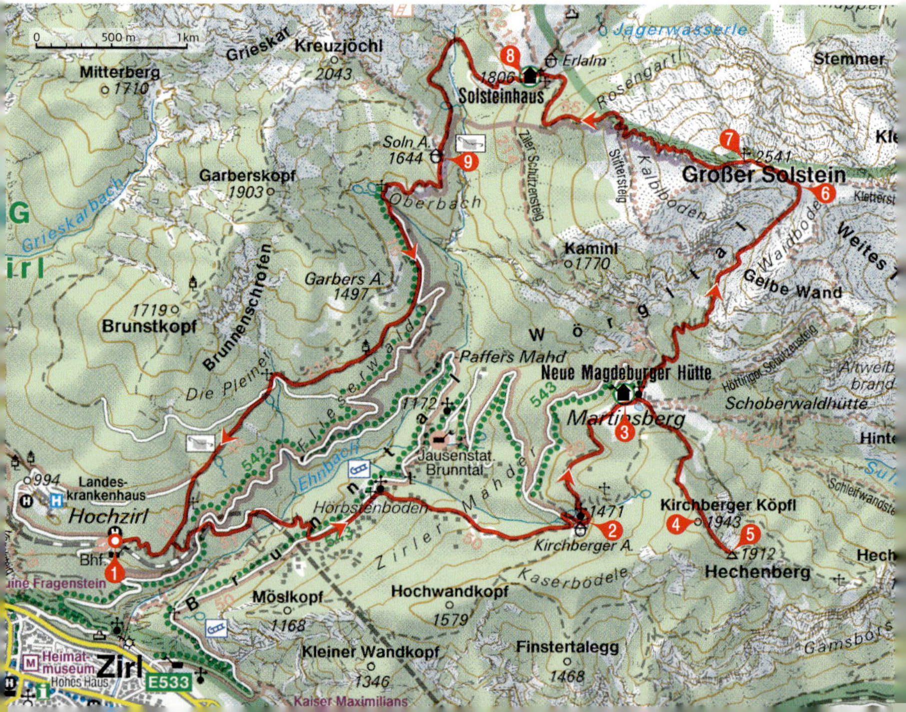

2. Tag:

Aus der Hütte tretend halten wir uns links und folgen hinter dem Stall den Schildern nach links, die uns den Weg Richtung Großem und Kleinem Solstein über das Wörgltal weisen. Kurze Zeit später gabelt sich der Weg. Wir gehen rechts durch Wald, später Latschen steil bergauf. Unser Steig zieht nach links und quert durch Latschen und über Schotterkare – einige Stellen sind leicht ausgesetzt – hinüber ins Wörgltal. Die Vegetation wird immer spärlicher, der Weg wieder steiler. Eine gute Stunde nach der Hütte kommen wir an eine weitere Weggabelung. Wir steigen rechts in Kehren steil bergauf, vorwiegend über anstrengend zu gehenden Schotter, teilweise über Felsbänder und Fels (mit einigen leichten Kraxelstellen). Es lohnt sich, auf die roten Markierungen zu achten, weil einem diese weiter oben helfen, eine steile, unangenehme und abschüssige Schotterstelle über griffigen Fels zu umgehen. Unter den Blicken zahlreicher Gämsen verlassen wir schließlich das Wörgltal und erreichen auf jetzt flacherem Weg den **Sattel ❻** zwischen den beiden Solsteinen mit großem Steinmännchen, 2478 m. Ein Schild weist uns links hinauf auf den **Großen Solstein ❼**, 2541 m. Mit etwas Glück können wir auf diesem letzten Stück Steinböcke sehen, die auf Felsplatten in der Sonne liegen. Vom Gipfel bietet sich ein grandioses Panorama: Wir genießen einen fantastischen Rundumblick ins Karwendel, auf die Tauern, die Tuxer und Zillertaler Alpen, die Berge am Brenner, die Stubaier und Ötztaler Alpen, das Sellrain, die Lechtaler Alpen, die Mieminger Kette, das Wetterstein und schließlich, am weitesten im Norden, das Estergebirge.

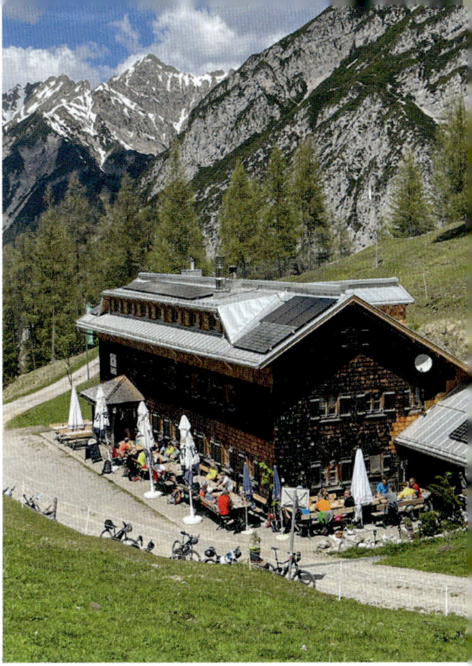

Die Neue Magdeburger Hütte.

Vom Gipfel folgen wir dem Schild Richtung Solsteinhaus auf markiertem Steig in Kehren bergab. An einer Weggabelung mündet von links der aus dem Wörgltal kommende Stiftensteig ein. Wir gehen rechts, kommen in den Latschengürtel und erreichen schließlich das **Solsteinhaus ❽**, 1806 m.

Ab hier ist der Bahnhof Hochzirl ausgeschildert und, wenn man zügig geht, in den ausgewiesenen zwei Stunden auch gut zu erreichen. Der insbesondere anfangs sehr schöne Steig wird allmählich wieder von einzelnen Bäumen begleitet, geht ein Seitental aus und führt an der **Solnalm ❾** vorbei (hier genießen wir noch einmal die Aussicht). An einem Bach geht er in einen geschotterten Forstweg über. Nun führen uns Wegweiser über ein Geflecht von Forstwegen durch inzwischen wieder dichteren Wald zum Bahnhof **Hochzirl ❶**.

28 Schafreuter, 2102 m
Über die Tölzer Hütte

6.30 Std. | 11,7 km | ↗1200 m | ↘1260 m

Ein Klassiker im Vorkarwendel
Der Schafreuter ist ein beliebter Münchner Hausberg, und das nicht ohne Grund. Die Tour ist dank des sogenannten Bergsteigerbusses in die Eng auch mit öffentlichen Verkehrsmitteln recht schnell erreichbar und bietet das richtige Maß an sportlicher Anstrengung sowie landschaftlich schöne und abwechslungsreiche Steige durch Mischwälder, über Almwiesen und durch alpines Gelände. Weitere Pluspunkte sind die Einkehrmöglichkeit in der 2020/21 umgebauten und modernisierten Tölzer Hütte und der herrliche Panoramablick. Und zum Abschluss lädt die abends lange in der Sonne liegende Oswaldhütte zur Einkehr ein.

Ausgangspunkt: Rißtal, Bushaltestelle »Aufstieg Tölzer Hütte«, 903 m.
Anfahrt: Von München Hbf (Halt auch an der Donnersbergerbrücke, am Harras, in Solln und in Holzkirchen) mit der BRB (Bayerische Regiobahn) nach Lenggries. Dort umsteigen in den Bus (Linie 369) Richtung Eng. Am Samstag, Sonn- und Feiertag von Anfang Juni bis Mitte Oktober morgens vier Verbindungen ab ca. 6 Uhr im Stundenabstand, Dauer 1.45 bis 2 Stunden. Wer schnell geht, kann die Verbindung Montag bis Freitag von Mitte Juni bis Anfang Oktober um ca. 9 Uhr (kein Halt in Solln) nutzen, Rückfahrt nach 6.10 Stunden. Deutschlandticket, MVV-Tarif und Bayernticket gelten nur bis Oswaldhütte.
Endpunkt: Rißtal, Bushaltestelle Oswaldhütte, 844 m.
Rückfahrt: Mit dem Bus (Linie 369) nach Lenggries, von dort weiter mit der BRB (Bayerische Regiobahn). Am Samstag, Sonn- und Feiertag nachmittags bzw. abends vier Verbindungen, die letzte um ca. 19 Uhr (Montag bis Freitag nur um ca. 17 Uhr), Dauer 1.50 bis 2.05 Stunden.
Anforderungen: Gute Bergsteige, auf den letzten Metern zum Gipfel leichte Kraxelstellen mit Seilsicherung. Insbesondere im Aufstieg und im Gipfelanstieg gute Trittsicherheit erforderlich.
Einkehr: Tölzer Hütte (Übernachtungsmöglichkeit), Oswaldhütte (am Ende).
Variante: Von der Tölzer Hütte auf schönem, einfachem Steig direkt zur Moosenalm (250 Hm weniger, 40 Minuten kürzer).

Auch die Variante bietet herrliches Karwendel-Panorama.

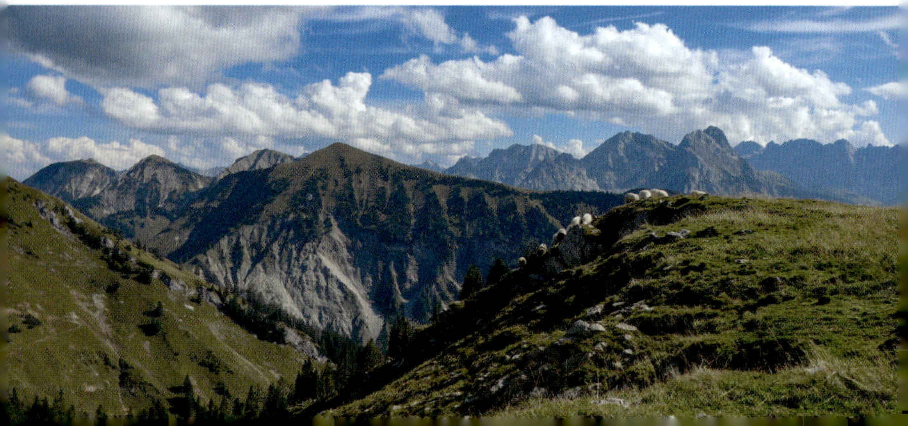

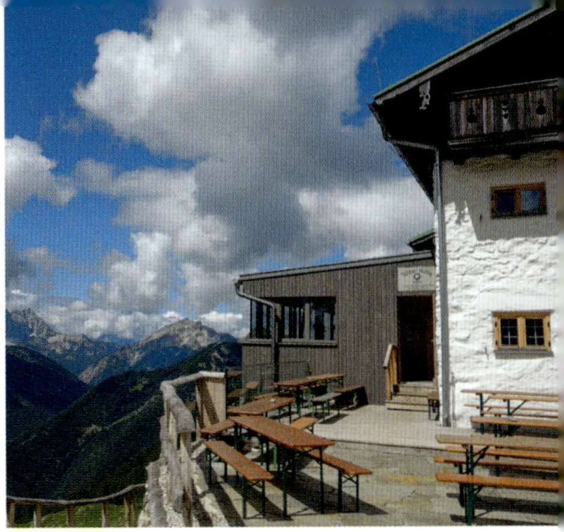

Die Tölzer Hütte.

Auf der anderen Straßenseite der **Bushaltestelle »Aufstieg Tölzer Hütte«** im **Rißtal** ❶, 903 m, gehen wir an Wanderparkplätzen vorbei nach rechts in eine Forststraße. Nach gut 5 Minuten zweigt links ein beschilderter Steig ab, der uns in Kehren, mit allmählich freier werdenden Blicken auf die nördlichste Karwendelkette, durch lichten Mischwald bergauf führt. Nach 1.15 Stunden kommen wir an einem Unterstand vorbei. Der Weg leitet nun nach rechts und führt flacher den steilen Hang oberhalb des Pfandlochgrabens entlang. Wir verlassen den Wald, nehmen an der Verzweigung den Steig links (rechts geht es ebenfalls zur Tölzer Hütte) und gehen in Kehren bergauf. Dann zieht der Weg nach rechts. Wir treffen auf einen querenden Steig, wenden uns nach rechts und erreichen leicht aufwärts kurz darauf die **Tölzer Hütte** ❷, 1835 m. Die neue Gaststube punktet mit großen Panoramafenstern.

Hinter der Hütte gehen wir auf einem Steig zunächst steil bergauf. Dann wird dieser flacher – wir sehen bereits den Gipfel vor uns – und zieht nach links. Wir passieren einen schönen Steinmandl-Garten und gehen, zum Teil auf Felsbändern und etwas ausgesetzt, weiter bis unterhalb des Gipfels. Das letzte Stück kraxeln wir (wer möchte, kann die Seilsicherungen nutzen) über Fels hinauf zum Gipfel des **Schafreuter** ❸, 2102 m.

Unser Abstiegsweg verläuft auf dem zur einen Seite steil abbrechenden, zur anderen Seite sanft geneigten

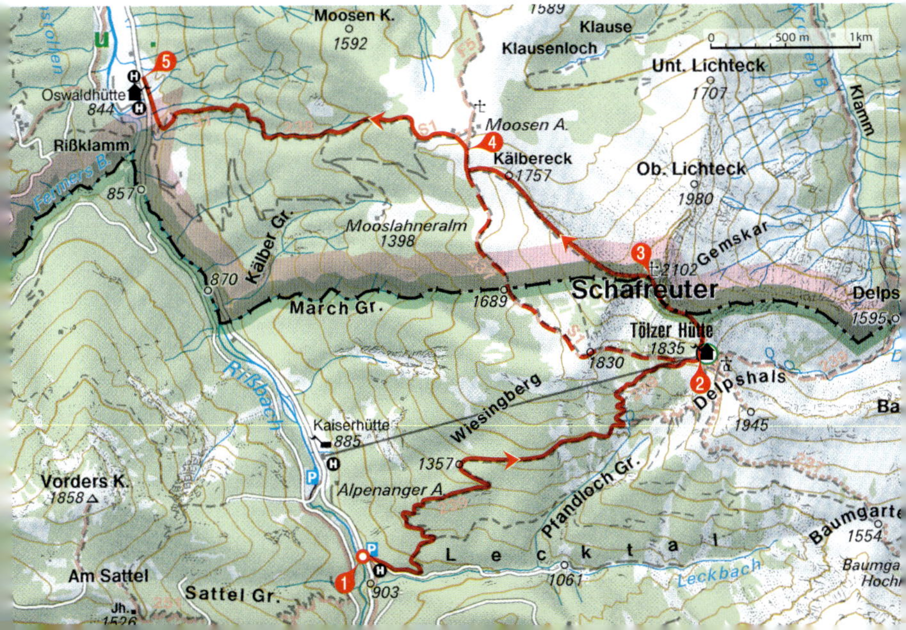

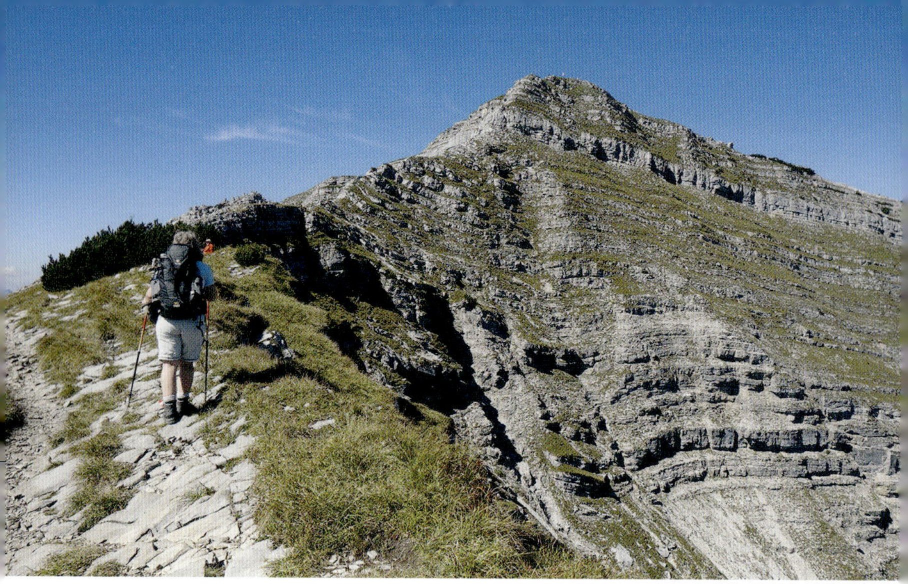

Wir erreichen den Gipfel des Schafreuter über den Südostgrat.

Nordwestgrat mit schönen Blicken auf die Voralpen erst über Schafweiden (bei schlechter Sicht sind die Markierungen nicht gut zu sehen), später durch häufig rutschige Latschengassen. Eine Stunde nach dem Gipfel verlassen wir den Grat nach links und treffen wenig später auf einen querenden, von der Tölzer Hütte kommenden Weg. Wir gehen rechts und kurz darauf an einer **Weggabelung 4** links (Schild »Oswaldhütte über Moosenfahrweg«). Rechts sehen wir die Moosenalm liegen, wenig später stoßen wir auf den Almfahrweg. Wir folgen diesem wenige Meter talwärts und verlassen ihn noch vor einer Kehre nach rechts auf einen schwach ausgeprägten und anfangs wenig markierten Pfad. Dieser führt kurz leicht aufwärts, dann auf gleicher Höhe weiter. Schließlich leitet ein Steig, allmählich steiler werdend und etwas geröllig, bergab. Zunächst geht es durch Fichtenwald, dann in zahlreichen Kehren durch lichten Mischwald zur Straße. Dort halten wir uns rechts und gelangen bald darauf zur **Oswaldhütte 5**, 844 m, mit der Bushaltestelle. Wer die Forststraße genommen hat (ca. 20 Minuten kürzer), geht an der Straße ebenfalls nach rechts in wenigen Minuten zur Oswaldhütte.

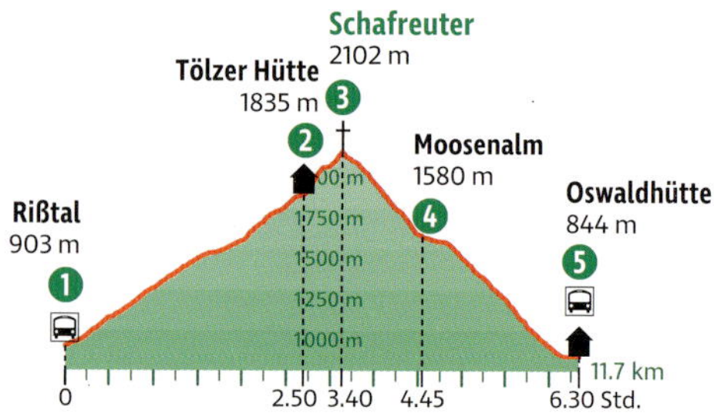

Fleischbank, 2026 m

Von Süden

29

5.50 Std. | 14,0 km | ↗1070 m | ↘1070 m

Einsamer Gipfel mit Einblicken ins Karwendel

Das Schöne an dieser Tour ist, dass wir mitten in einer wundervollen Landschaft starten und auf reizvollen, aber wenig begangenen Steigen mit viel Sonne schnell an Aus- oder vielmehr Einblicken ins Karwendel gewinnen. Besonders lohnend sind die Perspektiven ins Johannestal sowie ins Rißtal mit dem Sonnjoch als mächtigem Hüter und vom Gipfel dann zusätzlich der Blick nach Norden ins Vorkarwendel.

Ausgangs- und Endpunkt: Rißtal, Bushaltestelle »Einstieg Johannestal«, 958 m.

Anfahrt: Von München Hbf (Halt auch an der Donnersbergerbrücke, am Harras, in Solln und in Holzkirchen) mit der BRB (Bayerische Regiobahn) nach Lenggries. Dort umsteigen in den Bus (Linie 369) Richtung Eng. Am Samstag, Sonn- und Feiertag von Anfang Juni bis Mitte Oktober morgens vier Verbindungen ab ca. 6 Uhr im Stundenabstand, Dauer 1.55 bis 2.10 Stunden. Wer schnell geht, kann die Verbindung Montag bis Freitag von Mitte Juni bis Anfang Oktober um ca. 9 Uhr (kein Halt in Solln) nutzen, Rückfahrt nach 5.50 Stunden. Deutschlandticket, MVV-Tarif und Bayernticket gelten nur bis Oswaldhütte.

Rückfahrt: Am Samstag, Sonn- und Feiertag nachmittags bzw. abends vier Verbindungen, die letzte um ca. 18.50 Uhr (Montag bis Freitag nur um ca. 16.50 Uhr), Dauer 2.05 bis 2.15 Stunden.

Anforderungen: Gute Bergsteige, am Gipfelgrat gute Trittsicherheit und Schwindelfreiheit erforderlich.

Einkehr: Keine.

Östliche Karwendelspitze und Vogelkarspitze bilden eine markante Scharte.

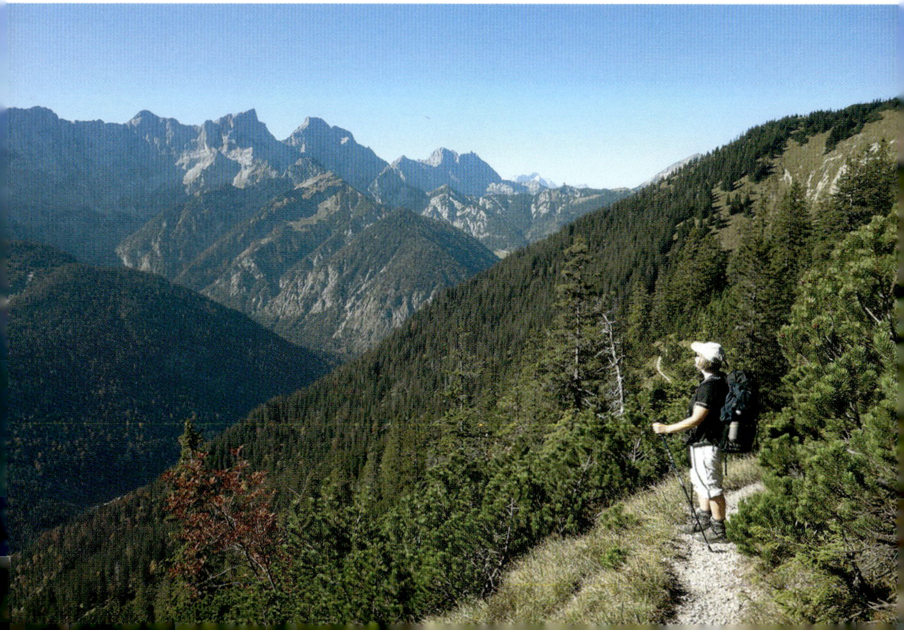

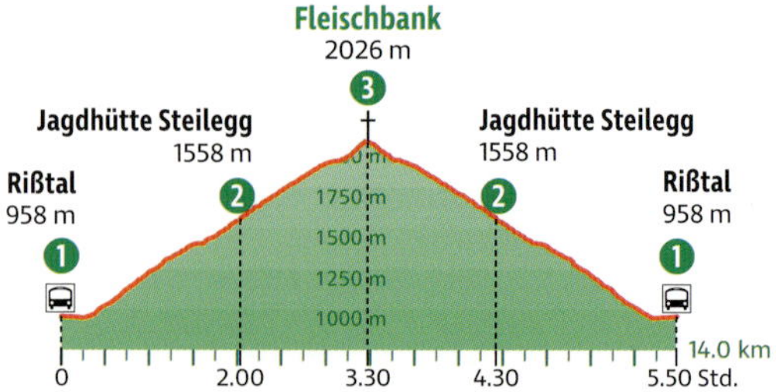

Von der Bushaltestelle »Einstieg Johannestal« im **Rißtal** 1, 958 m, gehen wir wenige Minuten auf dem Sträßchen, auf dem wir gekommen sind, zurück, bis wir rechts neben einer Wiese Wanderschilder sehen, von denen eines auf die Fleischbank verweist. Wir folgen diesem, ein kurzes Stück weglos, in Richtung Hang, überqueren einen Bach nach rechts und steigen auf einem wunderschönen und sonnigen Steig durch lichten Mischwald in Kehren bergauf. Immer wieder haben wir schöne Blicke ins Johannestal und zunehmend auch auf die südlich gelegenen Kar-

Rißbach und Johannestal.

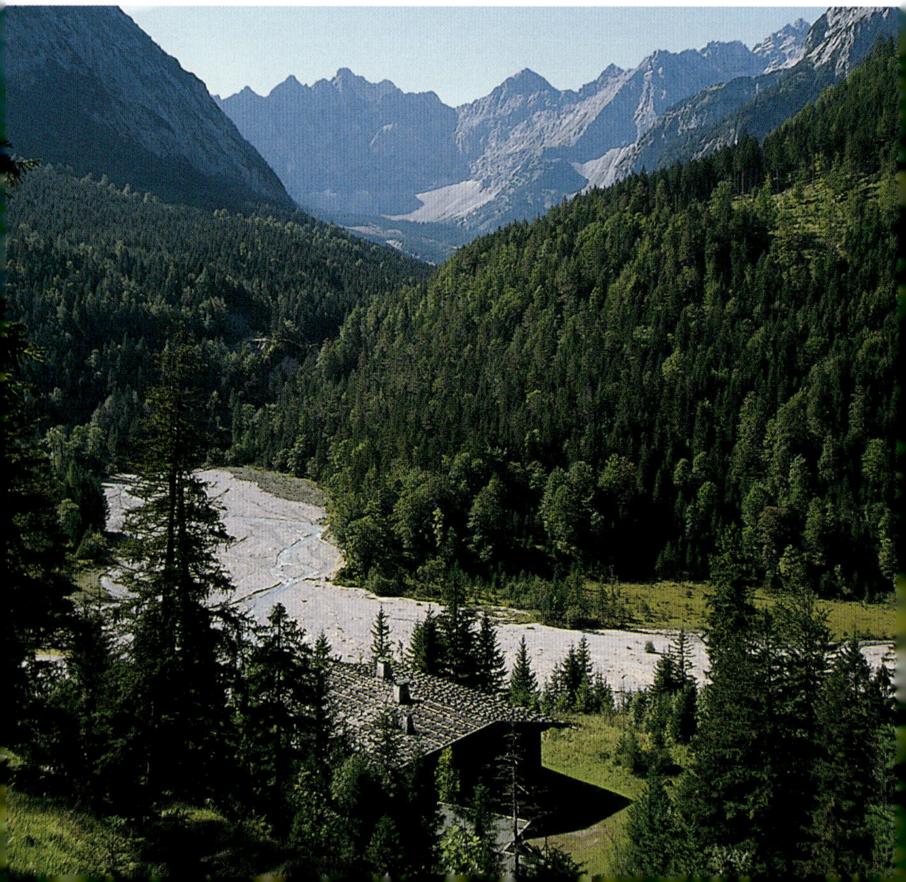

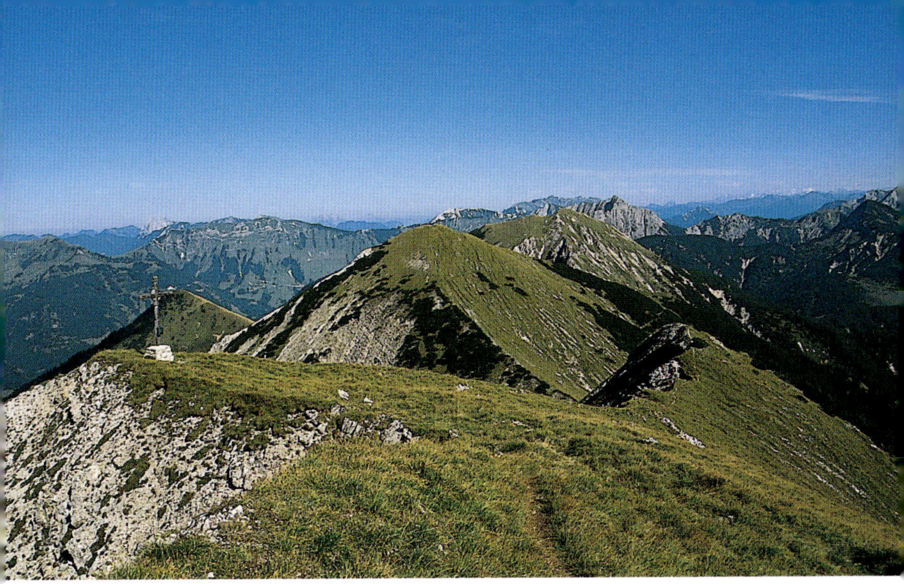

Am Gipfel der Fleischbank.

wendelgipfel. Der Wald, jetzt mit mehr Fichten, wird vorübergehend etwas dichter. Wir überqueren einen Bach und passieren nach ungefähr zwei Stunden die **Jagdhütte Steilegg ❷**, 1558 m.

Kurz nach der Hütte ignorieren wir einen scharf nach links abzweigenden Weg und gehen weiter geradeaus. Wir erreichen den Latschengürtel und steigen durch diesen, den roten Markierungen folgend, in zahlreichen Kehren weiter bergauf bis zu einer Wegkreuzung mit Wanderschildern. Hier halten wir uns rechts, kurz darauf sehen wir erstmals die Fleischbank. An einer Weggabelung gehen wir links hoch zum Grat und folgen die letzten 20 Minuten zum großen Teil der für den ganzen Höhenzug typischen, nach Norden hin steil abfallenden Abbruchkante bis zum Gipfel der **Fleischbank ❸**, 2026 m.

Der Abstieg erfolgt auf dem Aufstiegsweg.

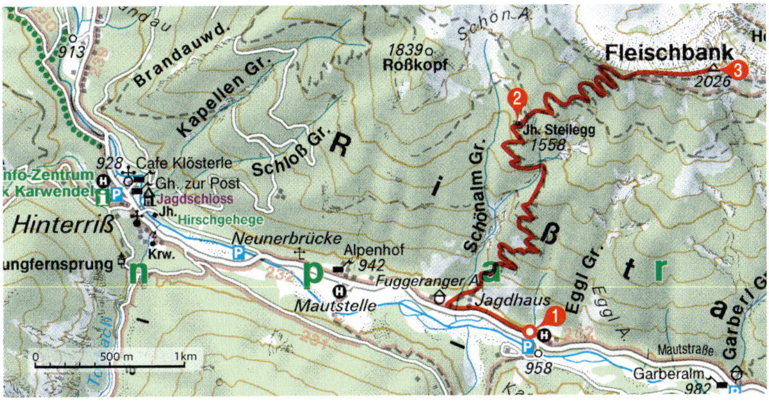

30 Mahnkopf, 2094 m

Über die Falkenhütte in die Eng

7.00 Std. | 19,7 km | ↗ 1140 m | ↘ 960 m

Im Herzen des Karwendels

Der sogenannte Bergsteigerbus, mitinitiiert vom Alpenverein, fährt von Lenggries über den Sylvensteinspeicher bis in die Eng mit dem Großen Ahornboden. Dieser ist mit seiner einzigartigen Landschaft ein wahrer Touristenmagnet, sowohl im Sommer als auch im Herbst, wenn die über 2200 Ahornbäume flammend rot-gelb leuchten. Ein großer Teil des heutigen Bestands stammt bereits aus der Zeit des Dreißigjährigen Krieges, in dem einige Jahre kein Vieh aufgetrieben wurde, sodass die Bäume »in Ruhe« keimen konnten. Inzwischen werden für absterbende alte Bäume regelmäßig junge nachgepflanzt, um den Bestand an Bergahornbäumen auch für die Zukunft zu sichern. Mitten in diesem landschaftlichen Juwel endet unsere Wanderung. Sie verläuft zunächst durch das lang gestreckte, ruhige Laliderertal hinauf zu der – auch mit dem Mountainbike – gerne besuchten, von 2017 bis 2020 generalsanierten und modernisierten Falkenhütte. Spätestens hier bekommt die Tour alpinen Charakter. Bei einem Abstecher auf den Mahnkopf genießen wir einen hervorragenden Blick auf die beeindruckenden Laliderer Wände. Der Rückweg führt direkt unter diesen entlang ins Hohljoch und von dort hinab zu den Engalmen im Großen Ahornboden.

Selten: Alpenbock (am Ausgangspunkt).

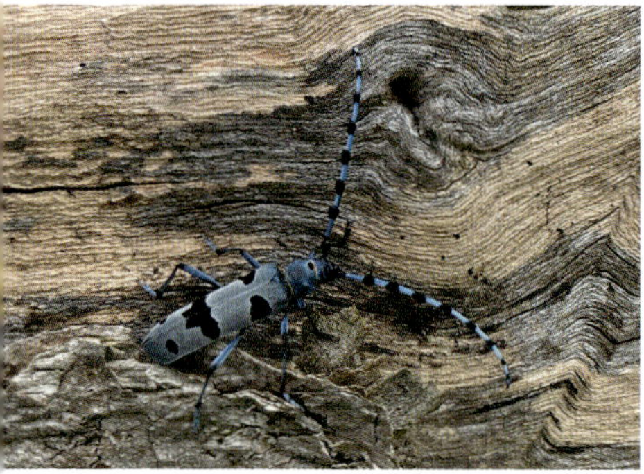

Ausgangspunkt: Rißtal, Bushaltestelle »Einstieg Laliderertal«, 1020 m.
Anfahrt: Von München Hbf (Halt auch an der Donnersbergerbrücke, am Harras, in Solln und in Holzkirchen) mit der BRB (Bayerische Regiobahn) nach Lenggries. Dort umsteigen in den Bus (Linie 369) Richtung Eng. Am Samstag, Sonn- und Feiertag von Anfang Juni bis Mitte Oktober morgens vier Verbindungen ab ca. 6 Uhr im Stundenabstand, Dauer 2.05 bis 2.15 Stunden. Die Verbindung Montag bis Freitag von Mitte Juni bis Anfang Oktober um ca. 9 Uhr lässt für die Durchführung der Tour an einem Tag zu wenig Zeit. Deutschlandticket, MVV-Tarif und Bayernticket gelten nur bis Oswaldhütte.
Endpunkt: Bushaltestelle Eng (Tirol) Gasthaus, 1203 m, in der Eng.
Rückfahrt: Mit dem Bus (Linie 369) nach Lenggries, von dort weiter mit der BRB (Bayerische Regiobahn). Am Samstag, Sonn- und Feiertag nachmittags bzw. am frühen Abend drei Verbindungen, die letzte um ca. 18.30 Uhr, Dauer 2.20 bis 2.30 Stunden.
Anforderungen: Wirtschaftswege und Steige. Aufstieg zum Mahnkopf sehr steil. Kondition erforderlich.
Einkehr: Falkenhütte (Übernachtungsmöglichkeit), Gasthöfe in der Eng (mehrere Übernachtungsmöglichkeiten, u. a. im Gasthaus / Hotel »Die Eng«).

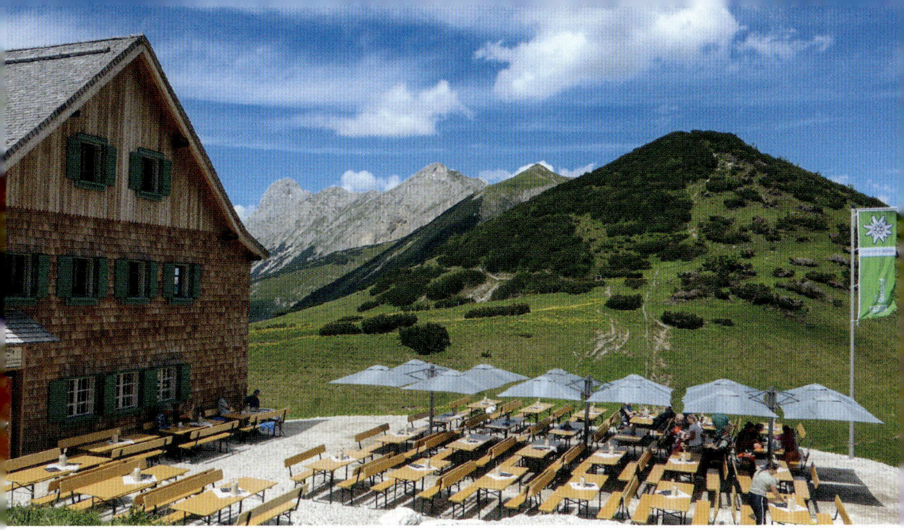

Die Falkenhütte mit dem Ladizköpfl und direkt dahinter dem Mahnkopf.

Von der Bushaltestelle »Einstieg Laliderertal«, 1020 m, im **Rißtal** ❶ gehen wir ein kleines Stück in Fahrtrichtung weiter und biegen dann rechts auf einen Wanderweg ab. An einem Querweg links treffen wir auf ein Schotter-Fahrsträßchen, dem wir nach rechts in das Laliderer Tal hinein folgen. Schon bald blicken wir auf die beeindruckenden Laliderer Wände. Nach ungefähr 40 Minuten überqueren wir den Laliderer Bach, 1134 m, und folgen diesem auf seiner rechten Seite weiter in das nun nur noch licht mit Bäumen bestandene Tal hinein. Schließlich erreichen wir den Talschluss mit den **Lalidersalmen** ❷, 1526 m. Hier macht das Schottersträßchen eine Linkskurve. Bevor es durch die Almsiedlung führt, biegen wir vor einer neu erbauten kleinen Kapelle rechts

Imposante Felswände. Rechts die Birkkarspitze, der höchste Berg des Karwendels.

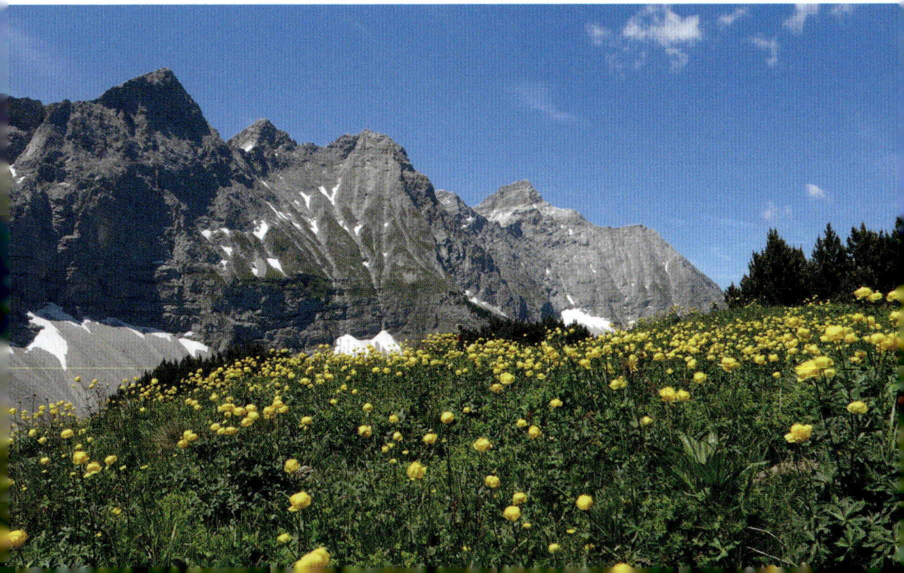

auf eine Wiese ab und folgen einem Trampelpfad (rot-weiße Markierungen) über diese. Nun leitet ein Steig erst kurz durch Latschen, dann über eine Weide in Kehren den Hang hinauf bis zur schön gelegenen **Falkenhütte ❸**, 1848 m.

Wo wir auf den Zufahrtsweg treffen, gehen wir rechts auf einen Weg, der links um das Ladizköpfl herum in leichtem Auf und Ab bis ins **Ladizjöchl ❹**, 1825 m, zieht. Von dort geht es – anfangs sehr steil auf einem schotterigen Steig, zum Schluss bequemer über Gras – hinauf zum Gipfel des **Mahnkopfs ❺**, 2094 m. Der Blick von hier oben auf die Laliderer Wände ist fantastisch.

Auf demselben Weg geht es zurück zur **Falkenhütte ❸**. Dort folgen wir einem Fahrweg in Kehren hinab ins **Spielissjoch ❻**, 1773 m, wo wir den

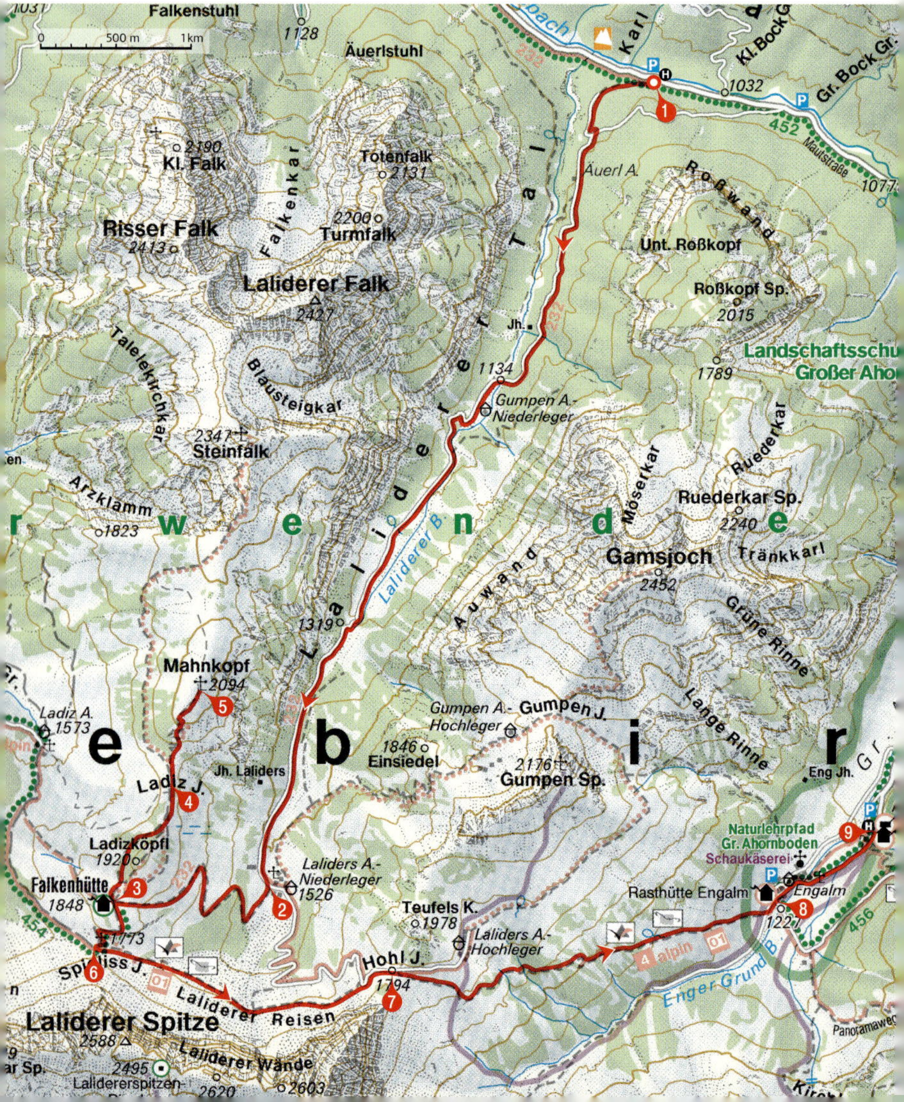

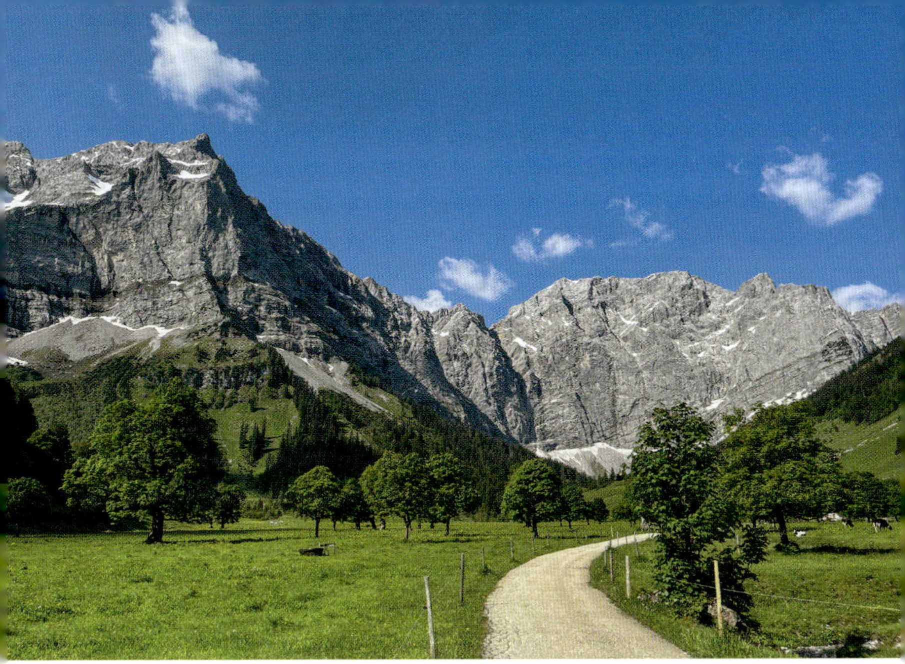

In der Eng, links die markante Spritzkarspitze.

Fahrweg nach links durch ein Gatter auf einen schmaleren Weg verlassen. Nun geht es durch die Laliderer Reißen an den imposanten Laliderer Wänden entlang erst bergab, dann noch einmal hinauf, bis wir auf den aus dem Laliderer Tal kommenden Fahrweg treffen. Diesem folgen wir ein kurzes Stück nach rechts ins **Hohljoch** ❼, 1794 m, wo sich der Weg gabelt.

Ein Wegweiser Richtung Eng / Lamsenjochhütte leitet uns rechts hinab. Zunächst durch Weidelandschaft, zwischenzeitlich durch Wald, kommen wir schließlich in Almgebiet und sehen unter uns auch schon die Almsiedlung in der Eng. Diese erreichen wir an der **Rasthütte Engalm** ❽. Hier halten wir uns an der Verzweigung rechts und folgen, an der rechten Seite der Almsiedlung entlang, dem asphaltierten Weg. Am Ende der Siedlung geht es über einen Bach und durch Weidegebiet zum **Gasthaus / Hotel »Die Eng«** ❾, 1203 m. Auf dem Parkplatz davor befindet sich die Bushaltestelle.

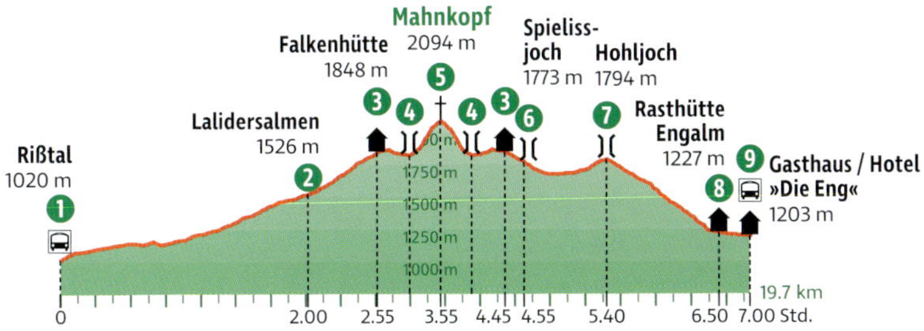

31 Kompar, 2011 m, und Satteljoch, 1935 m

Rundtour über die Plumsjochhütte

TOP | 6.00 Std. | 16,7 km | ↗1060 m | ↘1060 m

Zwei aussichtsreiche Gipfel über wunderschönen Almlandschaften

Die Tour vermittelt einen guten Überblick über diesen sehr schönen Teil des Vorkarwendels und bietet schon beim Aufstieg und auf beiden Gipfeln tolle Ein-, Tief- und Ausblicke auf die umgebende Bergwelt. Auch auf der Terrasse der nett bewirtschafteten Plumsjochhütte können wir den herrlichen Blick auf die umliegenden Karwendelgipfel noch einmal genießen. Hierher kommen manche sogar mit dem Mountainbike aus dem Inntal über den Achensee herauf. Früher trieben die Tiroler Bauern auf diesem Weg das Vieh in die Eng auf. Am Ende des Bergsommers, wenn kein Schnee mehr liegt, ging es für die Tiere über das Lamsenjoch wieder ins Inntal zurück. Zwei Bauern treiben ihr Vieh heute noch immer über das Lamsenjoch nach Hause zurück. Ansonsten haben Tiertransporter diese Tradition abgelöst und bringen jedes Jahr Hunderte von Rindern, darunter viele Milchkühe, durch das Rißtal in die Eng und im Herbst wieder zurück.

Ausgangs- und Endpunkt: Rißtal, Bushaltestelle »Haglhütte«, 1077 m.
Anfahrt: Von München Hbf (Halt auch an der Donnersbergerbrücke, am Harras, in Solln und in Holzkirchen) mit der BRB (Bayerische Regiobahn) nach Lenggries. Dort umsteigen in den Bus (Linie 369) Richtung Eng. Am Samstag, Sonn- und Feiertag von Anfang Juni bis Mitte Oktober morgens vier Verbindungen ab ca. 6 Uhr im Stundenabstand, Dauer 2.05 bis 2.20 Stunden. Wer sehr schnell geht und / oder nach nur einem der Gipfel auf dem Aufstiegsweg wieder absteigt, kann von Montag bis Freitag von Mitte Juni bis Anfang Oktober die Verbindung um ca. 9 Uhr (kein Halt in Solln) nutzen, Rückfahrt schon nach 5.30 Stunden. Deutschlandticket, MVV-Tarif und Bayernticket gelten nur bis Oswaldhütte.
Rückfahrt: Am Samstag, Sonn- und Feiertag nachmittags bzw. abends drei Verbindungen, die letzte um ca. 18.40 Uhr (Montag bis Freitag nur um ca. 16.40 Uhr), Dauer 2.15 bis 2.25 Stunden.
Anforderungen: Gute Bergsteige, kurze Strecken auf Wirtschaftswegen. Besonders im Gipfelbereich Trittsicherheit erforderlich.
Einkehr: Plumsjochhütte (Übernachtungsmöglichkeit).

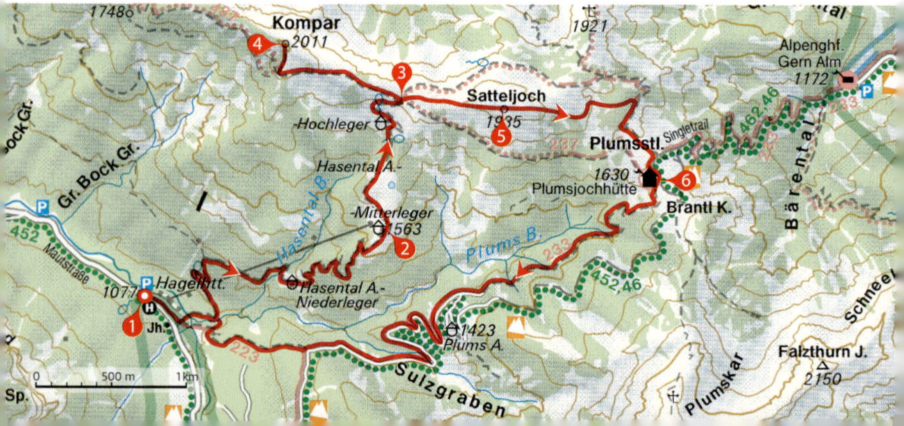

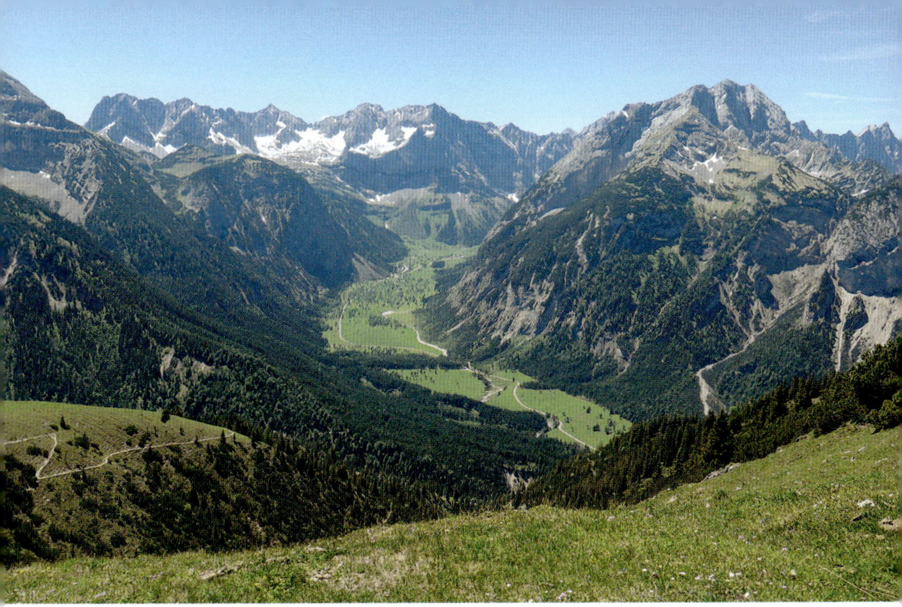

Die Eng mit Lamsenspitze (links hinten) und Gamsjoch (rechts im Mittelgrund).

Von der Bushaltestelle »Haglhütte«, 1077 m, im **Rißtal** ❶ überqueren wir die Straße und gehen in Fahrtrichtung links in ein Teersträßchen und weiter geradeaus in einen Schotterweg. Wir folgen diesem links über eine Brücke über den Rißbach, halten uns an einer T-Kreuzung kurz darauf rechts und folgen dem Wirtschaftsweg in Kehren durch lichten Mischwald bergauf. In einer Linkskehre leitet uns das Schild »Hasentalalm, Kompar, Plumsjochhütte« geradeaus. An einem Wasserfall vorbei erreichen wir nach gut 30 Minuten den Hasentalalm Niederleger. Hier geht der Wirtschaftsweg in einen Steig über, dem wir mit immer weiterem Blick auf die gegenüberliegenden Karwendelberge in Kehren aufwärts folgen. Wir verlassen endgültig den lichten Wald und erreichen den schön gelegenen **Hasentalalm Mitterleger** ❷, 1563 m, der sich als erster Pausenplatz anbietet.

Vom Mitterleger queren wir nach links in den Talkessel mit dem Hasentalalm Hochleger und gelangen oberhalb von diesem in den **Sattel** ❸, 1816 m, zwischen Kompar und Satteljoch. Hier wenden wir uns nach links und folgen dem Höhenweg bis zu einer Abzweigung. Rechts steil bergauf erreichen wir an Latschen entlang in wenigen Minuten den Gipfel des **Kompar** ❹, 2011 m. Von

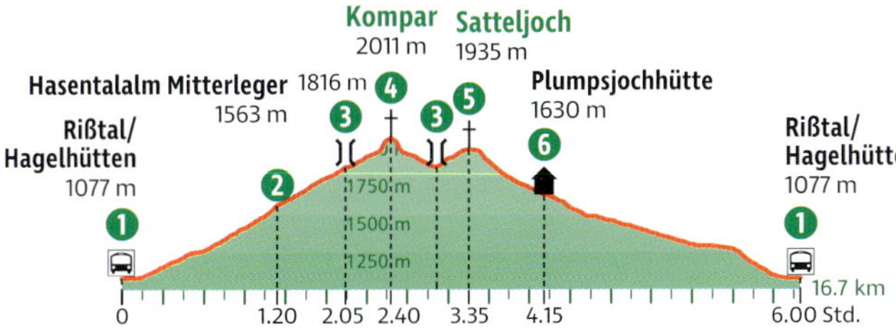

hier haben wir beeindruckende Tiefblicke in die schroffen Nordabhänge des Kompar und eine schöne Aussicht auf die Bayerischen Voralpen, die Achenseeberge, die Kitzbüheler Alpen, ins Karwendel und in den Talschluss der Eng.

Wir gehen auf dem Aufstiegsweg zurück in den **Sattel ❸** zwischen Kompar und Satteljoch. Dort folgen wir leicht linkshaltend dem Schild »Plumsjoch, Mondscheinspitze« und steigen, teils weglos, teils auf Pfadspuren, aber immer mit Markierungen, auf dem breiten Rücken zum **Satteljoch ❺**, 1935 m, hinauf. Auch von hier haben wir eine schöne Sicht, erstmals auch auf einen Teil des Achensees.

Wir folgen den roten Pfeilen und steigen, mit Blick auf Plumsjochhütte und Rofan, den Rücken bis zu einem querlaufenden Weg hinab. Hier gehen wir rechts zum Plumssattel. Wieder rechts erreichen wir kurz darauf die **Plumsjochhütte ❻**, 1630 m, die mit ihrer aussichtsreichen Terrasse zur Einkehr einlädt.

Von dort folgen wir wenige Meter dem Wirtschaftsweg, bevor wir diesen nach rechts auf einen Steig (Schild »Hagelhütte, Eng, Hinterriss«) verlassen. Ungefähr 40 Minuten nach der Hütte treffen wir auf den von dieser herabziehenden Wirtschaftsweg und folgen ihm nach rechts abwärts. Nach weiteren gut 30 Minuten verlassen wir den Wirtschaftsweg, dem Schild Richtung Hagelhütten folgend, wieder auf einen Steig. Dieser bringt uns das letzte Stück ins Tal hinab. Dort überqueren wir auf einer Brücke einen Bach (in dem sich, wer möchte, in Gumpen erfrischen kann), treffen auf unseren Aufstiegsweg und erreichen in wenigen Minuten die Bushaltestelle »Haglhütte« im **Rißtal ❶**.

Oberhalb der Plumsjochhütte (links die mächtige Bettlerkarspitze).

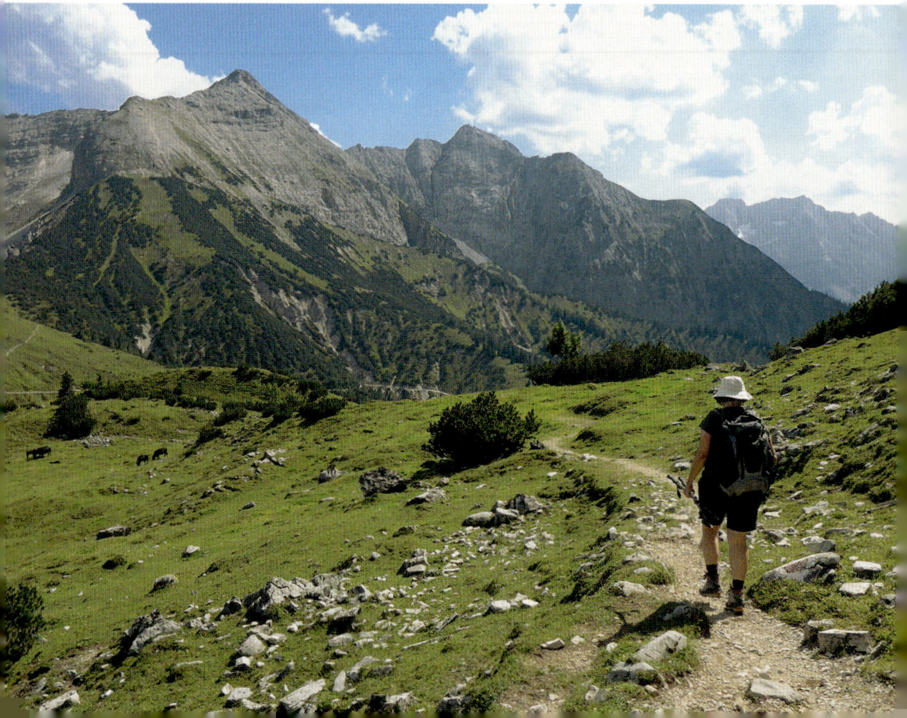

Sonnjoch, 2457 m
Aus der Eng

32

7.00 Std. | 14,1 km | ↗1390 m | ↘1390 m

Traumtour auf einen mächtigen Karwendelgipfel
Das an seiner markanten Form gut erkennbare Sonnjoch ist ein besonders lohnendes Ziel. Der Weg führt durch wunderschönes Almgelände, die Blicke sind bereits im Aufstieg fantastisch und spätestens der Gipfel bietet ein Panorama der Extraklasse. Wer Glück hat, sieht im Gipfelbereich zudem Steinwild auf Felsvorsprüngen dösen oder dessen Junge miteinander spielen und kann einen Adler dabei beobachten, wie er seine Kreise über dem Tal zieht. Und wer im Spätsommer genau hinschaut, entdeckt auf den kargen Wiesen und Schuttflächen des Gipfelaufbaus auch das eine oder andere Edelweiß. Und nachdem wir uns auf der schweißtreibenden Tour – das Sonnjoch macht seinem Namen alle Ehre – ausgepowert haben, warten auf der Binsalm bzw. in der Eng erfrischende Getränke auf uns.

Ausgangs- und Endpunkt: Bushaltestelle Eng (Tirol) Gasthaus, 1203 m, in der Eng.
Anfahrt: Von München Hbf (Halt auch an der Donnersbergerbrücke, am Harras, in Solln und in Holzkirchen) mit der BRB (Bayerische Regiobahn) nach Lenggries. Dort umsteigen in den Bus (Linie 369) in die Eng. Am Samstag, Sonn- und Feiertag von Anfang Juni bis Mitte Oktober morgens vier Verbindungen ab ca. 6 Uhr im Stundenabstand, Dauer 2.15 bis 2.30 Stunden. Die Verbindung Montag bis Freitag von Mitte Juni bis Anfang Oktober um ca. 9 Uhr lässt für die Durchführung der Tour an einem Tag zu wenig Zeit. Deutschlandticket, MVV-Tarif und Bayernticket gelten nur bis Oswaldhütte.
Rückfahrt: Am Samstag, Sonn- und Feiertag nachmittags bzw. am frühen Abend drei Verbindungen, die letzte um ca. 18.30 Uhr, Dauer 2.20 bis 2.30 Stunden.
Anforderungen: Kurze Strecken Forstweg, sonst gute Bergsteige; Kondition und für den Gipfelanstieg gute Trittsicherheit und etwas Schwindelfreiheit erforderlich.
Einkehr: Binsalm (Übernachtungsmöglichkeit), Gasthöfe in der Eng (mehrere Übernachtungsmöglichkeiten, u. a. im Gasthaus / Hotel »Die Eng«).

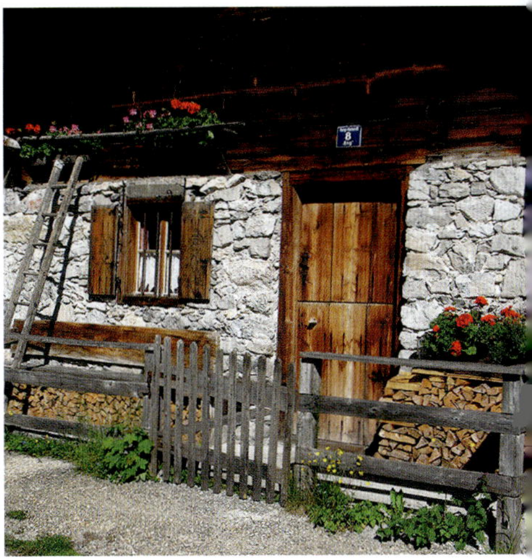

Alter Hof in der Eng.

Variante: Wem die Tour auf das Sonnjoch zu lang ist, der kann vom Binssattel nach rechts in 45 Minuten auf das Hahnkampl, 2080 m, steigen. Von dort folgt man dem Gratverlauf weiter in das Westliche Lamsenjoch hinab (kurze ausgesetzte, seilversicherte Passagen). Dort rechtshaltend trifft man auf den vom Hinweg bekannten Weg. Abstieg in die Eng vom Gipfel 2 Stunden.

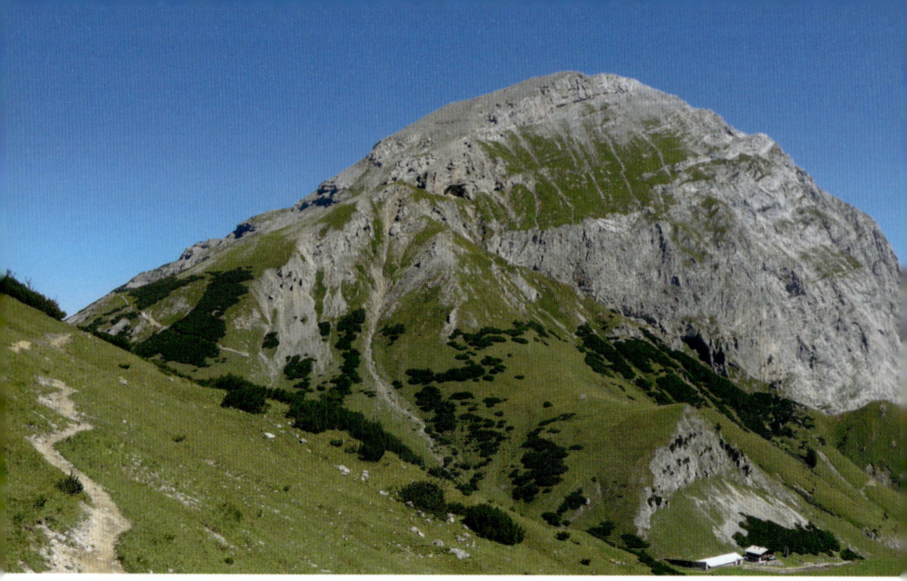

Das wuchtige Sonnjoch.

Vom **Gasthaus / Hotel »Die Eng« ❶**, 1203 m, gehen wir auf einem Asphaltsträßchen wenige Meter Richtung Talschluss und gleich nach dem Bach links in einen Wanderweg. Dieser führt uns zunächst am Bach entlang, dann in den Wald und in Kehren bergauf. Nach ca. 20 Minuten treffen wir auf ein aus dem Tal hochkommendes Schottersträßchen und folgen diesem nach links weiter bergauf. Wir verlassen den Wald, erreichen die **Binsalm ❷**, 1502 m, und gehen auf dem breiten Schotterweg rechts an der Alm vorbei weiter.

Kurz nachdem wir einen Bach überquert haben, halten wir uns an einer Abzweigung scharf links (Schild »Lamsenjochhütte«) und steigen

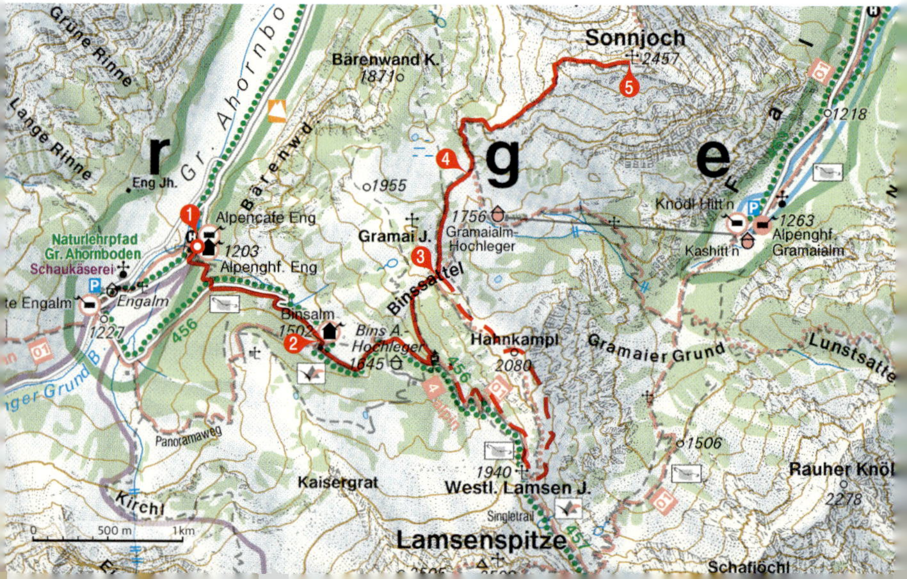

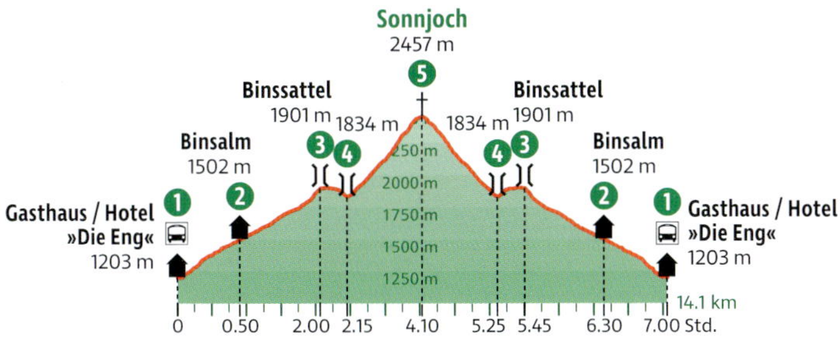

durch schönes Almgelände, durchsetzt mit lichtem Lärchenbestand, weiter bergauf. Etwas später gehen wir links in einen schmaleren Weg (Schild »Sonnjoch, Lamsenhütte«). Dann treffen wir wieder auf einen breiteren Weg und folgen diesem nach links bergauf (Wegweiser). Nach einer Rechtskehre zweigt links ein Steig ab (Wegweiser), der uns in Kehren steil hinauf in den **Binssattel** ❸, 1901 m, führt.

Hier halten wir uns links und gehen in 15 Minuten, zunächst auf gleicher Höhe, dann leicht abwärts und schließlich mit Hilfe eines Tritts über einen Viehzaun in den **Gramaisattel** ❹, 1834 m.

Ab hier verläuft unser Weg über den breiten Südwestrücken des Sonnjochs, zunächst durch die letzten Latschen und über Grashänge, später dann etwas mühsam durch Schutt. Über Felsrippen und einen Vorgipfel erreichen wir schließlich den Gipfel des **Sonnjochs** ❺, 2457 m.

Der Abstieg erfolgt auf dem Aufstiegsweg.

Tolle Einblicke ins Karwendel – und gut die Hälfte des Rückens ist geschafft.

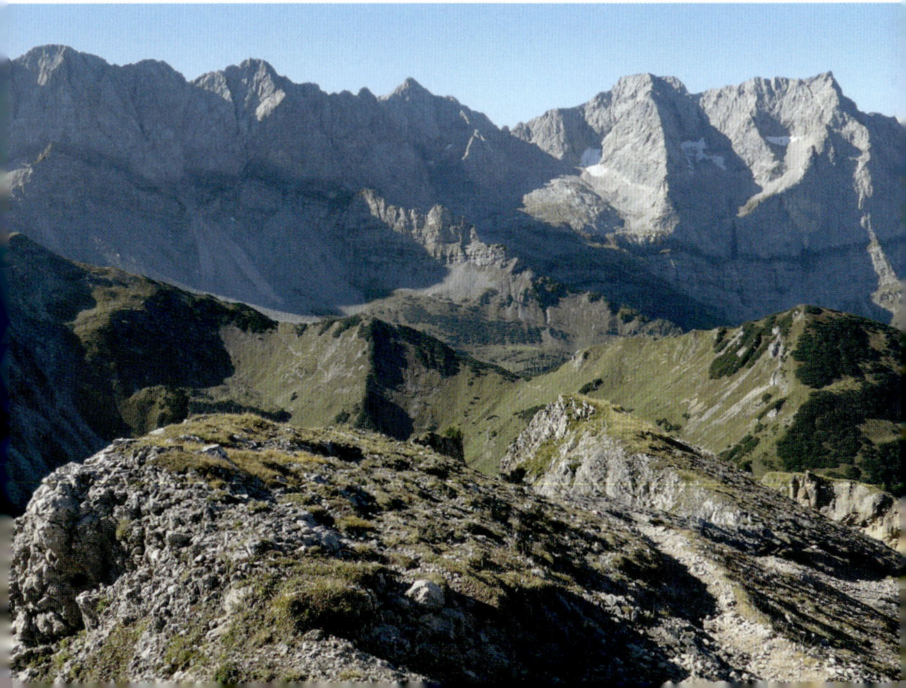

33 Hochiss, 2299 m
Von Achenseehof über die Erfurter Hütte

2 Tage | 19,4 km | ↗1650 m | ↘1650 m

Durch das westliche Rofan

Am ersten Tag geht es relativ einsam über Almen verschiedener Höhenstufen in ein Hochtal und durch einen Felsdurchbruch, das Steinerne Tor, in den häufiger begangenen Teil des Rofan. Auf der Oberen Dalfazalm können wir ebenso wie auf dem anschließenden Höhenweg und von der Terrasse der Erfurter Hütte die Nachmittagssonne und den Blick auf den Achensee und die umliegenden Berge genießen. Da das Gebiet um die Erfurter Hütte für fast alle etwas bietet und zudem auch noch eine Seilbahn heraufführt, ist es tagsüber entsprechend voll. Von daher ist es ratsam, am zweiten Tag möglichst früh zur Hochiss, dem höchsten Gipfel des Rofan, aufzubrechen. Wir gehen in einem weiten Bogen einen schönen Bergkessel aus und erreichen den Gipfelgrat mit den für das Rofan typischen Grasflanken, die nach Norden hin besonders steil abfallen. Wer nicht das ganze Gepäck mitnehmen möchte, kann es an der Hütte deponieren, dahin zurückkehren und von dort zur Talstation der Seilbahn absteigen – oder mit der Bahn hinunterfahren (Bushaltestelle an der Talstation).

Ausgangspunkt: Achenkirch, Achenseehof, 936 m.
Anfahrt: Von München Hbf (Halt auch an der Donnersbergerbrücke, am Harras sowie Montag bis Freitag an den Siemenswerken bzw. an Samstagen, Sonn- und Feiertagen in Solln) mit der BRB (Bayerische Regiobahn) über Holzkirchen nach Tegernsee. Von dort mit dem Bus (Linie 390) Richtung Pertisau bis Achenseehof. Eine Verbindung am Morgen. Dauer Montag bis Freitag 3 Stunden (längere Wartezeit in Tegernsee), Samstag, Sonn- und Feiertag 2.30 Stunden. Deutschlandticket, MVV-Tarif und Bayernticket gelten nur bis Stuben.
Endpunkt: Maurach / Buchau, 938 m.
Rückfahrt: Mit dem Bus (Linie 390) bis Tegernsee, von dort weiter mit der BRB (Bayerische Regiobahn). Eine Verbindung am späten Nachmittag, Dauer 2.25 Stunden.
Höhenunterschied / Gehzeit:
1. Tag: 1180 m↑, 290 m↓; 4.15 Std.
2. Tag: 470 m↑, 1360 m↓; 4.25 Std.
gesamt: 1650 m↑, 1650 m↓; 8.40 Std.
Anforderungen: Aufstieg zur Erfurter Hütte auf guten Wegen und Steigen. Für den Aufstieg auf die Hochiss ist entlang abschüssiger Hänge gute Trittsicherheit erforderlich, ebenso für den Abstieg zum Streichkopfgatterl (kurze ausgesetzte, drahtseilgesicherte Querung und ca. fünf Meter drahtseilversicherter Kamin).
Einkehr: Obere Dalfazalm (Übernachtungsmöglichkeit, Tel. +43 664 9159807, dalfazalm.at), Erfurter Hütte (Übernachtungsmöglichkeit, Tel. +43 5243 5517, erfurterhuette.at), Almstüberl und Berggasthof Rofan (an der Bergstation der Rofanseilbahn, Übernachtungsmöglichkeit, Tel. +43 676 4852540, berggasthof-rofan.com), Mauritzalm.

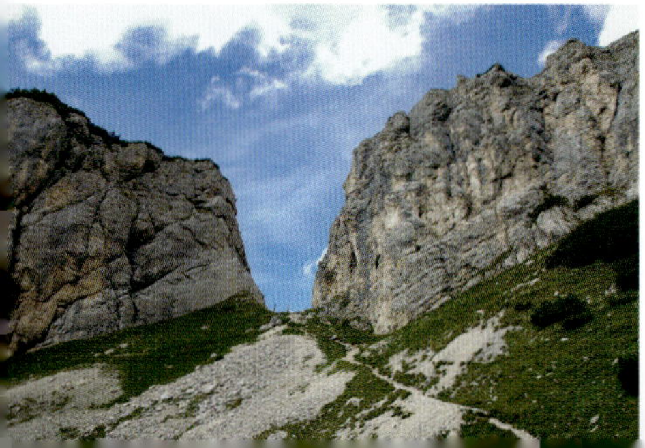

Das Steinerne Tor.

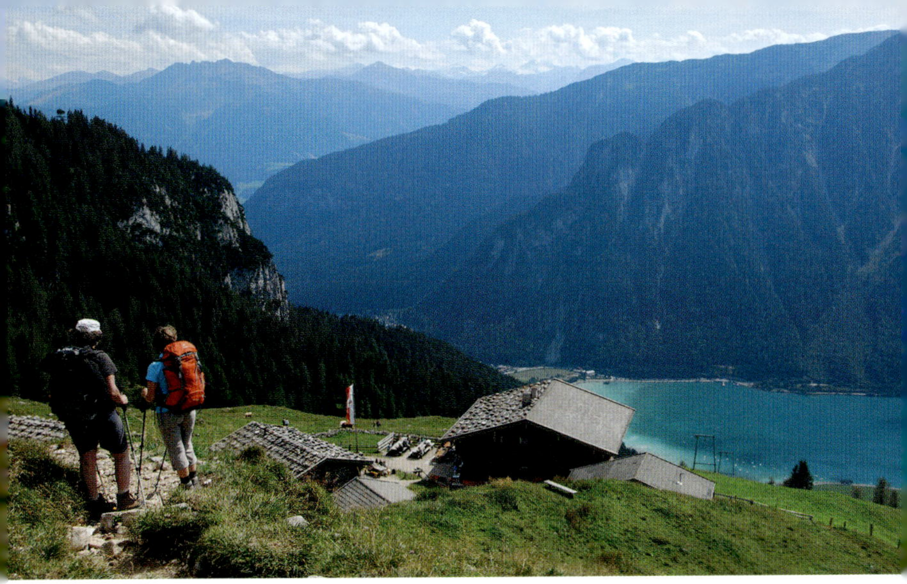

An der Oberen Dalfazalm mit Blick auf Kellerjoch, Tuxer Alpen und Achensee.

1. Tag:
Von der Bushaltestelle **Achenseehof ❶**, 936 m, überqueren wir die viel befahrene Straße und folgen rechts am Ende des Wanderparkplatzes einer Forststraße, die wir nach wenigen Metern nach rechts auf einen Wanderweg verlassen. Am Eingang zu einem Hochseilgarten vorbei überqueren wir einen Bach und stoßen auf einen Steig, dem wir nach links folgen. Erst am Bach entlang, zieht der Steig dann nach rechts und führt uns, teilweise recht steil, durch sehr schönen Mischwald und mit Tiefblicken auf den Achensee den Hang hinauf. Wir stoßen auf einen Forstweg, gehen nach rechts und erreichen wenig später den **Kotalm Niederleger ❷**, 1260 m. Hier verlassen wir den Forstweg nach links auf einen Steig. Wir treffen wieder auf den Forstweg, folgen ihm ein kurzes Stück nach links, verlassen ihn nach rechts und kürzen ihn in der Folge mehrere Male durch lichten Lärchenwald ab. Schließlich lassen wir den Wald hinter uns und erreichen den **Kotalm Mitterleger ❸**, 1608 m. Hier leitet uns ein

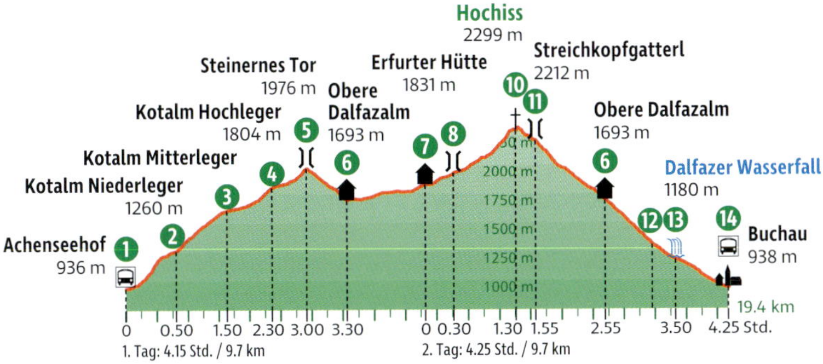

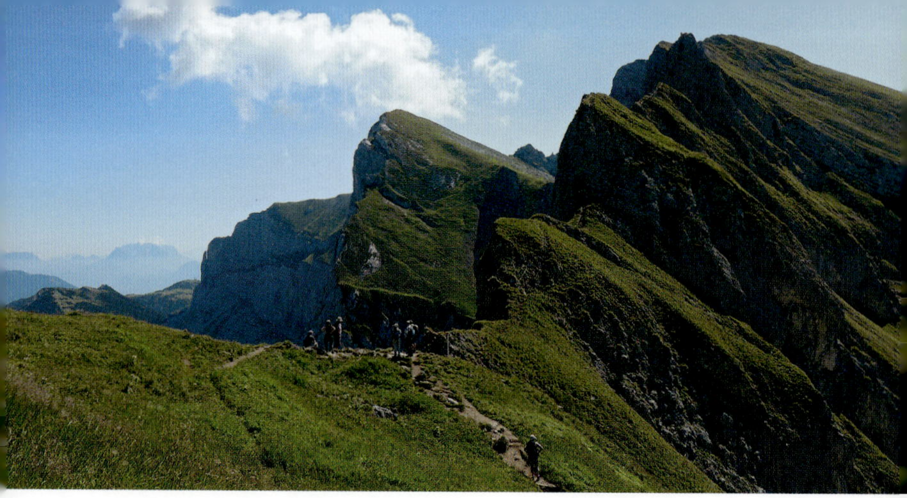

Steile Grasflanken beeindrucken beim Aufstieg zur Hochiss.

Schild Richtung Steinernes Tor und Erfurter Hütte nach links. Wir steigen in einem Hochtal bergauf, zunächst auf das Plateau mit dem verfallenen **Kotalm Hochleger ❹**, dann weiter bis zum Talschluss. Unser Weg zieht nun nach rechts in eine Scharte, das **Steinerne Tor ❺**, 1976 m.

Auf der anderen Seite wandern wir durch ein schönes Tälchen hinab zur **Oberen Dalfazalm ❻**, 1693 m. Hier gehen wir links und folgen einem breiten Höhenweg, der uns mit grandiosen Tief- und Rundblicken leicht bergauf führt, einen Aussichtspunkt mit Holzliegen passiert und nach einer kurzen Passage im Wald in einem Bogen hinaufzieht zur **Erfurter Hütte ❼**, 1831 m.

2. Tag:

Von der Erfurter Hütte folgen wir dem breiten Weg bis zur Verzweigung an der Mauritzalm. Hier halten wir uns links und wandern unterhalb des Gschöllkopfs entlang in einen **Sattel ❽**, 1936 m, mit einer weiteren Weggabelung. Die Hochiss sehen wir nun vor uns. Links geht es zum Gschöllkopf hinauf, von dem der sogenannte Skyglider startet. Wir halten uns rechts Richtung Hochiss. Nun wandern wir erst durch felsdurchsetztes Almgebiet, dann queren wir, an einer Abzweigung zum Spieljoch vorbei, oberhalb eines Geröllkars und kommen in einen weiteren **Sattel ❾**. Von hier haben wir bereits einen herrlichen Blick. Rechts führt der Fünf-Gipfel-Klettersteig weiter, links unser Steig auf die Hochiss. Er quert etwas ausgesetzt (eine Stelle ist mit einem Drahtseil gesichert) unter dem Gipfel entlang die abschüssigen Hänge. An einer Verzweigung wenden wir uns nach rechts und steigen zum höchsten Punkt der **Hochiss ❿**, 2299 m, hinauf. Hier haben wir eine großartige Aussicht. Der Blick reicht vom Kaisergebirge über die Berchtesgadener Alpen und die Zentralalpen bis zu Karwendel und Bayerischen Voralpen.

Vom Gipfel geht es auf demselben Weg hinab bis zu der Verzweigung. Hier halten wir uns rechts und wandern erst den Grashang entlang, dann etwas abwärts. Es folgt eine kurze drahtseilgesicherte, ausgesetzte Querung. Anschließend kraxeln wir wenige Meter einen ebenfalls drahtseilgesicherten Kamin hinab zum **Streichkopfgatterl ⑪**, 2212 m. Nun geht es in Kehren, teilweise über Schotter, hinab bis kurz vor das Steinerne Tor. Linkshaltend treffen wir auf den vom Steinernen Tor zur Dalfazalm hinabführenden Weg. Auf der vom Vortag bekannten Route geht es zur **Oberen Dalfazalm ⑥**.

Von der Alm folgen wir einem Steig abwärts über die Weide. Dabei halten wir uns an der Gabelung nach wenigen Metern rechts. Mit schönem Blick auf den Achensee geht es steil und sonnig in Serpentinen hinab zur **Teisslalm ⑫**, auch Untere Dalfazalm, 1310 m. Von dort führt ein Fahrweg hinab. Diesen verlassen wir gleich darauf in einer Linkskehre

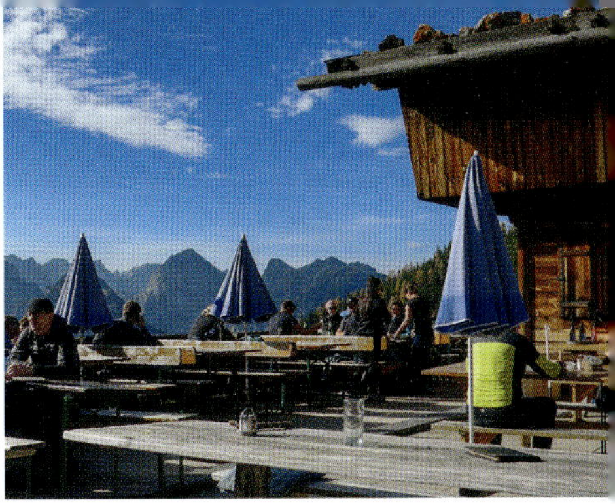

Die Obere Dalfazalm.

nach rechts auf einen beschilderten Wanderweg, der uns in den Wald führt. An der nächsten Verzweigung halten wir uns wieder rechts und kommen zu dem imposanten, ca. 60 Meter herabstürzenden **Dalfazer Wasserfall ⑬**, an dem sich eine Aussichtsplattform befindet. Nach dem Wasserfall geht der Weg in einen Fahrweg über, der bald darauf auf einen weiteren Fahrweg stößt. Diesem folgen wir nach rechts hinab bis zu einem Sträßchen. Linkshaltend treffen wir in **Buchau ⑭**, 938 m, auf die Hauptstraße mit der Bushaltestelle.

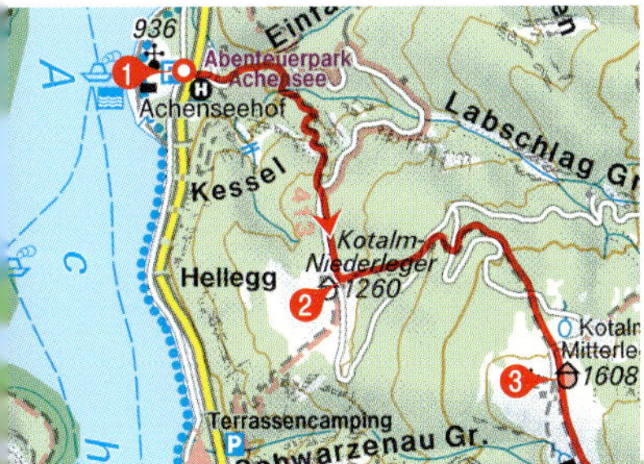

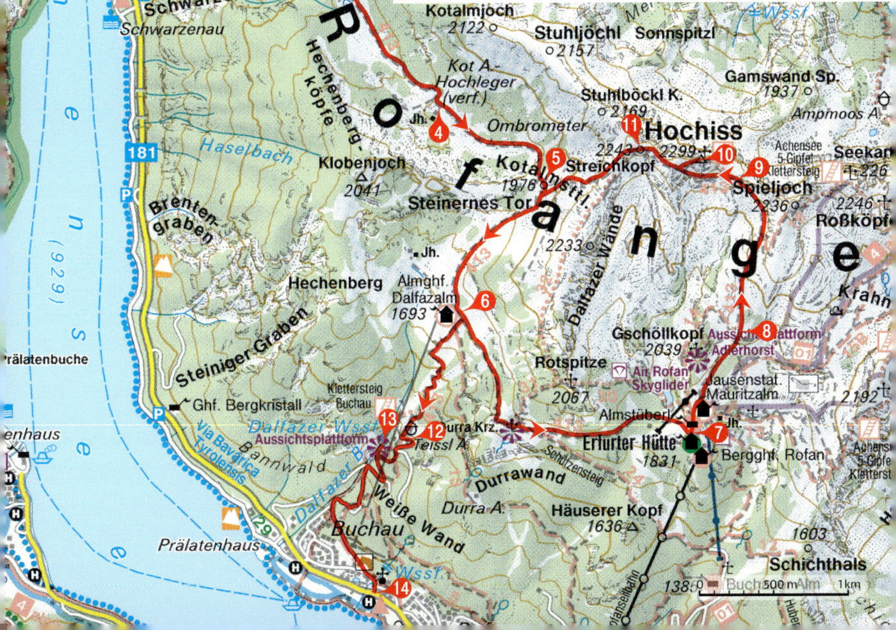

34 Ebner Joch, 1957 m
Von Maurach

5.30 Std. | 12,0 km | ↗970 m | ↘970 m

Sonnige Panoramarunde hoch über Inn und Achensee
Wer von wechselnden Perspektiven begeistert ist, kommt bei dieser Tour voll auf seine Kosten. Die Ebene lassen wir auf einem Forstweg in Serpentinen schnell hinter uns, bevor wir auf einem schönen Höhenweg die Südausläufer des Rofan queren. Dabei erschließt sich uns die Topografie der Gegend, das zum Inntal hin abfallende Plateau des Achensees. Von der Astenaualm haben wir einen wunderbaren Blick über den Inn, ins Zillertal und auf die umgebende Bergwelt. Nach dem südseitigen und im Sommer heißen Aufstieg durch Latschen auf den Gipfel wiederholt sich dieses Panorama eine Etage höher. Der Hubersteig bringt uns anschließend hoch über dem Achensee mit herrlichen Einblicken ins Karwendel nach Norden, bevor es wieder hinab nach Maurach geht.

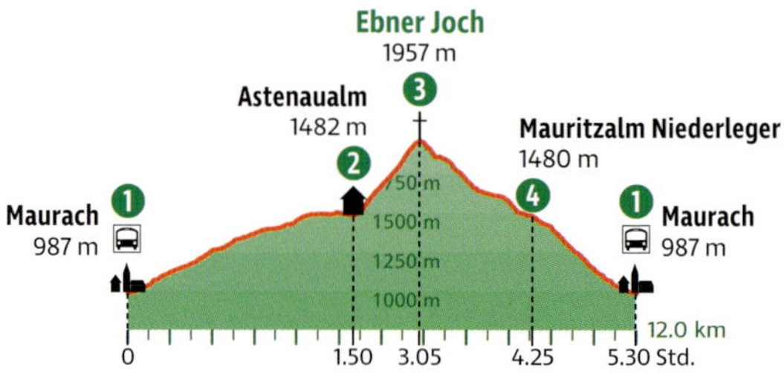

Ausgangs- und Endpunkt: Maurach, Talstation der Rofanseilbahn, 987 m.
Anfahrt: Von München Hbf (Halt auch an der Donnersbergerbrücke, am Harras sowie Montag bis Freitag an den Siemenswerken bzw. an Samstagen, Sonn- und Feiertagen in Solln) mit der BRB (Bayerische Regiobahn) über Holzkirchen nach Tegernsee. Von dort mit dem Bus (Linie 390) Richtung Pertisau bis Maurach Rofanseilbahn. Eine Verbindung am Morgen. Dauer Montag bis Freitag 3.10 Stunden (längere Wartezeit in Tegernsee), Samstag, Sonn- und Feiertag 2.45 Stunden. Deutschlandticket, MVV-Tarif und Bayernticket gelten nur bis Stuben.
Rückfahrt: Mit dem Bus (Linie 390) bis Tegernsee, von dort weiter mit der BRB (Bayerische Regiobahn). Eine Verbindung am späten Nachmittag. Dauer 2.35 Stunden. Zusätzliche, aber meist teurere Verbindungen über Jenbach.
Anforderungen: Gute Wege und Steige, Trittsicherheit erforderlich.
Einkehr: Astenaualm (Übernachtungsmöglichkeit).

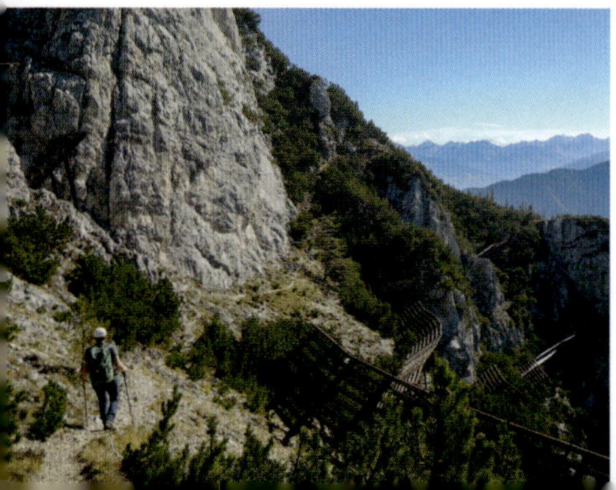

Auf dem Hubersteig.

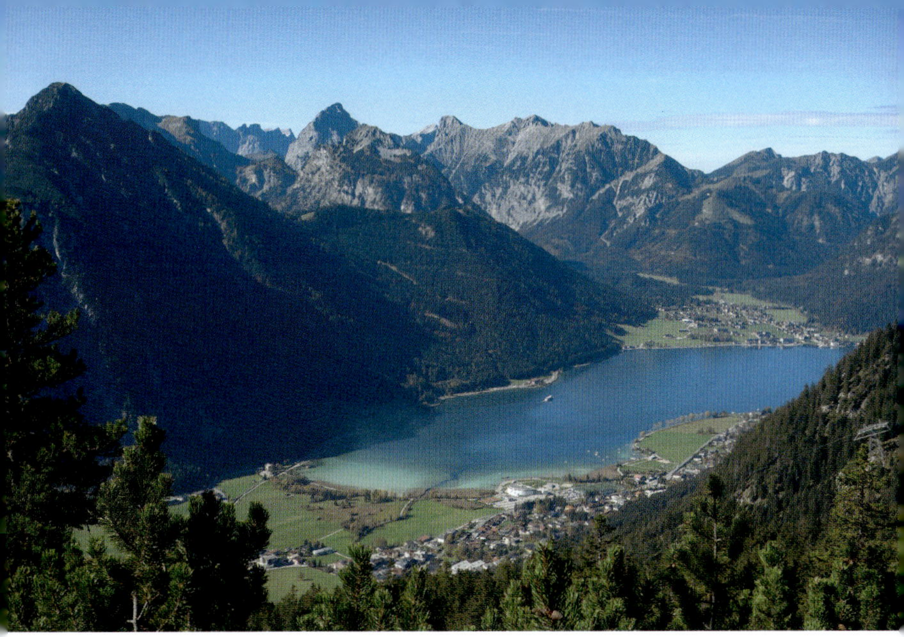

Der Achensee mit Karwendelkulisse, etwas links der Bildmitte das Sonnjoch.

Von der Bushaltestelle Rofanseilbahn in **Maurach 1**, 987 m, gehen wir links an der Seilbahn vorbei, über einen Parkplatz, eine Rampe hinauf und zu einer Kreuzung. Hier leiten uns Schilder Richtung Erfurter Hütte und Buchauer Alm auf einem Asphaltsträßchen kurz schräg nach links, dann auf einen Wanderweg, auf dem wir, an einer Weide entlang, eine Brücke erreichen. Auf der anderen Seite folgen wir rechts dem Forstweg, der uns in weiten Kehren durch den Wald hinauf zum Gelände der Buchauer Alm führt. Hier biegen wir auf einen nach rechts abzweigenden Forstweg ab. Nach ca. 20 Minuten verlassen wir diesen nach links auf einen Steig (Schild »Astenau«). Zunächst noch durch Wald bergauf, dann fast eben führt uns ein schöner Höhenweg mit herrlichen Blicken ins Inntal zur **Astenaualm 2**, 1482 m, mit ihrer sonnigen Aussichtsterrasse.

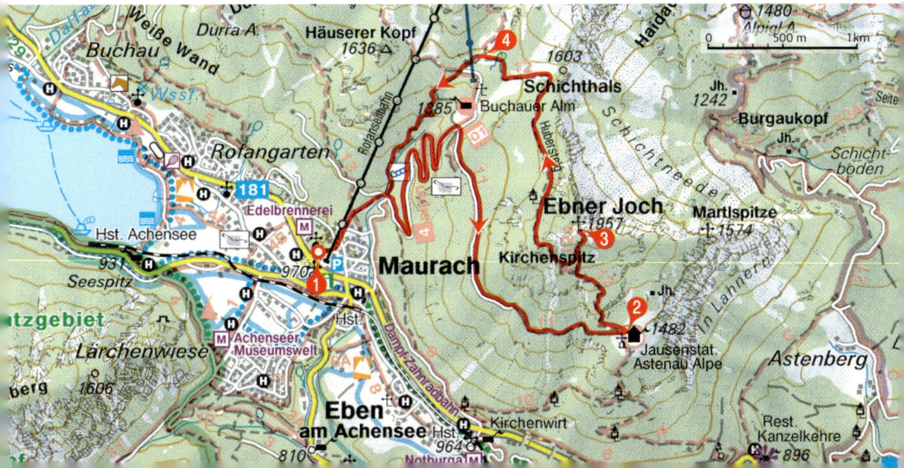

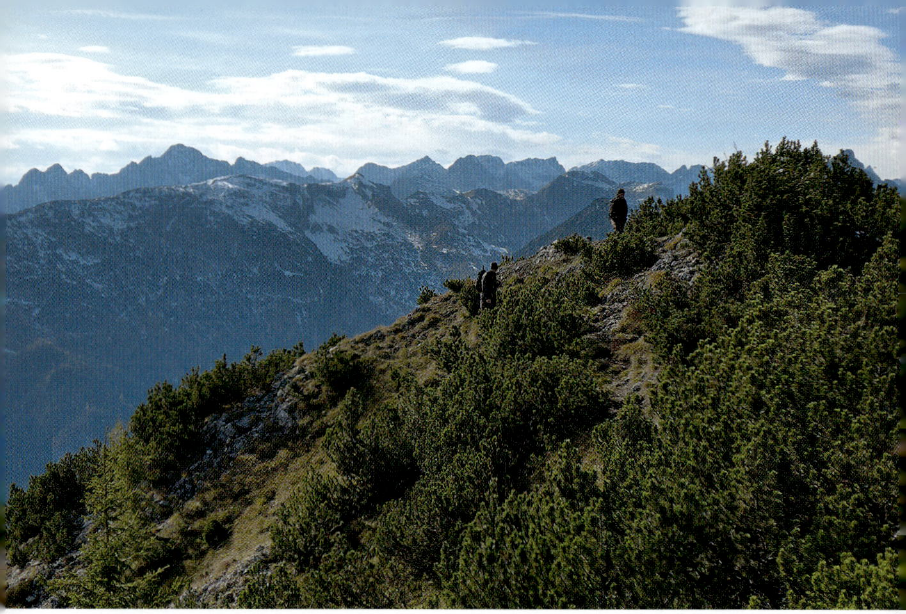

Kurz unterhalb des Gipfels.

An der Verzweigung vor dem Almgebäude folgen wir dem teilweise steilen Steig nach links durch Latschen (im Hochsommer sehr heiß!) hinauf bis zu einer Gabelung. Hier nehmen wir den rechten, steileren Steig, der uns hinaufführt zum Gipfel des **Ebner Jochs** ❸, 1957 m. Von hier haben wir einen fantastischen Blick ins Rofan, auf Kaisergebirge, Loferer und Leoganger Steinberge, in die Kitzbüheler Alpen, die Tauern, die Zillertaler und Tuxer Alpen, ins Karwendel sowie auf den Achensee.

Vom Gipfel gehen wir ein Stück auf demselben Weg zurück, halten uns dann aber an einer Verzweigung mit Markierung rechts und an einer weiteren kurz darauf wieder rechts. Der sogenannte Hubersteig leitet uns nun durch Lawinenverbauungen hindurch unter einer Felswand entlang, einige Meter bergauf und dann mit Blick auf den Achensee durch Latschen abwärts. Nachdem wir zwei Schuttreißen gequert haben, führt der Steig sanft abwärts in den Wald. Es folgt eine Wiese, dann noch einmal Wald, bis wir schließlich am **Mauritzalm Niederleger** ❹, 1480 m (kein Almgebäude), eine Abzweigung erreichen.

Hier folgen wir den Schildern Richtung Buchauer Alm und Maurach in den Wald, gehen unter einem Sessellift hindurch und treffen unterhalb eines Holzhauses auf einen Forstweg.

Wenige Meter nach rechts zweigt auf der anderen Seite ein Steig ab. Dieser führt durch lichten Wald in Kehren bergab, überquert einen Wirtschaftsweg und führt an einer Abzweigung zur Buchauer Alm vorbei hinunter zu einem Bach. Erst bleiben wir auf der rechten Seite des Bachs, dann überqueren wir ihn und folgen einem breiten, gerölligen Weg kurz hinab, bis wir auf die Forststraße zur Buchauer Alm treffen. Wir gehen auf bekanntem Weg über die Brücke und zurück zur Haltestelle an der Talstation der Rofanseilbahn in **Maurach** ❶.

Roßstein, 1698 m, und Buchstein, 1701 m

Über Sonnbergalmen und Tegernseer Hütte

35

5.10 Std. | 10,9 km | ↗ 900 m | ↘ 940 m

Ein gerne besuchtes Gipfelpaar

Im Frühjahr ist der Weg zum Roßsteingipfel wegen der sonnigen Ausrichtung meist schon bald wieder schneefrei, nur der Buchstein ist dann tabu, und beim nordseitigen Abstieg muss man aufpassen, weil sich Schnee und Eis hier viel länger halten und es recht glatt sein kann. Im Früh- und Hochsommer bietet die Tour eine wunderschöne alpine Flora. Sie ist außerdem ideal für kürzere Herbsttage geeignet, wenn man beim südseitigen Aufstieg durch den lichten Wald und im Gipfelbereich so richtig Sonne tanken kann. Die 2020/21 umgebaute Tegernseer Hütte, die im Sattel zwischen den beiden Gipfeln klebt, ist sogar bis Anfang November geöffnet.

Die Tour auf den Roßstein ist abwechslungsreich und nicht besonders schwierig, auch viele Kinder werden an den Kraxeleien ihren Spaß haben. Der Buchstein ist allerdings für Kinder nicht geeignet. Für diese Kletterei sind Trittsicherheit, Schwindelfreiheit und alpine Erfahrung unbedingt erforderlich. Bei Nässe sollte man auf keinen Fall hinaufgehen, der ohnehin speckige Fels wird dann noch rutschiger. Beide Gipfel sind übrigens sehr schöne Aussichtsberge, wie umgekehrt das felsige Duo auch aus vielen Richtungen zu sehen ist. Roß- und Buchstein mit der vorgelagerten Roßsteinnadel sind auch ein beliebtes Klettergebiet. Genusskletterei im doppelten Sinne versprechen dabei die Routen, die mitten auf der Hüttenterrasse und damit direkt bei einem kühlen Getränk enden.

Der markante Buchstein mit der Tegernseer Hütte.

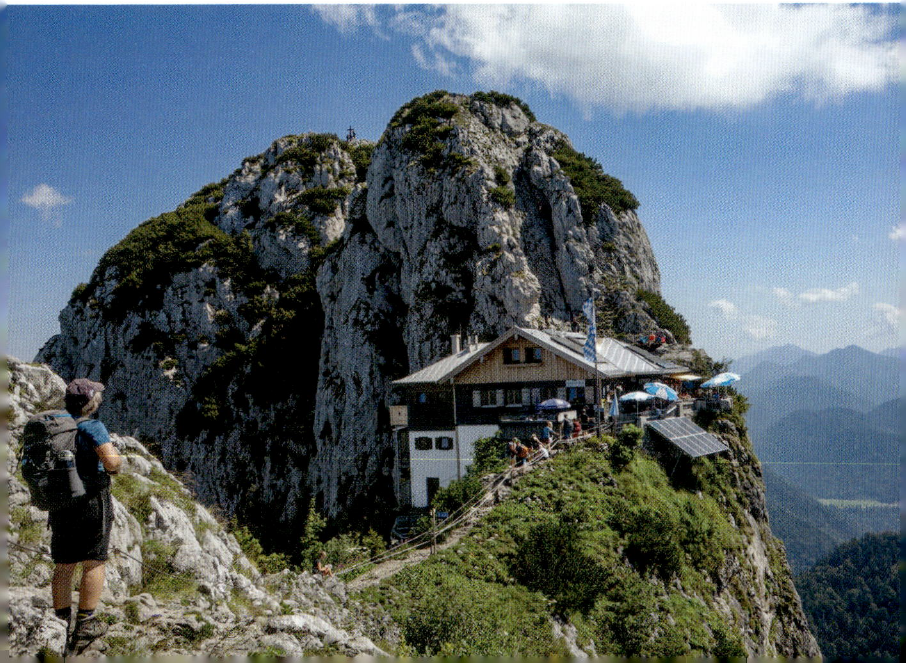

Ausgangspunkt: Bushaltestelle Tegernseer Hütte, 865 m, im Weißachtal.
Anfahrt: Von München Hbf (Halt auch an der Donnersbergerbrücke, am Harras sowie Montag bis Freitag an den Siemenswerken bzw. an Samstagen, Sonn- und Feiertagen in Solln) mit der BRB (Bayerische Regiobahn) über Holzkirchen nach Tegernsee. Von dort mit dem Bus (Linie 390) Richtung Pertisau bis zur Haltestelle Tegernseer Hütte. Eine Verbindung am Morgen, Dauer Montag bis Freitag 2.20 Stunden (längere Wartezeit in Tegernsee), Samstag, Sonn- und Feiertag 1.50 Stunden.
Endpunkt: Bushaltestelle Kreuth Klamm, 830 m, im Weißachtal.
Rückfahrt: Mit dem Bus (Linie 356 oder 390) nach Tegernsee, von dort weiter mit der BRB (Bayerische Regiobahn). Montag bis Freitag nachmittags zwei, Samstag, Sonn- und Feiertag drei Verbindungen, die letzte jeweils ca. 18.10 Uhr. Dauer 1.40 bis 2 Stunden.
Anforderungen: Für den Aufstieg zur Tegernseer Hütte Trittsicherheit und etwas Schwindelfreiheit erforderlich, einige Stellen etwas ausgesetzt und seilversichert. Weiter zum Roßstein leicht. Der Aufstieg auf den Buchstein erfordert Klettern im II. Schwierigkeitsgrad; absolute Trittsicherheit, Schwindelfreiheit und alpine Erfahrung erforderlich; der Fels ist speckig, nicht bei Nässe. Abstieg von der Tegernseer Hütte auf problemlosen Steigen und Wegen. Ohne Buchstein rote Tour.
Einkehr: Sonnbergalm Hochleger (Getränke, Brotzeiten, Kuchen), Tegernseer Hütte (Übernachtungsmöglichkeit), Buchsteinhütte (kleiner Umweg, Übernachtungsmöglichkeit).

Variante: *Über die Lenggrieser Hütte nach Lenggries:* Hinter der Tegernseer Hütte in Serpentinen hinab, an der Verzweigung geradeaus auf einen Rücken und rechtshaltend zu den Roßsteinalmen. Auf einem Almsträßchen weiter und an dem quer verlaufenden Fahrweg leicht bergab nach rechts. Rechts abzweigen und zur Kreuzung Maria Eck. Geradeaus eben durch Wald, dann mit Hilfe von Trittbügeln und einer Leiter über Felsen auf einen Grat hinauf (Trittsicherheit und etwas Schwindelfreiheit erforderlich) und weiter auf einen Rücken. Links durch Wald hinab zur Lenggrieser Hütte. Von dort auf dem Grasleitensteig (teils Forststraße), ca. 50 Minuten durch Wald hinunter, dann durch Weidelandschaft. Der Weg geht in einen Wirtschaftsweg über. Dieser biegt in ein Teersträßchen ein, das zu einem Wanderparkplatz an einer Querstraße führt. Gegenüber auf dem Fußweg durch das Gelände von Schloss Hohenburg, dann auf einem Teersträßchen weiter. Nicht in den kurz darauf rechts abzweigenden Fußweg abbiegen, der über den Kalvarienberg nach Lenggries führt, sondern erst an der nächsten Abzweigung rechts in den Grhz.-Maria-Anna-Weg. Dieser trifft im Ort auf die Hauptstraße. In einem Linksbogen zum Bahnhof (4.20 Stunden ab Tegernseer Hütte). Von Lenggries mit der BRB (Bayerische Regiobahn) zurück, mindestens stündliche Verbindung bis spätabends, an Samstagen, Sonn- und Feiertagen Halbstundentakt zwischen 16 und 21 Uhr, unter der Woche einzelne zusätzliche Verbindungen im Halbstundentakt.

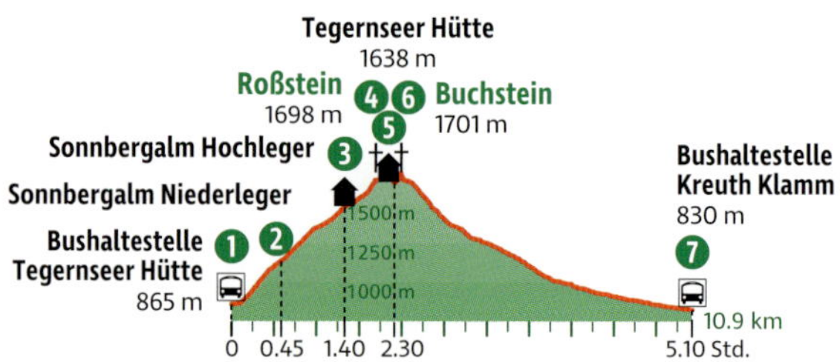

Von der **Bushaltestelle Tegernseer Hütte ❶**, 865 m, gehen wir über den Wanderparkplatz zurück Richtung Kreuth. Am hinteren Ende des Parkplatzes beginnt ein schöner Steig. Dieser führt durch lichten Mischwald in Kehren steil bergauf zum **Sonnbergalm Niederleger ❷**, 1144 m, und weiter, bis wir an dem auf einer Schulter liegenden **Sonnbergalm Hochleger ❸**, 1485 m, den Wald verlassen. Von hier sehen wir nun erstmals auf Roß- und Buchstein und die Tegernseer Hütte im Sattel zwischen diesen beiden, außerdem haben wir bereits einen schönen Blick auf den Leonhardstein, das Wallbergmassiv, in die Achenseeregion und das Karwendel.
Von der Schulter queren wir in wenigen Minuten einen Hang bis in einen Sattel. Nun sehen wir auch nach Westen, auf Soierngruppe, Zugspitze, Estergebirge, Ammergebirge

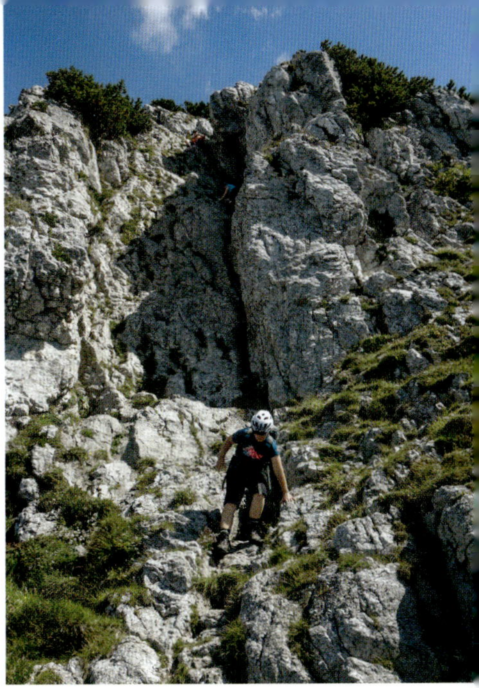

Die Kletterei auf den Buchstein führt durch eine steile Rinne.

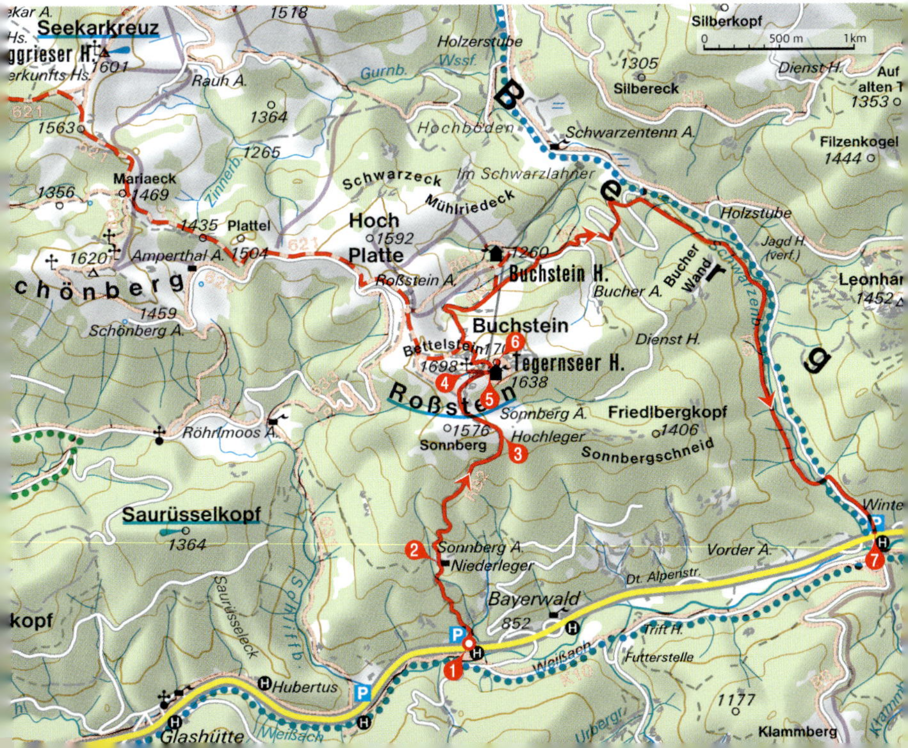

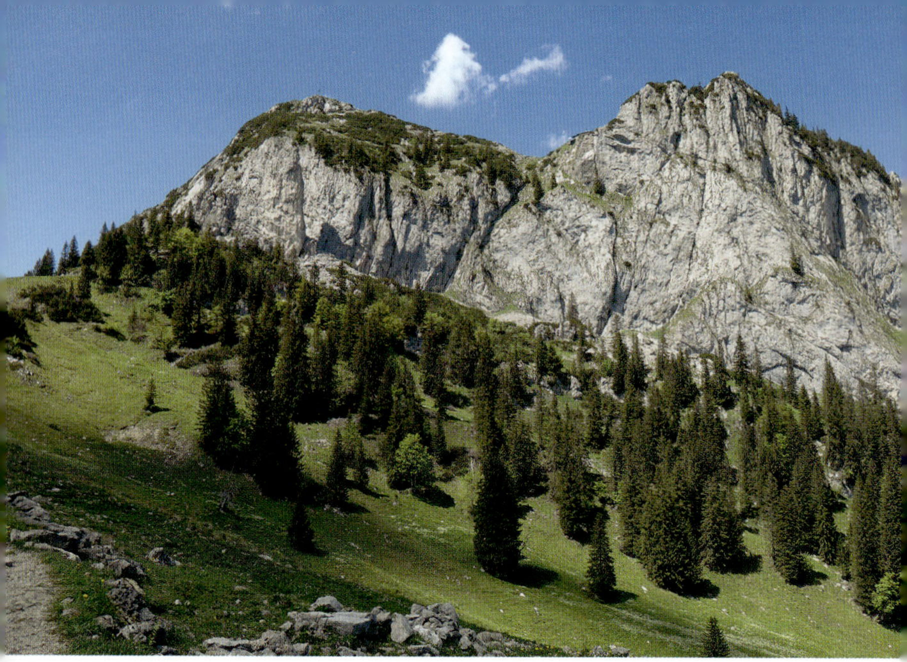

Roß- und Buchstein, kaum zu erkennen etwas rechts vom Sattel die Tegernseer Hütte.

und Benediktenwand. Gleich darauf halten wir uns an der Gabelung an einem markanten Fels rechts (links der leichtere nordseitige Anstieg zur Tegernseer Hütte). Auf einem markierten Steig geht es über einige leichte Kraxelstellen mit Seilsicherung hinauf. Schließlich biegt der Steig nach rechts, wir erreichen den Grat und linkshaltend in wenigen Minuten den höchsten Punkt des **Roßsteins ❹**, 1698 m.

Auf dem Grat zurück gelangen wir zur **Tegernseer Hütte ❺**, 1638 m. Wer ausgesprochen trittsicher ist und noch auf den drei Meter höheren **Buchstein ❻** möchte, klettert direkt an der Hütte in der steilen Felsrinne nach oben.

Für den Abstieg folgen wir hinter der Hütte einem Steig in Serpentinen hinab. An der Abzweigung rechts gelangen wir in einen Talkessel, wo sich der Steig nach rechts wendet. Wir kommen in lichten Fichtenwald und treffen auf eine Verzweigung. Links können wir mit einem kleinen Umweg über die bewirtschaftete Buchsteinhütte gehen. Rechts stoßen wir bald darauf auf den von der Buchsteinhütte kommenden Fahrweg. Diesem folgen wir nach rechts – einige Male können wir ihn auf einem Steig abkürzen –, bis wir ihn bei einem kleinen Rastplatz nach rechts (Schild »Klamm«) auf einen Weg verlassen, der uns auf der rechten Seite des Schwarzenbachs talauswärts führt. Wir überqueren einen Seitenarm des Bachs, folgen weiter dem Weg und gelangen schließlich über eine Brücke auf die linke Seite des Bachs. Dort treffen wir auf eine Forststraße. Dieser folgen wir nach rechts, gehen über einen Wanderparkplatz und stoßen auf die Bundesstraße. Wenige Meter nach links auf der anderen Straßenseite befindet sich die **Bushaltestelle Kreuth Klamm ❼**, 830 m.

Schildenstein, 1613 m

Durch die Große Wolfsschlucht

5.45 Std. | 15,5 km | ↗ 890 m | ↘ 890 m

Anregende Kraxelei vor spektakulärer Kulisse

Ausgangs- und Endpunkt der Tour ist Wildbad Kreuth. Beginnend mit dem Erwerb und dem Ausbau durch König Max Joseph zu Beginn des 19. Jahrhunderts, war Wildbad Kreuth lange Zeit ein Kurbad von internationalem Rang. Nach dem Niedergang des Badebetriebs in den 1970er-Jahren war das Gebäude vier Jahrzehnte Tagungs- und Bildungszentrum der Hanns-Seidel-Stiftung. Aktuell (Stand 2024) soll hier ein exklusives Hotelkonzept realisiert werden. Die Tour verläuft auf schönen Wegen und Steigen und der Aufstieg durch die beeindruckende, wildromantische Große Wolfsschlucht ist ein Erlebnis für sich. Knapp 400 Höhenmeter geht es in spektakulärer Landschaft auf teilweise ausgesetzten Steigen und in leichter Felskraxelei steil nach oben. Der Schildenstein ist die westlichste Erhebung des Blaubergkamms, der hier die Grenze zwischen Bayern und Tirol bildet, und bietet ein schönes Panorama. Der Abstiegsweg führt über die Königsalm. Das aus dem 18. Jahrhundert stammende Almgebäude ist mit seinen 46 Metern ungewöhnlich lang. Das sogenannte Kavaliershaus daneben wurde Anfang des 19. Jahrhunderts unter König Max Joseph erbaut. Oberhalb der Molkekammer ließ er sich einen Salon einrichten. Eine ebenfalls beliebte Tour in den Blaubergen ist die Überschreitung des ganzen Kammes über die Blaubergalm bis zur Halserspitze.

Ausgangs- und Endpunkt: Wildbad Kreuth, 793 m.
Anfahrt: Von München Hbf (Halt auch an der Donnersbergerbrücke, am Harras sowie Montag bis Freitag an den Siemenswerken bzw. an Samstagen, Sonn- und Feiertagen in Solln) mit der BRB (Bayerische Regiobahn) über Holzkirchen nach Tegernsee. Von dort mit dem Bus (Linie 356 oder 390) nach Wildbad Kreuth. Montag bis Freitag morgens drei Verbindungen, Samstag, Sonn- und Feiertag vier Verbindungen. Dauer ca. 1.50 Stunden (bei Abfahrt Montag bis Freitag an Schultagen um ca. 7 Uhr ca. 2.15 Stunden, längere Wartezeit in Tegernsee). An Schultagen zusätzlich eine sehr frühe Verbindung (von Tegernsee Bus Linie 366, umsteigen an der Weißachbrücke in Linie 356).
Rückfahrt: Täglich nachmittags / abends vier Verbindungen, die letzte um ca. 18.40 Uhr. Dauer ca. 1.40 bis 2.10 Stunden.
Anforderungen: Für die Wolfsschlucht ist gute Trittsicherheit und Schwindelfreiheit erforderlich. Steig teilweise ausgesetzt bzw. abschüssig, etwas Felskraxelei, schwierige Stellen drahtseilgesichert. Nicht bei Nässe, Schnee oder Eis. Abstieg auf problemlosen Wegen und Steigen.
Einkehr: Siebenhütten, Königsalm (Dienstag Ruhetag).
Hinweis: Einige Busverbindungen bis / ab Siebenhütten; Tour dann etwas kürzer.

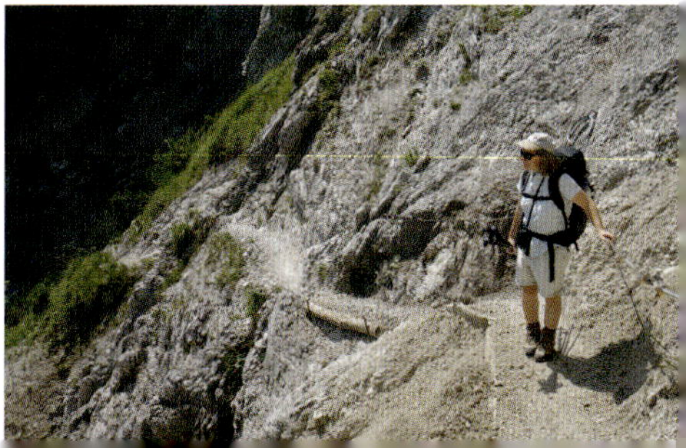

Wolfsschlucht: ausgesetzte Passage.

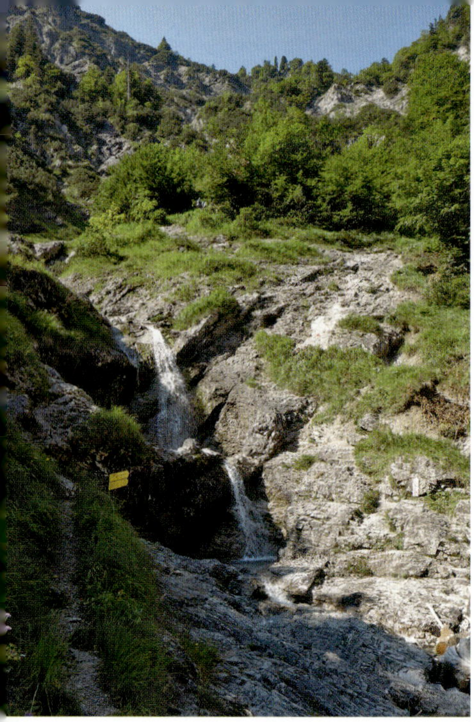

Am Beginn der Wolfsschlucht.

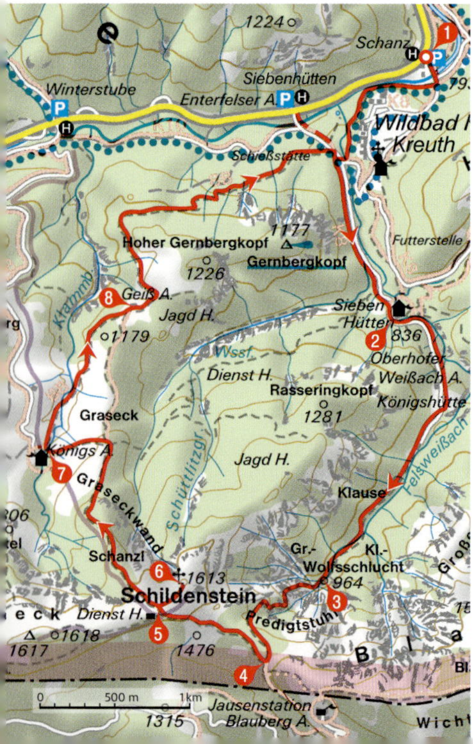

Von der Bushaltestelle **Wildbad Kreuth ❶**, 793 m, gehen wir über den Wanderparkplatz, überqueren die Weißach und wenden uns nach rechts. Auf einem Schottersträßchen dem Fluss folgend treffen wir auf einen quer verlaufenden Weg. Hier halten wir uns rechts, überqueren einen Zufluss der Weißach und gehen an der Verzweigung gleich darauf links. Am Bach entlang kommen wir zur Almwirtschaft **Siebenhütten ❷**, 836 m.

Gleich hinter der Alm verzweigt sich das Sträßchen. Wir folgen dem Schild Richtung Wolfsschlucht nach rechts und gelangen aufwärts durch den Wald zu einer Lichtung mit einigen Almgebäuden. Auf der anderen Seite der Lichtung führt uns ein Fahrweg noch kurz durch den Wald, dann leitet uns ein Fußweg an der Felsweißach entlang. Diese überqueren wir auf einigen Steinen und gehen weiter in das sich verengende Tal hinein. An einer Verzweigung halten wir uns rechts in die **Große Wolfsschlucht** (links die Kleine Wolfsschlucht). Dort, wo das Tal in einem **Kessel ❸** endet, beginnt auf einer Höhe von 964 Metern der spannende Ausstieg aus der Schlucht.

Entlang von Markierungen folgen wir nun einem steilen Steig, erst kurz über Fels, dann einige Zeit durch den Wald und schließlich über weitere Felspassagen hinaufkraxelnd, die zum Teil mit Drahtseilen gesichert sind. Der Rückblick in den Talkessel und das Tal der Felsweißach ist herrlich. Schließlich zieht der Steig nach rechts und taucht am oberen Ende der Schlucht für kurze Zeit in den Wald ein. Dann quert er nach links, bis wir in einem **Sattel ❹**, ca. 1460 m, den Blaubergkamm erreichen.

Hier wenden wir uns nach rechts (links zur bewirtschafteten Blauberg-

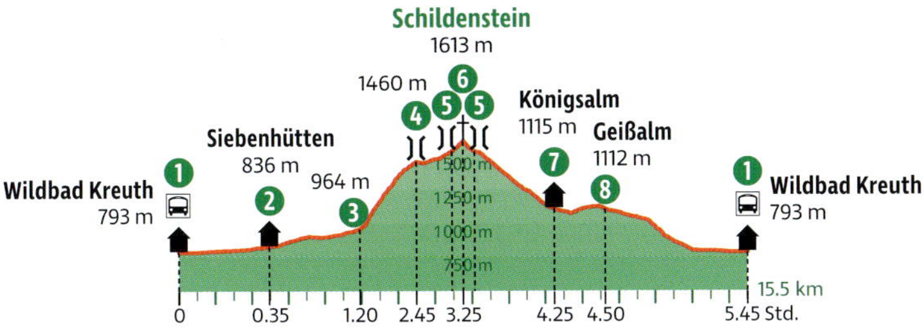

alm) und folgen dem Kammverlauf mit schöner Aussicht bis zu einer Abzweigung in einem schwach ausgeprägten **Sattel** ❺, 1536 m.

Rechts aufwärts erreichen wir in 10 Minuten den Gipfel des **Schildensteins** ❻, 1613 m. Von hier blicken wir auf die umliegenden Tegernseer Berge, den mächtigen Guffert, das Rofan mit einem Teil des Achensees sowie das Karwendel.

Auf demselben Weg gehen wir zurück zur Abzweigung und dort rechts. Dann folgen wir einem Rücken hinab durch Wald und später über freies Almgelände zum sogenannten Grasseck. Hier geht es geradeaus auf direktem Weg zur Geißalm, wir aber gehen links den Hang hinab zur bewirtschafteten **Königsalm** ❼, 1115 m. Rechts von dem langen Almgebäude beginnt der Geißalmsteig. Dieser führt erst entlang einer Weide leicht abwärts und nach rechts über einen Bach, dann geht es oberhalb des tief eingeschnittenen Klammgrabens zur **Geißalm** ❽, 1112 m. Von der Alm folgen wir weiter dem Steig, erst noch kurz durch Almgelände, dann in den Wald und teils in Kehren bergab, bis wir auf ein Forststräßchen treffen. Hier halten wir uns rechts. Nach wenigen Metern biegt das Sträßchen nach links und wir gehen auf bekanntem Weg zurück nach **Wildbad Kreuth** ❶.

Gemütliches Wandern an der Geißalm.

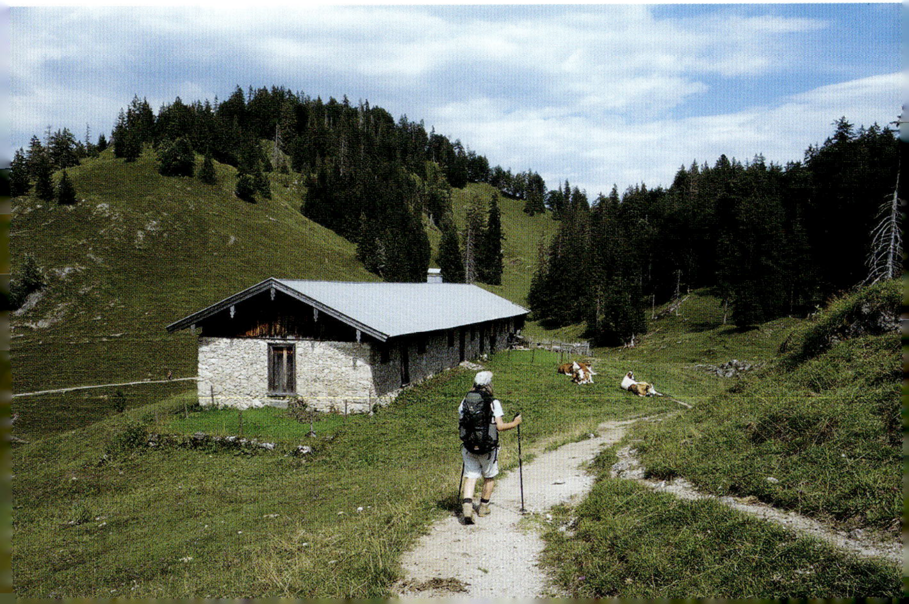

37 Risserkogel, 1826 m
Von Wildbad Kreuth ins Tal der Rottach

5.40 Std. | 12,0 km | ↗1030 m | ↘880 m

Überschreitung eines beliebten Aussichtsberges
Ausgangspunkt unserer Tour ist Wildbad Kreuth, das dank einer schwefelhaltigen Quelle auf eine fast 500-jährige Geschichte als Heilbad zurückblicken kann. Die Popularität des Ortes fand im 19. Jahrhundert ihren Höhepunkt, als Wildbad Kreuth zu einem der führenden Heilbäder Europas aufstieg und den internationalen Hoch- wie Geldadel anzog. Die Schließung von Kurhaus und Sanatorium im Jahr 1973 markiert das Ende als Wildbad. Von diesem traditionsreichen Ausgangspunkt führt uns eine wunderschöne Route auf den Risserkogel, einen der besonders lohnenden Aussichtsberge der Bayerischen Voralpen. Während es auf dem Aufstiegs- und Abstiegsweg ruhiger zugeht, ist der Gratrücken, auf dem die Wanderer und Wanderinnen von der Wallbergbahn herüberkommen, häufiger begangen. Der neben dem Risserkogel markant aufragende Blankenstein ist ein beliebter Kletterfelsen. Der insbesondere im oberen Bereich ebenfalls sehr kurzweilige Abstiegsweg komplettiert den Genuss dieser abwechslungs- und aussichtsreichen Überschreitung.

Ausgangspunkt: Wildbad Kreuth, 793 m.
Anfahrt: Von München Hbf (Halt auch an der Donnersbergerbrücke, am Harras sowie Montag bis Freitag an den Siemenswerken bzw. an Samstagen, Sonn- und Feiertagen in Solln) mit der BRB (Bayerische Regiobahn) über Holzkirchen nach Tegernsee. Von dort mit dem Bus (Linie 356 oder 390) nach Wildbad Kreuth. Montag bis Freitag morgens drei Verbindungen, Samstag, Sonn- und Feiertag vier Verbindungen. Dauer ca. 1.50 Stunden (bei Abfahrt Montag bis Freitag an Schultagen um ca. 7 Uhr ca. 2.15 Stunden, längere Wartezeit in Tegernsee). An Schultagen zusätzlich eine sehr frühe Verbindung (von Tegernsee Bus Linie 366, umsteigen an der Weißachbrücke in Linie 356).

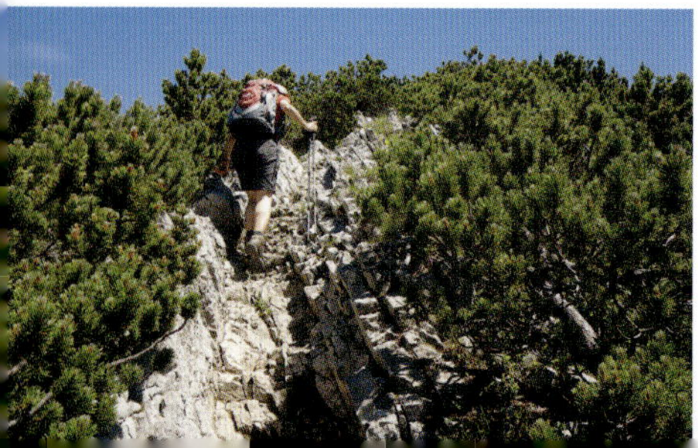

Endpunkt: Bushaltestelle Kistenwinterstube (auch Hufnagelstube), 950 m, im Tal der Rottach.
Rückfahrt: Mit dem Bus (Linie 360) nach Tegernsee (teils mit Umsteigen in Rottach-Egern, Haltestelle Post, in Linie 356) und mit der BRB (Bayerische Regiobahn) weiter nach München. Bis Anfang November täglich nachmittags drei Verbindungen im Stundenabstand bis ca. 17 Uhr. Dauer ca. 1.55 Stunden.
Anforderungen: Meist gute Bergsteige, in Talnähe kurze Strecken auf Wirtschaftswegen. Trittsicherheit erforderlich.
Einkehr: Schwaigeralm (Übernachtungsmöglichkeit, Mittwoch Ruhetag), Monialm (in der Nähe des Endpunkts).
Tipp: Im Sommer lohnt es sich, bei der Rückfahrt an der Bushaltestelle Tegernsee Leeberg auszusteigen, zur Point, einem tollen Badeplatz mit Sandstrand und Kiosk, hinunterzugehen und vor Bergkulisse im Tegernsee zu schwimmen. Von dort mit dem Bus oder in 25 Minuten zu Fuß zum Bahnhof von Tegernsee.

Kurz vor dem Gipfel.

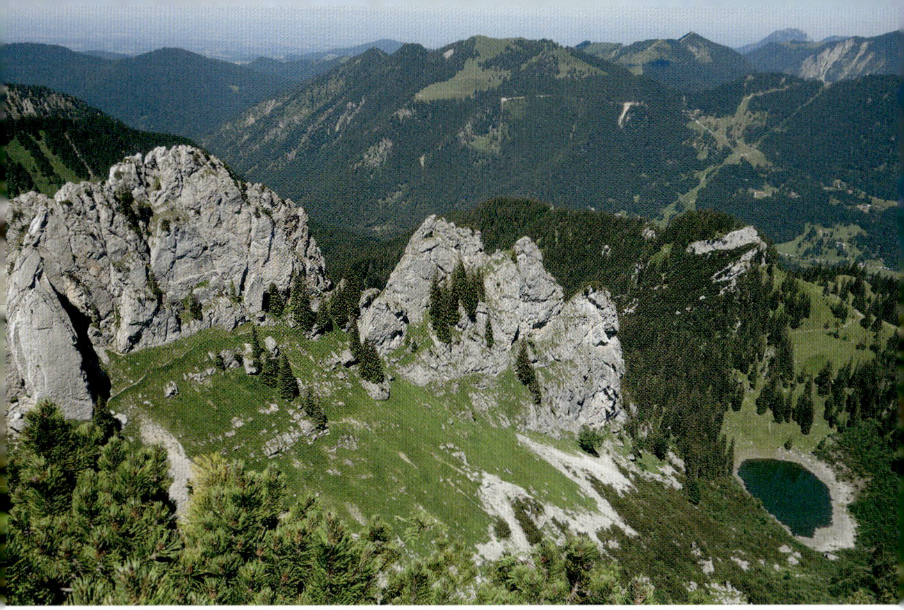

Blick hinab auf Blankenstein (links) und Riederecksee.

Von der Bushaltestelle **Wildbad Kreuth ❶**, 793 m, gehen wir über den Wanderparkplatz, überqueren die Weißach und biegen nach links in ein Teersträßchen ein. Nach wenigen Minuten überqueren wir einen Bach und halten uns rechts. Hinter einem weiteren Wanderparkplatz geht das Teer- in ein Schottersträßchen über. Auf diesem erreichen wir in wenigen Minuten die bewirtschaftete **Schwaigeralm ❷**, 813 m.
Nun folgen wir einem Fußweg, der vorübergehend auf der rechten Bachseite entlangführt, überqueren das Schottersträßchen und gehen gegenüber in einen Forstweg. An der Gabelung nach ungefähr zehn Metern bleiben wir rechts auf dem Hauptweg, an der Abzweigung kurz darauf biegen wir links in den Wanderweg ein. Dieser geht in einen schönen Steig über, der uns in Kehren hinauf über den teils mit lichtem Wald, teils nur mit einzelnen Bäumen bestandenen Südhang zur **Scheuereralm ❸** und weiter zur **Ableitenalm ❹**, 1454 m, führt.
Dort, wir haben den Wald inzwischen hinter uns gelassen, treffen wir auf einen quer verlaufenden Weg und folgen dem Wegweiser den Hang

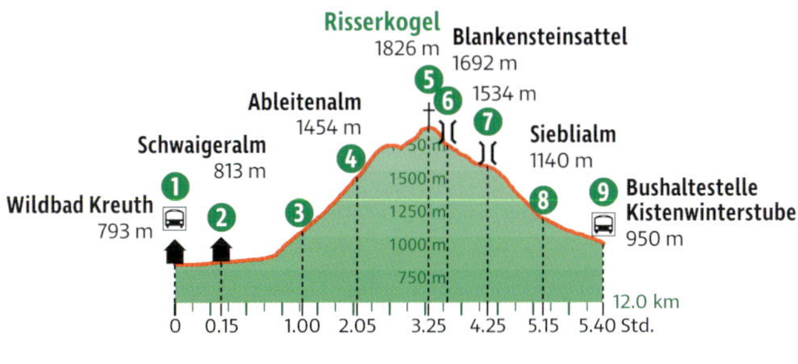

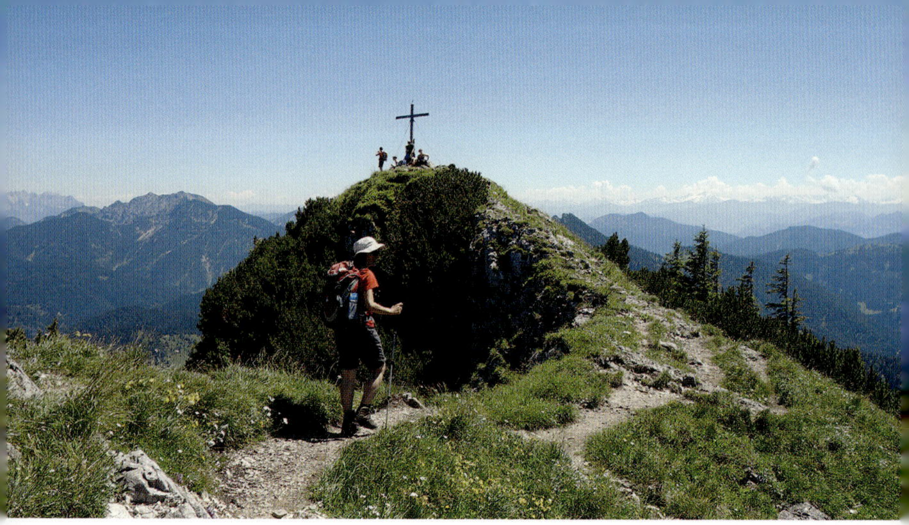

Am Gipfel des Risserkogels.

hinauf, bis wir den vom Risserkogel herabziehenden Gratrücken erreichen. Hier stoßen wir auf einen weiteren querenden Weg und halten uns rechts. Immer am Grat geht es nun durch Latschen und über Felsen an der Abzweigung unseres Abstiegsweges vorbei hinauf zum Gipfelkreuz des **Risserkogels ⑤**, 1826 m. Von hier haben wir einen super Blick auf Schlierseer Berge, Kaisergebirge, Tauern, Guffert, Karwendel, Wetterstein, Tegernseer Berge, den Tegernsee, das Wallbergmassiv und den nahe gelegenen Blankenstein. Schön auch der Tiefblick hinunter in den Kessel des Riederecksees.

Wir gehen gut 5 Minuten auf unserem Aufstiegsweg zurück, verlassen den Grat an der Abzweigung nach rechts und steigen durch Latschen über Felsen steil in den **Blankensteinsattel ⑥** ab. Hier folgen wir rechts dem Höhenweg über dem Riederecksee bis in einen **Sattel ⑦**, 1534 m, mit einem Bildstock.

Nun leitet uns das Schild »Suttengebiet / Enterrottach (über Siebli-Alm)« geradeaus auf einen Steig, der uns zunächst durch das Almgelände der Riedereckalm, dann durch Wald bergab führt. An einer Abzweigung geht rechts ein Fußweg ins Suttengebiet ab, wir aber folgen dem Schild »Enterrottach (über Siebli-Alm)« linkshaltend aus dem Wald hinaus. Noch ein paar Minuten hinab, dann stoßen wir bei der **Siebli-**

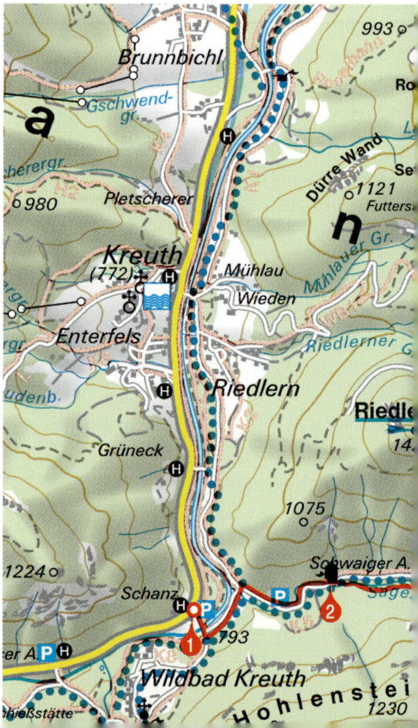

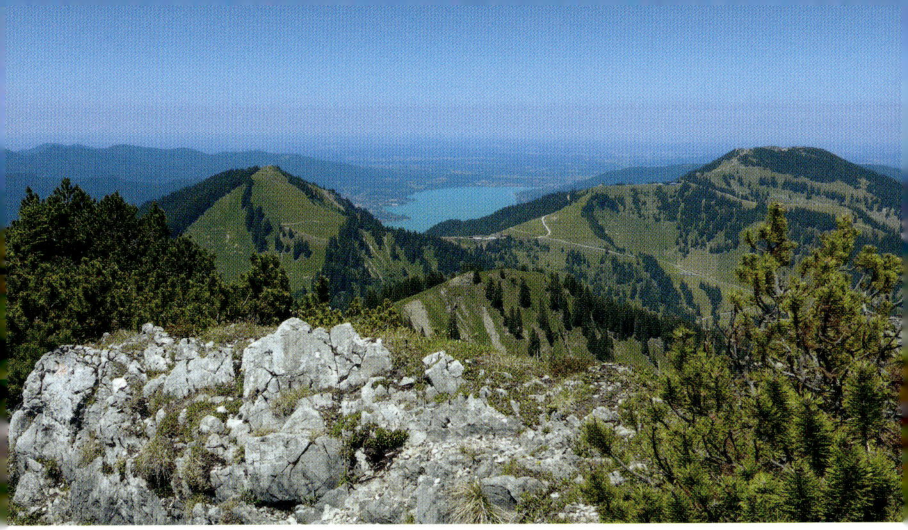

Zwischen Setzberg und Wallberg ist der Tegernsee zu sehen.

alm 8, 1140 m, auf einen asphaltierten Wirtschaftsweg.

Hier halten wir uns links und treffen zehn Minuten später auf einen asphaltierten Fahrweg. Wir folgen diesem nach rechts und erreichen in weiteren knapp 20 Minuten die Mautstraße von Enterrottach in die Valepp. Gegenüber ist die Bushaltestelle **Kistenwinterstube 9**, 950 m.

Wer noch Zeit bis zur Abfahrt des nächsten Busses hat, kann der Straße wenige Minuten nach rechts folgen und in der Monialm einkehren. Auch dort ist eine Bushaltestelle.

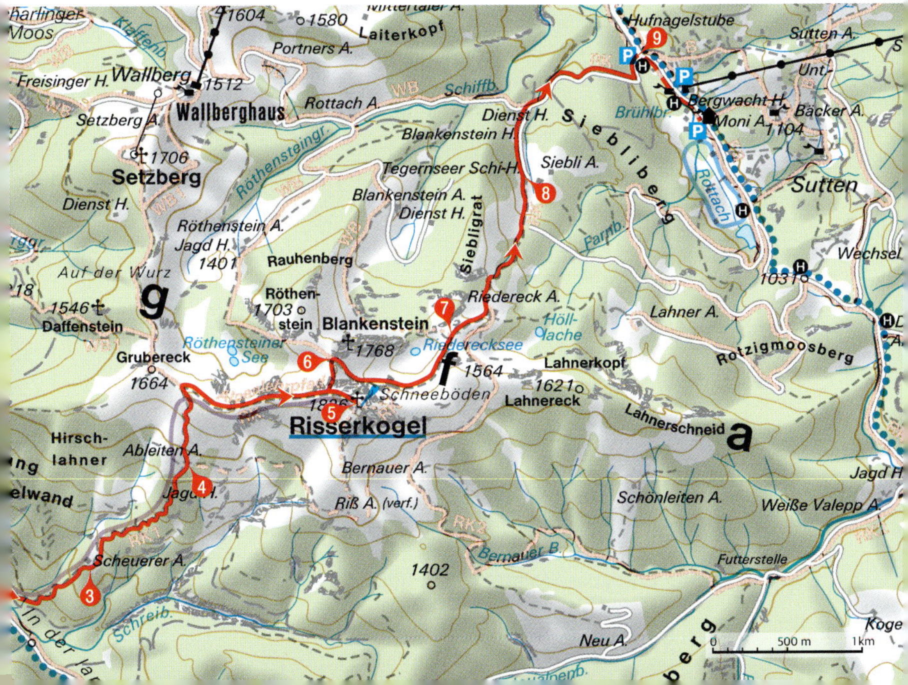

38 Hirschberg, 1670 m

Von Kreuth nach Scharling

5.00 Std. | 13,6 km | ↗900 m | ↘910 m

Ganzjahres-Magnet mit Eins-a-Panorama

Der Hirschberg ist ein sowohl im Sommer als auch im Winter beliebter Wandergipfel. Mehrere landschaftlich ansprechende Wege, die schön gelegene und ganzjährig bewirtschaftete Hütte, eine tolle Aussicht vom Gipfel und nicht zuletzt die gute Erreichbarkeit machen den Hirschberg zu einem lohnenden Ziel. Im Sommer stehen verschiedene Routen zur Auswahl. Wir wählen den vergleichsweise wenig frequentierten Aufstieg von Kreuth, der zunächst durch lichte Mischwälder, später über sonnige Almwiesen mit immer umfassenderer Aussicht zum Gipfel führt. Hinunter gehen wir über den weitaus häufiger begangenen Weg am Hirschberghaus vorbei zur Hirschlache und von dort, jetzt größtenteils auf einem Forstweg, nach Scharling. Im Winter geht es über den Forstweg von Scharling zur Hirschlache und von dort – je nach Bedingungen durchaus anspruchsvoll – auf dem ausgeschilderten, teilweise mit Seilen und Stangenmarkierungen versehenen steilen Winterweg über den Kratzer zum Gipfelrücken.

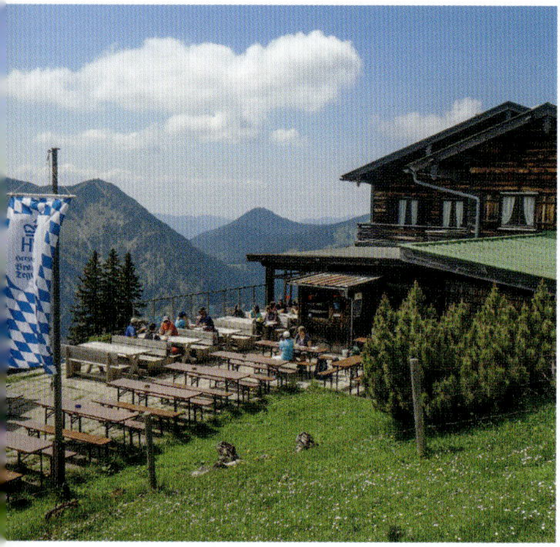

Ochsenkamp (links) und Geierstein (Bildmitte) vom Hirschberghaus.

Ausgangspunkt: Bushaltestelle Kreuth Rathaus am Ortsanfang von Kreuth, 772 m.
Anfahrt: Von München Hbf (Halt auch an der Donnersbergerbrücke, am Harras sowie Montag bis Freitag an den Siemenswerken bzw. an Samstagen, Sonn- und Feiertagen in Solln) mit der BRB (Bayerische Regiobahn) über Holzkirchen nach Tegernsee. Von dort mit dem Bus (Linie 356 oder 390) nach Kreuth. Montag bis Freitag morgens drei Verbindungen, Samstag, Sonn- und Feiertag vier Verbindungen. Dauer ca. 1.45 Stunden (bei Abfahrt Montag bis Freitag an Schultagen um ca. 7 Uhr ca. 2.10 Stunden, längere Wartezeit in Tegernsee). An Schultagen zusätzlich eine sehr frühe Verbindung (von Tegernsee Bus Linie 366, umsteigen an der Weißachbrücke in Linie 356).
Endpunkt: Bushaltestelle Scharling Hirschbergweg, 765 m.
Rückfahrt: Mit dem Bus (Linie 356 oder 390) bis Tegernsee und von dort mit der BRB (Bayerische Regiobahn) nach München. Täglich nachmittags / abends vier Verbindungen, die letzte um ca. 18.50 Uhr. Dauer 1.30 bis 2 Stunden.
Anforderungen: Problemlose Wege und Steige.
Einkehr: Hirschberghaus (zurzeit keine Übernachtung möglich, Stand 2024, Dienstag Ruhetag).

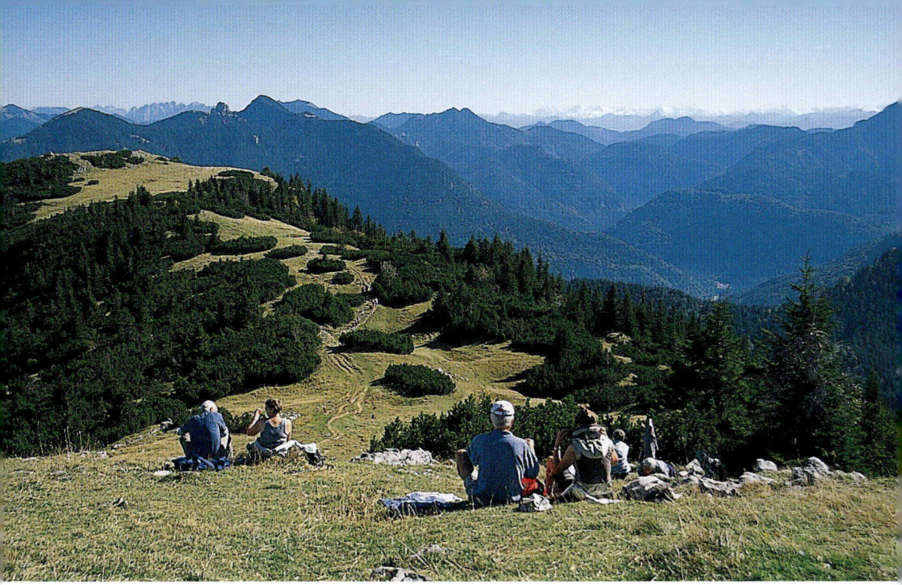

Der Gipfel lädt mit viel Platz und Panorama zur Pause ein.

Von der Bushaltestelle **Kreuth Rathaus** ❶, 772 m, gehen wir wenige Meter gegen die Fahrtrichtung zurück, biegen links in eine Straße ein und gleich darauf nochmals links in einen beschilderten Wanderweg. Einige Einmündungen ignorierend folgen wir dem schönen Weg oberhalb des Pletscherergrabens durch Mischwald bergauf. In einer weiten Linkskehre entfernen wir uns vorübergehend vom »Graben«, überqueren ihn schließlich und kreuzen nach insgesamt gut einer Stunde einen Forstweg. Fünf Minuten später mündet unser Weg in diesen ein. Hier gehen wir wenige Meter nach links und biegen dann rechts in einen Schotterweg ein. Nach wenigen Minuten zweigt links ein Steig ab, der uns weiter durch den Wald führt. Bei einer Schranke treffen wir auf einen Forstweg. Wir folgen diesem nach links, bis wir aus dem Wald herauskommen und der Forstweg in einen Steig übergeht.

Kurz vor der **Rauheckalm** ❷ weist uns ein Schild nach rechts. Der Weg leitet oberhalb der Alm entlang, dann zieht er nach rechts weiter bergauf, bis wir ungefähr 20 Minuten nach der Alm den Gipfelrücken des Hirschbergs erreichen. Einige Meter leicht bergab, dann folgen wir einem der beiden querenden Wege nach links. In einem Rechtsbogen errei-

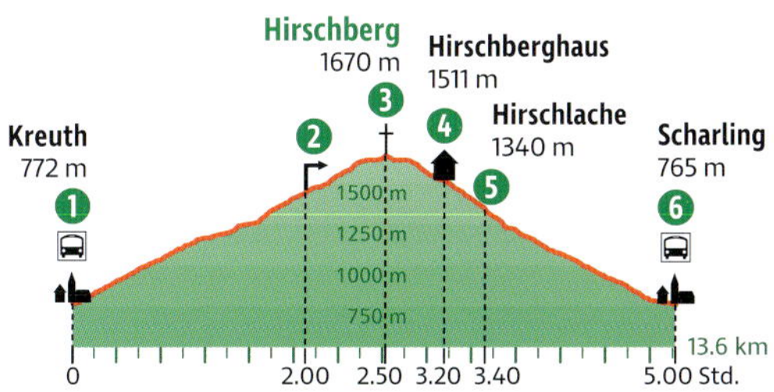

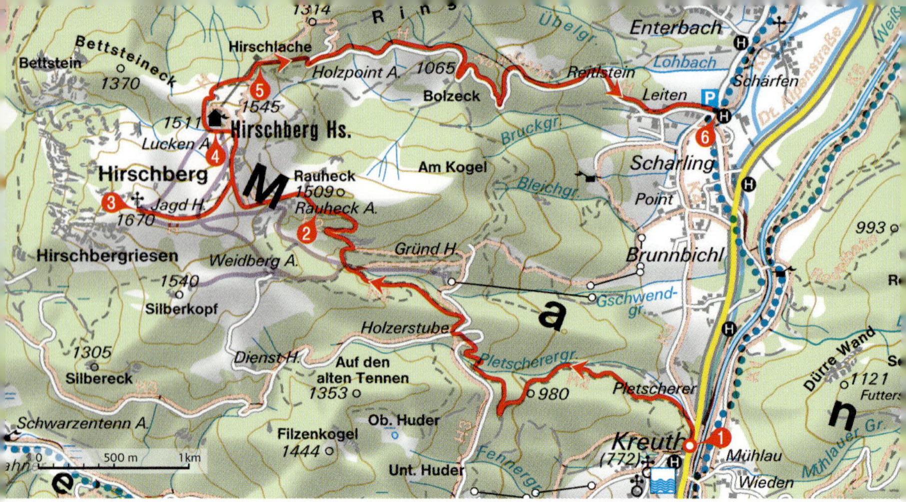

chen wir – mit zunehmend freierer Sicht zum Alpenhauptkamm – den Gipfel des **Hirschbergs** ❸, 1670 m. Von hier bietet sich ein grandioser Ausblick.

Vom Gipfel folgen wir dem Rücken zurück und gelangen, an der Einmündung unseres Aufstiegsweges vorbei, zum **Hirschberghaus** ❹, 1511 m.

Links daran vorbei und in Kehren mit herrlichen Ausblicken auf den Tegernsee hinab, bis unser Steig in den Wald eintaucht und kurz danach an der **Hirschlache** ❺ bei einer Hütte in einen Forstweg einmündet. Auf diesem wenige Meter nach rechts, dann rechts auf einem Steig, eine weite Kehre abkürzend, weiter bergab. Bald treffen wir wieder auf den Forstweg und folgen diesem nach rechts. Schließlich verlassen wir den Wald und erreichen die ersten Häuser. Hier geht der Forstweg in ein Teersträßchen über, dem wir bis zur Hauptstraße folgen. Gleich gegenüber sehen wir die Bushaltestelle von **Scharling** ❻, 765 m.

Beim Abstieg vom Hirschberghaus schauen wir hinab auf den Tegernsee.

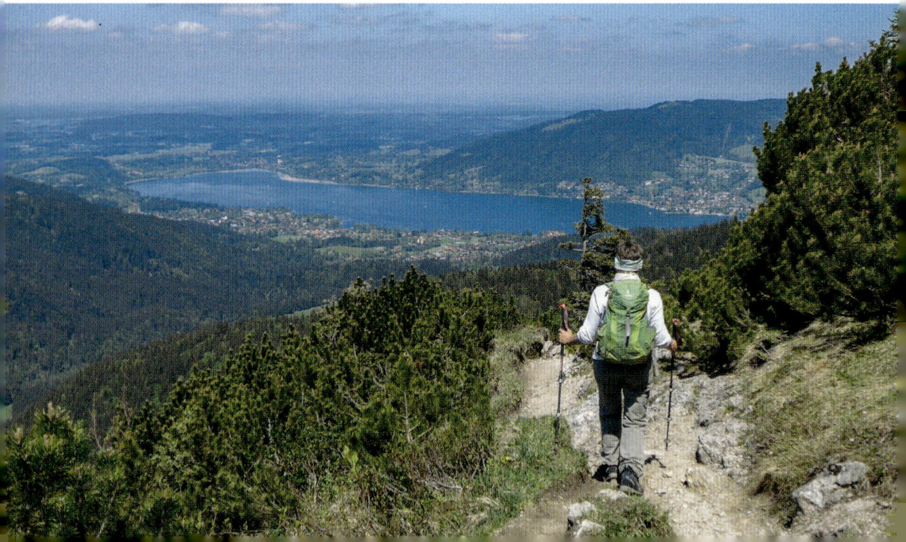

Fockenstein, 1564 m

Von Bad Wiessee nach Lenggries

39

6.00 Std. | 15,4 km | ↗ 940 m | ↘ 1020 m

Streifzug durch die Tegernseer Berge mit beliebter Almgaststätte

Der Fockenstein ist ein beliebter Wandergipfel, doch unsere Tour verläuft auf den etwas weniger begangenen Routen. So sind wir beim Anstieg über die Waxelmoosalm zur Aueralm fast alleine unterwegs und die Querung Richtung Geierstein könnte man auch eher als einsam bezeichnen. Beim Abstieg vom Gipfel kommen wir an spannenden Felsformationen vorbei. Der beschriebene Tourenverlauf eignet sich, weil er über große Strecken durch Wald führt, gut für heiße Sommertage – und in Lenggries können wir uns dann bei einem Eis oder einem kühlen Getränk erholen. Vor allem die Aueralm, mit gewissen Einschränkungen und bei sicherer Lawinenlage auch der Fockenstein, sind Ganzjahresziele für Wanderer und Wanderinnen. Die Aueralm erreicht man im Winter durch das Zeiselbachtal oder aus dem Söllbachtal über den Söllberg.

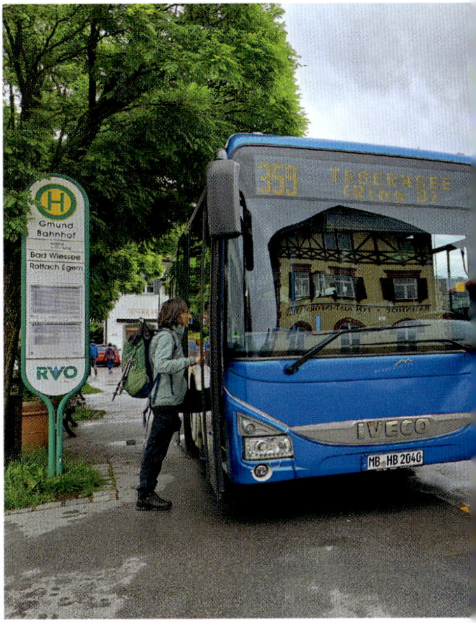

Am Bahnhof von Gmund steigen wir in den Bus nach Bad Wiessee um.

Ausgangspunkt: Bad Wiessee, Bushaltestelle Söllbach, 755 m.
Anfahrt: Von München Hbf (Halt auch an der Donnersbergerbrücke, am Harras sowie Montag bis Freitag an den Siemenswerken bzw. an Samstagen, Sonn- und Feiertagen in Solln) mit der BRB (Bayerische Regiobahn) über Holzkirchen nach Gmund. Vom Bahnhofsvorplatz mit dem Bus (Linie 357, Ringlinie B / Linie 359 oder Linie 366) weiter zur Haltestelle Söllbach in Bad Wiessee, Ortsteil Abwinkl. Mindestens stündliche, teilweise halbstündliche Verbindung, Montag bis Freitag ab ca. 6 Uhr, Samstag- Sonn- und Feiertag ab ca. 7 Uhr. Zwei der frühen Verbindungen unter der Woche sind teils mit anderen Umstiegen. Dauer ca. 1.20 Stunden.
Endpunkt: Bahnhof von Lenggries, 679 m.
Rückfahrt: Mit der BRB (Bayerische Regiobahn) über Holzkirchen nach München. Mindestens stündliche Verbindung bis spätabends, an Samstagen, Sonn- und Feiertagen Halbstundentakt zwischen 16 und 21 Uhr, unter der Woche einzelne zusätzliche Verbindungen im Halbstundentakt.
Anforderungen: Forstwege und Steige. Abstieg vom Gipfel ganz kurz über Fels.
Einkehr: Hotel-Restaurant Sonnenbichl (Übernachtungsmöglichkeit, Restaurant Montag Ruhetag), Aueralm (Montag Ruhetag).

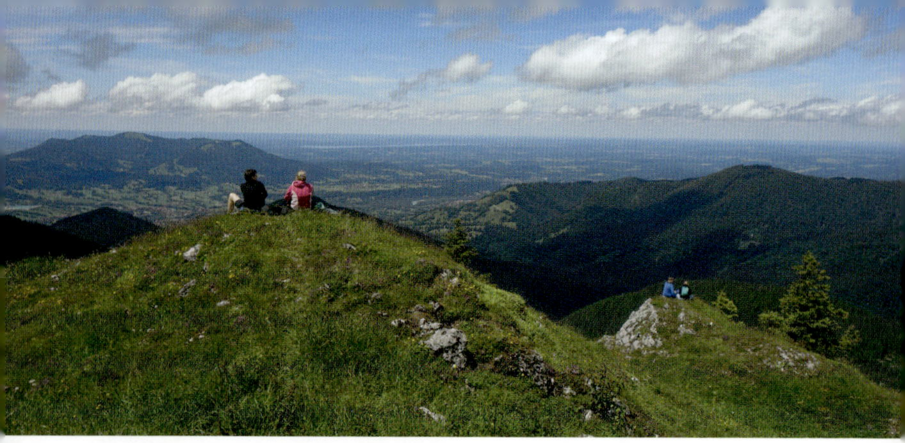

Blick vom Gipfel ins Alpenvorland, links Zwiesel und Blomberg.

Von der Bushaltestelle Söllbach in **Bad Wiessee** ❶, 755 m, gehen wir in Fahrtrichtung zur Hauptstraße (Sanktjohanserstraße) und dort nach rechts. Gleich hinter der Brücke über den Söllbach verlassen wir die Hauptstraße nach links. An einigen Abzweigungen vorbei erreichen wir eine Gabelung. Hier folgen wir dem Schild »Aueralm Zeiselbachtal« nach rechts. Die Straße führt nun bergauf aus dem Ort hinaus zum Hotel-Restaurant **Sonnenbichl** ❷. Rechts daran vorbei erreichen wir einen Wanderparkplatz, den wir gleich am Anfang nach links bergauf (kein Schild) verlassen. Direkt hinter einer Holzhütte gehen wir hinauf in den Wald. Gleich darauf treffen wir auf einen Forstweg, dem wir nach rechts folgen. An einer Verzweigung gehen wir nach links. Mit Blick auf den Tegernsee überqueren wir die Skipiste und folgen dem Forstweg hinauf, zunächst links von einem Rücken, dann auf diesem entlang. Der Forstweg geht in einen Pfad über. Ungefähr eine Stunde nach dem Parkplatz verlassen wir vorübergehend den Wald und gelangen über eine Wiese zur **Waxelmoosalm** ❸, 1185 m.

Hinter dem Almgebäude führt ein Schotterfahrweg leicht bergab weiter und stößt kurz darauf auf einen quer verlaufenden Forstweg, dem wir nach rechts aufwärts in den Wald folgen. Dort, wo von rechts der Aufstieg durch das Zeiselbachtal einmündet, verlassen wir den Wald und gelangen auf einem Fahrweg zur **Aueralm** ❹, 1267 m.

An der Alm vorbei folgen wir einige Minuten dem breiten Schotterweg, bis rechts ein Steig Richtung Fockenstein abzweigt. Dieser führt, größtenteils auf dem Rücken, durch Fichtenwald hinauf. Schließlich verlassen wir den Wald und erreichen kurz darauf den Gipfel des **Fockensteins** ❺, 1564 m. Von dort genießen wir die Aussicht auf Schlierseer Berge, Kaisergebirge, Rofan, Karwendel, Wetterstein, Ammergauer Alpen und Benediktenwand.

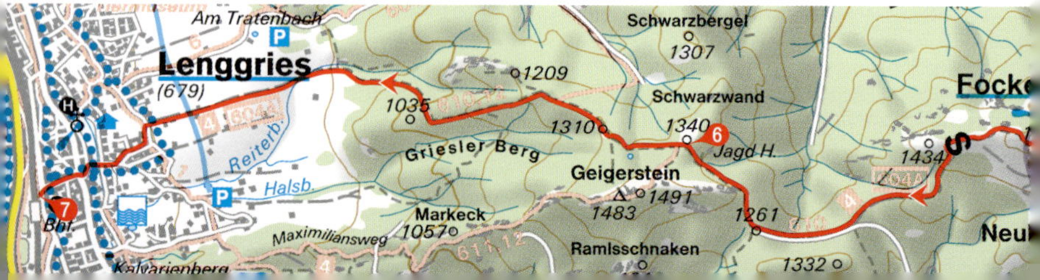

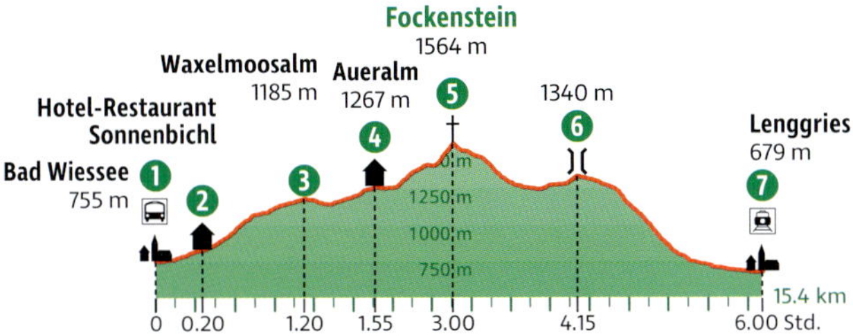

Auf der anderen Seite des Gipfels hinunter (kurz über Fels), dann den Markierungen nach rechts folgend über Wiesen auf dem breiten Rücken abwärts. An einem Schild geradeaus Richtung Lenggries auf den Geierstein zu und weiter den freien Hang hinunter. Kurz darauf linker Hand (auf Schild »Geierstein / Lenggries« achten) in den Wald. Der Steig führt durch Fichtenwald bergab, zieht nach rechts, wird breiter und verläuft auf einem Rücken hinunter, bis wir auf eine Kreuzung von Forstwegen treffen (ca. 50 Minuten ab dem Gipfel). Hier nach rechts auf den breiten Forstweg mit roten Markierungen, zunächst leicht bergab, dann wieder bergan. Ungefähr 10 Minuten nach der Kreuzung treffen wir auf eine weitere (große) Kreuzung. Hier gehen wir halb rechts in den schmalen Wanderweg, der – ein Schuttkar querend – an den Hängen des Geiersteins entlang aufwärts in einen **Sattel 6**, 1340 m, führt. Hier folgen wir dem Schild geradeaus Richtung Lenggries. Durch schönen Mischwald geht es steil einen Rücken hinab, bis wir schließlich den Wald verlassen und sich ein herrlicher Blick auf Lenggries und das Brauneck bietet. Der Weg führt an einer Wiese entlang, biegt nach rechts und überquert einen Bach. Auf der anderen Seite gehen wir links in den Wirtschaftsweg, kurz am Bach entlang, dann über Wiesen auf Lenggries zu. An der Querstraße, an der der Ort beginnt, halten wir uns links, folgen hinter dem Hallenbad rechts der Geiersteinstraße und an der Kreuzung beim Rathaus geradeaus der Bahnhofstraße auf den bereits sichtbaren Bahnhof von **Lenggries 7**, 679 m, zu.

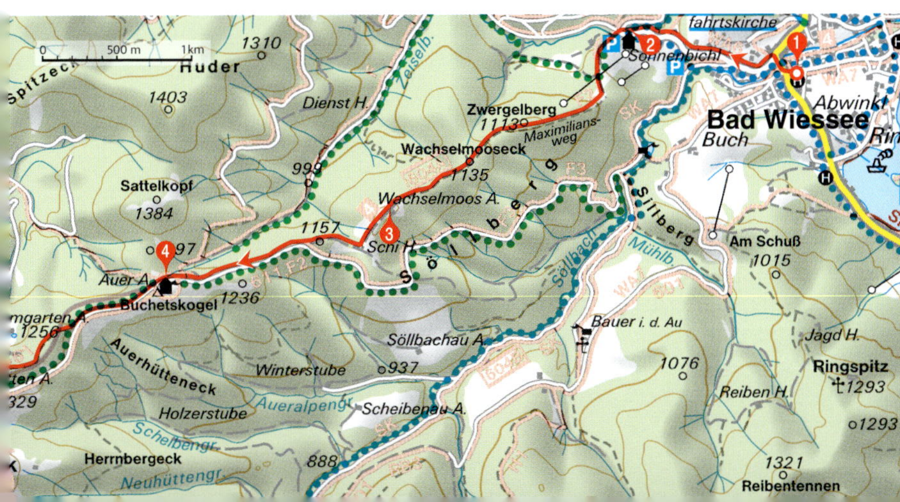

40 Baumgartenschneid, 1444 m

Über den Riederstein

4.15 Std. | 11,7 km | ↗ 720 m | ↘ 660 m

Vom Tegernsee zum Schliersee

Östlich des Tegernsees erheben sich zwei bewaldete Bergrücken. Die hier vorgestellte Überschreitung verläuft abwechslungsreich über den südlicheren der beiden. Sie führt von Rottach-Egern zunächst zum »Berggasthaus Riederstein am Galaun«. Dann geht es entlang eines Kreuzweges hinauf zu der auf einem Felsvorsprung gelegenen kleinen Kapelle auf dem Riederstein. Von dieser Aussichtskanzel hat man eine super Sicht auf den Tegernsee und die umliegenden Berge. Eine gute Dreiviertelstunde später auf der Baumgartenschneid kommt nun auch ein wenig Gipfelfeeling auf. Wer zurück zum Tegernsee möchte, wechselt von der Baumgartenschneid auf den nördlicheren der beiden Bergrücken und gelangt über die Gindelalmschneid und die Neureuth mit dem gut bewirtschafteten gleichnamigen Berggasthof nach Tegernsee. Ansonsten empfiehlt sich der zum größeren Teil auf einem Forstweg verlaufende Abstieg zum Schliersee, der im Sommer mit erstaunlich warmen Wassertemperaturen zum Baden einlädt. Wer mit Kindern unterwegs ist, kann sich überlegen, auf dem für Kids interessanteren Anstiegsweg zurückzugehen.

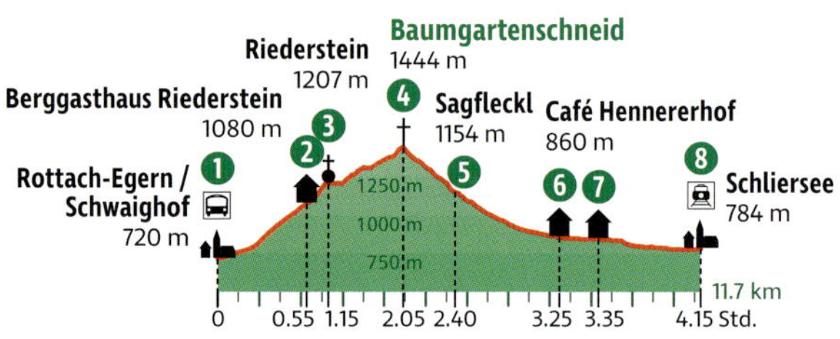

Schöner Blick auf den Tegernsee und Rottach-Egern.

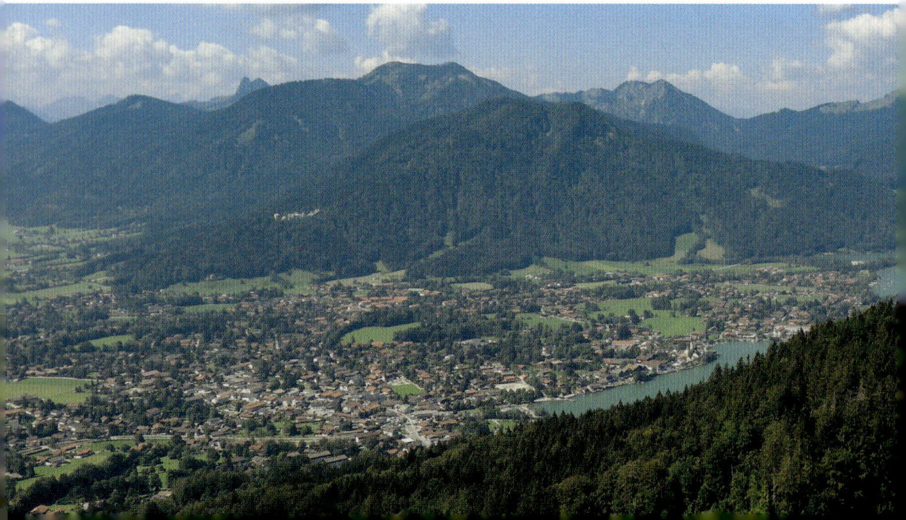

Ausgangspunkt: Bushaltestelle Schwaighof bei Rottach-Egern, 720 m.
Anfahrt: Von München Hbf (Halt auch an der Donnersbergerbrücke, am Harras sowie Montag bis Freitag an den Siemenswerken bzw. an Samstagen, Sonn- und Feiertagen in Solln) mit der BRB (Bayerische Regiobahn) über Holzkirchen nach Tegernsee. Von dort mit dem Bus Richtung Bad Tölz (Linie 357), Pertisau (Linie 390) oder der Ringlinie A (Linie 359) bis zur Haltestelle Schwaighof. Mindestens stündliche Verbindung ab ca. 7 Uhr, Dauer ca. 1.15 Stunden. Montag bis Freitag noch frühere Verbindungen. Zusätzliche Verbindungen mit Umsteigen in Gmund in Ringlinie B (Bus 359), die gegen den Uhrzeigersinn um den Tegernsee fährt, Dauer ca. 1.35 Stunden.
Endpunkt: Schliersee, 784 m.
Rückfahrt: Mit der BRB (Bayerische Regiobahn) über Holzkirchen nach München. Mindestens stündliche Verbindung, vor allem am Wochenende zusätzliche Verbindungen im Halbstundentakt. Dauer ca. 55 bis 60 Minuten.
Anforderungen: Forstwege, gute Wege und Steige. Trittsicherheit erforderlich.
Einkehr: Berggasthaus Riederstein am Galaun (Übernachtungsmöglichkeit in Ferienwohnung, Dienstag Ruhetag), Café Hennererhof (Übernachtungsmöglichkeit in Ferienwohnung, Freitag bis Sonntag geöffnet), Gschwandbachalm (Mittwoch und Freitag bis Sonntag geöffnet), Berggasthof Neureuth (Variante, Montag Ruhetag).

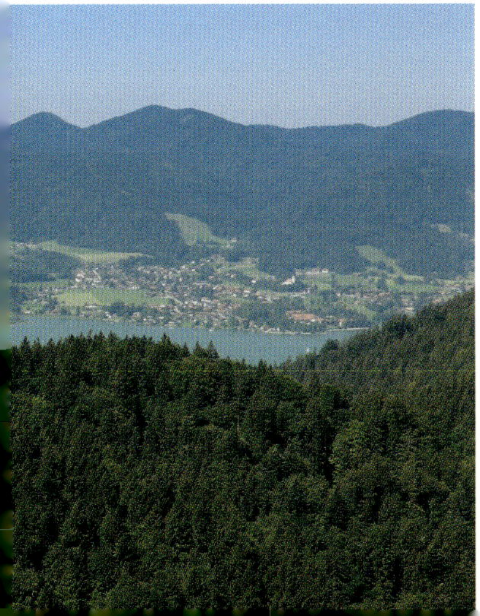

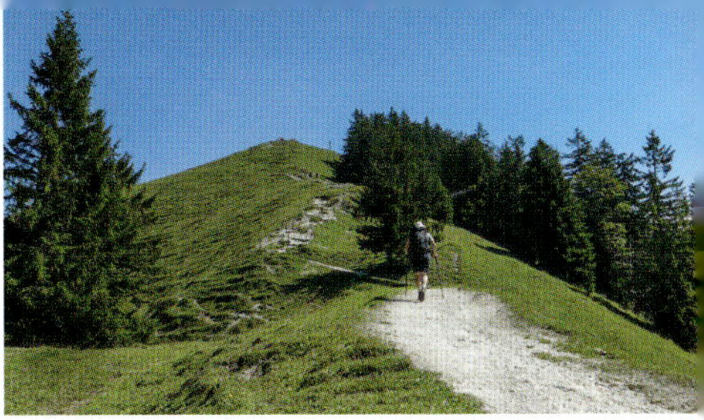

Beim Gipfelanstieg.

Varianten: *Aufstieg von Tegernsee:* Die Bahnhofstraße entlang, dann links in die Max-Josef-Straße und zur Kapelle Maria Schnee. Rechts einige Stufen hinauf zum Gasthaus Schießstätte. Durch das Gelände des Schützenvereins und an der Abzweigung dahinter geradeaus auf dem Sonnleitenweg weiter. Am Ende des Sträßchens links den Fußweg hinauf, an der nächsten Abzweigung links in den Wald und an der folgenden Linksabzweigung geradeaus weiter. An der Rechtsabzweigung kurz darauf geradeaus und auf einem Wanderweg durch den Wald leicht bergauf. Nach einer halben Stunde auf einem breiten Schotterfahrweg nach rechts, bis geradeaus ein Wanderweg abzweigt, der zum Gasthaus Riederstein führt (ca. 1.15 Std. ab Tegernsee).
Abstieg nach Tegernsee: Links vom Regenunterstand am Sagfleckl dem schmalen Weg zu einem Fahrweg folgen. Auf diesem nach rechts in Almgelände. In der Linkskurve des Fahrwegs geradeaus auf einem Steig hinauf zur Gindelalmschneid. Geradeaus weiter, dann rechtshaltend hinab auf einen Weg. Auf diesem nach links zum Berggasthof Neureuth. Über den Wiesenrücken hinab, in den Wald und an der Abzweigung rechts den Schildern zum Bahnhof von Tegernsee folgen (knapp 2.30 Std. ab Sagfleckl). Ab Tegernsee mindestens stündliche Verbindung mit der BRB nach München, an Samstagen, Sonn- und Feiertagen Halbstundentakt zwischen 15 und 21 Uhr, unter der Woche einzelne zusätzliche Verbindungen im Halbstundentakt.

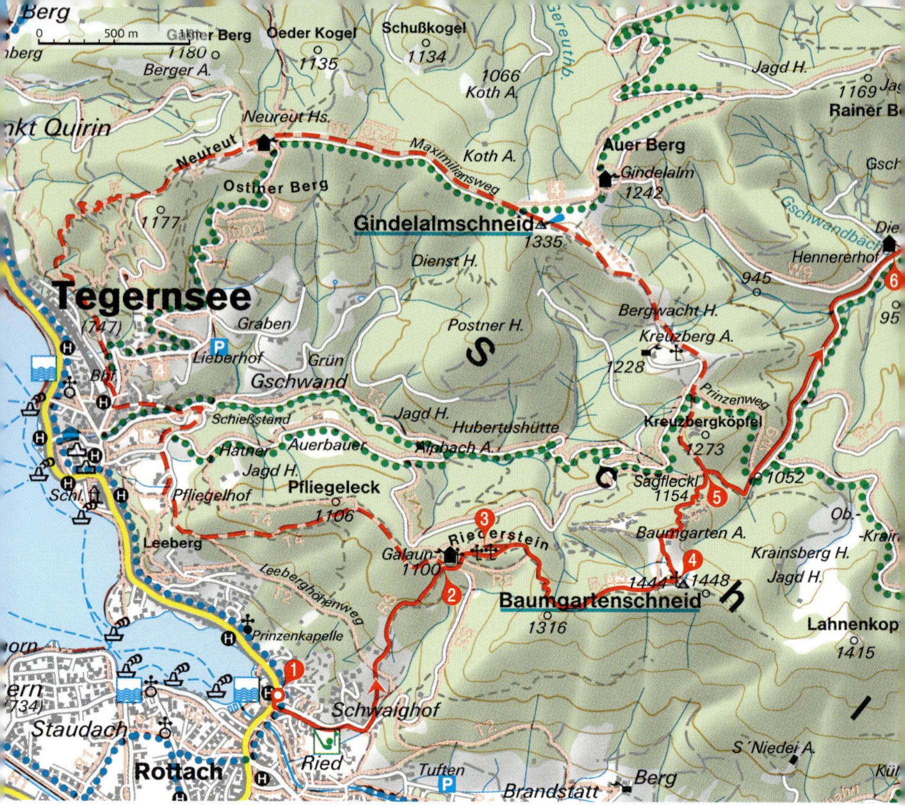

Von der Bushaltestelle **Schwaighof** ❶, 720 m, kurz vor Rottach-Egern gehen wir ca. 50 Meter in Fahrtrichtung weiter, biegen links in die Riedersteinstraße ab und folgen dieser an der Gabelung nach rechts. Bald darauf überqueren wir einen Bach und gehen direkt danach links über den Wanderparkplatz. Am Ende des Parkplatzes folgen wir links dem Schild »Tegernseer Höhenweg«. Wenig später verlassen wir unseren Weg nach links auf einen unbeschilderten Karrenweg. Wir kreuzen den Höhenweg und folgen dem Schild Richtung Riederstein (über Galaun) weiter bergauf, erst über eine Wiese, dann durch Wald. Nach insgesamt knapp einer Stunde erreichen wir das **Berggasthaus Riederstein am Galaun** ❷, 1080 m.

Hier gehen wir kurz nach rechts. Nach wenigen Metern zweigt links der Weg zum Riederstein ab. An der Gabelung folgen wir links dem Kreuzweg, teilweise über Stufen, hinauf zu einer Verzweigung auf dem Kammrücken. Hier links erreichen wir kurz darauf die auf einem Felsvorsprung errichtete kleine Kapelle auf dem **Riederstein** ❸, 1207 m. An der Rückseite gibt es eine Bank, von der wir den Blick in den Talkessel von Rottach-Egern mit dem Tegernsee und auf die umliegenden Berge genießen können.

Zurück an der Verzweigung folgen wir geradeaus dem Schild Richtung Baumgartenschneid. An der nächsten Abzweigung gehen wir ebenfalls geradeaus und dann auf dem Kammrücken bergauf. Nach gut

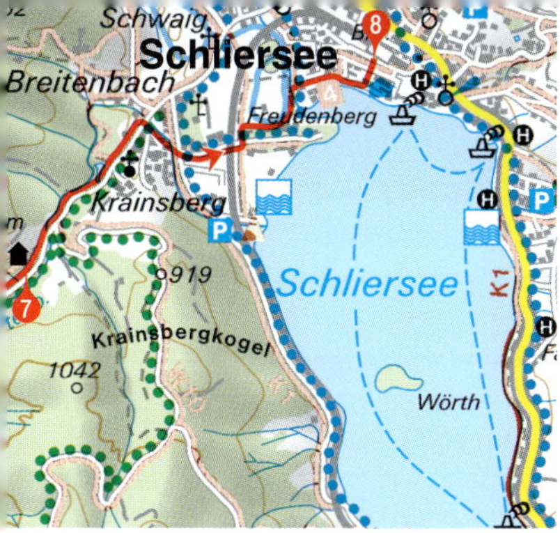

30 Minuten verlassen wir den Wald, gehen ein kurzes Stück eben dahin und steigen dann in steilen Serpentinen den Grashang zur **Baumgartenschneid** ④, 1444 m, hinauf.
Hinter dem Gipfelkreuz geht es links den Hang hinab und an der Baumgartenalm vorbei. Dann halten wir uns rechts und gelangen, in Serpentinen durch den Wald hinab, zur Wegkreuzung am **Sagfleckl** ⑤, 1154 m (Regenunterstand). Rechts führt uns ein schmaler Weg hinab zu einem Fahrsträßchen. Diesem folgen wir nach rechts und erreichen, an den nächsten zwei Abzweigungen geradeaus, den **Hennererhof** ⑥.
Ab hier ist das Sträßchen asphaltiert. Wir kommen an der **Gschwandbachalm** ⑦ vorbei und biegen 15 Minuten später an einem Schild Richtung Schliersee Ortsmitte rechts ab. Ein Stück geht es an einem Bach entlang, dann überqueren wir diesen, halten uns rechts und biegen links in den Tegernseer Weg ein. Wir überqueren ein Bahngleis, gehen kurz an diesem entlang nach links und gleich darauf nach rechts durch ein kleines Waldstück. Nach einer Linkskurve überqueren wir die Schlierach und kommen, an den Bootsanlegestellen vorbei, in den Ort. Am Café Milchhäusl halten wir uns rechts am See entlang. Vor der »Vitalwelt Schliersee« gehen wir nach links in den Fußweg, überqueren eine Straße und folgen einem Weg weiter zum Bahnhof von **Schliersee** ⑧, 784 m.

Über dem Berggasthaus Riederstein thront die Kapelle.

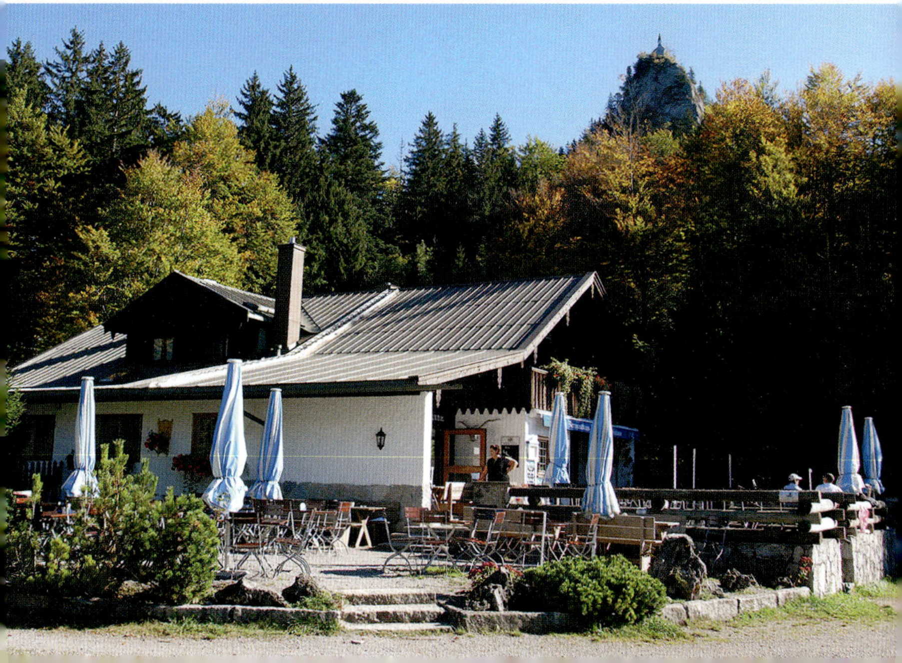

41 Bodenschneid, 1669 m
Aus dem Suttengebiet

3.30 Std. | 7,6 km | ↗ 740 m | ↘ 700 m

Kurze Rundtour zu einem Logenplatz über dem Tegernsee
Etwas ruhiger als auf der benachbarten Brecherspitze geht es auf der Bodenschneid zu. Dabei ist der Gipfel aus dem Suttengebiet, in das man von Rottach-Egern über Enterrottach auf einem Mautsträßchen gelangt, in einer gemütlichen, kurzen Wanderung zu erreichen. Schon beim Aufstieg und erst recht dann vom Gipfel hat man einen herrlichen Blick auf den Tegernsee. Dreihundert Höhenmeter unterhalb des Gipfels sieht man das ganzjährig bewirtschaftete Bodenschneidhaus liegen. Wer dort einkehren möchte und trittsicher ist, kann die Runde erweitern und vom Gipfel über Bodenschneidhaus sowie Obere und Untere Firstalm zum Suttenstein wandern. Ansonsten folgt man dem langen, nach Südosten ziehenden Kamm direkt dorthin und steigt dann über die Lukasalm zur Monialm ab. Von dort fährt der Bus zurück Richtung Tegernsee.

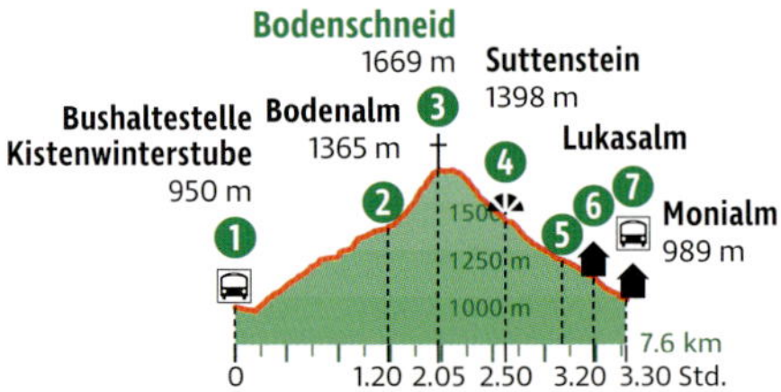

Ausgangspunkt: Bushaltestelle Kistenwinterstube (auch Hufnagelstube), 950 m, im Tal der Rottach.
Anfahrt: Von München Hbf (Halt auch an der Donnersbergerbrücke, am Harras sowie Montag bis Freitag an den Siemenswerken bzw. an Samstagen, Sonn- und Feiertagen in Solln) mit der BRB (Bayerische Regiobahn) über Holzkirchen nach Tegernsee. Von dort mit dem Bus (Linie 360) zur Haltestelle Kistenwinterstube (teils erst mit Bus Linie 356 Richtung Kreuth bis Rottach-Egern, Haltestelle Post, und dort in die Linie 360 umsteigen). Bis Anfang November täglich morgens ab ca. 8 Uhr drei Verbindungen im Stundenabstand. Dauer ca. 1.45 Stunden.
Endpunkt: Monialm, 989 m.
Rückfahrt: Mit dem Bus (Linie 360) nach Tegernsee (teils mit Umsteigen in Rottach-Egern, Haltestelle Post, in die Linie 356) und mit der BRB (Bayerische Regiobahn) weiter nach München. Bis Anfang November nachmittags drei Verbindungen im Stundenabstand bis ca. 17 Uhr. Dauer ca. 1.55 Stunden.
Anforderungen: Einfache Wanderung. Für die mit Wurzeln und Felsen durchsetzte Passage von der Bodenschneid zum Suttenstein ist etwas Trittsicherheit angenehm.
Einkehr: Lukasalm (Übernachtungsmöglichkeit, Montag und Dienstag Ruhetag), Monialm.

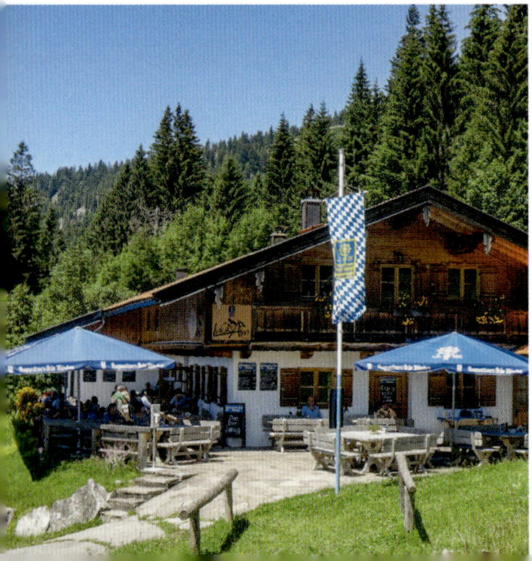

Die Lukasalm.

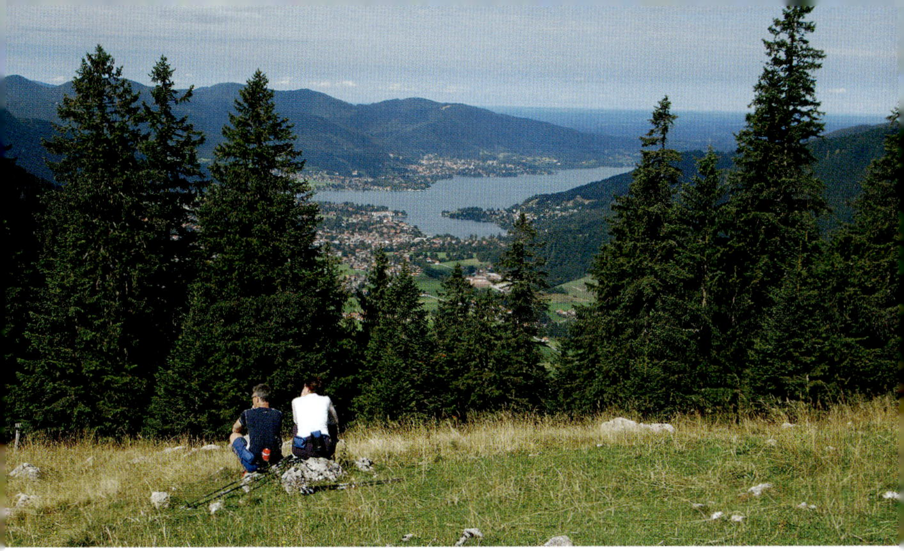

An der Bodenalm zeigt sich der Tegernsee.

Von der Bushaltestelle **Kistenwinterstube ❶**, 950 m, überqueren wir die Straße und wandern, dem Schild Richtung Enterrottach folgend, auf einem Fahrweg parallel zur Straße talauswärts. Nach wenigen Minuten zweigt rechts der Weg zur Bodenschneid ab. Wir folgen dem erst breiten, dann schmaleren, etwas gerölligen Wanderweg in Kehren hinauf. Ab und zu öffnet sich der Blick zum Risserkogel. Dann erreichen wir die Almwiesen der **Bodenalm ❷**, 1365 m, von wo wir einen ersten schönen Blick auf den Tegernsee haben. Vor uns ragt die steile Grasflanke der Bodenschneid auf.

Wir wenden uns nach rechts und wandern zunächst aufwärts durch den Wald. Am Schluss geht es den grasigen Hang hoch, bis wir das Gipfelkreuz der **Bodenschneid ❸**, 1669 m, erreichen. Hier sehen wir nicht nur den Tegernsee unter uns liegen, sondern überblicken auch das Spitzingseegebiet.

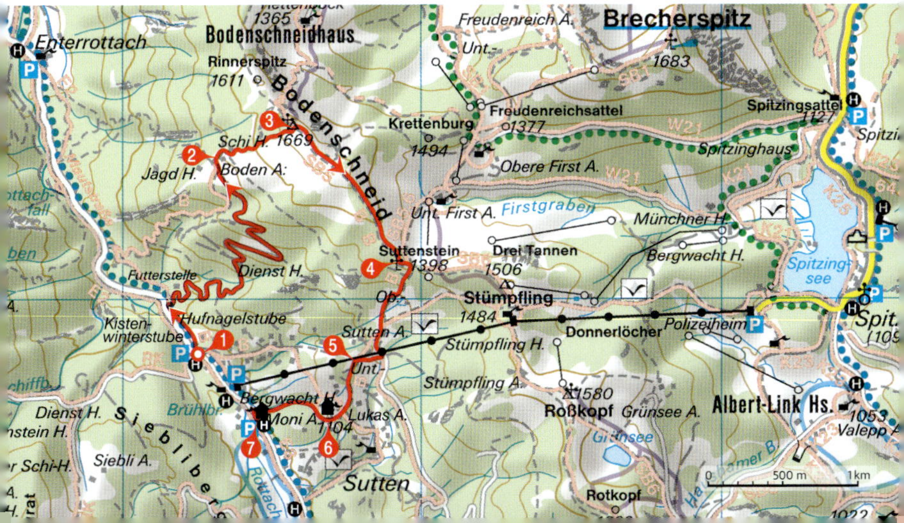

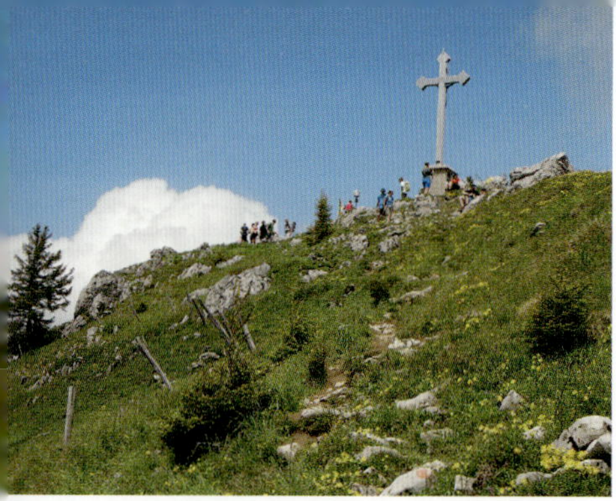

Die Bodenschneid fällt nach Südwesten in einem grasigen Hang ab.

Wer die Runde über Bodenschneidhaus und Firstalmen erweitern möchte, muss ungefähr eine Stunde zusätzlich einplanen. Ansonsten folgen wir vom Gipfel dem Kammverlauf (an einer Verzweigung nach wenigen Minuten rechts Richtung Suttenstein) nach Südosten hinab. Der Weg taucht in den Wald ein und ist nun mit Wurzeln und Felsen durchsetzt. Schließlich erreichen wir den **Suttenstein** ❹, 1398 m. Links führt ein Steig zur Unteren Firstalm hinab, rechts befindet sich ein Aussichtspunkt mit Blick ins Suttengebiet. Wenige Meter danach geht es rechts Richtung Lukasalm (Bäckeralm) hinab. Ein Schild warnt »Gefährliche Wegstrecke«, die Passage ist aber unproblematisch. Wir folgen dem Steig abwärts und treffen an einer Kehre auf eine Almfahrstraße. Dieser folgen wir hinab Richtung Suttenbahn Talstation / Enterrottach. Wir sind nun im Almgelände des Suttengebiets. Unter der Suttenbahn hindurch erreichen wir eine Verzweigung. Hier halten wir uns rechts Richtung Lukasalm (Bäckeralm) und kommen zur **Unteren Suttenalm** ❺, 1195 m. Geradeaus führt ein Wanderweg weiter, der in der Folge nach links zieht. Wir stoßen auf einen querenden Weg, folgen diesem nach rechts und sind gleich darauf an der **Lukasalm** ❻, 1104 m. An der Abzweigung direkt danach halten wir uns nicht rechts Richtung Suttenbahn Talstation, sondern bleiben geradeaus auf dem geteerten breiten Weg. Dieser führt sehr steil hinab und trifft an der **Monialm** ❼, 989 m, auf die Talstraße. Gleich links befindet sich die Bushaltestelle.

Blick vom Gipfel auf Brecherspitze (links), Obere Firstalm und Spitzingsee.

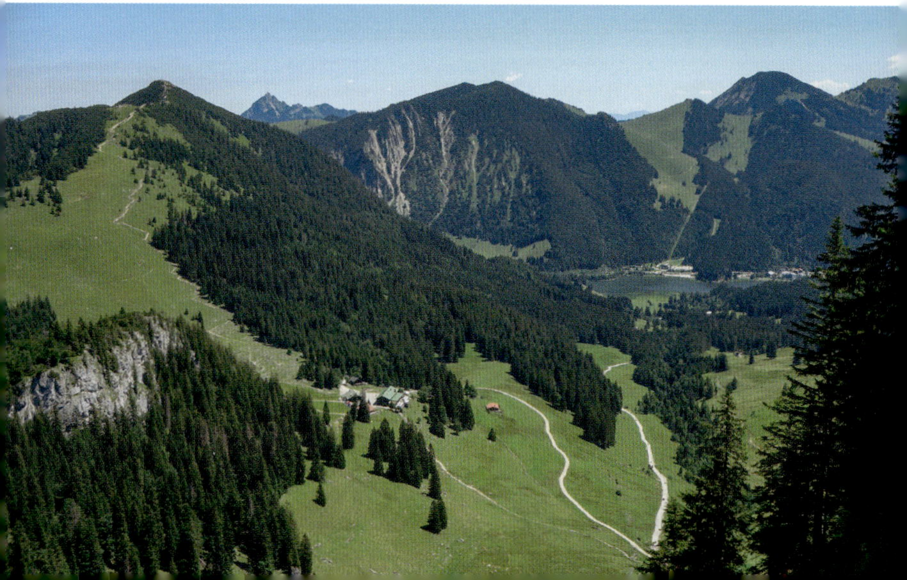

Brecherspitze, 1683 m
Von Fischhausen-Neuhaus

5.00 Std. | 13,2 km | ↗ 930 m | ↘ 930 m

Almen- und Gipfelrunde über dem Spitzingsee

Die Brecherspitze ist ein ausgesprochen beliebter und sehr gut mit Öffis erreichbarer Wandergipfel. Ihre markante Pyramidenform sticht bereits von Weitem ins Auge. Drei Aufstiegswege führen hinauf: Der hier vorgestellte Anstieg beginnt in Fischhausen-Neuhaus und leitet über die in den Sommermonaten bewirtschaftete Ankelalm und den Nordgrat hinauf. Ebenfalls von Fischhausen-Neuhaus herauf kommt der hier im Abstieg beschriebene Weg über die gemütliche Freudenreichalm. Eine dritte, kurze Route führt vom Spitzingsattel (Bus von Schliersee) über die Obere Firstalm zum Gipfel. Auf diesem Weg kommen wir auch im Winter auf die Brecherspitze. Allerdings endet die Tour dann auf dem Westgipfel – der doch recht anspruchsvolle Übergang auf den Hauptgipfel ist bei Schnee tabu.

Ausgangs- und Endpunkt: Bahnhof von Fischhausen-Neuhaus, 801 m.
Anfahrt: Von München Hbf (Halt auch an der Donnersbergerbrücke, am Harras sowie Montag bis Freitag an den Siemenswerken bzw. an Samstagen, Sonn- und Feiertagen in Solln) mit der BRB (Bayerische Regiobahn) über Holzkirchen nach Fischhausen-Neuhaus. Stündliche Verbindung, Dauer ca. 1.10 Stunden. Samstag, Sonn- und Feiertag auch mit der BRB nach Schliersee, von dort mit dem Bus (Linie 362) Richtung Spitzingsee bis zur Haltestelle Neuhaus und zu Fuß in wenigen Minuten zum Ausgangspunkt. Dauer ca. 1.10 Stunden. Dadurch Samstag, Sonn- und Feiertag insgesamt Halbstundentakt.
Rückfahrt: Stündlich mit der BRB bis spätabends. Samstag, Sonn- und Feiertag bis ca. 18 Uhr auch von der Haltestelle Neuhaus mit dem Bus (Linie 362) nach Schliersee und von dort weiter mit der BRB nach München. Dadurch Halbstundentakt, Dauer ca. 1.10 Stunden.
Anforderungen: Forstwege und Bergsteige. Der Übergang zum Westgipfel ist teilweise etwas ausgesetzt (Drahtseilsicherung), Vorsicht mit Kindern, Trittsicherheit und etwas Schwindelfreiheit erforderlich.
Einkehr: Ankelalm (Montag Ruhetag), Freudenreichalm (Montag Ruhetag), Obere Firstalm (Variante, Übernachtungsmöglichkeit).
Variante: *Abstieg zum Spitzingsattel:* Vom Westgipfel über den Wiesenhang hinab auf einen Forstweg. Rechts in wenigen Minuten zur Oberen Firstalm, links zum Spitzingsattel (1.30 Std. ab Westgipfel). Vom Spitzingsattel mit dem Bus (Linie 362) bis Schliersee (Montag bis Freitag bei einer Verbindung umsteigen in Fischhausen-Neuhaus) und dort in die BRB. Montag bis Freitag mindestens stündliche Verbindung bis ca. 17.30 Uhr, Samstag, Sonn- und Feiertag halbstündliche Verbindung bis ca. 18 Uhr. Dauer ca. 1.30 Stunden.

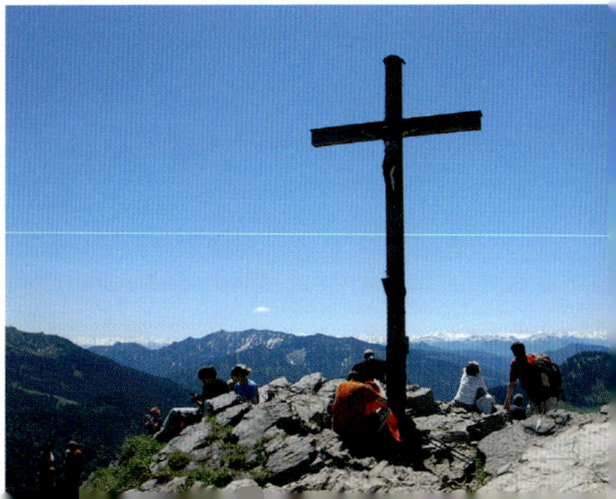

Auf dem Gipfel der Brecherspitze.

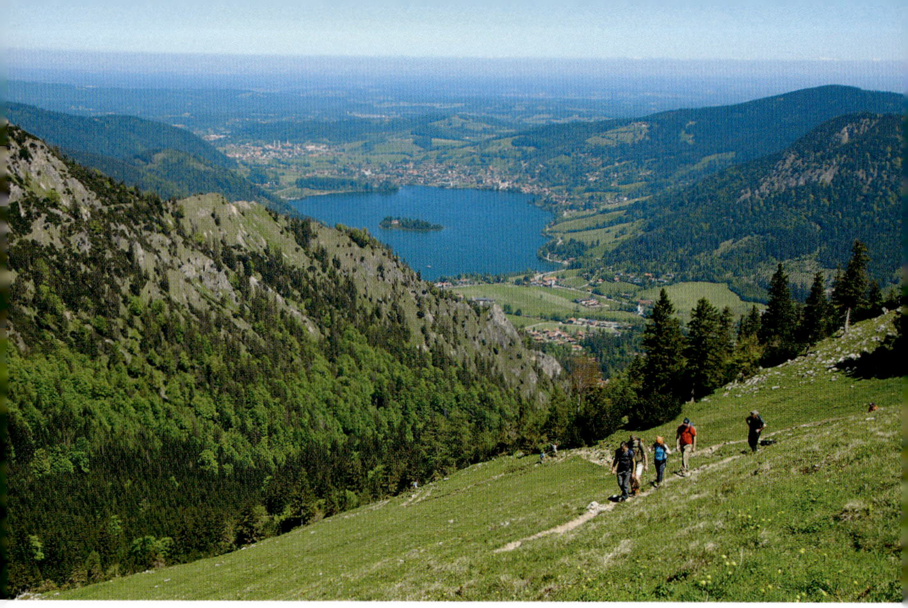

Blick auf den Schliersee vom Aufstiegsweg.

Vom Bahnhofsvorplatz von **Fischhausen-Neuhaus ❶**, 801 m, gehen wir kurz nach links Richtung Bundesstraße und noch vor dieser an den Wanderschildern rechts in die Waldschmidtstraße. An der ersten Kreuzung halten wir uns geradeaus weiter durch das Wohnviertel, an der zweiten biegen wir nach rechts ab und gelangen an den Waldrand. Der Asphalt geht in Schotter über. Wenig später führt das Sträßchen durch einen Bach und macht kurz darauf an einer Kiesgrube eine Rechtsbiegung. An einer Kreuzung zweigen wir rechts ab. Der Forstweg führt nun in Kehren aufwärts durch den Wald. Ungefähr 10 Minuten nach einer Hütte verlassen wir den Wald und kommen in Almgelände. Links sehen wir nun den Gipfel der Brecherspitze. Bald darauf sind wir an der bewirtschafteten **Ankelalm ❷**, 1311 m.

Kurz hinter der Alm führt links ein Steig über einen Wiesenhang auf den Nordgrat der Brecherspitze. Diesem folgen wir nach rechts aufwärts, zuerst noch über Weidegelände, dann durch Latschen, bis zum Gipfel der **Brecherspitze ❸**, 1683 m. Von hier haben wir einen schönen Blick auf Schliersee und Spitzingsee sowie die Tegernseer und Schlierseer Berge. Im Süden sehen wir bis in die Zentralalpen.

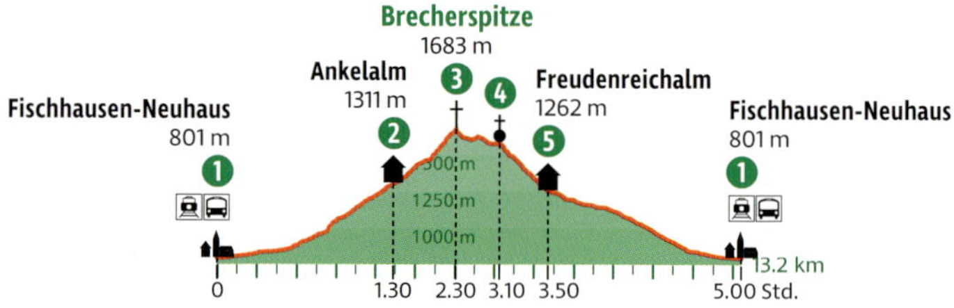

Für den Abstieg folgen wir dem Grat nach rechts über einige etwas ausgesetzte Stellen mit Drahtseilsicherung bis zur nächsten Erhebung, dem »Westgipfel«, ca. 1625 m. Wer über die Obere Firstalm zum Spitzingsattel absteigen möchte, hält sich hier links. Ansonsten folgen wir rechts weiter dem Gratverlauf bis kurz vor ein kleines hölzernes **Kapellchen ❹**, 1587 m. Nun verlassen wir den Grat nach links (geradeaus weiter würde man nach einem ausgesetzten Abstieg wieder zur Ankelalm kommen). Der Steig führt anfangs sehr steil, dann bequemer den Wiesenhang hinab, zieht an einem Almgebäude nach rechts und mündet schließlich an der gemütlichen **Freudenreichalm ❺**, 1262 m, in einen Fahrweg.
Diesem folgen wir abwärts (eine Kehre können wir abkürzen) und gelangen bald in den Wald. Ungefähr 15 Minuten nach der Alm biegen wir an einer Kreuzung rechts ab und überqueren bald darauf ein breites Schottersträßchen. An den folgenden Abzweigungen bleiben wir immer auf dem Hauptweg. Wir kommen an einer weiteren Kapelle vorbei, dann gehen wir oberhalb eines Baches entlang. Nach einer Schranke erreichen wir die ersten Häuser von Neuhaus. Hier geht der Forstweg in ein asphaltiertes Sträßchen über. Dieses verlassen wir kurz hinter einem Wanderparkplatz nach links in die Bodenschneidstraße. Mit Blick auf den Schliersee geht es nun in einer leichten Rechtsbiegung noch einmal kurz aus dem Ort hinaus. An den zwei Abzweigungen nach rechts biegen wir nicht ab, sondern folgen unserer Straße im Rechtsbogen weiter bis zum Bahnhof von **Fischhausen-Neuhaus ❶**.

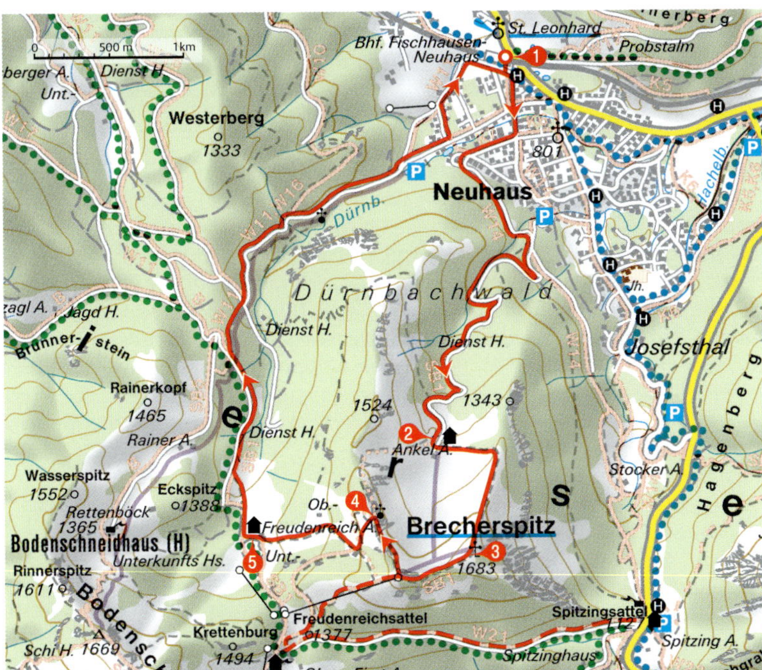

43 Jägerkamp, 1746 m, und Aiplspitze, 1759 m

Vom Spitzingsee ins Leitzachtal

5.20 Std. | 14,9 km | ↗ 730 m | ↘ 1080 m

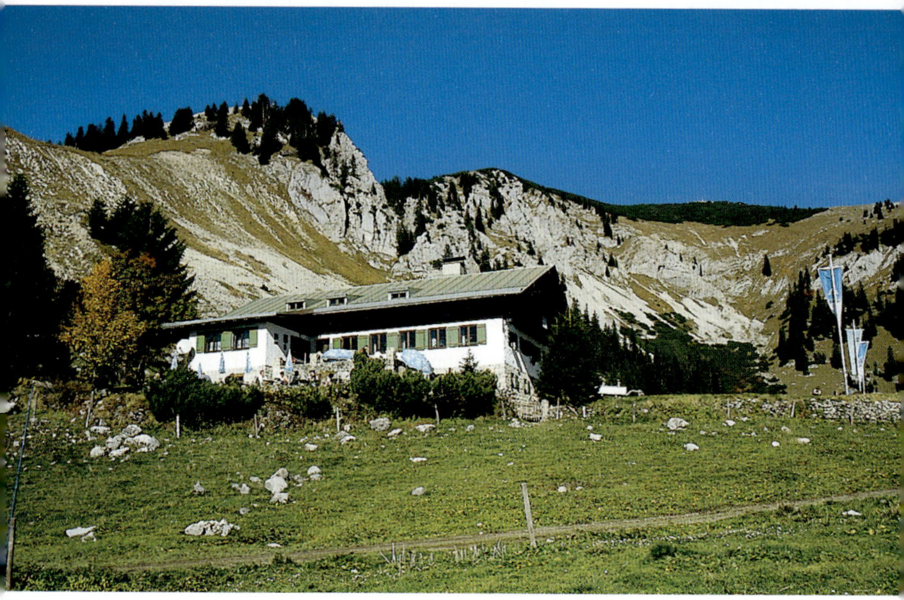

Die Schönfeldhütte.

Ein Wandergebiet für die ganze Familie

Die Aiplspitze sticht von Weitem oft durch ihre markante Form ins Auge, während der unauffällige Jägerkamp meist nicht so einfach auszumachen ist. Die Aussicht ist allerdings von beiden Gipfeln schön. Der kurze Aufstieg vom Spitzingsattel zur Schönfeldhütte oder weiter zum Jägerkamp ist eine auch bei Familien mit Kindern ausgesprochen beliebte Tour. An der Aiplspitze und besonders auf dem hier vorgestellten Abstiegsweg geht es dann etwas ruhiger zu. Für den Übergang vom Jägerkamp zur Aiplspitze muss man trittsicher und schwindelfrei sein. Wer mit Kindern unterwegs ist, sollte darauf eventuell verzichten. Aber egal, ob vom Jägerkamp oder von der Aiplspitze – mit Kindern empfiehlt sich der Abstieg auf dem Aufstiegsweg, um den langen Forstweg nach Geitau zu vermeiden. Wer es bequemer liebt, kann vom Spitzingsee mit der Taubensteinbahn (eine Bushaltestelle nach dem Spitzingsattel) hochfahren, zum Jägerkamp queren und sich auf diese Weise einen Großteil des Aufstiegs sparen.

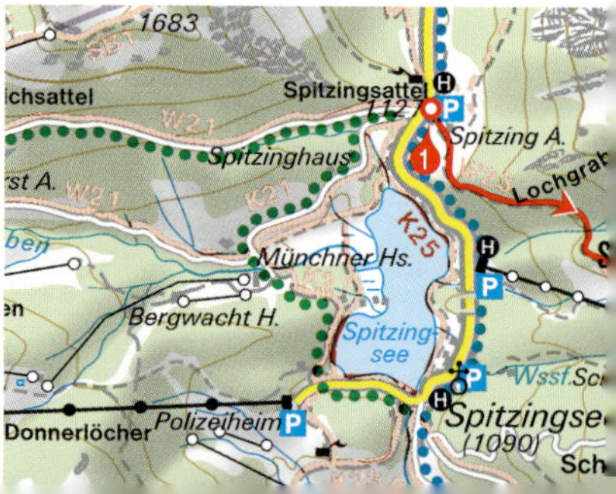

Ausgangspunkt: Spitzingsattel, 1127 m, am Spitzingsee.
Anfahrt: Von München Hbf (Halt auch an der Donnersbergerbrücke, am Harras sowie Montag bis Freitag an den Siemenswerken bzw. an Samstagen, Sonn- und Feiertagen in Solln) mit der BRB (Bayerische Regiobahn) über Holzkirchen nach Schliersee. Weiter mit dem Bus (Linie 362) Richtung Spitzingsee bis Spitzingsattel. Montag bis Freitag stündliche Verbindung ab ca. 7 Uhr, Samstag, Sonn- und Feiertag morgens / vormittags halbstündliche Verbindung ab ca. 7.30 Uhr, von Anfang Mai bis Anfang November zusätzlich eine Verbindung um ca. 6.30 Uhr. Dauer ca. 1.15 Stunden.
Endpunkt: Bahnhof Geitau, 780 m.
Rückfahrt: Mit der BRB (Bayerische Regiobahn) nach München. Täglich stündliche Verbindung bis ca. 22.30 Uhr, Dauer ca. 1.20 Stunden.
Anforderungen: Aufstieg zum Jägerkamp auf gutem Steig. Übergang zur Aiplspitze etwas ausgesetzt, einige Stellen mit Drahtseil gesichert, Trittsicherheit und Schwindelfreiheit erforderlich. Abstieg auf unproblematischen Steigen und Forstwegen.
Einkehr: Schönfeldhütte (Übernachtungsmöglichkeit), Postgasthof Rote Wand in Geitau (Übernachtungsmöglichkeit, Dienstag und Mittwoch tagsüber Ruhetag).

Von der Bushaltestelle am **Spitzingsattel** ❶, 1127 m, gehen wir über den Parkplatz und an dessen hinterem Ende steil den Grashang hinauf. Nach ein paar Minuten gelangen wir in den Wald und steigen weiter bergauf. Dann wird es flacher und wir verlassen den Wald. Gleich darauf kommen wir an eine Gabelung, halten uns links (geradeaus zur Taubensteinbahn) und erreichen, den grasbewachsenen Hang leicht aufwärts querend, die **Schönfeldhütte** ❷, 1410 m.
Links an der Hütte vorbei kommen wir kurz darauf zu den Oberen Schönfeldalmen. Wir gehen hinter diesen entlang, dann steigt der Pfad den freien, nur mit einigen Bäumen bestandenen Hang hinauf. Eine halbe Stunde nach der Schönfeldhütte treffen wir auf eine **Verzweigung** ❸, 1620 m, kurz vor einem Sattel. Zunächst folgen wir dem Schild Richtung Jägerkamp nach links, gehen am Hang unter der Benzingspitze entlang und erreichen durch Latschen aufwärts den höchsten Punkt des **Jägerkamp** ❹, 1746 m.
Vom Gipfel gehen wir zunächst auf demselben Weg zurück, halten uns aber bereits kurz vor der Verzwei-

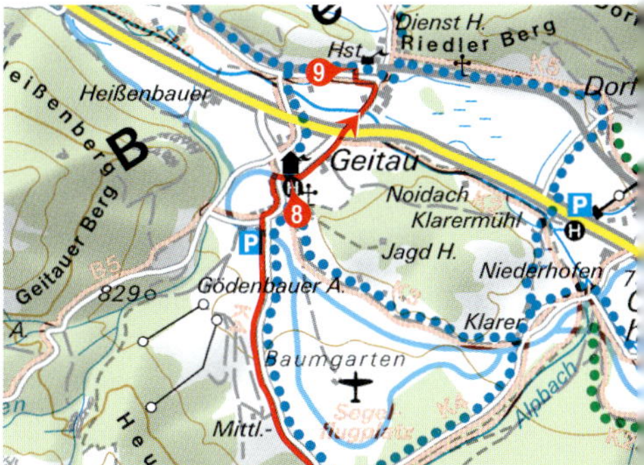
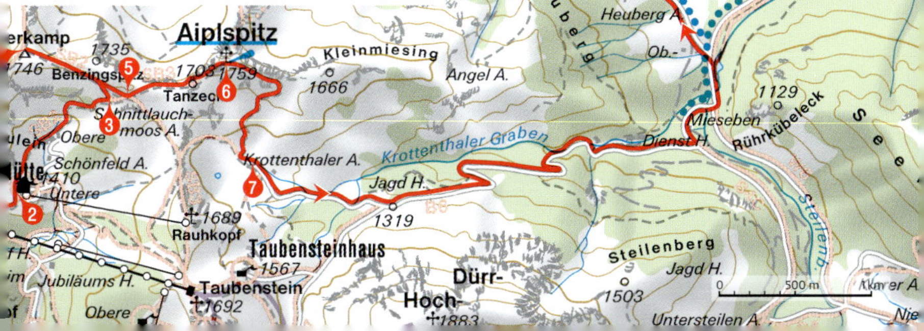

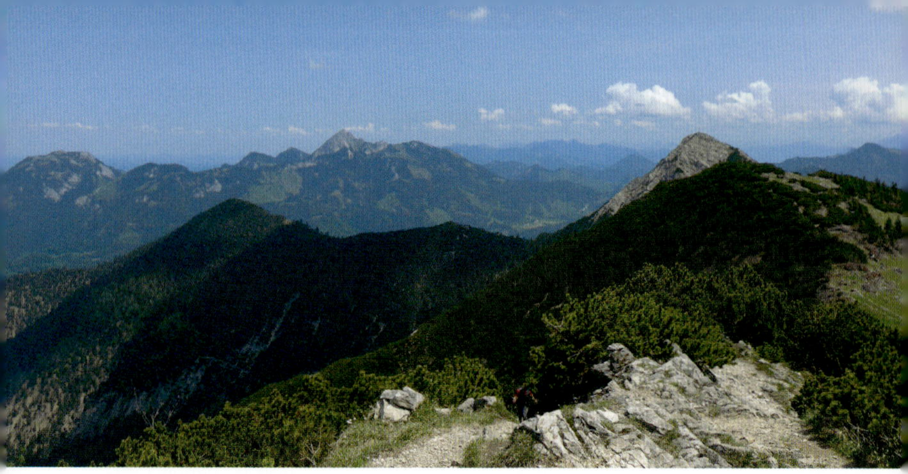

Der Weg führt hinüber zur felsigen Pyramide der Aiplspitze.

gung links und gelangen zu einer Kreuzung in einem **Sattel** ❺. Dem Schild nach links Richtung Aiplspitze folgend gehen wir erst kurz abwärts, dann gleich wieder hinauf. Der Weg knickt nach links, dann leiten uns Pfeile links auf einem etwas ausgesetzten Steig (zum Teil drahtseilgesichert) um eine felsige Erhebung herum. Anschließend gelangen wir über einen Grat, teils in leichter Felskraxelei, auf den Gipfel der **Aiplspitze** ❻, 1759 m.

Von dort gehen wir auf dem Grat bzw. etwas rechts davon ein Stück in östliche Richtung weiter, dann auf einem Pfad nach rechts über einen Wiesenhang hinunter zur **Krottenthaler Alm** ❼, 1435 m. Hier beginnt ein Forststräßchen, das uns durch Wald talauswärts führt. An einem einmündenden Forstweg halten wir uns links, ebenfalls an einem weiteren einmündenden Forstweg 30 Minuten später. Eine Abzweigung nach links ignorieren wir, überqueren einen Bach und stoßen unmittelbar danach auf eine Forststraße, der wir nach links Richtung Geitau folgen. Die Forststraße geht in ein Teersträßchen über. An einer Gabelung halten wir uns links und erreichen, an einem Segelflugplatz entlang, die ersten Häuser von **Geitau**. Hier wenden wir uns nach rechts. Am **Postgasthof Rote Wand** ❽ vorbei geht es geradeaus weiter. Wer einkehren möchte, sollte ab hier gut 10 Minuten für das letzte Stück einrechnen. Nach Überqueren der Bundesstraße (Vorsicht, schneller Verkehr!) geradeaus weiter und vor der Unterführung links zum **Bahnhof von Geitau** ❾, 780 m.

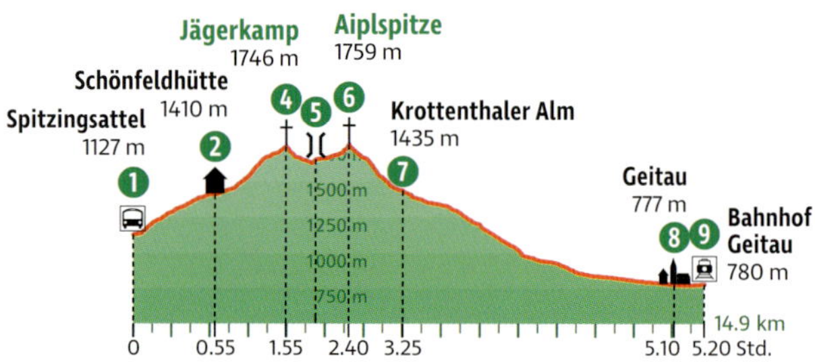

Rotwand, 1884 m

Vom Spitzingsee ins Leitzachtal

5.40 Std. | 17,6 km | ↗ 800 m | ↘ 1110 m

Auf den »Hausberg Münchens«

Zu jeder Jahreszeit beliebt und fast schon der Hausberg der Münchnerinnen und Münchner ist die im Spitzingsee-Gebiet gelegene Rotwand. Da passt es prima, dass der Spitzingsee von München aus seit 2020 am Wochenende im Halbstundentakt erreichbar ist. Bedauerlich ist dagegen, dass der öffentliche Bus vom Spitzingsee in die Valepp im Sommer 2024 nicht fährt und auch unklar ist, ob die Verbindung in Zukunft wieder aufgenommen wird. Die schönste und auch ruhigste Aufstiegsroute zum Rotwandhaus – von der Waitzingeralm über den Pfanngraben und die Kümpflalm – ist ohne diesen Bus nur erreichbar, indem man 45 Minuten auf Asphalt vom Spitzingsee zur Waitzingeralm geht. Sie ist deshalb in der vorliegenden Auflage nur noch als Variante skizziert. Die meisten kommen auf der jetzt hier beschriebenen Route auf direktem Weg vom Spitzingsee herauf oder – noch kürzer – nehmen die Taubensteinbahn und folgen dann dem Höhenweg zum Rotwandhaus. Von dessen Terrasse hat man eine tolle Aussicht. Das Panorama wird auf dem Gipfel noch umfassender und ist eines der besten in den Bayerischen Voralpen. Wer die Wahl hat, sollte sich also einen Tag mit guter Fernsicht aussuchen. Mit Kindern empfiehlt es sich, auf dem Aufstiegsweg wieder hinunterzugehen oder mit der Taubensteinbahn hinunterzufahren (Bus von der Talstation nach Schliersee). Der Abstieg nach Geitau bietet zwar als weiteres Highlight den schönen Soinsee, doch ist die anschließend noch auf dem Forstweg zurückzulegende Strecke recht lang. Auch im Winter lassen sich Rotwandhaus und Rotwand, wenn keine Lawinengefahr besteht, auf dem beschriebenen Aufstiegsweg besuchen. Der Weg zur Hütte ist eigentlich immer gebahnt.

Beim Gipfelanstieg blickt man auf Rotwandhaus und Hinteres Sonnwendjoch.

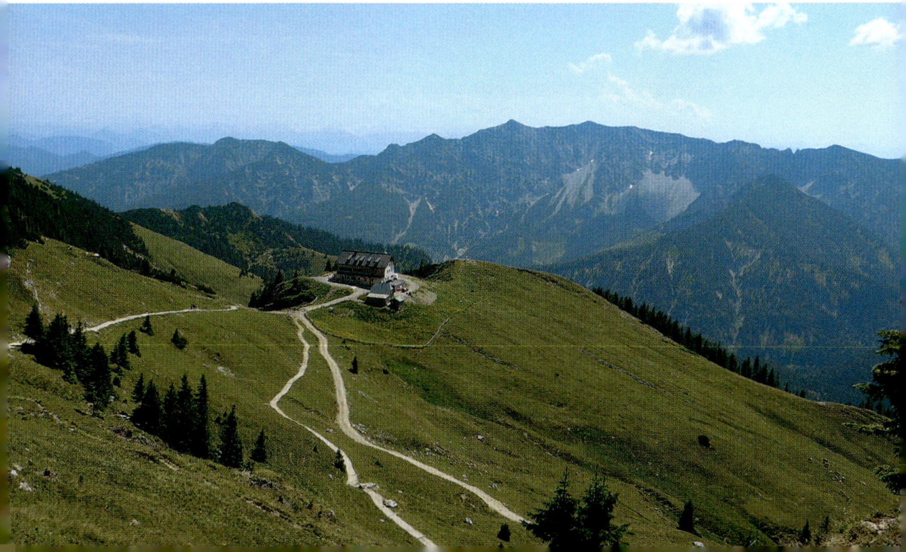

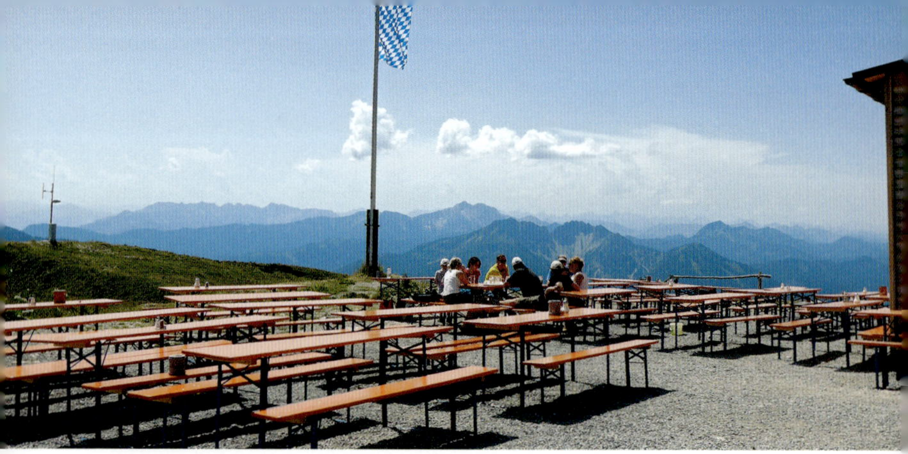

Am Rotwandhaus. Im Hintergrund Rofan, Guffert und Schinder.

Ausgangspunkt: Bushaltestelle Spitzingsee Kirche, 1090 m.
Anfahrt: Von München Hbf (Halt auch an der Donnersbergerbrücke, am Harras sowie Montag bis Freitag an den Siemenswerken bzw. an Samstagen, Sonn- und Feiertagen in Solln) mit der BRB (Bayerische Regiobahn) über Holzkirchen nach Schliersee. Weiter mit dem Bus (Linie 362) zum Spitzingsee, Haltestelle Spitzingsee Kirche. Montag bis Freitag stündliche Verbindung ab ca. 7 Uhr, Samstag, Sonn- und Feiertag morgens / vormittags halbstündliche Verbindung ab ca. 7.30 Uhr (eine der späteren Verbindungen mit Umsteigen in Fischhausen-Neuhaus), von Anfang Mai bis Anfang November zusätzlich eine Verbindung um ca. 6.30 Uhr. Dauer ca. 1.20 Stunden.
Endpunkt: Bahnhof Geitau, 780 m.
Rückfahrt: Mit der BRB (Bayerische) Regiobahn) nach München. Täglich stündliche Verbindung bis ca. 22.30 Uhr. Dauer ca. 1.20 Stunden.
Anforderungen: Forstwege und gute Steige. Kurze Steilstufe zum Gipfel.
Einkehr: Rotwandhaus (Übernachtungsmöglichkeit), Schellenbergalm (Getränke und Brotzeiten), Postgasthof Rote Wand (Übernachtungsmöglichkeit, Dienstag und Mittwoch tagsüber Ruhetag).
Variante: *Aufstieg von der Waitzingeralm:* Wenn wieder ein Bus Richtung Valepp fahren sollte, von Spitzingsee Kirche mit diesem bis zur Waitzingeralm. Ansonsten zu Fuß auf dem Mautsträßchen dorthin. Der Wanderweg zweigt kurz vor dem Gebäude ab. Er verläuft durch den Pfanngraben am Bach mit seinen Gumpen entlang. An einer Rechtsabzweigung auf dem Hauptweg links vom Bach bleiben. Nach einer Stunde den Pfanngraben nach links aufwärts in den Wald verlassen. An der Einmündung des Wegs aus der Valepp geradeaus dem Schild Richtung Rotwandhaus folgen. An der Kümpflalm vorbei hinauf in die Kümpflscharte. Hier nach links zum Rotwandhaus (2.40 Std. ab Waitzingeralm).

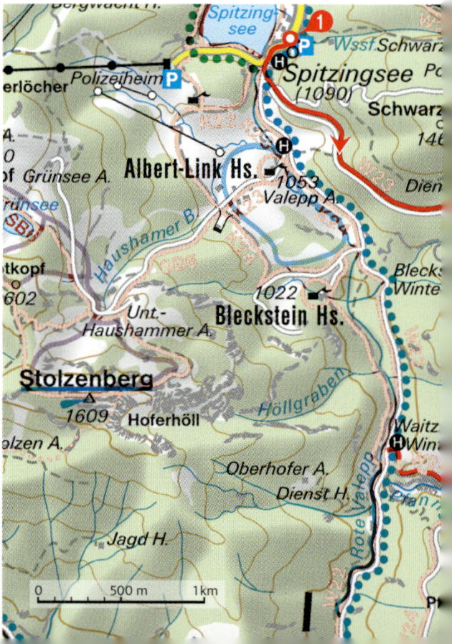

Von der **Bushaltestelle Spitzingsee Kirche ❶**, 1090 m, folgen wir kurz der Straße in Fahrtrichtung weiter. Wo diese nach rechts biegt, gehen wir geradeaus in das Mautsträßchen. Kurz darauf verlassen wir dieses an einer Gabelung nach links und folgen dem asphaltierten Fahrsträßchen hinauf.

Hinter einer **Bergwachthütte ❷** zweigt der Wirtschaftsweg Richtung Rotwandhaus nach rechts ab und zieht durch den Wald hinauf. Eine weite Kehre kürzen wir auf einem Steig ab. Dann verlassen wir den Wald, kommen an der **Wildfeldalm ❸**, 1607 m, vorbei und folgen mit schönem Ausblick dem Wirtschaftsweg bis zum **Rotwandhaus ❹**, 1737 m, dessen aussichtsreiche Terrasse zu einer Einkehr einlädt.

An der Hütte halten wir uns links und erreichen, auf dem breiten Weg den Wiesenhang hinauf, den Gipfel der **Rotwand ❺**, 1884 m. Hier sollte man gute Sicht haben, um das Panorama, das auf einer Tafel erklärt ist, auch genießen zu können.

Vom Gipfel gehen wir auf demselben Weg zurück zum **Rotwandhaus ❹** und dort kurz nach links zur Kümpflscharte. Hier folgen wir links dem Schild Richtung Osterhofen und Geitau steil hinab zur **Großtiefenthal-Alm ❻**, 1500 m. Dann führt uns ein Forstweg zwischen Miesing und Ruchenköpfen hindurch zum **Soinsee ❼**, 1460 m.

Weiter geht es, an der im Sommer bewirtschafteten **Schellenberg-alm ❽** vorbei, recht steil hinab. An

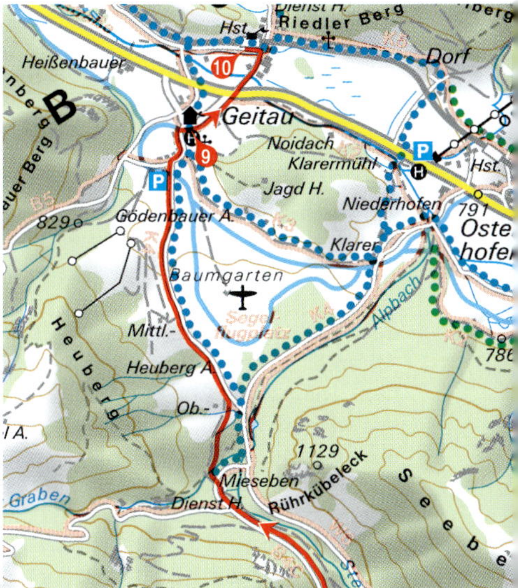

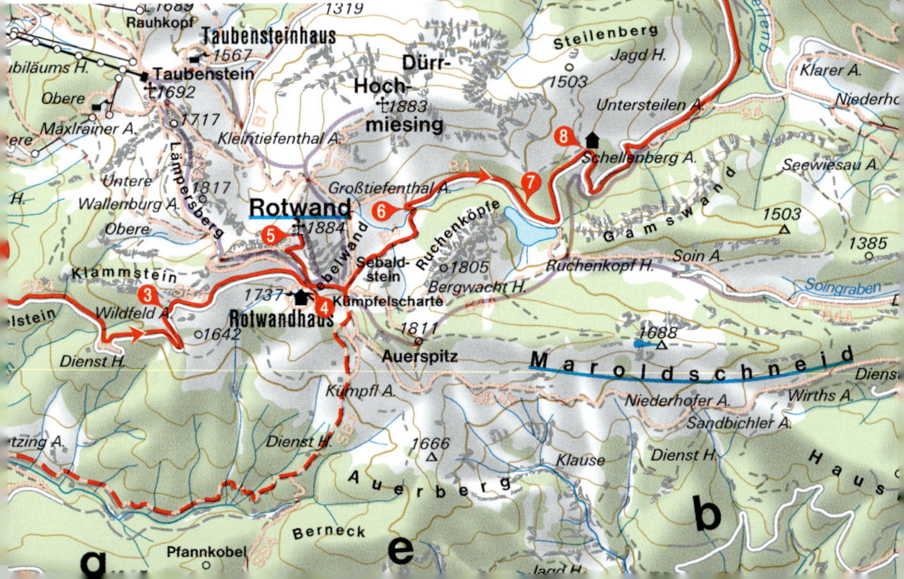

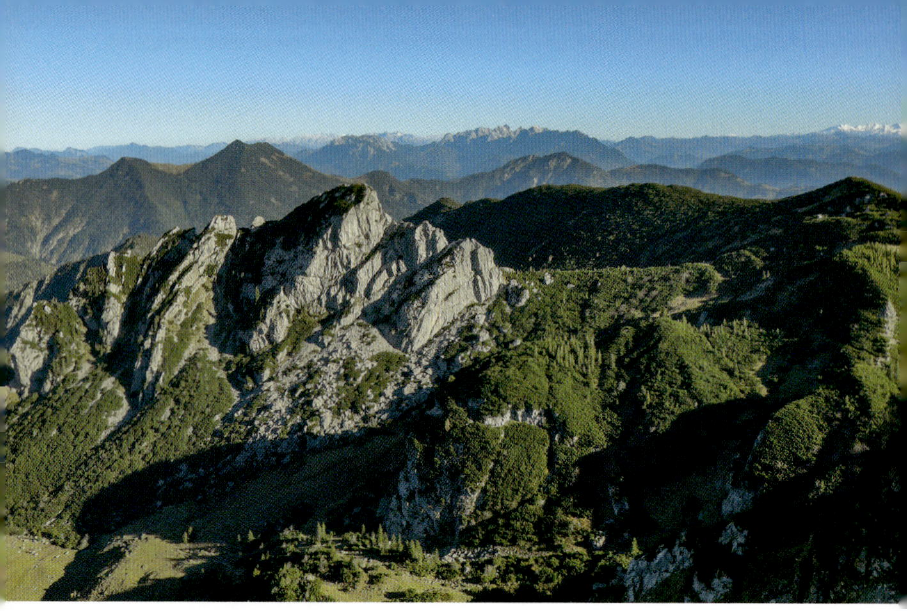

Nach Osten sehen wir bis in die Berchtesgadener Alpen und zum Alpenhauptkamm, im Vordergrund die Ruchenköpfe.

der Rechtsabzweigung nach Bayrischzell bleiben wir geradeaus auf dem Hauptweg und kommen kurz darauf in den Wald. Auch die Linksabzweigung Richtung Taubenstein und Miesing lassen wir unbeachtet. Kurz darauf macht der Forstweg bei einem Haus eine Rechtskehre. Hier verlassen wir ihn geradeaus auf einen Wanderweg, überqueren einen Bach und stoßen auf einen Forstweg, dem wir nach rechts folgen. Wir verlassen den Wald, kommen an einem Haus vorbei und treffen auf ein Teersträßchen. Linkshaltend passieren wir einen Segelflugplatz und erreichen die ersten Häuser von **Geitau**. Hier wenden wir uns nach rechts. Am **Postgasthof Rote Wand** ⑨ vorbei geht es geradeaus weiter. Wer einkehren möchte, sollte ab hier gut 10 Minuten für das letzte Stück zum Bahnhof einrechnen. Nach Überqueren der Hauptstraße (Vorsicht, schneller Verkehr!) geradeaus weiter und vor der Unterführung links zum **Bahnhof von Geitau** ⑩, 780 m.

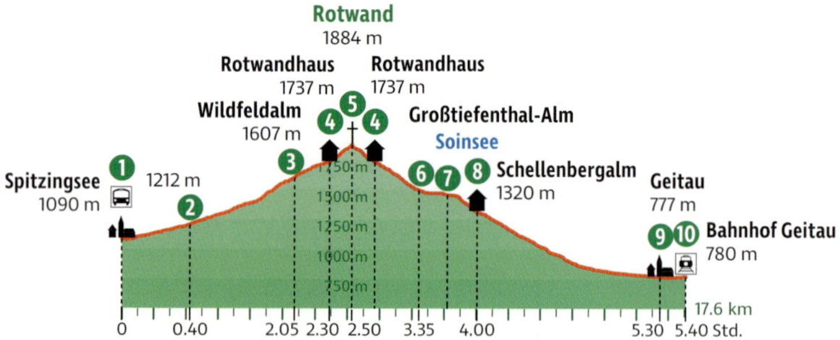

Schinder, 1808 m

Aus der Valepp

45

5.40 Std. | 11,6 km | ↗1050 m | ↘1080 m

Auf einen bayerisch-österreichischen Grenzberg

Da der Bus in die Valepp zumindest 2024 nicht verkehrt, konnte die hier beschriebene Tour zu Redaktionsschluss mit Öffentlichen nicht durchgeführt werden. Da sie aber ausgesprochen lohnenswert ist, wird sie im Buch belassen – in der Hoffnung, dass bald wieder ein Busverkehr (oder auch ein Wandertaxi) eingerichtet wird.

Auf dieser abwechslungsreichen Rundtour kommt man kurz nacheinander gleich auf zwei Gipfel, den Bayerischen und den Österreichischen Schinder (auch Trausnitzberg genannt), wobei die Grenze zwischen Bayern und Österreich genau über den Gipfel des letzteren verläuft. Der hier beschriebene Aufstiegsweg durch das Schinderkar ist teilweise recht steil und anspruchsvoll, da am sogenannten Schindertor eine ungefähr drei Meter hohe Felswand überwunden werden muss und das letzte Stück zum Österreichischen Schinder Felskraxelei erfordert. Wer sich unsicher fühlt, geht am besten auf dem Abstiegsweg nur bis auf den Österreichischen Schinder und auf demselben Weg auch wieder hinunter. Auf diese Weise ergibt sich eine gemütliche, aber doch lohnenswerte Tour, die sich auch mit Kindern problemlos machen lässt.

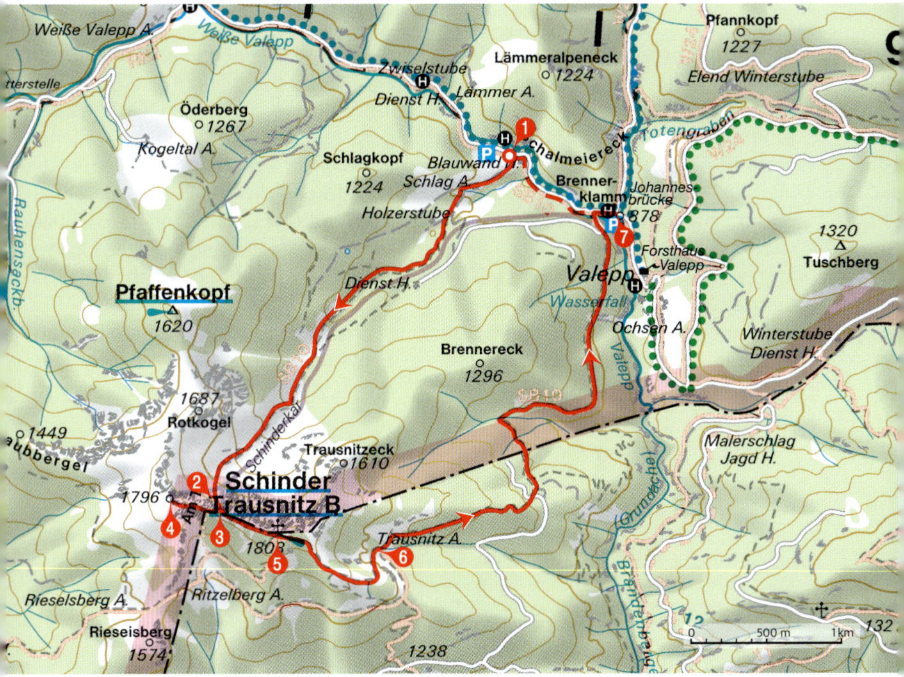

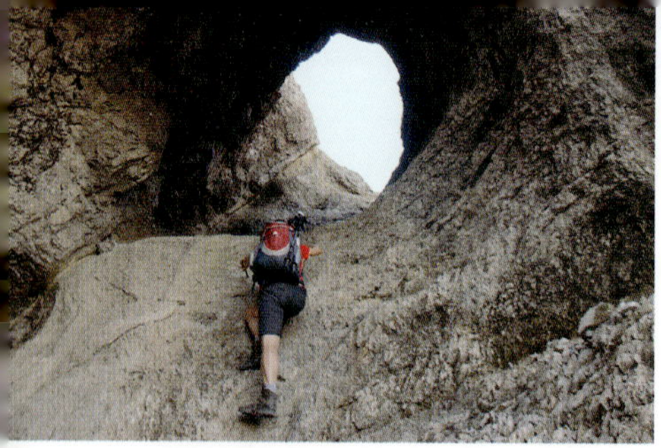

Am Schindertor.

Ausgangspunkt: Valepp, Haltestelle Schlagalm, 900 m.
Endpunkt: Valepp, Haltestelle Johannesbrücke, 878 m.
An- und Rückfahrt: Bis einschließlich 2023 gab es von Mitte Mai bis Mitte Oktober täglich morgens zwei und nachmittags drei Verbindungen, die diese Tour ermöglichten: mit dem Zug nach Schliersee, von dort mit dem Bus zum Spitzingsee und mit dem ebenfalls vertakteten Bus weiter in die Valepp. 2024 gibt es keine Busverbindung vom Spitzingsee in die Valepp. Damit ist die beschriebene Tour auf den Schinder zurzeit (Stand 2024) mit öffentlichen Verkehrsmitteln nicht realisierbar. Es ist zu hoffen, dass diese Busverbindung im Rahmen des neuen Mobilitätskonzeptes, das derzeit für den Landkreis Miesbach erstellt wird, wieder eingerichtet wird – besonders, da dadurch auch das aktuell im Umbau befindliche Forsthaus Valepp an den öffentlichen Nahverkehr angebunden würde.
Anforderungen: Gute Trittsicherheit und Schwindelfreiheit. Das Schinderkar ist unangenehm steil. Am Schindertor ca. drei Meter hohe Felsstufe (Trittstifte, Drahtseil und Kette). Beim Gipfelanstieg zum Österreichischen Schinder Felskraxelei (Drahtseile). Abstieg vom Österreichischen Schinder über die Trausnitzalm unproblematisch.
Einkehr: Forsthaus Valepp (Abstecher vom Endpunkt; zu Redaktionsschluss wegen Umbau geschlossen, Wiedereröffung für August 2024 geplant, Stand Frühsommer 2024).

Wenn der Bus nicht bis zur Haltestelle Schlagalm fahren sollte, geht man zunächst von der Haltestelle Johannesbrücke in 15 Minuten auf dem Sträßchen Richtung Monialm bis zur Haltestelle **Schlagalm** ❶, 900 m. Hier verlassen wir das Sträßchen auf einen Fahrweg und gehen an zwei Almgebäuden vorbei. An der Abzweigung hinter dem zweiten Gebäude halten wir uns links. Der Fahrweg geht in einen Fußweg über, der bald darauf in den Wald eintritt. Wir ignorieren eine Linksabzweigung zur Valepp und bleiben an der Gabelung wenige Meter danach links auf dem markierten Wanderweg. Gleich darauf stoßen wir auf einen Forstweg, folgen diesem kurz nach rechts und verlassen ihn dann nach links auf einen ausgeschilderten Fahrweg. Dieser geht in einen Wanderweg über. Gut 45 Minuten nach der Schlagalm wird der Weg steiler und der Wald geht in Latschen über. Bald lassen wir auch diese hinter uns und

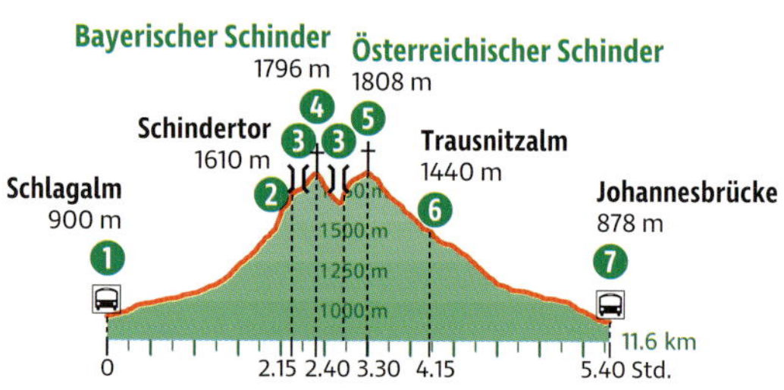

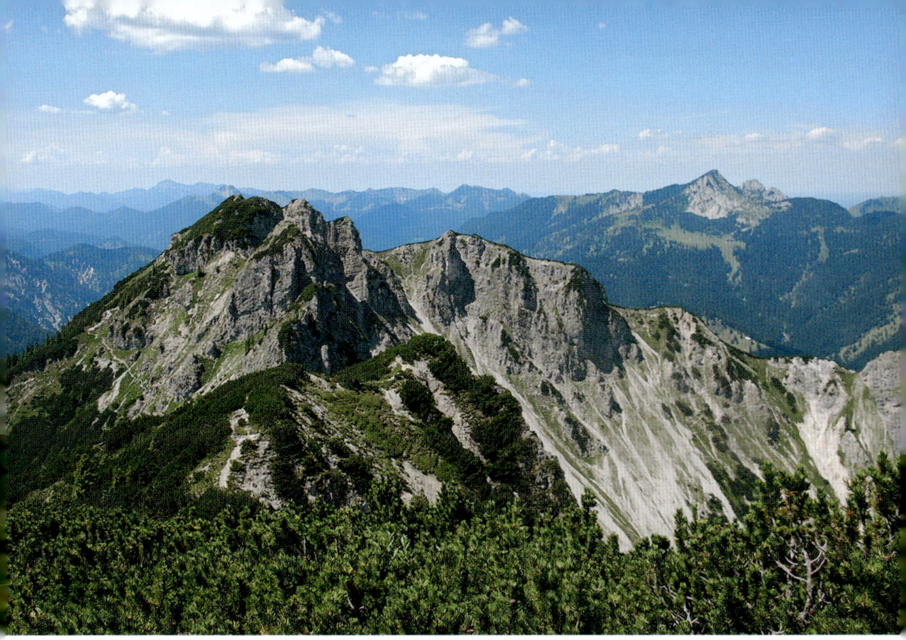

Der Bayerische Schinder vom Österreichischen Schinder aus gesehen.

steigen nun recht mühsam durch das steile Schinderkar hinauf zum sogenannten **Schindertor ❷**, ca. 1610 m, einem Felstor mit einer ungefähr drei Meter hohen, fast senkrechten Stufe. Diese überwinden wir mit Trittstiften, Drahtseil und Kette. Anschließend gelangen wir durch eine felsige Rinne, dann entlang eines Drahtseils steil durch schrofiges Gelände hinauf zu einer Gabelung in einem **Sattel ❸**, ca. 1665 m.

Hier geht es rechts in einem Abstecher zum **Bayerischen Schinder ❹**, 1796 m. Kurz bevor wir oben sind, teilt sich der Weg: Rechts geht es zum höchsten Punkt, links zum etwas niedrigeren Gipfelkreuz. Auf demselben Weg kehren wir zurück zum **Sattel ❸**. Dort gehen wir erst geradeaus weiter, dann kraxeln wir linkshaltend eine drahtseilgesicherte felsige Rinne hinauf bis auf den Grat. Diesem nach rechts durch Latschen folgend erreichen wir den Gipfel des **Österreichischen Schinder ❺**, 1808 m.

Vom Gipfel halten wir uns zunächst in östliche Richtung auf dem Grat, dann verlassen wir diesen nach rechts und gehen einen Rücken hinab zur **Trausnitzalm ❻**, 1440 m.

Wir folgen der Beschilderung Richtung Valepp kurz vor dem Almgebäude rechts über eine Weide. An deren Ende beginnt ein Weg, der im Wald bergab führt. Wir überqueren einen Forstweg, stoßen in einer Kurve wieder auf diesen und folgen ihm wenige Meter hinab, bis links der Weg Richtung Valepp abzweigt. Dieser führt erst weiter bergab und zieht dann einen Hang entlang. Dabei überqueren wir mehrere Bäche (über einen hilft ein Seil) und treffen schließlich auf ein Forststräßchen. Diesem abwärts folgend stoßen wir auf ein Asphaltsträßchen, das uns rechts zur Bushaltestelle **Johannesbrücke ❼**, 878 m, führt. Nach rechts geht es in gut 5 Minuten zum Forsthaus Valepp, wo es hoffentlich auch wieder eine Bushaltestelle geben wird.

46 Wendelstein, 1838 m

Von Geitau nach Bayrischzell

5.45 Std. | 13,6 km | ↗1060 m | ↘1040 m

Aussichtsgipfel mit Infrastruktur

Der markante Wendelstein ist der mit Abstand besterschlossene Berg der Bayerischen Voralpen. Gleich zwei Bergbahnen fahren hinauf, die Gondelbahn von Osterhofen im Leitzachtal sowie die Zahnradbahn von Brannenburg im Inntal. Und als ob das nicht genug wäre, gibt es hier oben noch eine Reihe weiterer Einrichtungen: eine Gaststätte, das Wendelsteinkircherl und auf dem Gipfel, den man auf einem in den Fels gebauten Weg erreicht, ein Observatorium der Universität München und eine Antenne des Bayerischen Rundfunks. Eine Radiostation auf dem Wendelstein kommt auch in dem bayerischen Kultfilm »Wer früher stirbt, ist länger tot« vor, der in Teilen hier oben gedreht wurde. Die Aussicht vom Gipfel ist klasse, und die hier vorgestellten, nicht übermäßig begangenen Wege lohnen allemal. Wer auch oben seine Ruhe haben möchte, kommt am besten, wenn mindestens eine der Bergbahnen wegen Revision nicht in Betrieb ist. Dann halten die gut 1000 Höhenmeter doch so manche ab.

Ausgangspunkt: Bahnhof von Geitau, 780 m.
Anfahrt: Von München Hbf (Halt auch an der Donnersbergerbrücke, am Harras sowie Montag bis Freitag an den Siemenswerken bzw. an Samstagen, Sonn- und Feiertagen in Solln) mit der BRB (Bayerische Regiobahn) über Holzkirchen nach Geitau. Montag bis Freitag ab ca. 7 Uhr, Samstag, Sonn- und Feiertag ab ca. 6.30 Uhr stündliche Verbindung, Dauer ca. 1.15 Stunden.

Endpunkt: Bahnhof von Bayrischzell, 800 m.
Rückfahrt: Mit der BRB (Bayerische Regiobahn) nach München. Täglich stündliche Verbindung bis ca. 22.30 Uhr, Dauer ca. 1.25 Stunden.
Anforderungen: Forstwege, Wege und Steige ohne Schwierigkeiten. Am Gipfelaufbau durchgängig Geländer, Vorsicht bei Vereisung.
Einkehr: Wendelsteinhaus, Wendelsteinalm (zeitweise Getränkeverkauf).

Auf dem Weg vom Gipfel zurück zum Wendelsteinhaus.

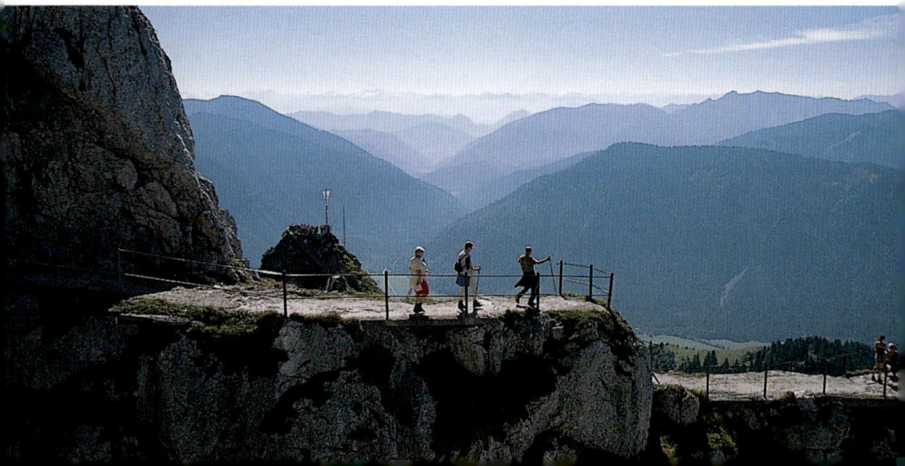

Vom Bahnhof **Geitau** ❶, 780 m, gehen wir wenige Meter in Fahrtrichtung und an den Wanderschildern nach links unter den Gleisen durch. Wir folgen dem Sträßchen zu einer Gabelung, halten uns rechts auf dem Wirtschaftsweg und an den nächsten zwei Gabelungen links auf dem Hauptweg. Kurz nachdem wir einen Bach überquert haben, geht es an einer Abzweigung rechts weiter zu einer Kreuzung in einer Senke, ca. 880 m. Hier weist uns ein Schild scharf nach rechts auf einen breiten, im Wald aufwärts führenden Fahrweg. Nach wenigen Metern im Wald halten wir uns an einer Gabelung rechts. In einer Linkskurve gehen wir geradeaus weiter. An einer ausgeschilderten Abzweigung verlassen wir den Fahrweg nach links auf einen bergauf führenden Steig. 10 Minuten später treten wir aus dem Wald hinaus und blicken nun ins Tal sowie auf Wendelstein, Traithen, Hochmiesing

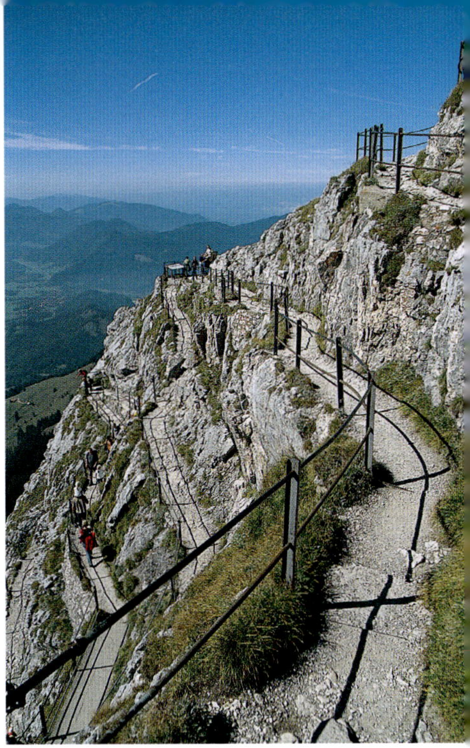

Der ausgebaute Weg auf den Gipfel.

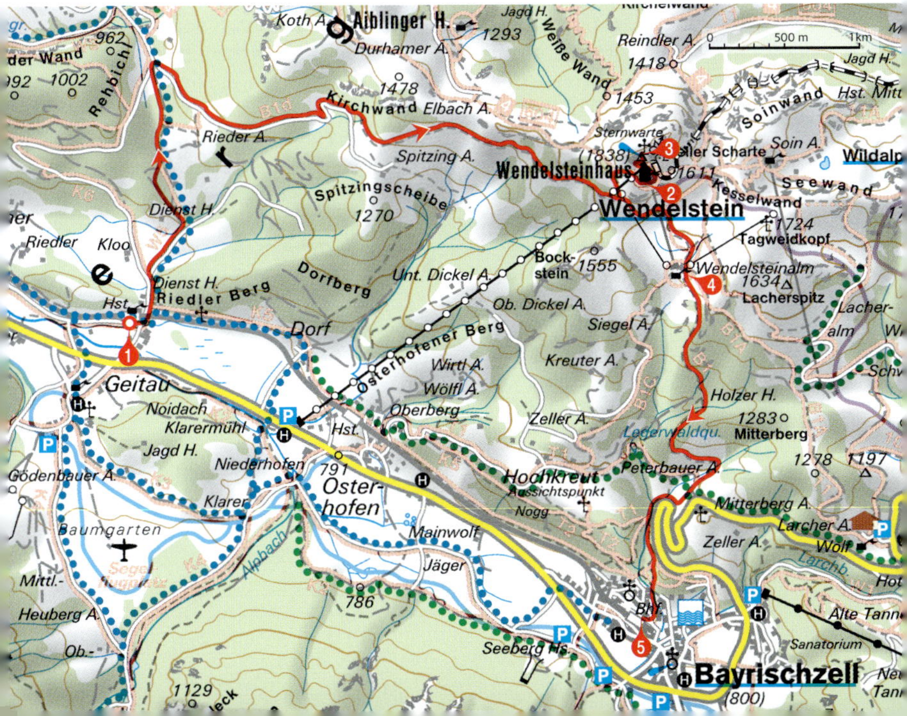

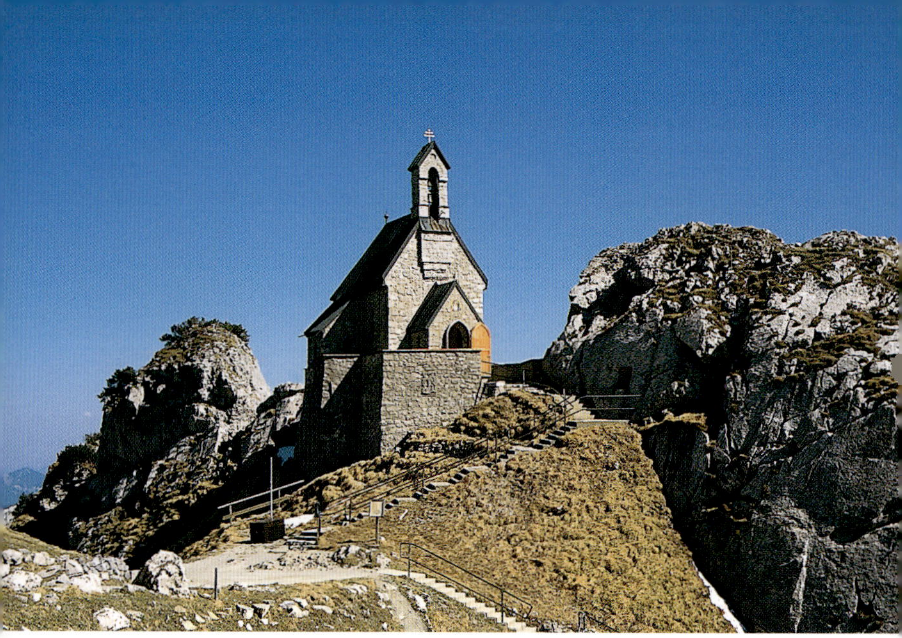

Das Wendelsteinkircherl.

und Aiplspitze. Nach weiteren 20 Minuten gehen wir in einem kleinen Waldstück an einer Abzweigung geradeaus (nicht nach links steil bergauf), folgen dem Höhenzug mal auf gleicher Höhe bleibend, mal leicht ansteigend und kreuzen schließlich die Gondelbahn. Kurz darauf macht der Steig eine Biegung nach links und führt steil bergauf unter einem Schlepplift hindurch zu einem Querweg, dem wir nach links bis zu einer Verzweigung folgen. Hier weist uns ein Schild nach rechts Richtung Wendelstein. Wir kreuzen noch mehrmals die Gondelbahn, bis wir schließlich die Bergstation mit dem **Wendelsteinhaus ❷**, 1724 m, erreichen.

Rechts am Haus vorbei und am Wendelsteinkircherl links gelangen wir auf den mit einem Geländer gesicherten, in den Fels gebauten Weg, der in Windungen, durch einen kleinen Tunnel und über Treppen zur Aussichtsplattform auf dem **Wendelstein ❸**, 1838 m, führt. Die tolle Rundsicht entschädigt ein wenig für die Verbauungen: Von Chiemsee, Kampenwand und Watzmann reicht

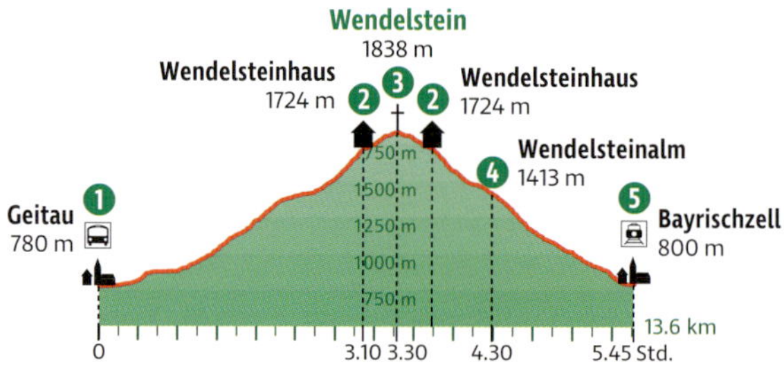

der Blick über die Loferer Steinberge, Zahmen und Wilden Kaiser, Hohe Tauern und Zillertaler Alpen bis zu Karwendel und Wetterstein.

Auf demselben Weg geht es zurück zum **Wendelsteinhaus** ❷ und weiter hinab bis kurz oberhalb des Schlepplifts. Hier verlassen wir unsere Aufstiegsroute, zweigen also nicht rechts hinunter zum Schlepplift ab, sondern bleiben auf dem geradeaus verlaufenden Weg. Erst geht es bergab, dann in einer Hangquerung unterhalb des Wendelsteins entlang. Mit etwas Glück sehen wir ein paar Gämsen. Dann schwenkt der Weg nach rechts und führt hinab in den Kessel mit der **Wendelsteinalm** ❹, 1413 m.

Hier nehmen wir an der Verzweigung den mittleren Weg Richtung Bayrischzell. Nach ungefähr 35 Minuten erreichen wir eine Kreuzung und halten uns geradeaus. Kurz darauf überqueren wir ein Bachbett. Auf einem Höhenweg gelangen wir zu einem weiteren Bachbett. Auf der anderen Seite rechts abwärts überqueren wir nach wenigen Minuten einen Wirtschaftsweg und folgen dem schmalen Weg weiter Richtung Bayrischzell. Ein kurzes Stück verläuft er neben der Tatzelwurmstraße, dann kreuzt er einen weiteren Wirtschaftsweg. Kurz danach stoßen wir auf einen Querweg, den wir links hinuntergehen. Wir treffen an den ersten Häusern von Bayrischzell auf ein Schottersträßchen, gehen kurz nach rechts, dann links über einen Bach. Das Schottersträßchen geht in ein Teersträßchen über, das nach wenigen Metern auf eine Querstraße trifft. Hier halten wir uns links. An der Biegung des Sträßchens gehen wir rechts über den Schotterplatz direkt zum Bahnhof von **Bayrischzell** ❺, 800 m.

Blick vom Gipfel Richtung Osten zum Wildalpjoch.

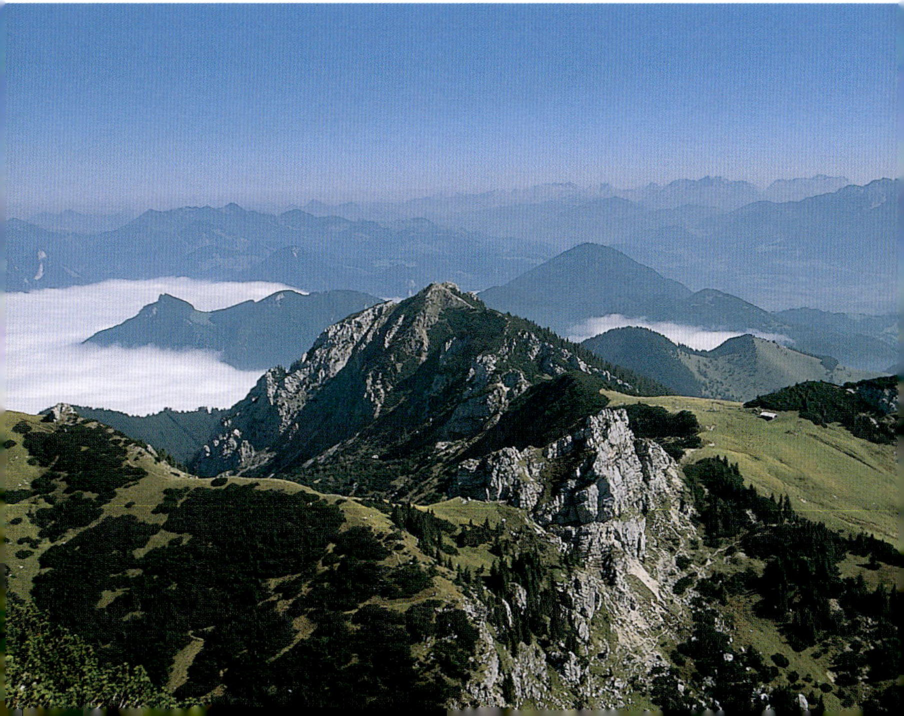

47 Seebergkopf, 1538 m

Von Bayrischzell nach Osterhofen

4.40 Std. | 13,1 km | ↗ 740 m | ↘ 750 m

Gemütliche Tour auf einen wenig bekannten Berg

Ganz unspektakulär liegt der bewaldete Seeberg südwestlich von Bayrischzell am »Treffpunkt« von Leitzach- und Ursprungtal, umgeben von seinen höheren und vor allem auch populäreren Nachbarn. Und doch hat man von seinem breiten Gipfel, dem Seebergkopf, eine schöne Aussicht auf Bayrischzell und das Wendelsteinmassiv, auf Kleinen und Großen Traithen, Hinteres Sonnwendjoch, Rotwand und Miesing, bei guter Sicht sogar bis in die Zentralalpen. Die kurze Tour führt von Bayrischzell auf schönen Steigen zum Gipfel, im Frühsommer blühen hier, ebenso wie am Ende der Tour, viele, auch seltene Orchideen. Den Beginn des Aufstiegswegs erreicht man vom Bahnhof in wenigen Minuten.

Ausgangspunkt: Bahnhof von Bayrischzell, 800 m.
Anfahrt: Von München Hbf (Halt auch an der Donnersbergerbrücke, am Harras sowie Montag bis Freitag an den Siemenswerken bzw. an Samstagen, Sonn- und Feiertagen in Solln) mit der BRB (Bayerische Regiobahn) über Holzkirchen nach Bayrischzell. Montag bis Freitag ab ca. 7 Uhr, Samstag, Sonn- und Feiertag ab ca. 6.30 Uhr stündliche Verbindung, Dauer ca. 1.25 Stunden.
Endpunkt: Bahnhof von Osterhofen, 791 m.
Rückfahrt: Mit der BRB (Bayerische Regiobahn) nach München. Täglich stündliche Verbindung bis ca. 22.30 Uhr, Dauer ca. 1.25 Stunden.
Anforderungen: Forstwege, Wege und Steige. Trittsicherheit erforderlich.
Einkehr: Neuhüttenalm (nur Getränke), Klareralm (nur Getränke).

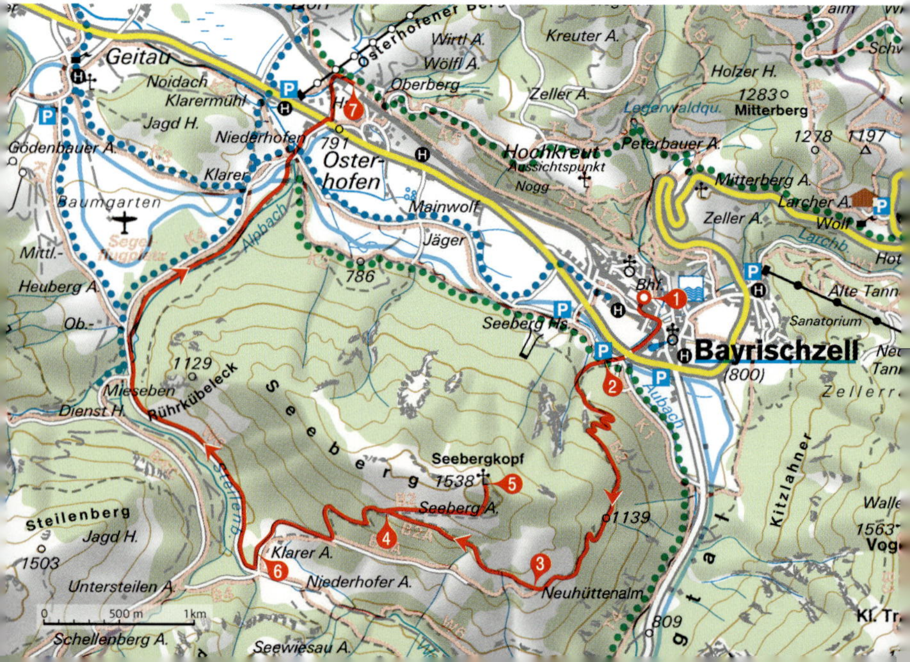

Vom Bahnhof in **Bayrischzell** ❶, 800 m, gehen wir links die Bahnhofstraße wenige Meter leicht abwärts, dann die Schlierseer Straße ein kurzes Stück nach links. Nachdem wir einen Bach überquert haben, biegen wir rechts ab und folgen der Straße am Bach entlang, bis wir auf die Umgehungsstraße treffen. Durch eine Unterführung gelangen wir auf die andere Seite und geradeaus weiter zu einer Verzweigung an einem **Wanderparkplatz** ❷.

Hier leiten uns Schilder rechts an einem Minigolfplatz vorbei geradeaus bergauf. Auch an der Kreuzung kurz darauf halten wir uns geradeaus. An den nächsten Verzweigungen folgen wir immer der Beschilderung. Der schöne Steig führt uns durch Mischwald, teils mit Blick auf Bayrischzell, in Serpentinen bergauf. Dann wendet er sich nach Süden, ins Ursprungtal, und zieht, erst relativ eben, dann leicht bergauf, durch lichten Wald. Schließlich kommen wir in freies Almgelände und erreichen kurz darauf die liebevoll mit Blumen geschmückte **Neuhüttenalm** ❸, 1225 m. Auch der vorgelagerte Aussichtspunkt mit Blick ins Ursprungtal bietet sich für eine erste Rast an.

Rechts an der Alm vorbei führt unser Steig weiter Richtung Seeberg. Zuerst einen freien Hang hinauf, dann nur mäßig steigend durch Fichtenwald erreichen wir nach 20 Minuten die **Seebergalm** ❹, 1360 m.

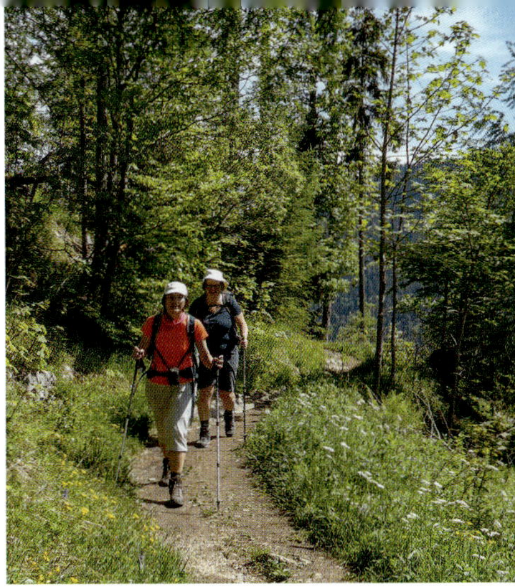

Im Aufstieg oberhalb des Ursprungtals.

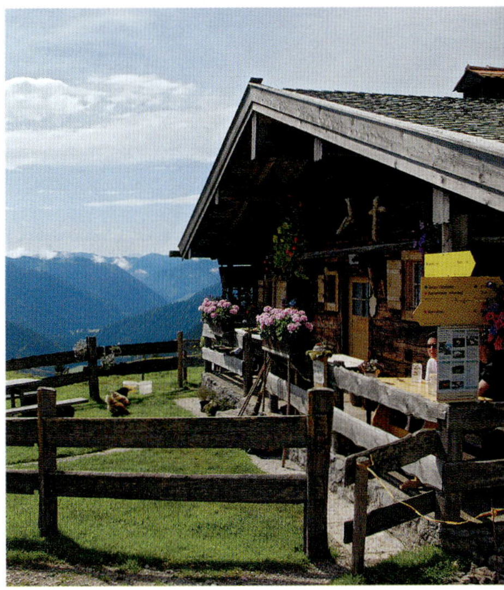

Idyllisch: die Neuhüttenalm.

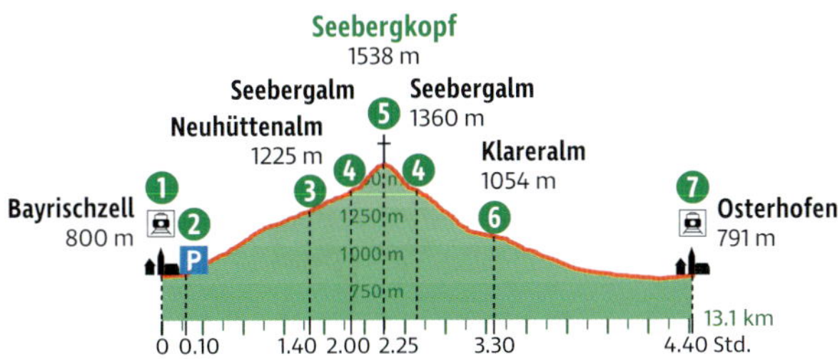

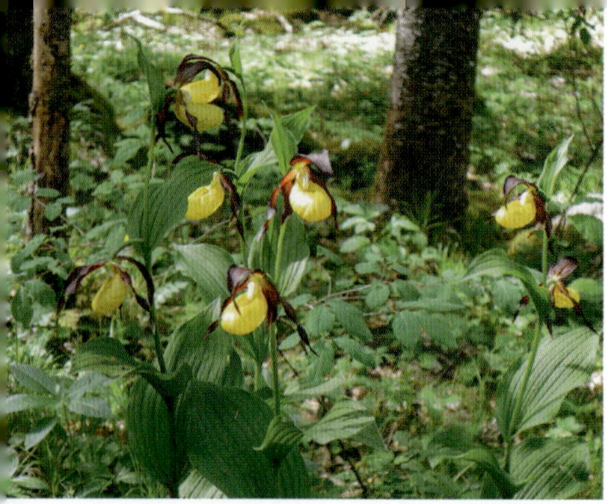

Frauenschuh in der Nähe des Alpbachs.

Markierungen leiten uns vor dem Almgebäude in einem Bogen nach rechts. Weiter auf einem Steig, teils durch Almgelände, teils durch Fichten, den Hang hinauf. Wir erreichen den Rücken und gehen noch kurz links zum Gipfel des **Seebergkopfs** ❺, 1538 m.

Nachdem wir die Aussicht genossen haben, geht es auf demselben Weg zurück zur **Seebergalm** ❹. Noch vor dem Almgebäude folgen wir den blauen Markierungen nach rechts über eine Wiese. Dann führt uns ein Steig in Serpentinen durch Nadelwald hinab. Etwa 40 Minuten nach der Seebergalm treffen wir auf einen Forstweg und halten uns rechts. Der Weg verläuft in einem Bogen an der **Klareralm** ❻ vorbei nach Süden zu einer Kreuzung.

Wir wenden uns nach rechts und folgen dem Forstweg durch Mischwald bergab. An einer Abzweigung (Mieseben, 840 m) bleiben wir geradeaus auf der Forststraße Richtung Geitau und Osterhofen. Die Forststraße geht gleich darauf in ein Teersträßchen über. Kurz danach verlassen wir dieses nach rechts in einen Wanderweg am Alpbach entlang. Nach einer Weile treffen wir auf ein Teersträßchen und überqueren den Bach auf diesem nach rechts. Wenig später stoßen wir auf die Bundesstraße, überqueren sie, gehen kurz nach rechts und gleich darauf links in ein kleines Teersträßchen. Direkt nach der Überquerung eines Bachs biegen wir rechts ab und folgen einem Pfad an diesem entlang. Unter einer Unterführung hindurch und dann nach rechts gelangen wir zum Bahnhof von **Osterhofen** ❼, 791 m. Ein Kneippbecken am Ende des Bahnsteigs sorgt für Erfrischung beim Warten auf den Zug.

Wendelstein und Bayrischzell vom Gipfel des Seebergkopfs.

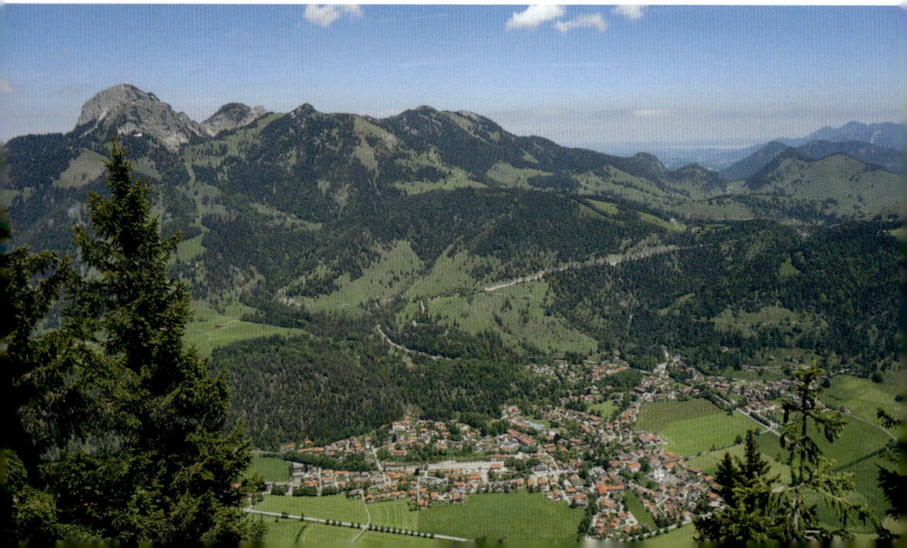

Pendling, 1563 m
Von Hinterthiersee nach Kufstein

48

5.30 Std. | 14,9 km | ↗740 m | ↘1090 m

Ruhige Waldwanderung auf ein Visavis des Kaisergebirges
Der Pendling ragt als steiler, felsiger Zahn bei Kufstein markant über dem Inntal auf. Der Aufstieg von Hinterthiersee verläuft auf einsamen Steigen durch schönen, Schatten spendenden Wald. Freie Blicke öffnen sich nur im oberen Teil, auf dem vom Gipfel zum Pendlinghaus führenden Bergrücken. Das Pendlinghaus selbst liegt spektakulär direkt an der steil ins Inntal abfallenden Kante und bietet, vis-a-vis des Kaisergebirges, einen fantastischen Panoramablick. Wer Lust auf Abkühlung hat, macht beim Abstieg noch einen Abstecher zu dem idyllisch gelegenen Stimmersee oder folgt der Variante zum Vorderthiersee, ebenfalls ein hübscher Badesee. Endpunkt unserer Tour ist das attraktive Kleinstädtchen Kufstein, das sich zu beiden Seiten des Inns ausbreitet. Die Altstadt, vom Bahnhof nur durch eine Brücke über den Inn getrennt, lädt mit ihrem netten Flair nach der Tour zu einem (Eis-)Café- oder Restaurantbesuch ein.

Ausgangspunkt: Hinterthiersee, Haltestelle Hinterthiersee Sonnhof, 846 m.
Anfahrt: Von München Hbf (Halt auch in München Ost und Grafing) mit der BRB (Bayerische Regiobahn) nach Kufstein. Von dort mit dem Bus (Linie 4046) nach Hinterthiersee, Haltestelle Hinterthiersee Sonnhof. Montag bis Freitag morgens zwei Verbindungen, Dauer ca. 1.50 Stunden. Samstag, Sonn- und Feiertag morgens eine Verbindung, Dauer 2 Stunden. Deutschlandticket, MVV-Tarif, Bayernticket und Guten Tag Ticket gelten im Regionalverkehr bis Kufstein Bahnhof.
Endpunkt: Kufstein Bahnhof, 499 m.
Rückfahrt: Mit der BRB (Bayerische Regiobahn) nach München Hbf (Halt auch in Grafing und München Ost). Stündliche Verbindung bis spätabends, ab ca. 20 Uhr mit Umsteigen in Rosenheim, Dauer ca. 1.15 Stunden.
Anforderungen: Überwiegend Waldsteige, kurze Strecken auf Forstwegen, etwas Trittsicherheit erforderlich. Beim Aufstieg diverse Verzweigungen, Wegweiser an den wesentlichen Stellen.
Einkehr: Pendlinghaus (Kufsteiner Haus, Übernachtungsmöglichkeit).
Variante: *Abstieg nach Vorderthiersee:* Kurz vor dem Dreibrunnenjoch dem Schild nach Vorderthiersee folgen, zweimal links und dann links auf einen Steig. Steil durch Wald hinab. An einer Verzweigung rechts und in einem Rechtsbogen zu einem Teersträßchen. Hier rechts und in der folgenden Kurve geradeaus zum See. Dort links, an schönen Badeplätzen vorbei, vor einem Bach links und hoch zur Hauptstraße. Rechts ist gleich die Haltestelle GH Weißes Rössl, geradeaus und rechts über eine Brücke die Haltestelle Passionsspielhaus (ca. 50 Minuten ab Abzweigung vor Dreibrunnenjoch). Rückfahrt über Kufstein oder Bayrischzell. Von der Haltestelle Passionsspielhaus (Thiersee) mit dem VVT-Bus (Linie 4046) nach Kufstein und weiter mit der BRB nach München. Montag bis Freitag nachmittags vier bzw. fünf Verbindungen bis ca. 18.40 Uhr, Samstag, Sonn- und Feiertag zwei Verbindungen bis ca. 16.50 Uhr. Von der Haltestelle Thiersee, GH Weißes Rössl Samstag und Sonntag von Ende Mai bis Ende Oktober mit dem MVV-Bus (Linie 396) nach München Ostbahnhof (oder in Bayrischzell in die BRB umsteigen). Zwei Verbindungen am Spätnachmittag, die letzte um ca. 18 Uhr.

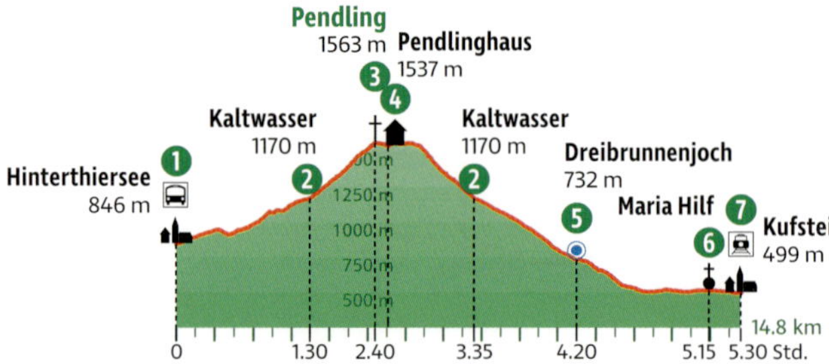

Von der Bushaltestelle Sonnhof in **Hinterthiersee** ❶, 846 m, gehen wir ein kurzes Stück an der Straße zurück und biegen gleich rechts in ein asphaltiertes Sträßchen ein. Dieses geht in einen Schotter-Fahrweg über, der im Wald aufwärts führt. Nach ungefähr 20 Minuten zweigt ein schmalerer Fahrweg nach links ab. Diesem folgen wir ein paar Höhenmeter hinab in ein Tälchen und verlassen ihn dort in einer Linkskehre geradeaus auf einen Steig. Wir treffen wieder auf einen Fahrweg und folgen dem Wegweiser Richtung Pendling nach links. An einem querenden Fahrweg halten wir uns rechts, können diesen aber bereits nach wenigen Minuten nach links auf einen Steig verlassen. Wir kreuzen einen breiten Weg und folgen dem Steig geradeaus, teils auf derselben Höhe bleibend, teils leicht bergauf, durch schönen Wald. Dann überqueren wir einen Bach, steigen etwas hinauf und queren – kurz etwas ausgesetzt – einen Hang. Eine Pfadspur nach rechts ignorieren wir. Wir stoßen auf einen querenden breiteren Weg und gehen gegenüber auf dem Steig weiter. Auch beim nächsten querenden Weg gehen wir gegenüber auf dem Steig weiter. Kurz darauf mündet unser Steig in einen Fahrweg ein. Hier halten wir uns links, kommen an eine Kreuzung und gehen geradeaus weiter. Dann treffen wir bei **Kaltwasser** ❷, 1170 m, auf eine weitere Verzweigung.

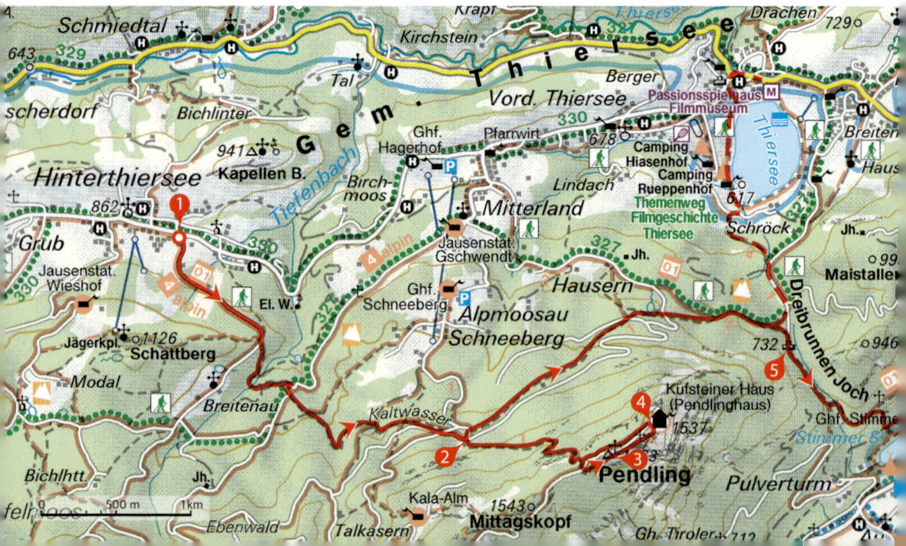

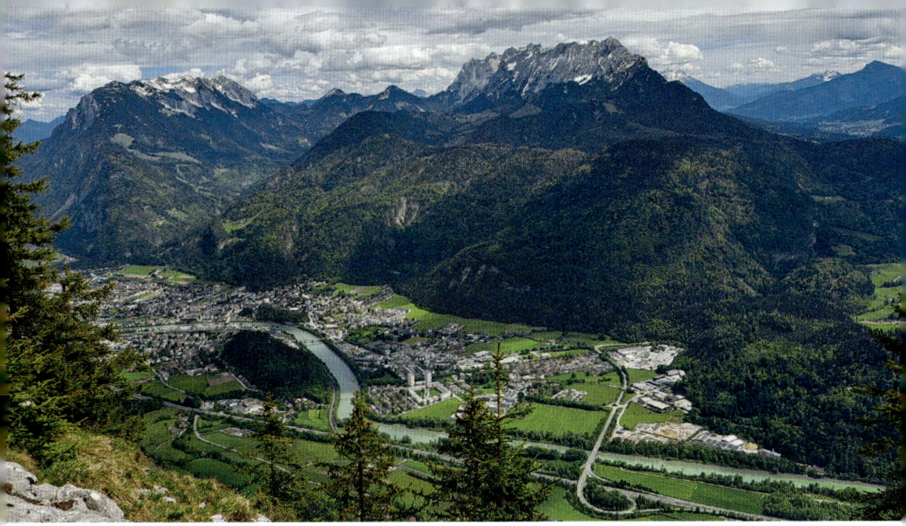

Kufstein und Kaisergebirge vom Pendling.

Hier zweigt der Aufstieg zum Gipfel nach rechts ab. Teilweise in Kehren und an den felsigen Nordabhängen des Pendling vorbei geht es bergauf, bis wir den Rücken des Pendling erreichen. Dort überqueren wir ein Schotter-Fahrsträßchen und folgen dem ausgeschilderten Fußweg zum Gipfel des **Pendling** ❸, 1563 m. Vom höchsten Punkt hat man nur eine eingeschränkte Sicht. Die besseren Blicke bieten sich auf dem Weiterweg Richtung Pendlinghaus und an einem zweiten Kreuz. Von hier sehen wir ins Inntal, auf das Kaisergebirge, in die Kitzbüheler Alpen, die Hohen Tauern und die Zillertaler Alpen. Weiter in dieselbe Richtung erreichen wir in wenigen Minuten das **Pendlinghaus** ❹ mit seiner Aussichtsterrasse, 1537 m.

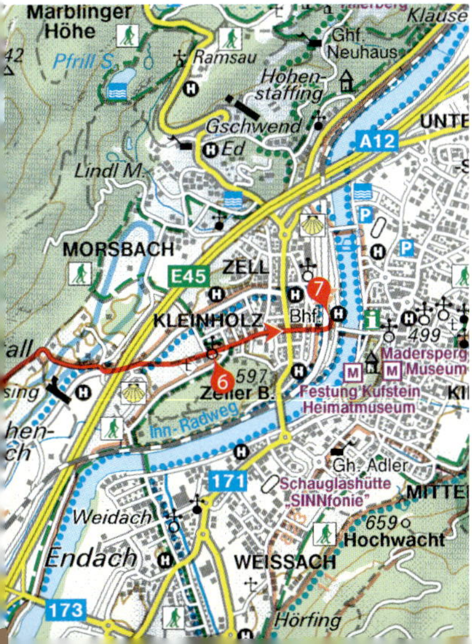

Um das Haus herum treffen wir auf einen Fahrweg, dem wir abwärts bis zu der vom Hinweg bekannten Kreuzung folgen. Hier halten wir uns rechts und steigen auf bekanntem Weg nach **Kaltwasser** ❷ ab. Dort überqueren wir den Fahrweg, gehen wenige Meter hinunter und folgen rechts dem Steig Richtung Dreibrunnenjoch / Vorderthiersee / Kufstein. Immer geradeaus geht es durch den Wald hinab. Nach ungefähr 25 Minuten stoßen wir auf einen Fahrweg, gehen wenige Meter nach rechts und finden dann links die Fortsetzung unseres Steiges. Bald darauf queren wir erneut einen Fahrweg und folgen weiter dem Steig. Wieder treffen wir auf einen Fahrweg. Hier leitet uns ein Schild Richtung Dreibrunnenjoch nach rechts. Kurz danach gelangen wir an eine Abzweigung und

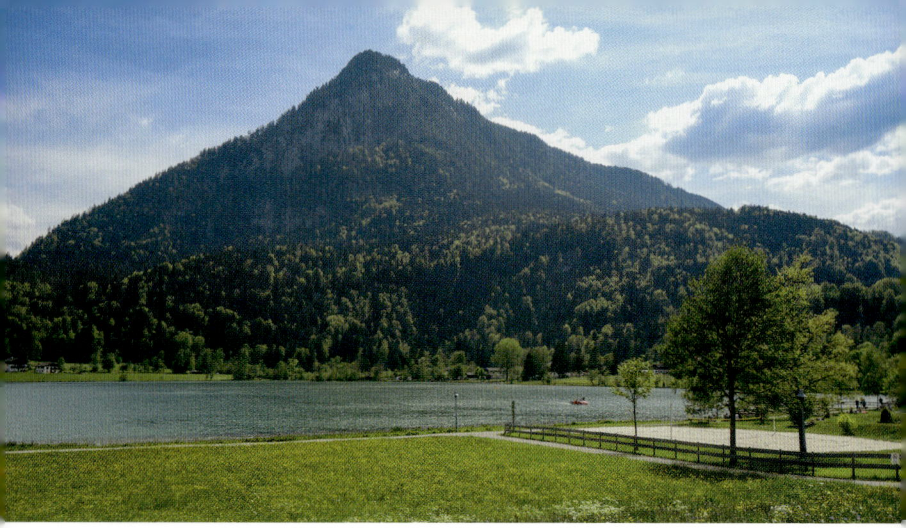

Über dem Thiersee ragt der Pendling auf (Variante).

verlassen den Fahrweg nach rechts auf den Steig Richtung Dreibrunnenjoch / Kufstein (für die Variante Richtung Vorderthiersee auf dem Fahrweg bleiben). Der Steig stößt wieder auf einen Fahrweg. Nach rechts erreichen wir gleich darauf das **Dreibrunnenjoch** ❺, 732 m, wo wir unsere Trinkwasservorräte mit dem Quellwasser auffüllen können.

Wenige Minuten später zweigt ein Steig nach links Richtung Stimmersee / Kufstein ab und leitet uns oberhalb eines kleinen Stausees weiter durch den Wald hinab. An einer Abzweigung ist der Weiterweg geradeaus gesperrt. Daher halten wir uns rechts und folgen dem schmalen, verwilderten Steig weiter den Hang hinab. Ungefähr 30 Minuten nach dem Dreibrunnenjoch treffen wir auf einen quer laufenden breiteren Weg. Geradeaus können wir einen Abstecher zu dem idyllischen Stimmersee machen, einem beliebten Badesee, der für seine gute Wasserqualität bekannt ist.

Richtung Kufstein wenden wir uns nach links, kommen an einer weiteren Abzweigung zum Stimmersee vorbei und halten uns auch an den zwei folgenden Abzweigungen geradeaus. An einer Schranke geht unser Weg in ein Teersträßchen über, dem wir in einem Rechtsbogen und an einigen Häusern vorbei folgen. Wir treffen auf eine größere Straße und gehen an dieser entlang unter der Autobahn hindurch. Kurz danach zweigt rechts ein Pfad über eine Wiese ab, der uns zur Wallfahrtskapelle **Maria Hilf** ❻ leitet. Hier, am Ortsrand von Kufstein, beginnt eine Lindenallee, ein Naturdenkmal mit schönen, ca. 250 Jahre alten Lindenbäumen. Am Ende der Lindenallee folgen wir geradeaus der Zellerburgstraße über eine Kreuzung. Wo die Straße an einer Querstraße endet, führt geradeaus ein Fußweg weiter. Wir überqueren die Bahngleise auf der Fußgängerbrücke mit schönem Blick auf die Festung Kufstein, gehen die Treppe hinab, nach links und sind direkt am Bahnhof von **Kufstein** ❼. Wer noch Zeit bis zur Abfahrt des Zuges hat: Nur kurz über die Innbrücke und man ist direkt im Stadtzentrum mit diversen Einkehrmöglichkeiten – gleich rechts ist ein gutes Eiscafé.

Weinbergerhaus, 1273 m, am Brentenjoch

Auf den Kufsteiner Stadtberg

49

4.20 Std. | 13,9 km | ↗ 800 m | ↘ 800 m

Aussichtsloge mit Blick auf Inntal und Wilden Kaiser

Der Kufsteiner Stadtberg ist ein dem Wilden Kaiser vorgelagerter Höhenzug mit vielfältigen Ganzjahres-Freizeitmöglichkeiten. Im Sommer zieht es viele zum Wandern und Mountainbiken hier hoch, zumal der Sessellift denen, die es gerne bequem haben, den Aufstieg erleichtert. Im Winter ist Winterwandern und bei hinreichend guter Schneelage Skitourengehen und Rodeln auf der vom Aschenbrennerhaus ins Tal führenden Rodelbahn angesagt. Quasi eine dritte Jahreszeit und eine besondere Attraktion ist die Schneerosenblüte, die sich je nach Witterung von Februar bis in den April hinein vollzieht. Dann übersäen Tausende und Abertausende von Schneerosen die Hänge – das Vorkommen am Stadtberg ist eines der größten der Ostalpen. Es ist Jahr für Jahr ein beeindruckendes Naturschauspiel, wenn sich die zarten Blüten den Weg aus dem Schnee bahnen, erst strahlend weiß, dann roséfarben blühen und sich schließlich unscheinbar grün verfärben. Auf der Website des Aschenbrennerhauses postet der Wirt meist, wann die Schneerosenblüte so richtig angefangen hat. Große Teile der hier vorgestellten Tour sind früh im Jahr schneefrei oder bei Schnee gespurt. Wenn die Steige nicht begehbar sind, kann man auf Forst- und Wirtschaftswege ausweichen und so das Weinberger- sowie das Aschenbrennerhaus rund ums Jahr erreichen.

Ausgangs- und Endpunkt: Bahnhof von Kufstein, 499 m.
Anfahrt: Von München Hbf (Halt auch in München Ost und Grafing) mit der BRB (Bayerische Regiobahn) nach Kufstein. Ganztags stündliche Verbindung, Dauer ca. 1.20 Stunden. Deutschlandticket, MVV-Tarif, Bayernticket und Guten Tag Ticket gelten im Regionalverkehr bis Kufstein Bahnhof.
Rückfahrt: Stündliche Verbindung bis spätabends, ab ca. 20 Uhr mit Umsteigen in Rosenheim, Dauer ca. 1.15 Stunden.
Anforderungen: Gute Steige, Wirtschafts- und Forstwege. Auf dem mit Geländer gesicherten Weg oberhalb der Kienbachklamm Trittsicherheit und Schwindelfreiheit angenehm. Vorsicht mit Kindern.
Einkehr: Duxeralm (zu Redaktionsschluss geschlossen, Wiedereröffnung unbestimmt), Weinbergerhaus (Übernachtungsmöglichkeit, Montag, Dienstag und Feiertage in Tirol Ruhetag), Berghaus Aschenbrenner (20-minütiger Abstecher, Übernachtungsmöglichkeit, Montag Ruhetag, außer an Feiertagen).

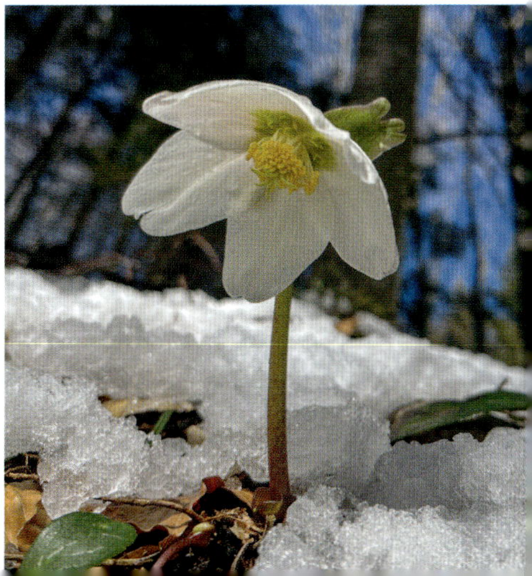

Schneerose am Stadtberg.

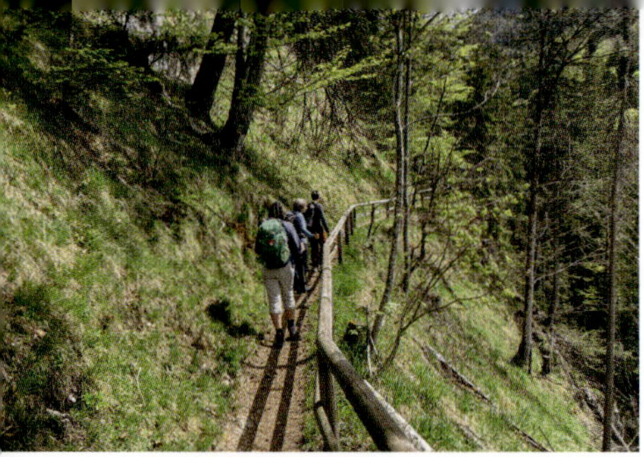

Schöner Steig über der Kienbachklamm.

Vom Bahnhofsvorplatz in **Kufstein** ❶, 499 m, gehen wir geradeaus über die Innbrücke und weiter leicht ansteigend über den verkehrsberuhigten Unteren Stadtplatz zu einer Querstraße. Gegenüber folgen wir der Georg-Pirmoser-Straße, dann der Kienbergstraße immer geradeaus bis zum Stadtrand. Oberhalb eines Spielplatzes verlassen wir die Straße nach links auf einen Wanderweg. Nach wenigen Metern gabelt sich dieser. Wir halten uns rechts und gehen, erst kurz über Stufen, dann auf einem schön angelegten Steig in Kehren durch lichten Mischwald bergauf. Dabei bieten sich immer wieder schöne Blicke auf Kufstein, den Inn und den Pendling. Ungefähr 40 Minuten ab dem Stadtrand erreichen wir eine Gabelung oberhalb von einer bewaldeten Senke, dem sogenannten **Elfenhain** ❷, 750 m. Hier folgen wir rechts dem Schild Richtung Kaindlhütte und durchqueren die Senke. An deren Ende ignorieren wir eine Linksabzweigung zum Hinterduxerhof und gelangen an einer unter einem Fels gelegenen Bank vorbei auf einen durch Geländer gut gesicherten Steig. Dieser führt uns höhehaltend und mit imponierenden Tiefblicken oberhalb der tief eingeschnittenen Kienbachklamm entlang. An einer Gabelung am Ende des gesicherten Steigs halten wir uns links bergauf und stoßen auf einen Wirtschaftsweg. Wir gehen wenige Meter nach rechts zu einem querenden Forstweg. Auf der anderen Seite führt ein Steig weiter (Schild »Duxeralm«), der kurz darauf in einen Forstweg mündet. Hier rechts erreichen wir die **Duxeralm** ❸, 911 m.

Wir folgen dem breiten Schotterweg, der links hinter der Duxeralm steil bergan führt, bevor er den Sessellift kreuzt, nach links zieht und am Hang entlangführt. An einem Wanderschild folgen wir einem Wirtschaftsweg nach rechts, treffen auf einen breiten Forstweg und folgen diesem nach links. Wir ignorieren einen unbeschilderten Rechtsabzweig, passieren eine gefasste Quelle und verlassen den Forstweg kurz darauf nach rechts, dem Schild Brentenjochalm / Weinbergerhaus folgend. Hier links könnten wir auf dem Forstweg bequem, aber länger eine Kehre mit schönen Blicken ins Kaisertal auslaufen. Wir aber kürzen diese erst auf der Piste, dann auf einem steilen Steig den Hang hinauf ab. Wir treffen wieder auf den Forstweg, gehen

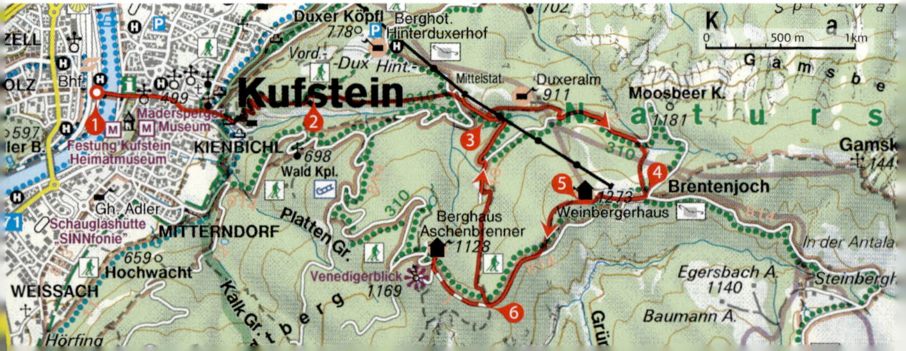

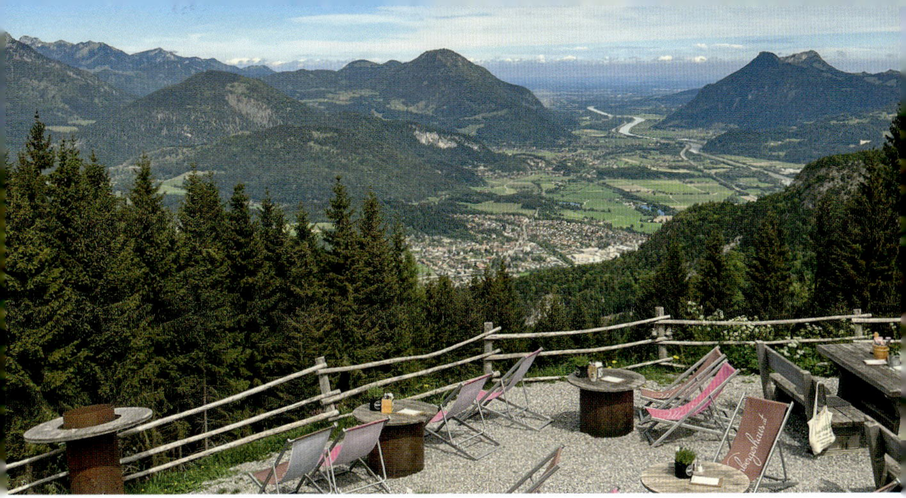

Blick vom Weinbergerhaus ins Inntal.

nach rechts und erreichen nach wenigen Metern das **Brentenjoch ❹**, 1204 m, wo sich zum ersten Mal der Blick auf den Wilden Kaiser öffnet.

Hier rechts, an der nächsten Gabelung wieder rechts und an einer Rechtsabzweigung zur Bergstation des Sesselliftes vorbei erreichen wir in 10 Minuten das **Weinbergerhaus ❺**, 1273 m, mit seinem kleinen Gipfelchen, einigen Alpakas und einer schönen Aussichtsterrasse.

Links am Weinbergerhaus vorbei folgen wir dem Schild »Aschenbrenner / Kufstein« auf einem Steig, der uns über einen Rücken hinunter zu dem Wirtschaftsweg bringt, der Brentenjoch und Aschenbrennerhaus verbindet. Auf diesem geradeaus nach Süden erreichen wir höhehaltend 20 Minuten nach dem Weinbergerhaus eine **Rechtsabzweigung ❻** zur Duxeralm über den Schneerosensteig, 1140 m. (Hier geradeaus lohnt sich in 20 Minuten hin und zurück ein Abstecher zum Aschenbrennerhaus, 1128 m, das ganzjährig mit einer sonnigen Aussichtsterrasse, Tiroler Gerichten und leckeren Kuchen lockt.)

Wir verlassen den Wirtschaftsweg nach rechts auf den Schneerosensteig, der uns idyllisch durch schönen Mischwald zu einer Forststraße hinabführt. Hier rechts und an der nächsten Gabelung links erreichen wir nach einem Tobel, in dem wir den Sessellift kreuzen, schließlich wieder die **Duxeralm ❸**.

Auf dem Aufstiegsweg gelangen wir wieder zum Bahnhof von **Kufstein ❶** zurück.

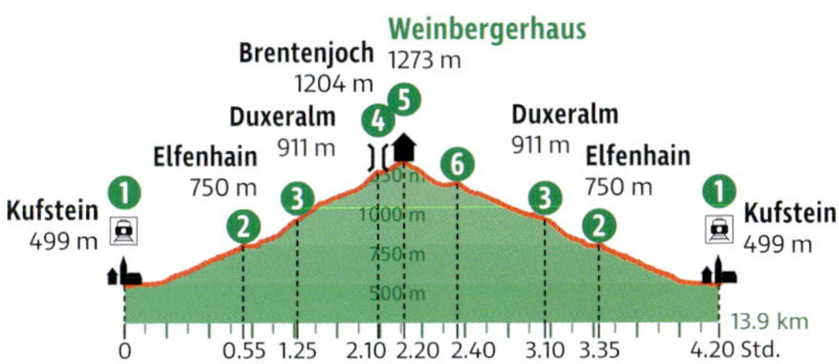

50 Naunspitze, 1633 m

Von Kufstein durch das Kaisertal

6.10 Std. | 15,6 km | ↗1150 m | ↘1150 m

Aussichtskanzel über dem Inntal

Das sich bei Kufstein ins Kaisergebirge hineinziehende, unter Naturschutz stehende Kaisertal ist ein landschaftliches Juwel. Der Zugang war jahrzehntelang heiß umstritten. Die gut 30 Einwohnerinnen und Einwohner forderten die Erschließung ihres bis dahin nur über einen Treppenweg mit 285 Stufen zugänglichen Tales durch den Bau einer Straße. Die Gegner des Straßenbaus, darunter der Alpenverein, plädierten zum Schutz der Natur für eine nur von den Anwohnern zu benutzende Seilbahn. Letztlich setzten sich die Befürworter der Straße durch, am 31. Mai 2008 wurde der Tunnel in das Tal eröffnet, doch immerhin ist die Zufahrt nur Anwohnern gestattet. Im vorderen Teil des Kaisertals zweigt ein Steig Richtung Kaiserbach ab, der zur Tischoferhöhle hinunterführt. In dieser ungefähr 60 Meter langen Höhle haben Paläontologen Anfang des 20. Jahrhunderts die Überreste von mehr als 380 Höhlenbären und verschiedenen anderen Tieren sowie einige menschliche Skelette entdeckt. Auch wenn von den Funden dort nichts zu sehen ist, lohnt sich der Abstecher zur Höhle – besonders am Vormittag, wenn das Sonnenlicht in den Eingang fällt. Der Weiterweg führt über die bewirtschaftete Rietzaualm zur Vorderkaiserfeldenhütte. Von dort ist es nicht mehr weit zur Naunspitze, einer tollen Aussichtskanzel über dem Inntal. Der Aufstiegsweg bis zur ganzjährig geöffneten Vorderkaiserfeldenhütte mit ihrer gemütlichen Gaststube lässt sich meist auch im Winter gut gehen.

Vormittags am schönsten: die Tischoferhöhle.

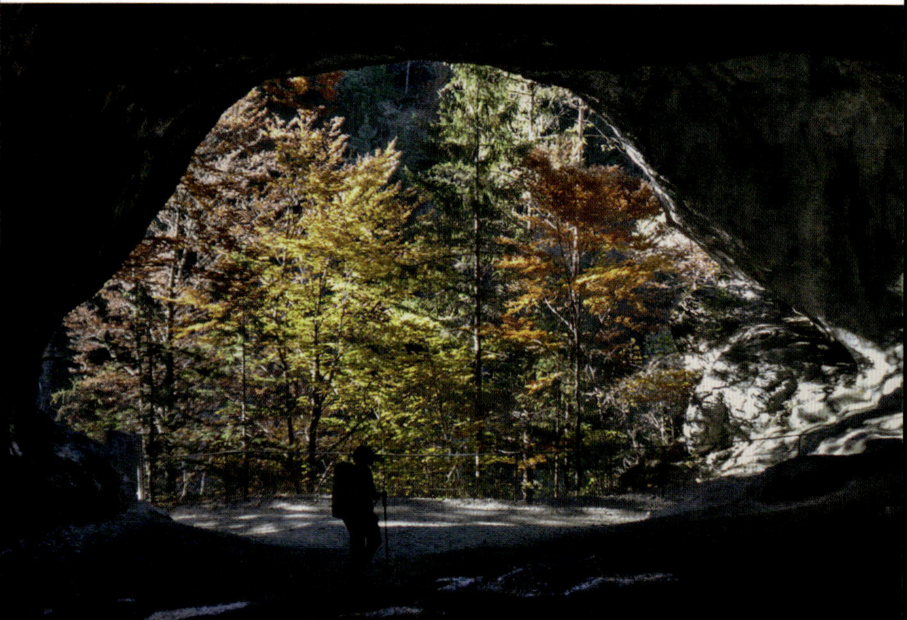

Ausgangs- und Endpunkt: Ebbs (bei Kufstein), Bushaltestelle Ebbs Kaisertal, 500 m.
Anfahrt: Von München Hbf (Halt auch in München Ost und Grafing) mit der BRB (Bayerische Regiobahn) nach Kufstein, dort umsteigen in den Bus (Linie 4030) Richtung Kössen. Morgens drei Verbindungen im Stundenabstand ab ca. 6.40 Uhr, Dauer ca. 1.45 Stunden. Deutschlandticket, MVV-Tarif, Bayernticket und Guten Tag Ticket gelten im Regionalverkehr bis Kufstein (Bahnhof).
Rückfahrt: Mit dem Bus zum Bahnhof von Kufstein und weiter mit der BRB (Bayerische Regiobahn) nach München. Fahrt zum Bahnhof mit Stadtbus Linie 2 oder 4 bzw. Bus Linie 4030 (Stadtbus an Wochenenden zum Teil als Großraumtaxi zu normalem Busfahrpreis). Am Freitag und Samstag gibt es zusätzlich einen Nachtbus (730N). Nachmittags weitgehend stündliche Verbindung, die letzte Verbindung Montag bis Donnerstag sowie Sonn- und Feiertag ca. 19 Uhr, Freitag und Samstag durch den Nachtbus um ca. 21.40 Uhr (davor allerdings 2 Stunden keine Verbindung). Zu Fuß in gut 35 Minuten zum Bahnhof von Kufstein, BRB nach München stündlich.
Anforderungen: Gute Wirtschaftswege, Wege und Steige; auf die Naunspitze Trittsicherheit erforderlich.
Einkehr: Veitenhof (Übernachtungsmöglichkeit, Montag, Dienstag und Mittwoch Ruhetag), Rietzaualm (Übernachtungsmöglichkeit, Montag Ruhetag, Wiedereröffnung nach Umbau voraussichtlich September 2024), Vorderkaiserfeldenhütte (Übernachtungsmöglichkeit, voraussichtlich 2025/26 wegen Ersatzbau geschlossen), Pfandlhof (Übernachtungsmöglichkeit, Donnerstag Ruhetag), Berg'k'hof (Übernachtungsmöglichkeit).

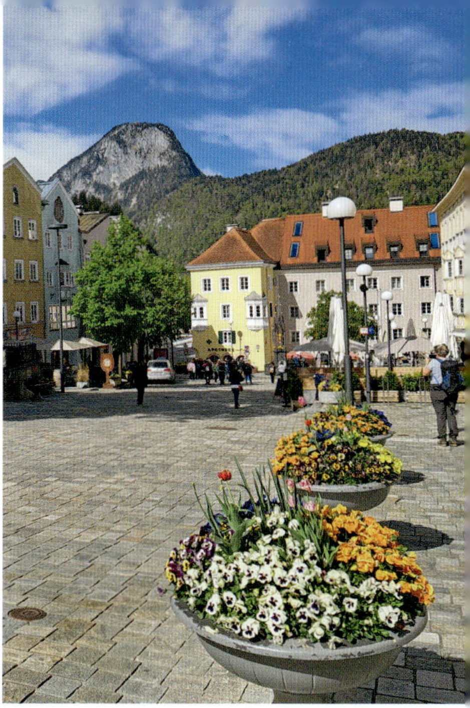

Der Stadtplatz von Kufstein mit dem Pendling im Hintergrund.

Variante: *Peterköpfl, 1745 m:* Von der Verzweigung unterhalb der Naunspitze nach rechts auf eine Schulter und kurz nach rechts zum Gipfel (ca. 50 Minuten hin und zurück).
Tipp: Bummel durch die Altstadt von Kufstein und über die Innpromenade.

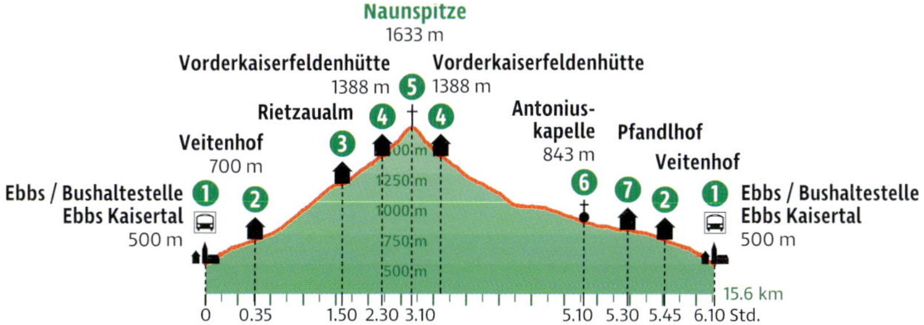

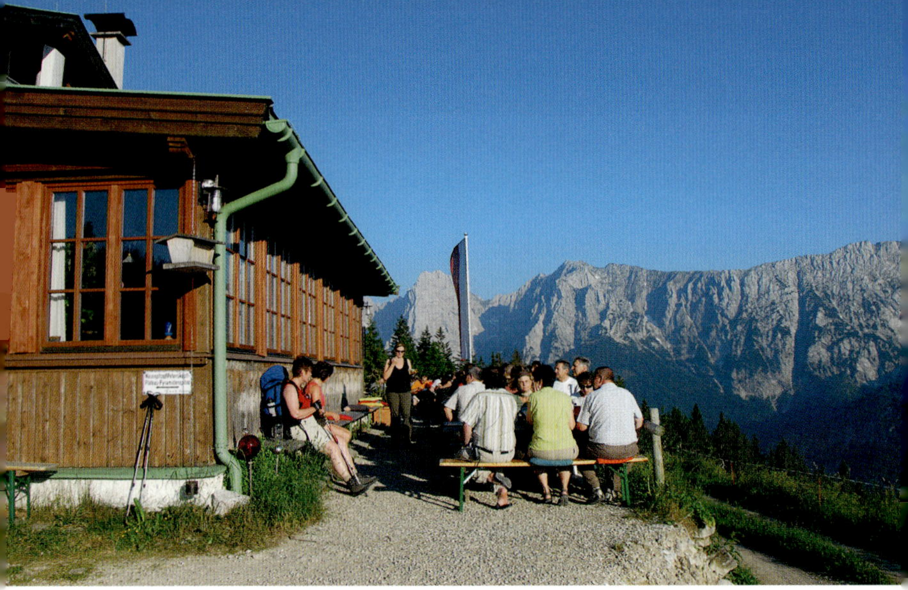

Blick von der Vorderkaiserfeldenhütte zum Wilden Kaiser.

Von der Bushaltestelle Kaisertal in **Ebbs ❶** steigen wir mit Blick auf Kufstein und die Festung den Treppenweg zum Kaisertal hinauf. Nach 15 Minuten enden die Stufen und es geht, an der Abzweigung zur Tischoferhöhle vorbei, auf einer Forststraße flacher zum **Veitenhof ❷**.
Weiter in das Kaisertal hinein kommen wir an eine Abzweigung, wo uns Schilder Richtung Vorderkaiserfeldenhütte und Naunspitze links steil bergauf leiten. Nach einer Stunde gelangen wir in freies Gelände mit drei Almen, darunter die bewirtschaftete **Rietzaualm ❸**, 1160 m.
An der Gabelung beim obersten Almgebäude folgen wir links dem breiten Weg bergauf und erreichen an zwei Rechtsabzweigungen vor-

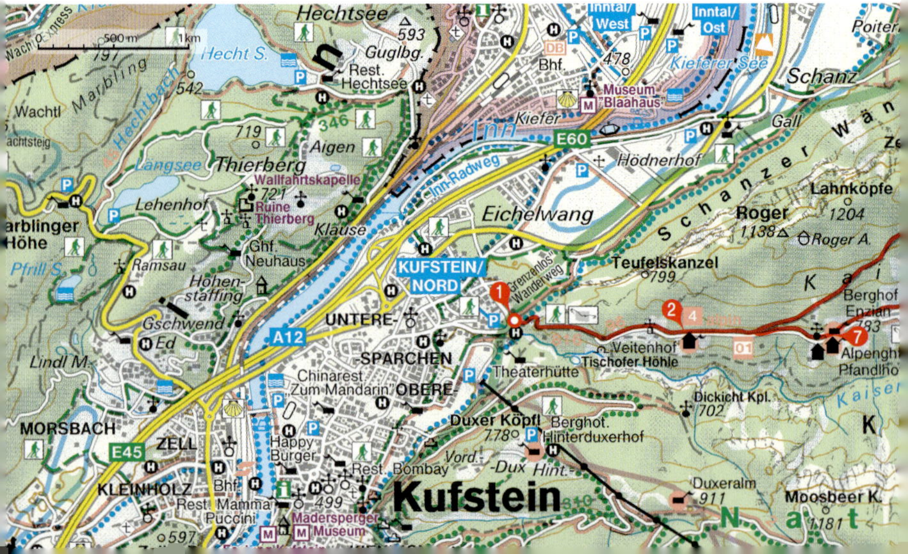

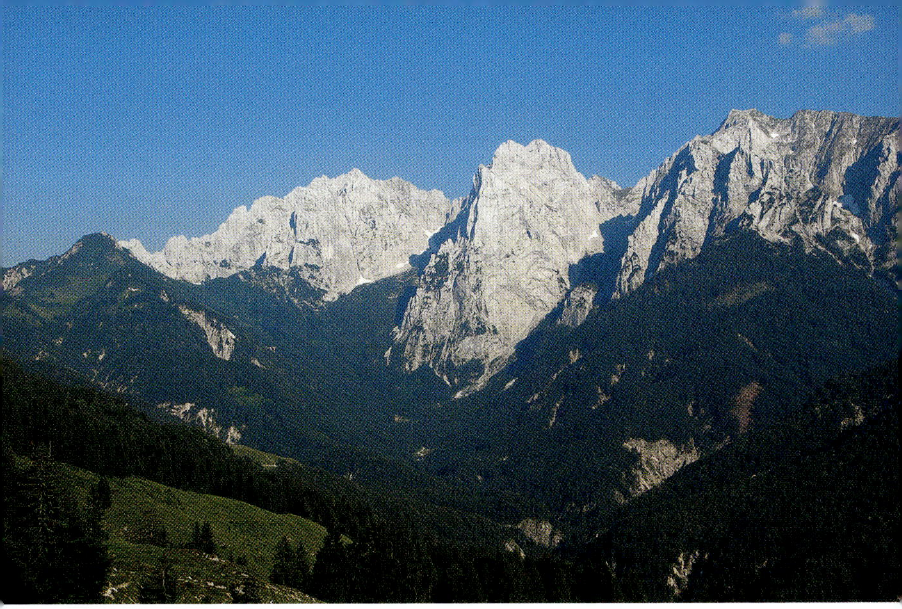

Im Kaisertal: Stripsenkopf, Totenkirchl, Halt-Stock und Sonneck.

bei die **Vorderkaiserfeldenhütte ❹**, 1388 m.

Hinter der Hütte folgen wir dem rot-weiß markierten Steig mit Ausblicken ins Inntal aufwärts durch den lichten Wald. An einer Verzweigung halten wir uns links und gelangen in einem Rechtsbogen über eine kurze felsige Passage auf den Gipfel der **Naunspitze ❺**, 1633 m, die nach Westen steil ins Inntal abfällt. Nun eröffnen sich auch Fernblicke in die Zentralalpen.

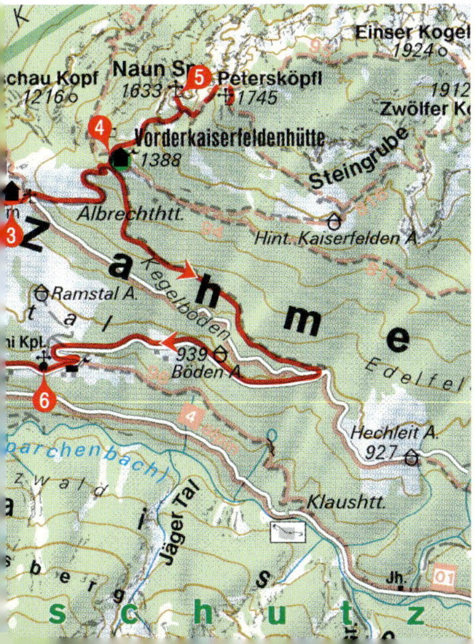

Auf demselben Weg gehen wir zurück zur **Vorderkaiserfeldenhütte ❹**. Kurz nach der Hütte folgen wir an der zweiten Abzweigung links dem rot-weiß markierten Steig bergab. An einer Felswand vorbei treffen wir nach knapp einer Stunde auf eine Forststraße, gehen wenige Meter nach links zu einer Verzweigung und biegen dort, dem Schild Richtung Kufstein folgend, scharf nach rechts ab. Ein Wirtschaftsweg führt uns erst geradeaus, dann in einer S-Kurve zum Hinterkaiserhof und der **Antoniuskapelle ❻**, 843 m. Von dort geht es zum **Pfandlhof ❼**, 783 m, und dem Berg'k'hof. Wir gehen weiter geradeaus, nun durch Wald, und kommen zu der vom Hinweg bekannten Abzweigung zur Vorderkaiserfeldenhütte. Auf dem Anstiegsweg geht es, am **Veitenhof ❷** vorbei, hinab zur Straße und zur Bushaltestelle in **Ebbs ❶**.

51 Kampenwand, 1668 m
Von Aschau über die Steinlingalm

6.10 Std. | 16,3 km | ↗1060 m | ↘1060 m

Die Krone des Chiemgaus

Die Kampenwand gehört aufgrund des aussichtsreichen Gipfels und der Infrastruktur (eine Seilbahn bis auf die Westschulter des Bergstocks, zahlreiche Einkehrmöglichkeiten, diverse Wander- und Radwege) zu den viel besuchten Zielen des Chiemgaus. Trotzdem lohnt sich die Tour, zumal unser Aufstiegsweg bis zur Steinlingalm und auch das letzte Stück unseres Abstiegswegs etwas ruhiger sind und durch schöne Mischwälder führen. Der Gang durch die »Kaisersäle« und die leichte Felskraxelei im Gipfelbereich machen Spaß und sind auch für Kinder spannend – aber aufpassen muss man! Auch das Panorama ist vom Feinsten: Man hat einen schönen Rundblick auf die umliegenden Chiemgauer Berge und im Hintergrund auf die Berchtesgadener Alpen, die Loferer Steinberge, die Hohen Tauern, das Kaisergebirge, das Rofan, das Karwendel und last but not least die Bayerischen Voralpen. Von daher: »Wann i mit meiner Wampn kannt, dann ganga't i auf'd Kampnwand.« Der Gipfel ist am Tag gut an seiner typischen »Krönchen-Form« erkennbar. An einigen Tagen im Jahr ist das Kreuz auch nachts weithin sichtbar: Dann wird es – auf Basis von Solarenergie – beleuchtet.

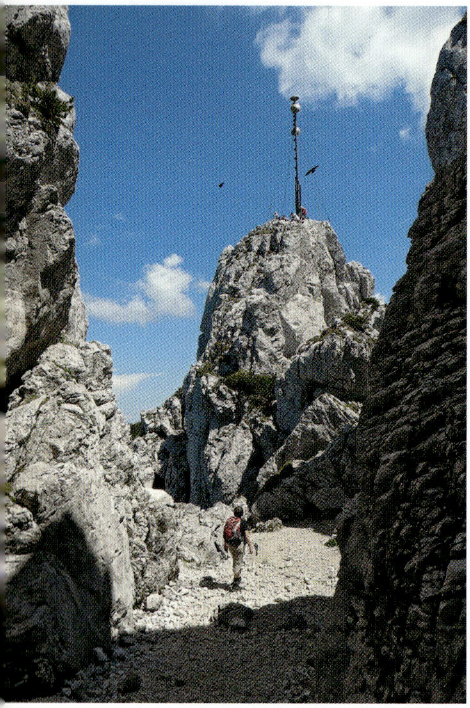

Kurz vor dem Gipfel der Kampenwand.

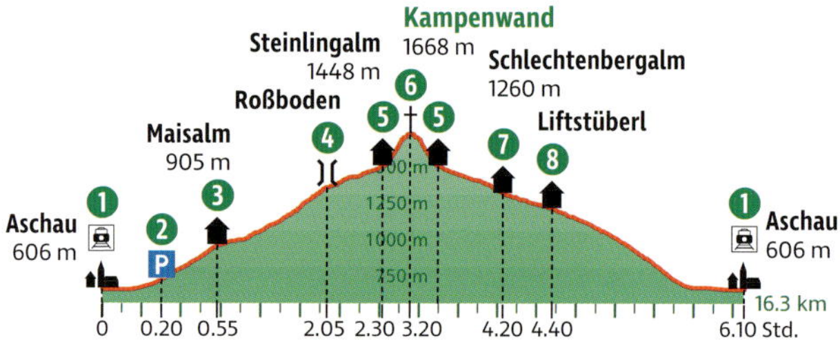

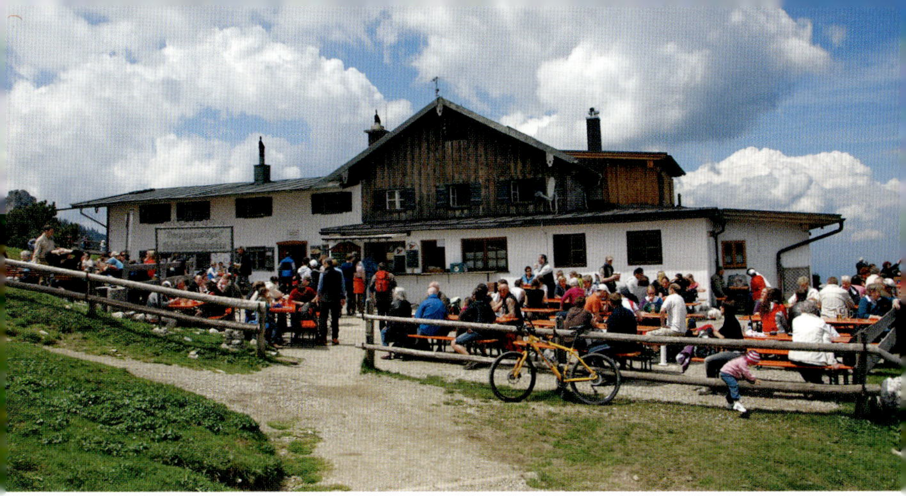

Die Steinlingalm ist ein beliebtes Ausflugsziel.

Ausgangs- und Endpunkt: Bahnhof von Aschau, 606 m.
Anfahrt: Von München Hbf (Halt auch München Ost) mit der BRB (Bayerische Regiobahn) nach Prien, dort umsteigen in den Regionalzug nach Aschau. Stündliche Verbindung, Dauer 1.15 bis 1.35 Stunden. Montag bis Freitag ist es bei einer Verbindung 20 Minuten schneller, in Rosenheim in den Bus (Linie 496) nach Aschau umzusteigen.
Rückfahrt: Mit dem Regionalzug nach Prien und von dort mit der BRB (Bayerische Regiobahn) nach München. Eine Verbindung pro Stunde, Abfahrt aber nicht ganz regelmäßig, Dauer 1.20 bis 1.50 Stunden. Um auf bahn.de alle Nahverkehrsverbindungen zu finden, gezielt nach diesen suchen.
Anforderungen: Almsträßchen, Forstwege und gute Steige bis zum Gipfelaufbau. Im Gipfelbereich ist Trittsicherheit erforderlich, einige leichte Kraxelstellen. Der Fels ist teilweise glatt poliert, Vorsicht bei Nässe. Eine mit einer Kette gesicherte Stelle ist etwas ausgesetzt.
Einkehr: Maisalm (Montag Ruhetag), Steinlingalm (Montag Ruhetag, außer an Feiertagen), Schlechtenbergalm, Liftstüberl (Übernachtungsmöglichkeit).

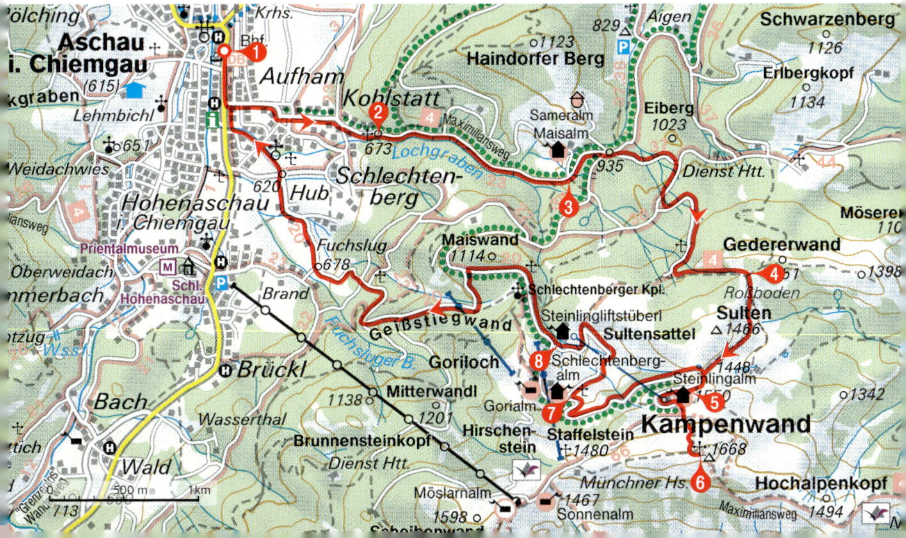

Vor dem Bahnhof von **Aschau ❶**, 606 m, gehen wir links in die Bahnhofstraße. Diese geht in die Kampenwandstraße über. An einer Verkehrsinsel mit Baum biegen wir nach links und folgen den Schildern Richtung Maisalm und Kampenwand zu einer Gabelung. Hier halten wir uns rechts, wenige Meter später links und kommen über den Kohlstattweg an einem ersten Wanderparkplatz vorbei. Rechts gelangen wir zu einem zweiten **Wanderparkplatz ❷** am Ortsende.

An Fahrverbotsschildern vorbei erreichen wir den Lochgraben. Wir gehen auf Teer durch schönen Mischwald am Bach entlang hinauf zur **Maisalm ❸**, 905 m, und folgen dann einem geschotterten Forstweg, bis wir 5 Minuten nach der Alm auf eine große Kreuzung treffen. Hier halten wir uns auf dem Weg geradeaus Richtung Schmiedalm und Maueralm. 10 Minuten später treffen wir auf einen querenden Forstweg und folgen diesem nach rechts. Kurz darauf kürzen wir unseren Forstweg links auf einem rot-weiß-rot markierten Weg ab. Wieder am Forstweg folgen wir diesem nach links. Nach einigen Minuten geht der Forstweg in einen Steig über. An einer Gabelung wenden wir uns links Richtung Steinlingalm und Kampenwand und folgen den Markierungen über einen schönen Steig aufwärts durch den Wald. In einem Sattel, dem **Roßboden ❹**, 1304 m, erreichen wir freies Gelände und blicken auf Gedererwand und Hochgern. Unser Weg zieht nach rechts und quert den Hang, bis er in ein Almfahrsträßchen einmündet, dem wir in einem Bogen nach links bergauf zur **Steinlingalm ❺**, 1448 m, mit ihrem Kapellchen folgen. Hier verlassen wir den Fahrweg nach rechts auf einen Weg, der uns steil bergauf direkt auf die Kampenwand zu führt. In der Scharte am Fuß des felsigen Gipfelaufbaus wenden wir uns nach links und durchqueren die sogenannten Kaisersäle. Dabei überwinden wir, nur noch wenig steigend, zwischen Felswänden hindurch einige Felsbarrieren (Kraxelstellen, auf Markierungen achten). Etwas ausgesetzt gehen wir durch ein Drahtseil gesichert um den Gipfelfelsen herum und steigen auf der anderen Seite die letzten Meter zum Gipfelkreuz der **Kampenwand ❻**, 1668 m, mit toller Rundumsicht hinauf.

Auf demselben Weg gehen wir zurück zur **Steinlingalm ❺** und folgen dem teils geteerten Fahrsträßchen nach links abwärts (in einer Linkskurve passieren wir die Einmündung unseres Aufstiegweges).

Kurz vor der **Schlechtenbergalm ❼**, 1260 m, zweigt rechts ein Wanderweg ab. Dieser führt uns am Hang entlang und einige Bäche überquerend mit schönem Blick zum Chiemsee um den Almkessel herum

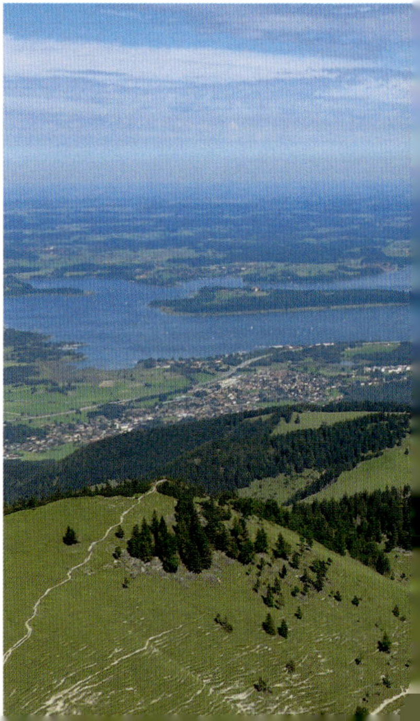

abwärts auf das **Liftstüberl** **8** zu. Dieses lassen wir rechts liegen, stoßen kurz darauf wieder auf das Fahrsträßchen und folgen diesem nach rechts in den Wald. Nach ca. 15 Minuten verlassen wir das Sträßchen nach links (Schild »Talstation«) auf einen abwechslungsreichen Fußweg, der uns durch schönen Mischwald abwärts führt. Dabei queren wir eine Wiese (Skiabfahrt) und kommen an der Geißstiegwand, einer Kletterwand, vorbei. Der Wald lichtet sich und wir genießen schöne Blicke auf Aschau und Hohenaschau. Schließlich mündet unser Weg in einen Wirtschaftsweg, dem wir nach rechts folgen. Kurz darauf kreuzen wir einen Wanderweg. Hier bleiben wir geradeaus auf dem Hauptweg (unbeschildert, nicht links Richtung Aschau und Talstation Kampenwandbahn). Wir überqueren noch einmal die Skipiste und treffen gleich darauf auf einen quer verlaufenden Forstweg. Unser Weg führt auf der anderen Seite weiter (Schild »Aschau, Schlechtenberg, Hub«) und mündet in ein asphaltiertes Sträßchen, das uns nach rechts aus dem Wald hinaus zu den ersten Häusern führt. Wir folgen dem Schild »Aschau Ortsmitte« geradeaus und gelangen über Wiesen zu einer Abzweigung, an der wir geradeaus in den Martin-Luther-Weg gehen. Dieser bringt uns in einer Linkskurve an einer Kirche vorbei zum Ortskern von Aschau. Wir überqueren ein Asphaltsträßchen und folgen geradeaus dem Fußweg am Bach entlang. Kurz bevor der Weg in eine Straße einmündet, überqueren wir den Bach nach rechts. Bald darauf treffen wir auf eine Straße, die wir schon vom Aufstieg her kennen. Hier links und nach wenigen Metern an der Verkehrsinsel mit Baum rechts in die Hauptstraße, auf der wir in wenigen Minuten den Bahnhof von **Aschau** **1** erreichen.

Blick nach Norden auf Chiemsee und Gedererwand.

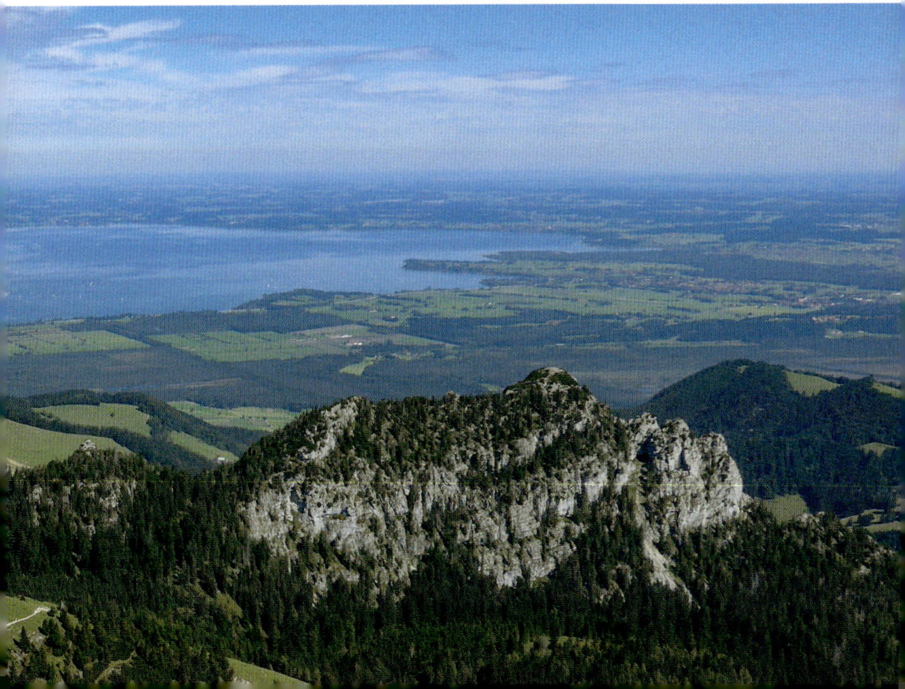

52 Hochgern, 1744 m
Über die Schnappenkirche

TOP | 6.40 Std. | 18,0 km | ↗1260 m | ↘1260 m

Die besten Aussichten ins Chiemgau

Die Chiemgauer Alpen werden von München aus nur selten mit Öffis besucht, denn viele Ziele sind nicht oder nicht gut angebunden. Einige Berge, und der Hochgern gehört dazu, sind dagegen relativ schnell und einfach zu erreichen. Am Wochenende gibt es für die Anfahrt anders als unter der Woche zwar nur eine sinnvolle Verbindung, für die Rückfahrt stehen aber an allen Wochentagen zwei oder mehr Verbindungen zur Auswahl.

Unsere Tour führt zunächst durch schöne Mischwälder hinauf zur Schnappenkirche. Diese wurde im Dreißigjährigen Krieg erbaut und ersetzte eine hölzerne Kapelle, die der Legende nach zur Erinnerung an den Grafen Marquart von Hohenstein, den Erbauer der Burg Marquartstein, errichtet worden war. Sie ist von Weitem sichtbar, entsprechend bietet sich hier zum ersten Mal ein schöner Blick ins Alpenvorland. Weiter geht es zur Staudacher Alm, die im Sommer sehr nett bewirtschaftet ist, dann steil fast 400 Höhenmeter hinauf auf das Hochgernmassiv und weiter zum Gipfel mit einem 1a-Panorama bis in die Zentralalpen. Der Abstieg verläuft zum größeren Teil auf Forstwegen und führt an nicht weniger als vier Einkehrmöglichkeiten vorbei. Im Winter ist der Weg von Marquartstein zur Agergschwendalm als Rodelbahn präpariert. Von der Alm führt meist eine Spur weiter bis zum Hochgernhaus, bei wenig Schnee sogar bis zum Gipfel (Lawinensituation beachten).

Der Gipfel des Hochgern, dahinter in Bildmitte das Kaisergebirge.

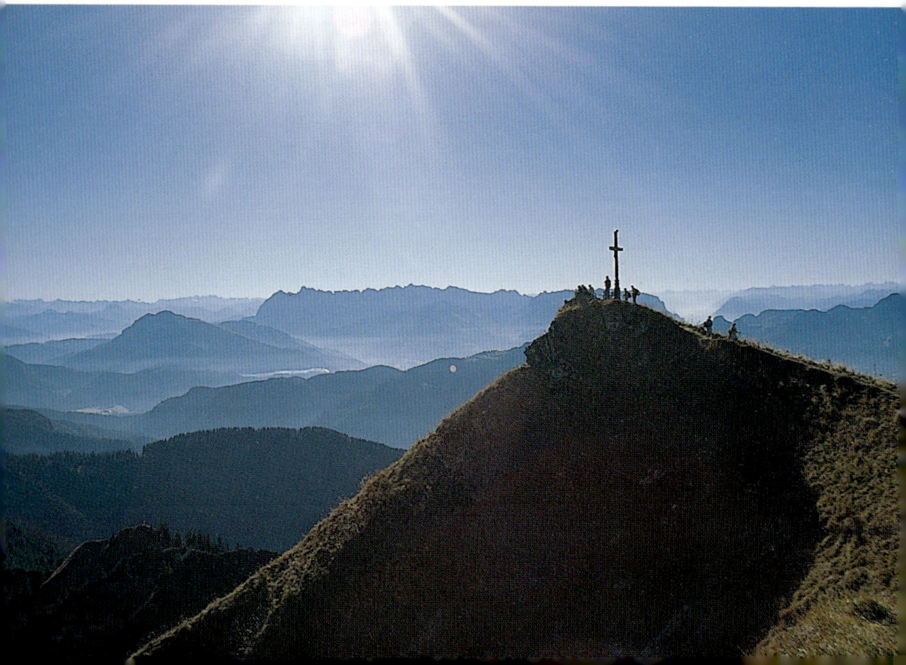

Ausgangs- und Endpunkt: Marquartstein, Rathaus, 546 m.
Anfahrt: Von München Hbf (Halt auch München Ost) mit der BRB (Bayerische Regiobahn) nach Übersee oder Prien. Von dort weiter mit dem Bus (Linie 9505 oder 9509) Richtung Marquartstein bzw. Reit im Winkl bis Marquartstein, Haltestelle Rathaus. Montag bis Freitag morgens stündliche Verbindung, Samstag, Sonn- und Feiertag nur eine Verbindung mit Umsteigen in Prien um kurz vor 8 Uhr, Dauer je ca. 1.30 Stunden.
Rückfahrt: Mit dem Bus (Linie 9505 oder 9509) nach Prien oder Übersee, dort umsteigen in die BRB (Bayerische Regiobahn) nach München. Montag bis Freitag am Nachmittag bzw. am frühen Abend vier Verbindungen bis nach 20 Uhr, Samstag, Sonn- und Feiertag zwei Verbindungen bis nach 19 Uhr, Dauer 1.35 bis 1.55 Stunden.

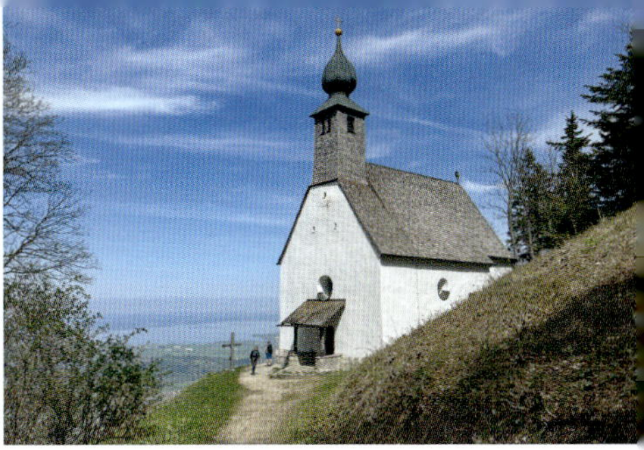

Die Schnappenkirche.

Anforderungen: Aufstieg auf Wirtschaftsweg und Steigen, dabei kurz nach der Staudacheralm ca. eine Stunde auf steilem, bei Nässe rutschigem Pfad. Abstieg auf guten Wegen und Forstwegen. Trittsicherheit erforderlich.
Einkehr: Staudacher Alm, Hochgernhaus (Übernachtungsmöglichkeit), Enzianhütte, Moaralm (Montag und Dienstag Ruhetag), Agergschwendalm.

Von der Bushaltestelle am Rathaus von **Marquartstein** ❶, 546 m, gehen wir wenige Meter in Fahrtrichtung und überqueren an einer Ampel die Hauptstraße. Wir folgen dieser wenige Meter nach rechts, bevor wir links in einen erst geschotterten, dann geteerten Weg einbiegen. Geradeaus weiter überqueren wir die Tiroler Achen und folgen der Straße nach rechts. In einer Rechtskurve verlassen wir sie kurz darauf in eine kleine Straße, der wir bergauf bis zu einem **Wanderparkplatz** ❷ folgen. An dessen oberstem Ende gehen wir geradeaus auf einen Wirtschaftsweg, kurz darauf folgen wir dem Schild »Wanderwege« nach rechts. Wir treffen auf einen querenden Forstweg, gehen links und kurz darauf wieder links auf einen breiten geschotterten Weg. Diesem folgen wir durch schönen Mischwald bergauf bis zur **Schnappenkirche** ❸, 1099 m. Hier lässt sich bei einer kleinen Pause der herrliche Blick auf den Chiemsee und das Alpenvorland genießen.
Ein kurzes Stück auf unserem Aufstiegsweg zurück, zweigt links ein Steig ab, der erst leicht bergauf,

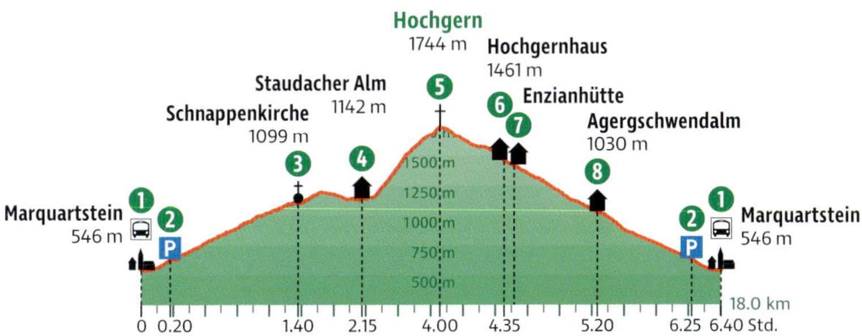

dann aber wieder etwas bergab führt. Wir treffen auf einen Forstweg, folgen diesem kurz bergauf, dann bergab in den Kessel mit der **Staudacher Alm** ❹, 1142 m.
Der Wanderweg führt geradeaus über eine Weide weiter. An einer Gabelung halten wir uns rechts. Nun geht es, anfangs durch Wald, knapp 400 Höhenmeter ausgesprochen steil bergauf. Auf einem Absatz mit einer Mulde zieht unser Weg nach links und stößt auf einen Querweg. Rechts geht es direkt zum Hochgernhaus (unser späterer Abstiegsweg), wir halten uns links. Nach einer Rechtskehre gelangen wir auf den Grat des Hochgern und wenden uns nach links. An der Gabelung gleich darauf führt rechts der kürzere Weg weiter über den Grat zum Gipfelkreuz des **Hochgern** ❺, 1744 m.
Für eine ausgiebige Rast bietet der grasbedeckte zweite Gipfel gleich dahinter mehr Platz. Hier steht eine Miniaturkirche, in der sich das Gipfelbuch befindet. Das Panorama ist fantastisch, im Vordergrund die Chiemgauer Alpen, dahinter der Dachstein und die Berchtesgadener Alpen, Leoganger und Loferer Steinberge, Hohe Tauern, Kaisergebirge sowie ganz im Westen Rofan, Karwendel und Bayerische Voralpen.
Zwischen den beiden Gipfeln führt ein Steig hinab, der wieder auf den Grat trifft. Wir folgen nun unserem Aufstiegsweg bergab, biegen dann aber an der Abzweigung nicht rechts ab, sondern bleiben geradeaus auf dem Weg Richtung Hochgernhaus. Nur leicht fallend den Kessel ausgehend erreichen wir einen Sattel. Nun geht es auf der anderen, der sonnigen Kammseite mit Blick ins Tal der Tiroler Achen, zum Unterberghorn, auf Kaisergebirge, Geigelstein und Kampenwand hinab zum **Hochgernhaus** ❻, 1461 m. Von der Terrasse hat man nochmal einen tollen Blick.
Hier beginnt ein Almfahrweg, dem wir bergab folgen. Schon zwei Kehren tiefer sind wir an der **Enzianhütte** ❼, 1420 m, und der Moaralm, den nächsten Einkehrmöglichkeiten.

Im Norden liegt uns der Chiemsee zu Füßen.

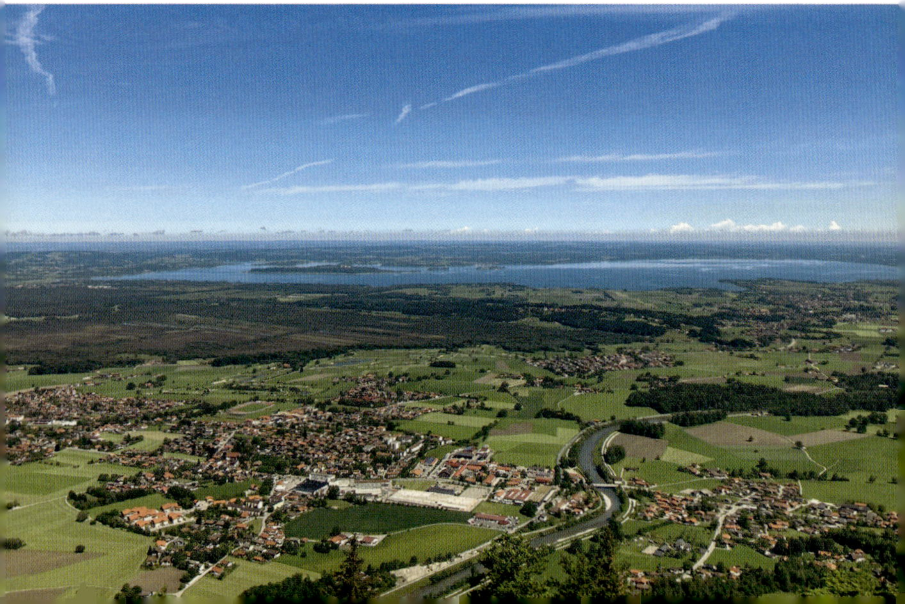

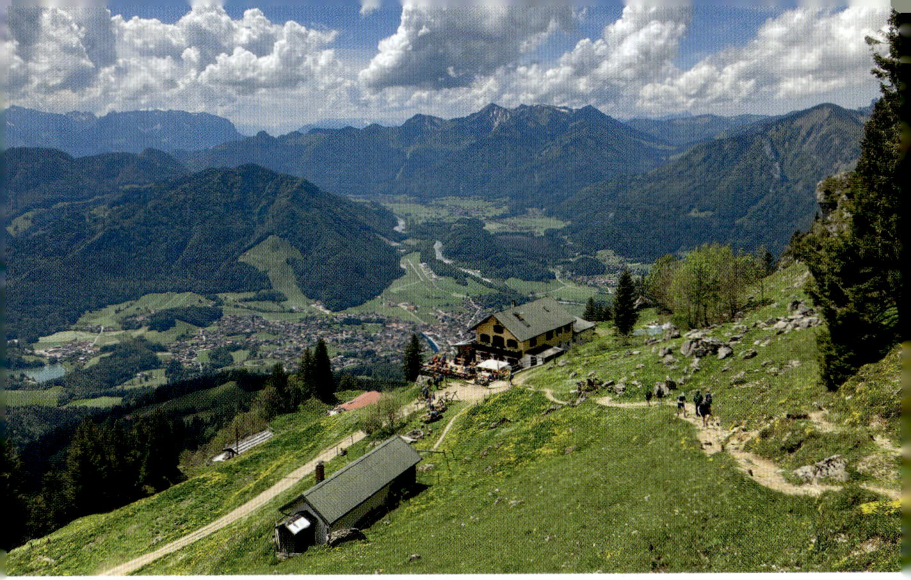

Über das Hochgernhaus fällt der Blick auf die Tiroler Achen und den Geigelstein.

Bald danach tauchen wir in den Wald ein. In Kehren geht es hinab bis zur **Agergschwendalm** ❽, 1030 m. Wir folgen weiter dem Fahrweg, den wir bald nach der Alm zweimal abkürzen (die zweite Abkürzung verläuft über den Steig, der etwas rechts vom Fahrweg an einer Aussichtsbank beginnt). Wo die zweite Abkürzung auf den Forstweg trifft, folgen wir diesem nach rechts bergab (die Abzweigungen nach Unterwössen ignorieren). An einem Strommast verlassen wir das Forststräßchen nach links auf einen Fußweg, treffen wieder auf das Sträßchen (hier sind wir im Aufstieg hoch zur Schnappenkirche gegangen), überqueren es und gehen auf dem bekannten Weg nach **Marquartstein** ❶ zurück.

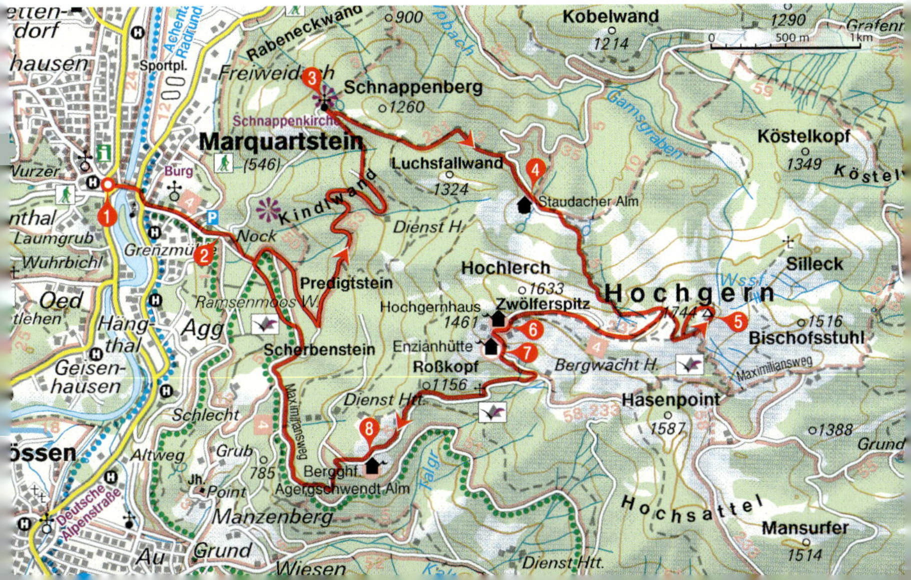

53 Karkopf, 1739 m, und Dreisesselberg, 1680 m

Von Winkl nach Bayerisch Gmain

6.40 Std. | 14,0 km | ↗1210 m | ↘1330 m

Auf reizvollen Steigen durch das Lattengebirge

Die vorliegende Tour bietet eine ideale Möglichkeit, die verschiedenen Facetten des Lattengebirges kennenzulernen: wunderschöne Mischwälder, das Gipfelplateau mit Aus- und Tiefblicken erster Güte sowie imposante Steige, wie zum Beispiel den Toni-Michl-Steig, der uns durch das nach Norden hin zum Teil sehr zerklüftete Massiv ins Tal bringt. Typisch für diesen Gebirgszug sind auch die im Jahrtausende währenden Erosionsprozess stehengebliebenen Felsformationen wie die Steinerne Agnes. Es ist erfreulich, ja fast schon verwunderlich, dass das Lattengebirge zumindest auf der der Predigstuhlbahn abgewandten Seite recht wenig begangen ist. Vielleicht liegt es daran, dass die Zustiege relativ lang sind und es in diesem Teil keine Einkehrmöglichkeiten gibt.

Ausgangspunkt: Bischofswiesen-Winkl, Bushaltestelle Sellboden, 660 m.
Anfahrt: Von München Hbf (Halt auch in München Ost) mit der BRB (Bayerische Regiobahn) nach Freilassing und von dort mit dem Regionalzug bis Bad Reichenhall. Weiter mit dem Bus (Linie 841) Richtung Jennerbahn / Königssee bis zur Haltestelle Sellboden. Montag bis Samstag morgens täglich drei Verbindungen (davon eine sehr früh), an Sonn- und Feiertagen zwei, Dauer ca. 2.50 Stunden.
Endpunkt: Bahnhof von Bayerisch Gmain, 540 m.
Rückfahrt: Mit dem Regionalzug nach Freilassing und weiter mit der BRB (Bayerische Regiobahn) nach München. Ab spätnachmittags vier Verbindungen im Stundentakt bis um ca. 20.30 Uhr, Dauer ca. 2.35 Stunden.
Anforderungen: Überwiegend gute, zum Teil schmale Bergsteige in steilem Gelände, kurze Strecken auf Forstwegen. Abstecher zur Steinernen Agnes leichte Kraxelei. Gute Trittsicherheit erforderlich, beim Abstieg etwas Schwindelfreiheit angenehm.
Einkehr: Keine.

Blick auf Bad Reichenhall und Hochstaufen.

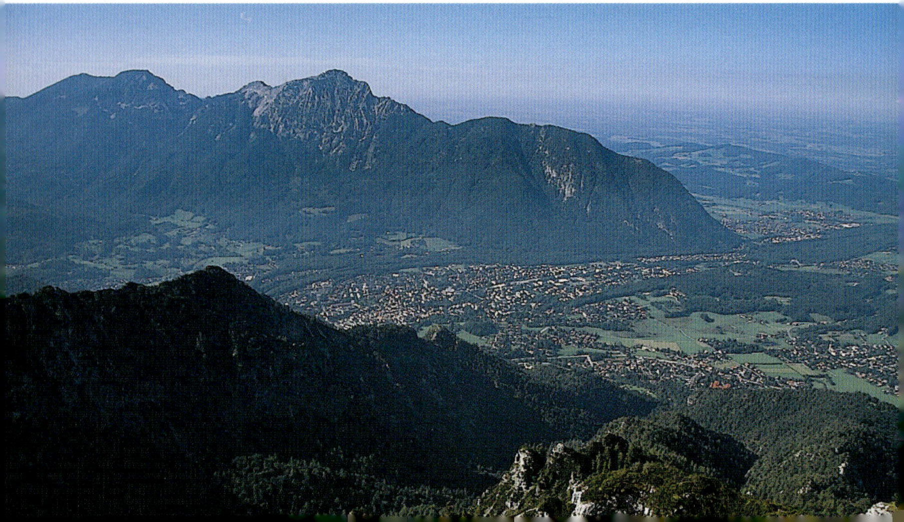

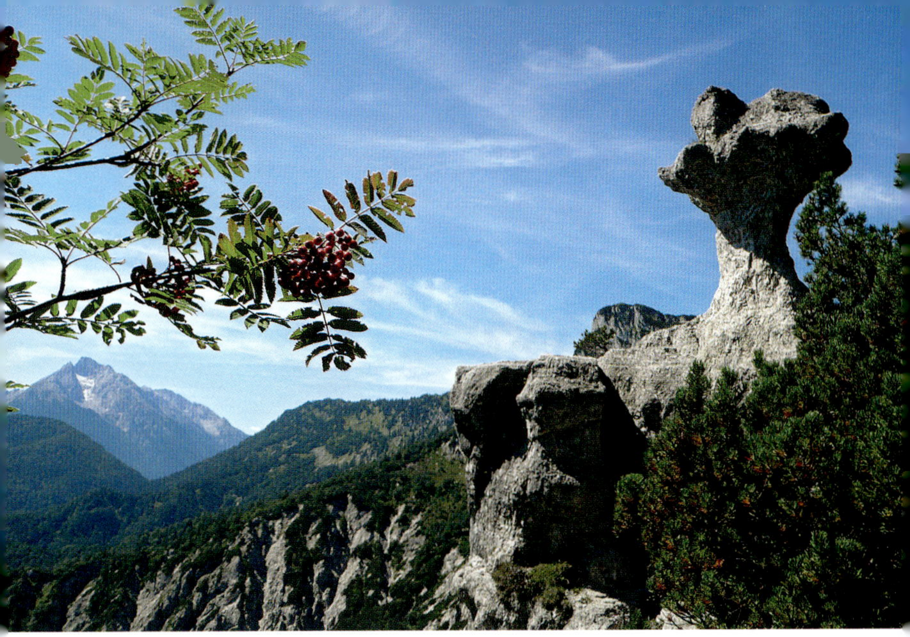

Die Steinerne Agnes, links der Hochkalter.

Von der Bushaltestelle **Winkl / Sellboden 1**, 660 m, gehen wir wenige Meter in Fahrtrichtung, biegen rechts in ein Teersträßchen und gleich nochmal rechts in den (ebenfalls geteerten) Klaushäuslweg ein. Wir passieren einen Campingplatz und bleiben an einer Gabelung rechts auf dem Klaushäuslweg. Einige Minuten später verlassen wir das Sträßchen nach rechts auf einen Forstweg (Schilder »Agnes-Rundweg«, »Steinerne Agnes« und »Hallthurm über Panoramaweg«). Der Weg taucht, zunächst ansteigend, in Mischwald ein, zieht bald nach rechts und führt, mit Blicken in den Talgrund und auf das Untersberg-Massiv, flacher den Hang entlang. Ungefähr 25 Minuten nach der Bushaltestelle treffen wir auf einen aus dem Tal hochkommenden Forstweg, dem wir nach links steil bergauf folgen. Knapp 15 Minuten später verlassen wir diesen nach rechts auf einen Steig. Dieser führt, immer wieder mit Blick auf Watzmann, Hundstod und Hochkalter, bergauf und geht weiter oben einige Tobel aus. Schließlich mündet er in einen

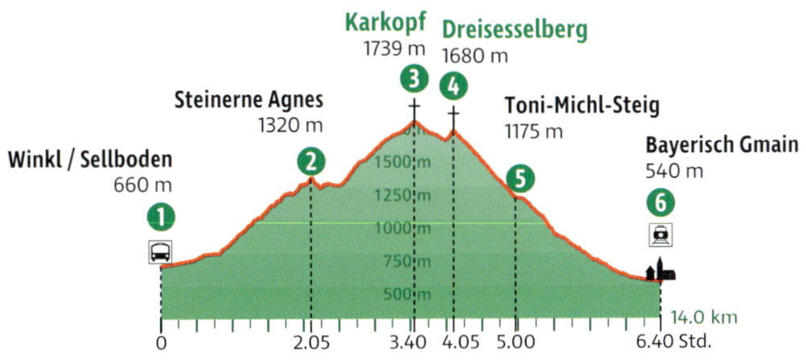

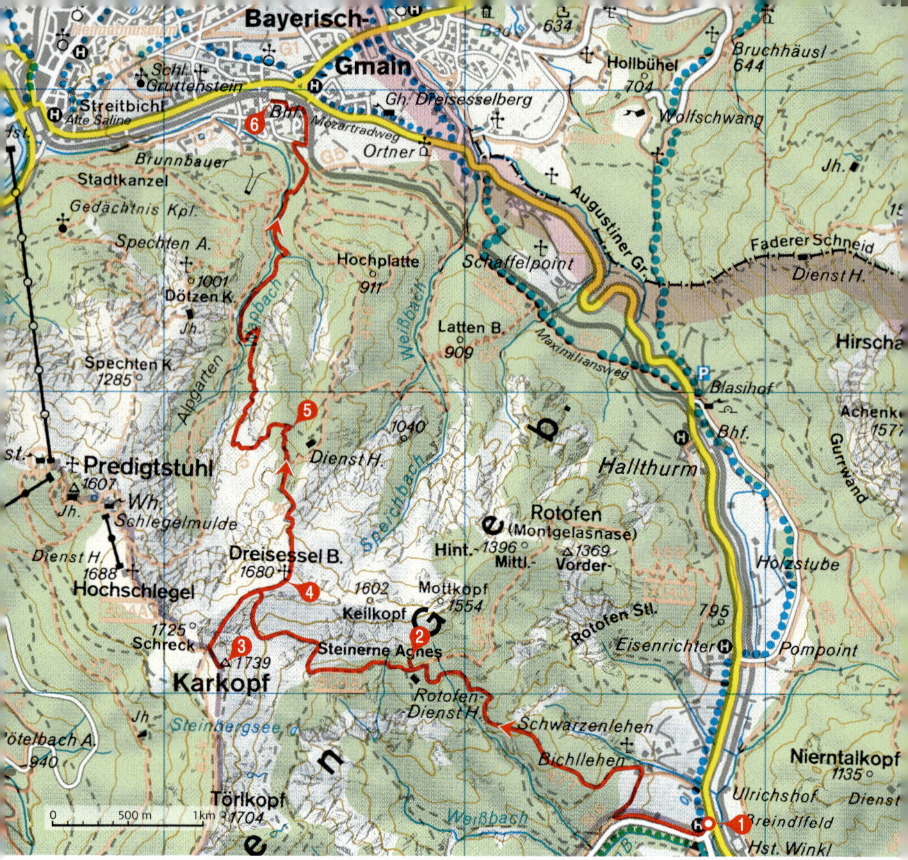

querenden Weg, dem wir nach links folgen. Kurz danach kommen wir an eine Abzweigung, an der wir in wenigen Minuten einen lohnenden Abstecher rechts hoch zu einem Aussichtspunkt oberhalb der **Steinernen Agnes** ❷, 1320 m, machen.
Anschließend zieht unser Weg in leichtem Auf und Ab den Hang entlang, bevor er in einem Talboden nach rechts biegt und wieder steiler bergauf führt. Wir verlassen den Wald endgültig und gelangen in einen Talkessel unterhalb des Karkopfs, aus dem wir in einem Rechtsbogen in die Mulde zwischen Karkopf und Dreisesselberg steigen. Hier gehen wir links über die mit Latschen bestandene Hochfläche berg-

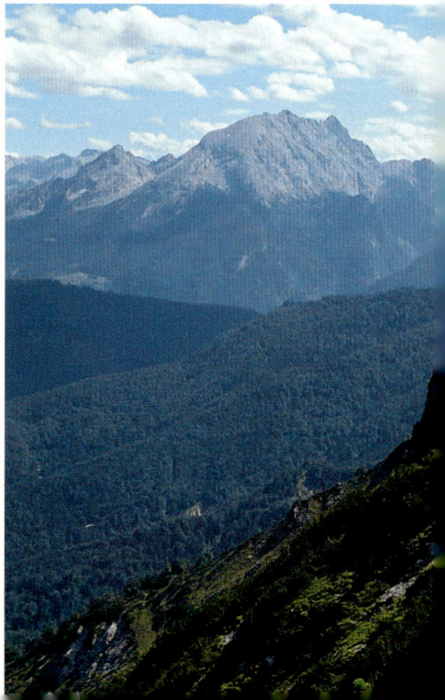

auf. Kurz vor dem Gipfel biegt der Hauptweg zum Predigtstuhl nach rechts ab, wir aber gehen links in wenigen Minuten auf den **Karkopf ❸**, 1739 m, und genießen den großartigen Rundblick von der höchsten Erhebung des Lattengebirges.

Vom Karkopf gehen wir zurück in die Mulde und diesmal geradeaus weiter auf den **Dreisesselberg ❹**, 1680 m, einen ebenfalls schönen Aussichtsgipfel.

Hier folgen wir nordseitig einem Steig, der uns auf einem ausgeprägten Gratrücken, mal links, mal rechts vom Kamm, mit immer wieder spektakulären Blicken ins Lattengebirge und ins Unterland in Kehren steil bergab führt. Wir tauchen wieder in den Wald ein und treffen eine knappe Stunde nach dem Gipfel auf einen querenden Steig, den **Toni-Michl-Steig ❺**, dem wir nach links folgen. Der Steig führt, teils durch Wald, teils über freies Gelände, durch die grandiose Kulisse des zerklüfteten Alpgarten-Talkessels hinab. Zweimal nutzen wir Treppenanlagen. Schließlich mündet der Steig in einen querenden Weg, der uns nach rechts, oberhalb des Wappbachs entlang, talauswärts führt. Nach knapp 20 Minuten trifft unser Weg auf einen Forstweg, dem wir links abwärts, immer auf dem Hauptweg bleibend, folgen (auch einen links abzweigenden Teerweg ignorieren wir). Wir überqueren einen Wanderparkplatz und folgen auf der gegenüberliegenden Seite einer nach links führenden Teerstraße. Kurz darauf biegen wir im spitzen Winkel nach rechts in eine Privatstraße ab (Schild »Öffentlicher Durchgang zur Lattenbergstraße«) und gehen bis zu deren Ende. Jetzt entdecken wir links einen Weg, dem wir den Bahngleisen entlang folgen. Eine Treppe bringt uns zu einer Straße hinunter. Hier gehen wir links, einige Meter bergauf und gleich darauf rechts in die nächste Straße (Obere Bahnhofstraße), auf der wir den Bahnhof von **Bayerisch Gmain ❻**, 540 m, erreichen.

Blick vom Karkopf auf Watzmann und Hochkalter.

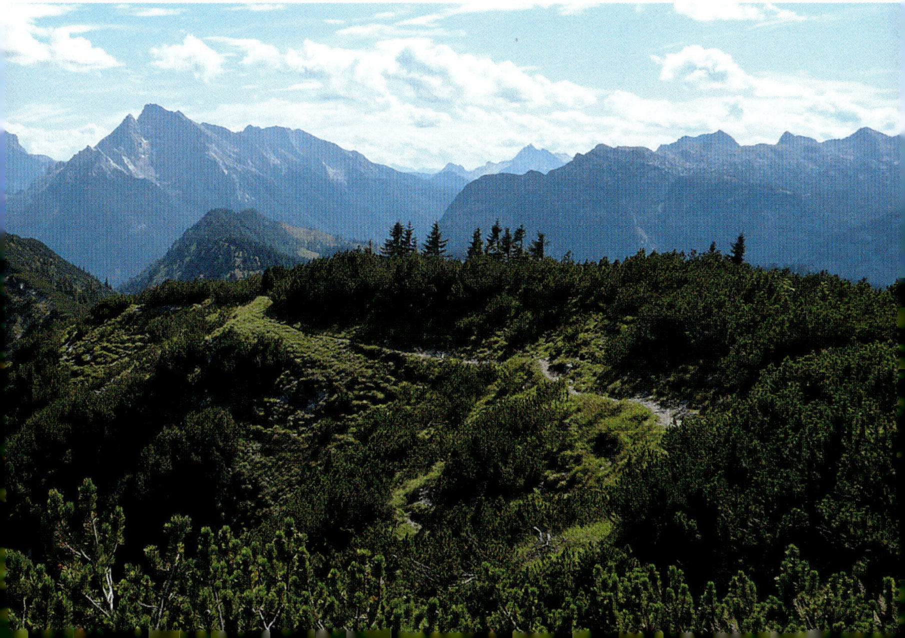

54 Überschreitung des Untersbergs

Von Bischofswiesen nach Marktschellenberg

2 Tage | 23,6 km | ↗1700 m | ↘1850 m

Ein von Höhlen durchzogenes, sagenumwobenes Karstplateau

Der Untersberg, ein karstiger Tafelberg zwischen Berchtesgaden und Salzburg, ist der nördlichste Ausläufer der Berchtesgadener Alpen. Unsere Route führt auf durchweg schön angelegten Steigen, mit immer wieder reizvollen Blicken, abwechslungsreich über dieses beeindruckende Plateau. Die beiden Gipfel, der Berchtesgadener Hochthron im Süden und der Salzburger Hochthron im Norden, sind wenig markant, bieten jedoch einen herrlichen Rundumblick ins Chiemgau und in die Berchtesgadener und Salzburger Alpen. Zahlreiche Sagen und Mythen ranken sich um den Untersberg, wohl auch deshalb, weil durch die Auswaschung des Kalksteins mehr als 400 Höhlen im Inneren des Bergmassivs entstanden sind. Die bekannteste ist die Schellenberger Eishöhle, Deutschlands größte und einzige erschlossene Eishöhle. Die Eismassen innerhalb der Höhle werden auf ca. 60.000 m³ geschätzt und haben eine Dicke von bis zu 30 Metern. Beim Abstieg Richtung Toni-Lenz-Hütte kommen wir fast direkt am Eingang der Höhle vorbei. Wer eine zusätzliche Übernachtung in der Hütte einplant, hat – vielleicht auch erst am nächsten Tag – genug Zeit, an einer der Höhlenführungen teilzunehmen. Der Weg zur Eishöhle verläuft über den Thomas-Eder-Steig, eine vom »Verein für Höhlenkunde Schellenberg« errichtete beeindruckende Steiganlage mit Treppen, Stiegen und Tunneln. Immer mit Geländersicherung führt diese durch die Steilwand hinab und macht so die Eishöhle von oben, das heißt von der Bergbahn auf den Salzburger Hochthron aus, zugänglich. Weiter über einen Höhenweg erreichen wir schließlich die Toni-Lenz-Hütte. Hier können wir uns stärken, bevor es auf einem schönen Weg hinab nach Marktschellenberg geht.

In der Schellenberger Eishöhle.

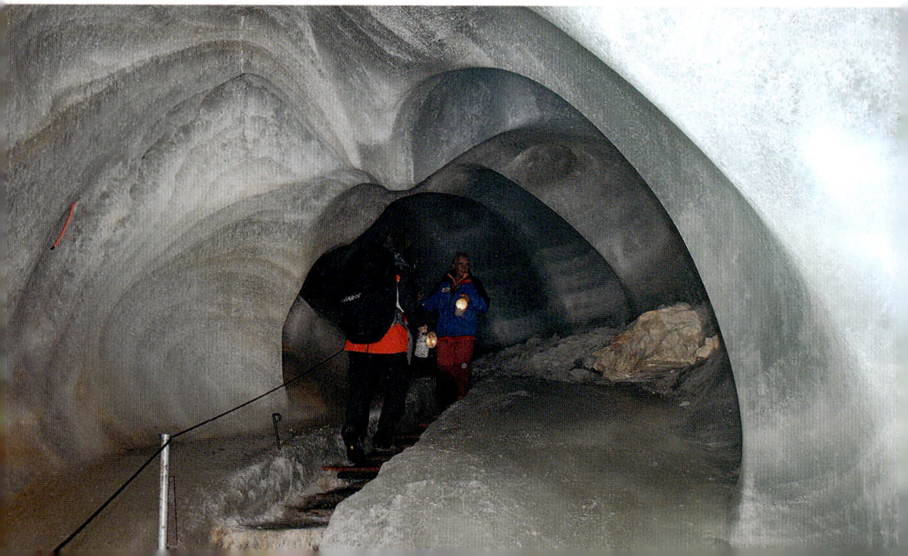

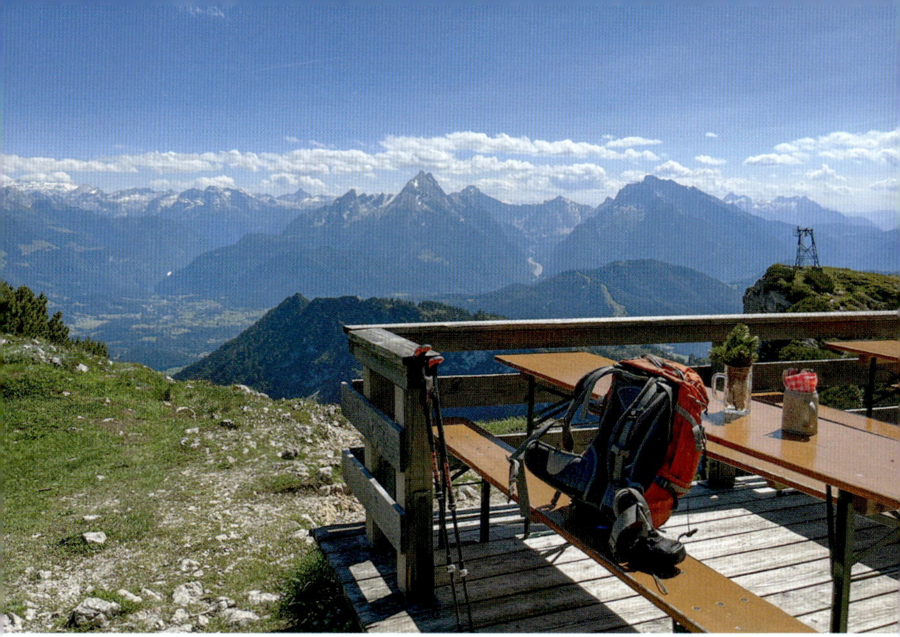

Terrasse mit Aussicht: Blick vom Stöhrhaus in die Berchtesgadener Alpen.

Ausgangspunkt: Bischofswiesen, 615 m.
Anfahrt: Von München Hbf (Halt auch München Ost) mit der BRB (Bayerische Regiobahn) nach Freilassing und von dort mit dem Regionalzug bis Bischofswiesen. Täglich stündliche Verbindung ab frühmorgens, Dauer ca. 2.35 Stunden.
Endpunkt: Bushaltestelle Eishöhle, 468 m, ca. 1 km nördlich von Marktschellenberg.
Rückfahrt: Mit dem Bus (Linie 840) nach Salzburg oder Berchtesgaden und von dort weiter mit der BRB (Bayerische Regiobahn). Von Salzburg Direktverbindung nach München, von Berchtesgaden mit Umsteigen in Freilassing. Stündliche Verbindung bis ca. 19.30 Uhr, Dauer 3 bis 3.45 Stunden. Deutschlandticket, Bayernticket und Guten Tag Ticket gelten im Regionalzug ab Salzburg, das Bayernticket auch schon im Bus. Um auf bahn.de alle Nahverkehrsverbindungen zu finden, gezielt nach diesen suchen. Von Salzburg nach München auch Railjet, EC und Westbahn.
Anforderungen: Gute Wege und Steige. Für den Thomas-Eder-Steig ist gute Trittsicherheit und etwas Schwindelfreiheit erforderlich; Vorsicht bei Nässe! Bei Nebel auf dem Karstplateau gut auf die Markierungen achten.
Höhenunterschied / Gehzeit:
1. Tag: 1320 m↑, 40 m; 5.00 Std.
2. Tag: 380 m↑, 1810 m↓; 6.45 Std.
gesamt: 1700 m↑, 1850 m↓; 11.45 Std.
Einkehr: Stöhrhaus (Übernachtungsmöglichkeit, Tel. +49 8652 7233, stoehrhaus.de), Toni-Lenz-Hütte (Übernachtungsmöglichkeit, Tel. +49 151 70817887, toni-lenz-huette.de), Hochalm (Variante), Bergstation Untersbergbahn (Variante).
Hinweise: Der Thomas-Eder-Steig ist außerhalb der Wandersaison gesperrt. Eine Besichtigung der Eishöhle ist nur mit Führung möglich (täglich von Mitte Mai bis Mitte Oktober von 10 bis 16 Uhr, im Oktober nur bis 15 Uhr, zu jeder vollen Stunde, Treffpunkt vor dem Höhleneingang, ca. 20 Minuten von der Toni-Lenz-Hütte, eishoehle.net).
Variante: Mit der Untersbergbahn von St. Leonhard (Busverbindung von Berchtesgaden und Salzburg) auf den Salzburger Hochthron und über den Thomas-Eder-Steig und die Toni-Lenz-Hütte hinab (Tagestour).

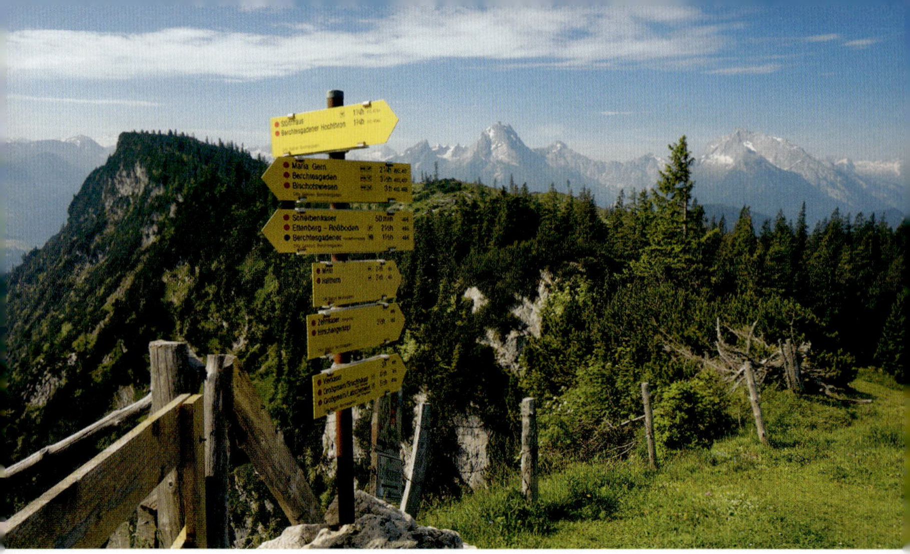

Am Leiterl, im Hintergrund Watzmann (links) und Hochkalter (rechts).

1. Tag:
Vom Bahnhof in **Bischofswiesen ❶**, 615 m, überqueren wir die Bundesstraße und gehen gegenüber in den Teerweg. An der Verzweigung halten wir uns links und gehen geradeaus bis zur zweiten Querstraße (Simon-Schwaiger-Straße). Dieser folgen wir nach rechts. Kurz darauf geht die Straße in einen Wanderweg über, der uns am Ortsrand von Bischofswiesen entlangführt. Wir ignorieren die Zufahrt zu einem Haus, treffen auf eine Straße, folgen dieser links aufwärts und biegen bald darauf wieder links in ein aufwärts führendes Teersträßchen (Kastensteinweg) ab. Die letzten Häuser hinter uns, verlassen wir gleich nach der zweiten Kehre das Sträßchen nach rechts auf einen asphaltierten Fahrweg (Nr. 468). Dort, wo dieser in einer Linkskehre steil bergauf führt, gehen wir geradeaus auf einem Schotterweg weiter bis zu einer Verzweigung. Hier folgen wir links dem Schild Richtung Rauher Kopf / Stöhrhaus / Berchtesgadener Hochthron. An einer Gabelung gleich darauf halten wir uns wieder links. An einer Abzweigung verlassen

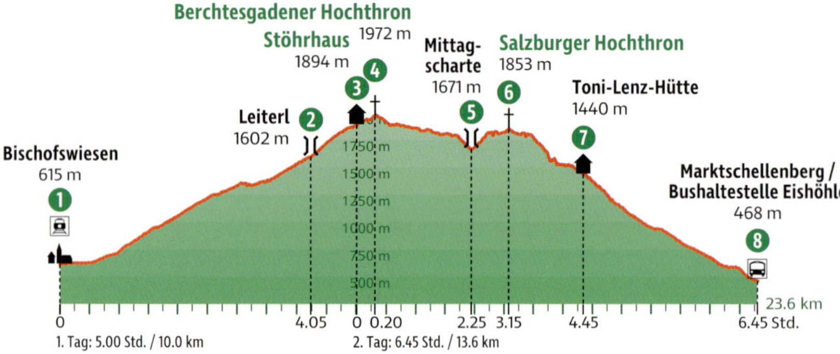

wir den Wirtschaftsweg, dem Schild Richtung Rauher Kopf / Stöhrhaus folgend, auf einen schmaleren, gerölligen Weg nach links. Weiter geht es, an einer Gabelung rechts, durch den Wald bergauf. Kurze Zeit später treffen wir auf einen Forstweg, dem wir nach rechts folgen. Wenig später zweigt in einer Linkskehre links ein Fahrweg Richtung Stöhrhaus / Berchtesgadener Hochthron ab. Diesem folgen wir, bis er nach ca. 30 Minuten an einem Wendeplatz, knapp 1200 m, endet.
Von hier führt der Stöhrweg, erst bergauf, dann flacher werdend, geradeaus durch schönen Laubwald weiter. Von rechts mündet der Weg von Maria Gern ein. Schließlich sehen wir rechts vor uns den Steilabbruch des Untersbergs mit dem Stöhrhaus oben an der Abbruchkante. Der Wald lichtet sich und wir gehen auf einem herrlichen Höhenweg fast eben unter der Almbachwand entlang. Dann geht es in Serpentinen, die wir schon von weitem gesehen haben, an einer Rechtsabzweigung vorbei hinauf in einen Sattel, das **Leiterl** ❷, auch Gatterl genannt, 1602 m. Hier wenden wir uns nach rechts, folgen dem Weg durch Latschen den Rücken hinauf und gehen nach einem Rechtsschwenk auf das bereits sichtbare **Stöhrhaus** ❸, 1894 m, zu. Kurz bevor wir dieses erreichen, können wir noch einen Blick in die Steilwand des Untersbergs werfen. Wer möchte, kann schon am Nachmittag auf den Berchtesgadener Hochthron gehen, um die grandiose Aussicht zu genießen.

2. Tag:
Vom Stöhrhaus folgen wir dem Weg nach Osten, an Dolinen vorbei, über das karstige Hochplateau. An einer Abzweigung führt ein Steig nach rechts in wenigen Minuten hinauf zum Gipfel des **Berchtesgadener Hochthrons** ❹, 1972 m. Hier haben wir einen fantastischen Rundblick bis zum Großen Priel, auf Dachstein, Tennengebirge, Hohen Göll, Hochkönig, Steinernes Meer, Watzmann, Hochkalter, Leoganger Steinberge, Reiteralpe, Loferer Steinberge, Kaisergebirge, Lattengebirge und Chiemgauer Alpen.

Kurz unterhalb des Berchtesgadener Hochthrons, hinten das Stöhrhaus.

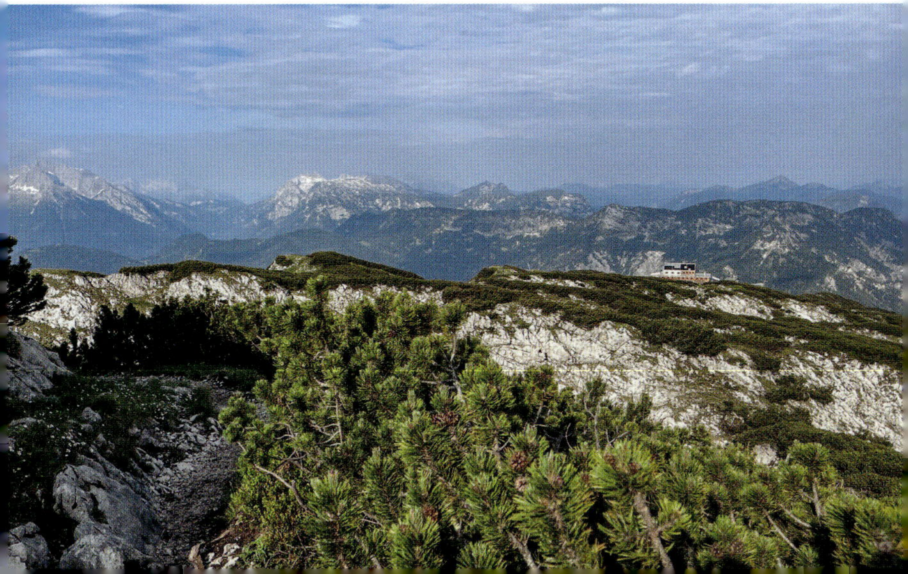

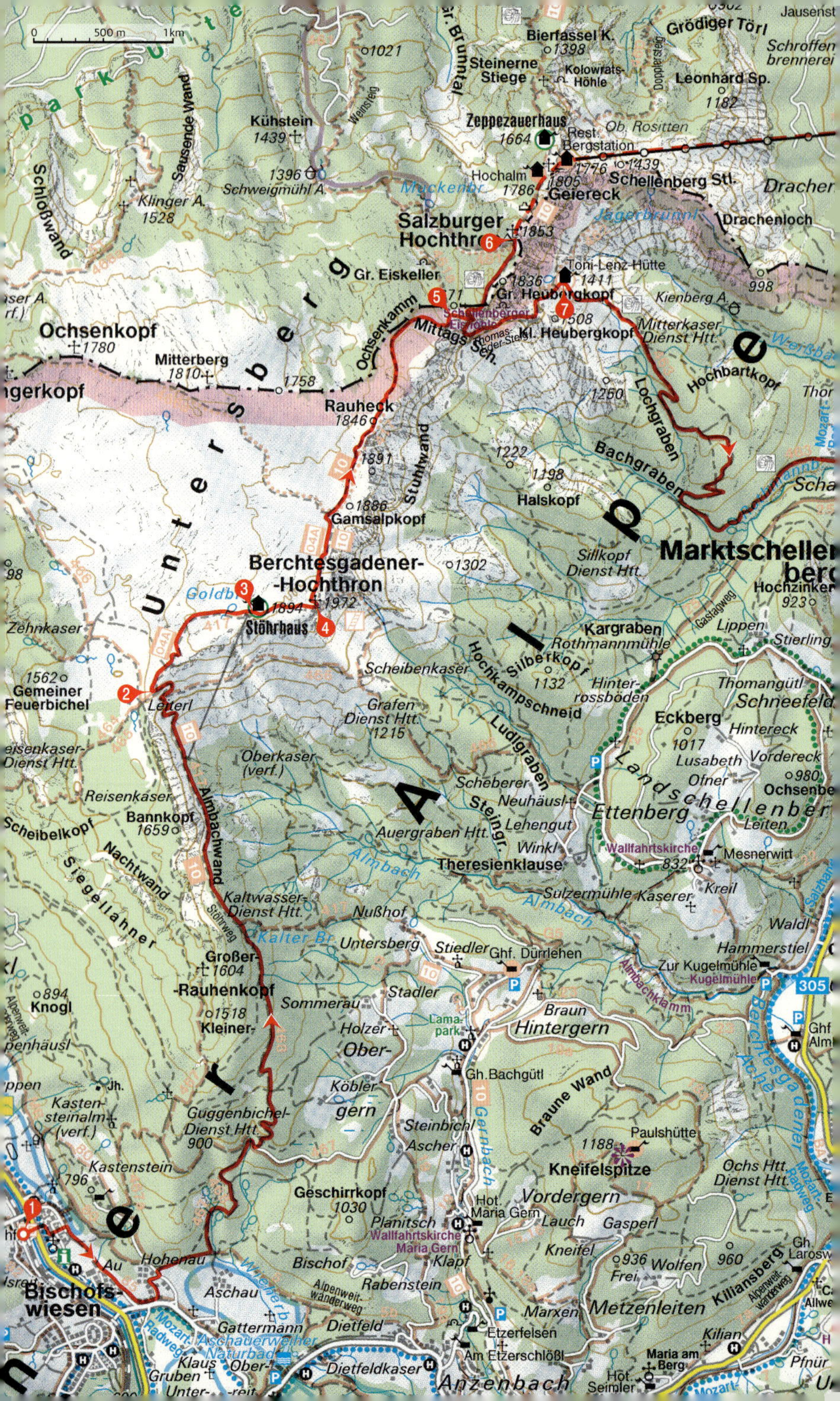

0
500 m
1km
Untersberg
Almbachwand
Berchtesgadener-Hochthron
1972
Stöhrhaus
1894
Salzburger Hochthron
1853
Zeppezauerhaus
1664
Geiereck
1805
Schellenberg Stl.
Toni-Lenz-Hütte
1411
Gr. Heuberghopf
Kl. Heubergkopf
Schellenberger Eishöhle
Mittagsscharte
Ochsenkamm
Rauheck
1846
Gamsalpkopf
1886
Ochsenkopf
1780
Mitterberg
1810
Gr. Eiskeller
Kühstein
1439
Schweigmühl A.
Klinger A.
1528
Schloßwand
Sausende Wand
Steinerne Stiege
Bierfassel K.
1398
Kolowrats-Höhle
Gröödiger Törl
Leonhard Sp.
1182
Hochalm
1786
Rest. Bergstation
1776
Drachenloch
Kienberg A.
Mitterkaser Dienst Htt.
Hochbartkopf
Lochgraben
Bachgraben
Halskopf
1198
Marktschellenberg
Hochzinken
923
Sillkopf Dienst Htt.
Kargraben
Rothmannmühle
Silberkopf
1132
Hochkampschneid
Ludlgraben
Scheibenkaser
Grafen Dienst Htt.
1215
Leiterl
Gemeiner Feuerbichel
1562
Oberkaser (verf.)
Reisenkaser
Bannkopf
1659
Scheibelkopf
Nachtwand
Siegellahner
Kaltwasser-Dienst Htt.
Großer-Rauhenkopf
1604
Kleiner-
1518
Sommerau
Untersberg
Nußhof
Almbach
Theresienklause
Auergraben Htt.
Steingr.
Scheberer
Neuhäusl
Lehengut
Winkl
Ettenberg
Landschellenberg
Eckberg
1017
Lusabeth
Otner
Schneefeld
Hintereck
Vordereck
Thomangütl
Lippen
Stierling
Wallfahrtskirche
832
Mesnerwirt
Kreil
Sulzermühle
Kaserer
Waldl
Hammerstiel
Zur Kugelmühle
Kugelmühle
Almbachklamm
305
Ghf. Dürrlehen
Stiedler
Stadler
Braun
Hintergern
Lama-park
Holzer
Ober-
Köbler
gern
Gh. Bachgütl
Braune Wand
Steinbichl
Ascher
Gernbach
Paulshütte
1188
Kneifelspitze
Ochs Htt. Dienst Htt.
Guggenbichel-Dienst Htt.
900
Kasten-steinalm (verf.)
Kastenstein
796
Knogl
894
Geschirrkopf
1030
Planitsch
Hot. Maria Gern
Wallfahrtskirche Maria Gern
Vordergern
Lauch
Gasperl
Kneifel
Klapf
Bischof
Rabenstein
Frei
936
Wolfen
960
Killansberg
Metzenleiten
Marxen
Hohenau
Au
Bischofswiesen
Aschau
Gattermann
Dietfeld
Dietfeldkaser
Aschauerweiher Naturbad
Klaus
Gruben
Etzerfelsen
Am Etzerschlößl
Anzenbach
Kilian
Maria am Berg
Seimler
Pfnür
Berchtesgadener Ache
Mozart-Radweg
Alpenweitwanderweg
10
04A
417

Vom Gipfel folgen wir einem deutlichen Weg hinunter zum Hauptweg, wo uns ein Schild nach rechts zum Salzburger Hochthron weist. In ständigem Auf und Ab, insgesamt aber an Höhe verlierend, geht es weiter über das latschenbestandene Hochplateau. An einer Verzweigung folgen wir dem rechten Weg Richtung Schellenberger Eishöhle und Toni-Lenz-Hütte. Nach einem deutlicheren Abstieg erreichen wir in einer Senke schließlich eine weitere Verzweigung. Wer direkt zur Toni-Lenz-Hütte absteigen möchte, geht hier rechts. Links sind wir kurz darauf an der **Mittagscharte** ❺, 1671 m, einem Sattel mit Steinhütte. Dort folgen wir dem Weg rechts bergauf. An der Verzweigung gleich darauf halten wir uns links. Mit schönem Blick auf die Übergossene Alm, den Watzmann und in die Ostwand des Untersbergs steigen wir nun in Serpentinen bergauf. Nach etwa 30 Minuten folgt ein flacheres Wegstück geradeaus durch Latschen, anschließend geht es leicht auf und ab auf den nun sichtbaren Gipfel zu bis in eine Scharte, 1830 m. Kurz darauf sind wir auf dem höchsten Punkt des **Salzburger Hochthrons** ❻, 1853 m, und blicken hinab auf die Stadt Salzburg mit der Festung Hohensalzburg.

Vom Gipfel gehen wir auf demselben Weg zurück bis zur Abzweigung kurz vor der Mittagscharte. Hier folgen wir dem Steig nach links Richtung Toni-Lenz-Hütte. Kurz darauf beginnt der Thomas-Eder-Steig. Über Treppen, Stiegen und durch Tunnel geht es, immer mit Geländer, durch die steile Wand. Nach dem letzten Tunnel folgen wir einem zunächst auf einem Felsband (teilweise mit Drahtseil gesichert), dann entlang abschüssiger Hänge verlaufenden Höhenweg, an zwei Abzweigungen

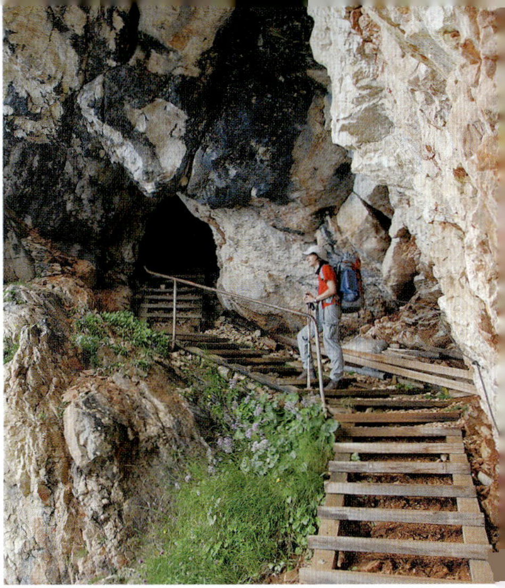

Auf dem Thomas-Eder-Steig.

zur Eishöhle vorbei, zur **Toni-Lenz-Hütte** ❼, 1440 m.

Von der Hütte führt der Weg weiter hinab. Nach kurzer Zeit kommen wir an eine Abzweigung. Links geht es zum Zeppezauer Haus, wir aber halten uns rechts Richtung Marktschellenberg. Zunächst haben wir noch einen freien Blick auf Osterhorngruppe, Dachstein und Tennengebirge, später tauchen wir in den Wald ein und folgen einem Rücken links oberhalb eines Bachgrabens hinab. Ungefähr eine Stunde nach der Hütte wendet sich unser Weg nach rechts und führt zum Bach hinunter. Kurz wandern wir an diesem entlang, dann verlassen wir ihn höhehaltend nach links. Der Weg geht in einen Forstweg über, der uns in Kehren hinabführt, bis er schließlich auf ein Teersträßchen trifft. Hier halten wir uns rechts. Gleich darauf ist die Bundesstraße erreicht. Die **Bushaltestelle Eishöhle** ❽ Richtung Berchtesgaden, 468 m, ist gleich an der Einmündung, die Haltestelle Richtung Salzburg wenige Meter links auf der anderen Seite der Straße.

55 Durch das Steinerne Meer

Von St. Bartholomä über das Kärlingerhaus

TOP | 3 Tage | 40,7 km | ↗ 2240 m | ↘ 2210 m

Im Nationalpark Berchtesgaden

Diese Tour ist in jeder Hinsicht eine Tour der Superlative. Schon das letzte Stück der Anreise, auf dem es mit dem Elektroboot über den grün-blauen Königssee geht, ist ein echtes Erlebnis. Meist spielt ein Besatzungsmitglied bei der Passage der Brentenwand eine Melodie auf dem Flügelhorn und bringt das berühme Echo des Königssees zum Klingen. In St. Bartholomä verlassen wir das Boot und steigen auf zum Kärlingerhaus am Funtensee. Wer Badesachen mitnimmt, kann sowohl im Königssee als auch im Funtensee schwimmen. Am zweiten Tag erleben wir das Steinerne Meer hautnah: Ein großzügiger Bogen über das Riemannhaus zum Ingolstädter Haus vermittelt einen guten Überblick über die verschiedenen Gesteinsformationen dieses beeindruckenden Karstplateaus. Wer Zeit für eine Übernachtung im Riemannhaus oder eine zweite Nacht im traumhaft gelegenen Ingolstädter Haus hat, kann unterwegs Abstecher auf den Viehkogel, den Schindlkopf und andere Gipfelziele machen. Der letzte Tag führt uns vom Ingolstädter Haus über das Hundstodgatterl und durch das Wimbachtal – zwischen Watzmann und Hochkalter – zur Wimbachbrücke an der Straße nach Berchtesgaden. Das ganze durchwanderte Gebiet ist Teil des 210 km² großen Nationalparks Berchtesgaden, in dem diese einzigartige Naturlandschaft 1978 unter Schutz gestellt wurde.

Am dritten Tag geht es durch das Wimbachgries.

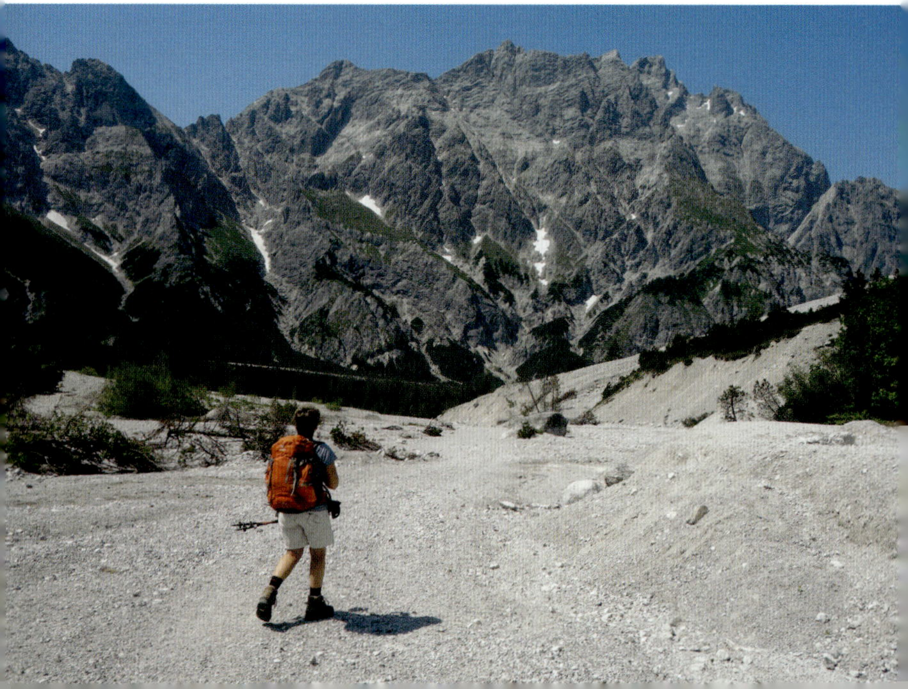

Ausgangspunkt: St. Bartholomä, 604 m, am Königssee.
Anfahrt: Von München Hbf (Halt auch in München Ost) mit der BRB (Bayerische Regiobahn) nach Salzburg und von dort mit dem Bus (Linie 840) Richtung Jennerbahn zum Königssee, Bushaltestelle Königssee (auf bahn.de nach »Könisee, Schönau a. Könisee« suchen). Von der Bushaltestelle zum Schiffsanleger und mit dem Elektroboot in 35 Minuten nach St. Bartholomä (mindestens alle 30 Minuten, bei hohem Gästeaufkommen öfter; bei Nebel, Sturm, Hochwasser o.Ä. ggf. kein Bootsverkehr). Stündliche Verbindung, Dauer ohne Bootsfahrt ca. 3.20 Stunden. Teilweise ist es 20 Minuten schneller, in Freilassing in den Regionalzug nach Berchtesgaden umzusteigen und von dort mit dem Bus (Linie 843) zum Königssee zu fahren. Deutschland-, Bayern- und Guten Tag Ticket gelten im Regionalzug bis Salzburg, das Bayernticket auch auf der österreichischen Strecke im Bus. Auf bahn.de gezielt nach Nahverkehrsverbindungen suchen. Nach Salzburg auch Railjet, EC und Westbahn.
Endpunkt: Wimbachbrücke, 634 m.
Rückfahrt: Von der Wimbachbrücke mit dem Bus (Linie 846) nach Berchtesgaden. Von dort mit dem Regionalzug nach Freilassing und weiter mit der BRB (Bayerische Regiobahn) nach München. Fast stündliche Verbindung bis ca. 19 Uhr, Montag bis Freitag zusätzlich eine spätere Verbindung um ca. 19.30 Uhr, Dauer 3 bis 3.15 Stunden, nur die letzte Verbindung von Montag bis Freitag ca. 3.40 Stunden.
Anforderungen: Erster Tag auf gutem Weg. Am zweiten und teils auch am dritten Tag über Karrenfelder und Karstplatten, durch Geröll und über Felsblöcke. Die zweite Etappe erfordert Kondition und sollte nicht bei schlechter Sicht oder Restschnee gegangen werden, da man sich zum Teil weglos anhand von Markierungen über Felsen bewegt (bis zum Riemannhaus alternativ auf Weg Nr. 413 über das Salzburger Kreuz). Gute Trittsicherheit und etwas Schwindelfreiheit erforderlich.

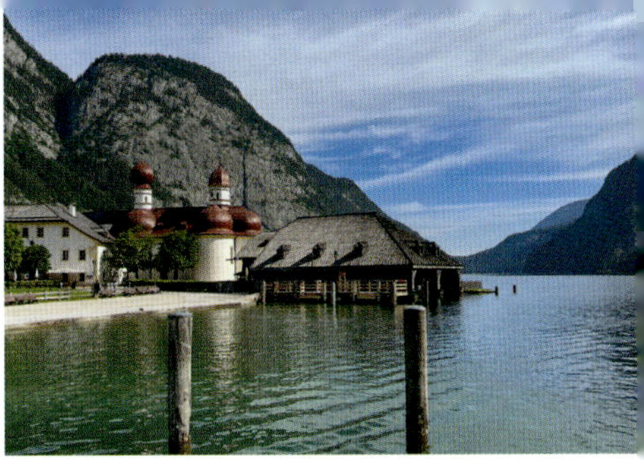

St. Bartholomä am Königssee.

Höhenunterschied / Gehzeit:
1. Tag: 1070 m↑, 40 m↓; 4.20 Std.
2. Tag: 920 m↑, 440 m↓; 7.20 Std.
3. Tag: 250 m↑, 1730 m↓; 6.30 Std.
gesamt: 2240 m↑, 2210 m↓; 18.10 Std.
Einkehr: St. Bartholomä, Kärlingerhaus (auch Funtenseehaus, Übernachtungsmöglichkeit, Tel. +49 8652 6019901, kaerlingerhaus.de), Riemannhaus (Übernachtungsmöglichkeit, Tel. +43 670 2034373, dav-ingolstadt.de/riemannhaus), Ingolstädter Haus (Übernachtungsmöglichkeit, Tel. +43 6582 8353, dav-ingolstadt.de/ingolstaedter-haus), Wimbachgrieshütte (Übernachtungsmöglichkeit, Tel. +49 8657 7944001, wimbachgrieshuette.de), Wimbachschloss.
Varianten: *Viehkogel, 2158 m:* Am zweiten Tag an der Abzweigung an der Jagdhütte den weiß-roten Markierungen folgen, anfangs sanft, später steiler bergauf. Zum Schluss über einen Rücken steil zum höchsten Punkt (270 Hm, hin und zurück 1.30 Std.).
Schindlkopf, 2357 m: Vom Ingolstädter Haus ca. 10 Minuten zurück Richtung Riemannhaus, dann dem rechts abzweigenden, blau markierten und durch Pfeile mit den Buchstaben SK bezeichneten Steig folgen. Unter dem ersten der beiden Schindlköpfe queren, in einen Sattel zwischen diesen und den Rücken hinauf auf den Gipfel des zweiten Schindlkopfs (240 Hm, hin und zurück 2.15 Std.).
Kleiner Hundstod, 2263 m: Vom Ingolstädter Haus dem Schild Richtung Hundstod folgen, bis sich der Steig gabelt. Links erst über Felsen, dann über den grasigen Rücken auf den höchsten Punkt (150 Hm, hin und zurück 1 Std.).

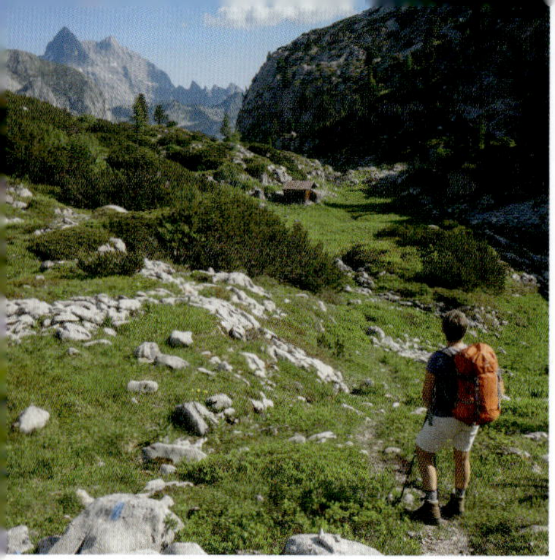

Im ersten Abschnitt des Viehkogeltals.

1. Tag:
In **St. Bartholomä** ❶, 604 m, lassen wir den Trubel hinter uns und folgen den Wanderschildern in südliche Richtung am Ufer des Königssees entlang. Dann geht es, teils in angenehmen Serpentinen, teils steil, mit schönem Blick auf den Königssee aufwärts durch den Wald. Nach einer Stunde zieht der Weg in das wildromantische Schrainbachtal hinein. Anfangs geht es eben am Bach entlang, dann leicht steigend an der Schrainbachalm vorbei bis in den Kessel am Talschluss.
Hier beginnt die sogenannte **Saugasse** ❷. Ungefähr eine Stunde geht es zwischen beeindruckenden Felswänden in Serpentinen steil bergauf. Dann wird der Weg wieder flacher. Er zieht nun auf der rechten Seite eines mit Lärchen, Latschen, Alpenrosen und einer Vielzahl unterschiedlicher Blumen bestandenen Hochtals aufwärts. Kurz nach dem höchsten Punkt zweigt links der Weg nach Salet und zur Wasseralm ab. Wir folgen geradeaus leicht bergab dem Hauptweg und erreichen, an der Abzweigung zum Ingolstädter Haus vorbei, das **Kärlingerhaus** ❸ am Funtensee, 1630 m. Wer Lust hat, kann einen Nachmittagsspaziergang zum Funtensee machen und dort vor Bergkulisse schwimmen.

2. Tag:
Diese Etappe führt uns in einem großen Bogen über das Riemannhaus zum Ingolstädter Haus. Wem diese Etappe zu lang ist, der folgt dem direkten Weg zum Ingolstädter Haus oder verbringt eine zusätzliche Nacht im Riemannhaus.
Vom Kärlingerhaus gehen wir kurz auf dem Herkunftsweg zurück und folgen dann an der Abzweigung den Schildern Richtung Viehkogel und Ingolstädter Haus nach links. Erst durchqueren wir eine Senke, dann geht es hinauf zu einer Verzweigung. Geradeaus führt der direkte Weg zum Ingolstädter Haus weiter, wir aber folgen links dem mit Viehkogel

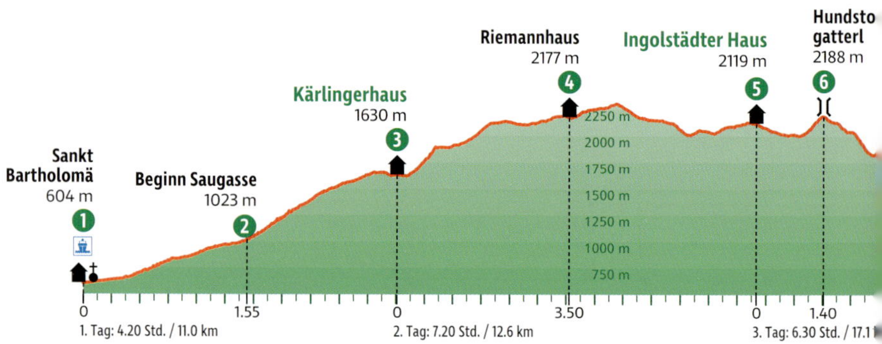

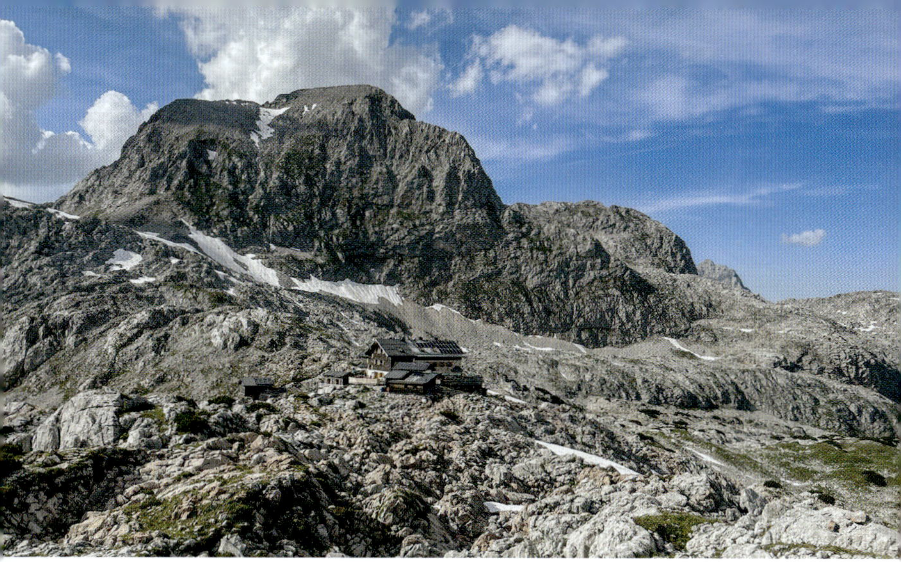

Das Ingolstädter Haus vor dem Großen Hundstod.

und Riemannhaus ausgeschilderten Steig zu einer Holzhütte. An dieser verzweigt sich der Weg. Der mit einem weiß-roten Kreis markierte, leicht nach links ziehende Steig führt auf den Viehkogel hinauf. Das Schild Richtung Riemannhaus leitet uns weiter durch das Viehkogeltal. Nach und nach tritt die Vegetation zurück. Über Geröll, Felsblöcke und Karrenfelder folgen wir den Markierungen aufwärts durch den Taleinschnitt. Hinter uns blicken wir zwischen Watzmann und Viehkogel in das Berchtesgadener Land. Schließlich erreichen wir eine Art Sattel. Vor uns breitet sich nun eine Karsthochfläche aus. Über dieses Plateau gehen wir auf und ab über Karren und Felsplatten und vorbei an Dolinen, bis wir auf einen zweiten vom Kärlingerhaus herführenden Weg treffen. Diesem folgen wir nach rechts zum **Riemannhaus** ❹, 2177 m, in der Ramseiderscharte. Von der Terrasse hat man einen schönen Blick zu den Hohen Tauern mit dem Großvenediger direkt gegenüber, unten im Tal liegt Saalfelden.

Vor der Hütte folgen wir dem Schild Richtung Ingolstädter Haus aufwärts zu einer Abzweigung. Links geht es zu Breithorn und Mitterhorn, wir aber gehen auf dem Eichstätter Weg weiter aufwärts über das Karstplateau. Nach ungefähr einer Stunde erreichen wir den höchsten Punkt des Weges und folgen nun den Markierungen bergab – immer wieder mit Blick auf Großen Hundstod und Watzmann. Kurz darauf kommen wir an eine Kreuzung. Links gelangt man zur Peter-Wiechenthaler-Hütte, rechts zum Kärlingerhaus. Wir bleiben auf dem geradeaus weiterfüh-

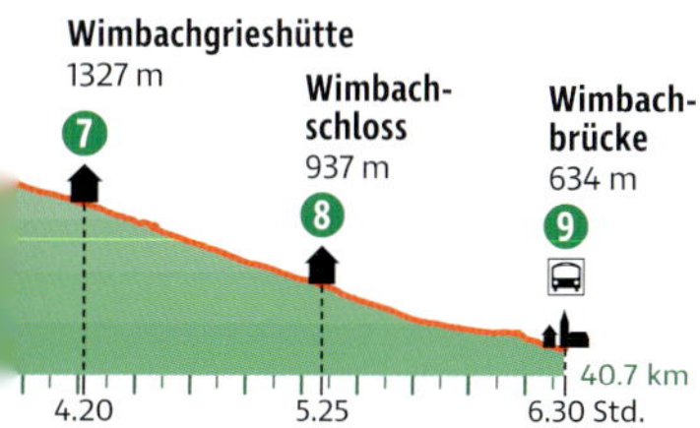

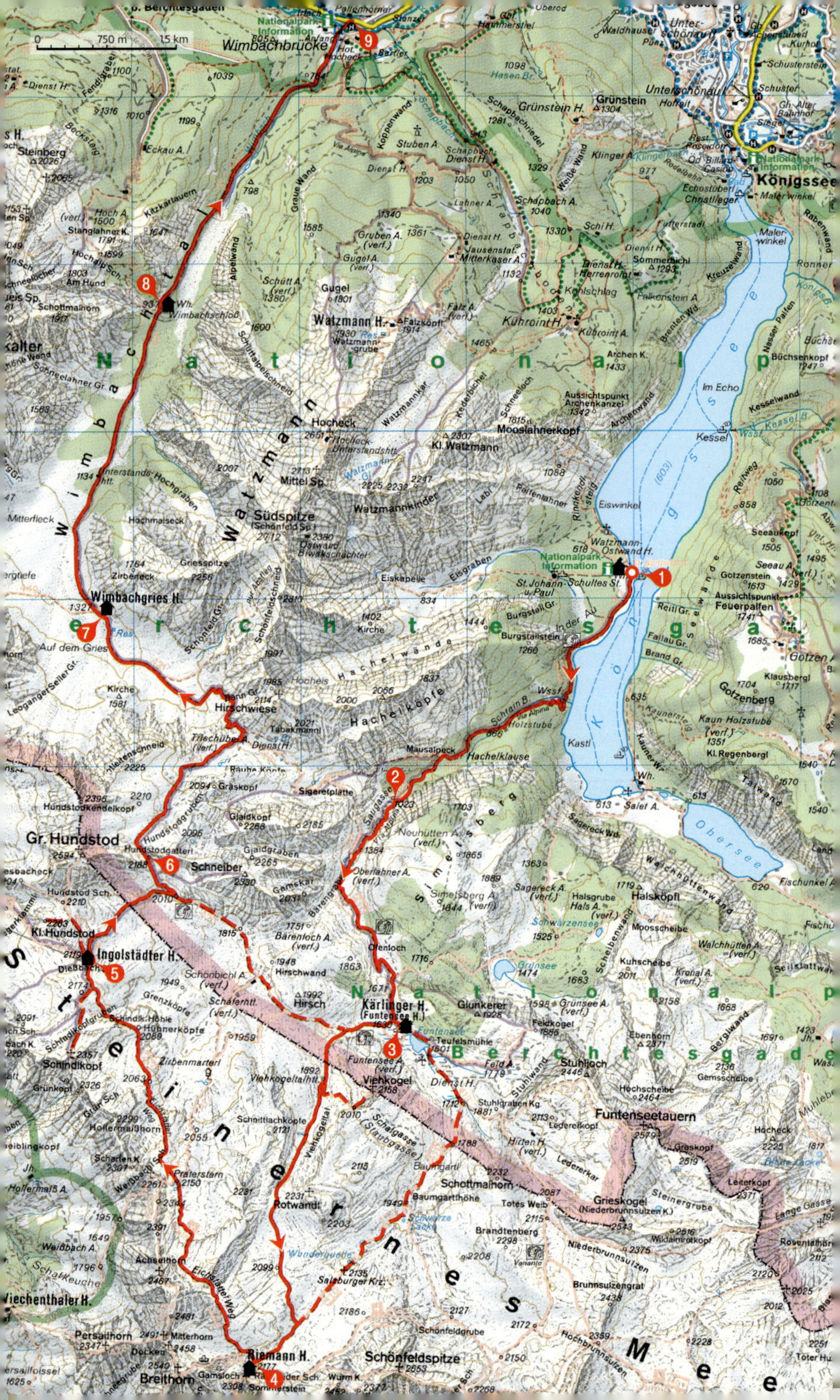

0
750 m
1,5 km
Wimbachbrücke
Nationalpark-Information
Königssee
Unterschönau
Schapbach
Grünstein
Wimbachtal
Wimbachschloß
Watzmann H.
Watzmann
Hocheck
Mittel Sp.
Südspitze
Kl. Watzmann
Watzmannkinder
Mooslahnerkopf
Wimbachgries H.
Auf dem Gries
Hirschwiese
Hachelwände
Hachelköpfe
Kessel
Obersee
Salet A.
Hachelklause
Saugasse
Simetsberg
Gr. Hundstod
Kl. Hundstod
Ingolstädter H.
Schneiber
Kärlinger H.
(Funtensee H.)
Funtensee
Viehkogel
Stuhljoch
Funtenseetauern
Schottmalhorn
Rotwand
Riemann H.
Schönfeldspitze
Breithorn
Persailhorn
Wiechenthaler H.
Nationalpark Berchtesgaden
Königssee
Steinernes Meer
1
2
3
4
5
6
7
8
9

renden Weg. Erst geht es relativ eben dahin, dann abwärts bis kurz vor eine Senke. Hier zieht der Weg leicht nach links zum tiefsten Punkt des Eichstätter Weges. Weiter geht es in anstrengendem Auf und Ab, an Dolinen vorbei, mal über Karrenfelder und Karstplatten, meist aber auf einem Steig durch die karge Felslandschaft. Die vereinzelten Pflanzen sind wahre Überlebenskünstler. Schließlich erreichen wir das **Ingolstädter Haus** ❺, 2119 m, am Fuß des Großen Hundstod. Von der einen Terrasse der gut geführten Hütte überblickt man weite Teile des Steinernen Meeres, auf der anderen kann man spektakuläre Sonnenuntergänge erleben. Ein schöner Abendspaziergang führt hinauf auf den Kleinen Hundstod. Der Steig auf den Großen Hundstod ist dagegen ziemlich ausgesetzt (Schwindelfreiheit und Trittsicherheit erforderlich).

3. Tag:

Hinter dem Ingolstädter Haus folgen wir dem Schild »Trischübel, Wimbachgrieshütte« nach rechts. Unterhalb des Großen Hundstod entlang kommen wir zu einer Abzweigung, 2010 m. Hier halten wir uns links und folgen dem Steig Richtung Wimbachgrieshütte über Geröll und Felsblöcke teils in leichter Kraxelei steil hinauf zum **Hundstodgatterl** ❻, 2188 m, an dem wir das Steinerne Meer verlassen. Den Watzmann im Blick gehen wir nun durch ein wunderschönes Hochtal, dann, teilweise über Geröll und Fels, steil bergab und erreichen nach gut einer Stunde eine Senke mit einer Lacke. Hier nimmt die Vegetation wieder zu. Über eine Bergwiese und durch Latschen steigen wir hinauf in einen Sattel. Auf der anderen Seite hinab, treffen wir an einer Wetterstation

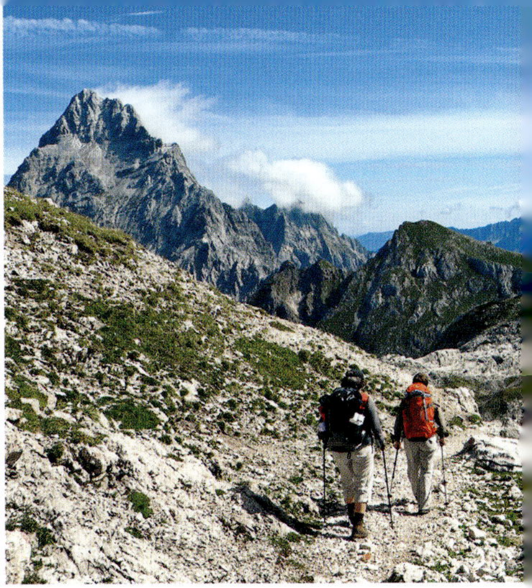

Beim Abstieg vom Hundstodgatterl haben wir den Watzmann im Blick.

auf eine Gabelung. Hier und an dem gleich folgenden Querweg halten wir uns links. Der Weg schlängelt sich durch Lärchen hinab, dann wird der Blick freier und wir schauen in den Kessel des hinteren Wimbachgries. Nach einer abschüssigen Hangquerung gehen wir in Kehren weiter hinab bis zum Gries. Steinmännchen leiten durch das Gries zum Wanderweg. Durch Bergkiefernwald leicht bergab erreichen wir die **Wimbachgrieshütte** ❼, 1327 m, in dem imposanten Talkessel.

Von der Hütte gehen wir, teilweise direkt durch den Schotter, meist aber auf einem Wanderweg am Rand, durch das Wimbachgries hinab zur Gastwirtschaft **Wimbachschloss** ❽. Hier tauchen wir in den Wald ein. Gut 45 Minuten später verlassen wir diesen wieder und folgen dem Teersträßchen durch die Siedlung an der **Wimbachbrücke** ❾, 634 m, zur Bundesstraße. Gleich rechts ist die Bushaltestelle in Richtung Berchtesgaden. Kurz vorher kommen wir an einer Informationsstelle des Nationalparks vorbei.

Stichwortverzeichnis

A
Ableitenalm 149
Achenseehof 134
Agergschwendalm 201
Aiplspitze 168
Am Schwarzkopf 100
Ankelalm 165
Antoniuskapelle 195
Aschau 196
Astenaualm 138
Aueralm 155
August-Schuster-Haus 21

B
Bad Kohlgrub 32, 35
Bad Wiessee 155
Bärenfleckhütte 88
Baumgartenschneid 158
Bayerisch Gmain 204
Bayrischzell 178, 182
Benediktbeuern 94
Benediktenwand 94
Berchtesgadener Hochthron 211
Berggasthaus Riederstein am Galaun 159
Berggasthaus St. Anton 102
Berggasthof Almhütte 53
Berggasthof Neureuth 159
Berggasthof Rofan 134
Berghaus Aschenbrenner 189
Bichlbach 39, 43
Bichlbach-Berwang (Bahnhof) 39, 43
Bichlbächle 45
Bichlbächler Alm 45
Binsalm 131
Bischofswiesen 208
Bischofswiesen-Winkl 204
Bockhütte 61
Bodenalm 163
Branderschrofen 16
Brauneck 95
Brauneck-Gipfelhaus 95
Brecherspitze 165
Brentenjoch 189
Brunnensteinspitze 106
Brunnsteinhütte 106
Brünstlkreuz 25, 28
Buchau 134
Buchstein 141
Buchsteinhütte 142

D
Dalfazer Wasserfall 137
Dreibrunnenjoch 188
Dreisesselberg 204
Dreitorspitze, Partenkirchner 65
Dreitorspitzgatterl 68
Duxeralm 189

E
Eishöhle, Schellenberger 208
Eng 124, 131
Enzianhütte 201
Erfurter Hütte 134
Eschenlohe 81
Esterbergalm 79
Ettal 29, 36
Ettaler Manndl 36

F
Falkenhütte 124
Farchant 25, 78
Felsenkanzel 54
Ferchensee 104
Firstalm, Obere 165
Fischhausen-Neuhaus 165
Fockenstein 155
Forsthaus Valepp 176
Freudenreichalm 165
Fricken, Hoher 78
Funtenseehaus 215

G
Gaistal 71
Galaun 160
Garmisch-Partenkirchen 53, 61, 66, 75
Gartnertal 44
Gasthaus / Hotel »Die Eng« 124, 131
Gehrenspitze 70
Geißalm 147
Geitau 169, 172, 178
Gindelalmschneid 159
Graswang 25
Großtiefenthal-Alm 173
Grubighütte 43
Grubigstein 42
Grüner Ups 48
Gschwandbachalm 159
Gschwandtnerbauer 75
Guggenbergalm 32, 34

H
Hahnkampl 131
Hammersbach 57
Hechenberg 116
Heimgarten 86, 91
Heimgartenhütte 86
Hennererhof 159
Herzogstand 90
Herzogstandhaus 91
Hinterthiersee 185
Hirschberg 152
Hirschberghaus 152
Hochalm 209
Hochgern 200
Hochgernhaus 201
Hochiss 134
Hochthron, Berchtesgadener 211
Hochthron, Salzburger 213
Hochzirl 114
Hohe Kiste 81
Hohenschwangau 16
Hoher Ziegspitz 49
Hohljoch 127

Höllentalangerhütte 57
Höllentalklamm 57
Höllentalklamm-Eingangshütte 57
Hörnlealm 32
Hörnlebahn, Talstation 35
Hörnlehütte 32
Hundstodgatterl 219
Hundstod, Kleiner 215

I

Ingolstädter Haus 215

J

Jägerkamp 168

K

Kaisertal 192
Kampenwand 196
Kappelkirche 33
Karkopf 204
Kärlingerhaus 214, 215
Kirchberger Alm 116
Kirchberger Köpfl 114
Klammhaus 61, 67
Kleiner Hundstod 215
Kleinstockach 45
Kloster Ettal 38
Knorrhütte 61
Kompar 128
Königsalm 145
Königssee 215
Kotalm Hochleger 136
Kotalm Mitterleger 135
Kotalm Niederleger 135
Kramerspitze 53
Kranzberg 102
Kranzberghaus 104
Kreuth 152
Krottenkopf 81
Krottenkopfhütte 81
Krün 98
Krüner Alm 81
Kufstein 185, 189, 192
Kufsteiner Haus 185
Kuhalm 27
Kühalpenbach-Tal 27
Kuhfluchtwasserfälle 78
Kümpflalm 172

L

Laber 36
Laberalm 37
Lalիderer Tal 125
Lalidersalmen 125
Lattengebirge 204
Lautersee 105
Leitzachtal 168, 171
Lenggries 94, 142, 155
Lenggrieser Hütte 142
Lermoos 43, 46
Leutasch 70
Liftstüberl 197
Linderhof, Schloss 21
Lukasalm 162

M

Magdeburger Hütte, Neue 115
Maisalm 197
Maria Eck 142
Marienbrücke 17
Marktschellenberg 208
Marquartstein 201
Maurach 138
Mauritzalm 134
Meilerhütte 65
Mittagscharte 213
Mittenwald 99, 102, 106
Moaralm 201
Monialm 148, 162
Moosenalm 120
Münchner Haus 61

N

Nationalpark Berchtesgaden 214
Naunspitze 192
Neue Magdeburger Hütte 115
Neuhüttenalm 183
Neuschwanstein 16
Nördlinger Hütte 111
Notkarspitze 29

O

Oberammergau 36
Obere Dalfazalm 134
Obere Firstalm 165
Oberer Rißkopf 81
Oberleutasch 71
Oberreintal 69
Ochsensitz 31
Ohlstadt 86
Ohlstädter Alm 88
Osterhofen 182
Oswaldhütte 118

P

Parkplatz Stock 19
Partenkirchner Dreitorspitze 65
Partnachklamm 62, 67
Pendling 185
Pendlinghaus 185
Petersköpfl 193
Pfandlhof 193
Pleisspitze 42
Plumsjochhütte 128
Plumssattel 130
Predigtstuhl 70
Pürschlinghaus 21
Pustertal Jagdhäuser 82

R

Rauheckalm 153
Reintal 60, 69
Reintalangerhütte 61
Reiseralm 95
Reith 110
Reither Jochalm 111
Riedereckalm 150
Riederstein 158, 160
Riemannhaus 215
Rietzaualm 193
Risserkogel 148
Rißkopf, Oberer 81
Rißtal 118, 121, 124, 128
Rohrkopfhütte 17
Roßstein 141
Roßsteinalmen 142
Roßwank 76
Rotmoosalm (Ammergebirge) 71

Rotmoosalm (Wettersteingebirge) 52
Rotwand 171
Rotwandhaus 172
Rotwandlspitze 106

S

Salzburger Hochthron 209, 213
Satteljoch 128
Saugasse 216
Schachenhaus 65, 68
Scharling 152
Scharnitz 106
Schartlehner Haus 112
Scheinbergspitze 19
Schellenbergalm 172
Schellenberger Eishöhle 208
Schildenstein 145
Schinder 175
Schindlkopf 215
Schlagalm 176
Schlattan 74
Schlechtenbergalm 197
Schleifmühlklamm 24
Schliersee 158
Schloss Linderhof 21
Schloss Neuschwanstein 16
Schnappenkirche 200
Schneefernerhaus 64
Schönfeldhütte 169
Schöttelkarspitze 98
Schwaigeralm 148
Schwaighof 159
Schwangau 17
Schwarzkopf 100
Seebergalm 183
Seebergkopf 182
Seefeld 110
Seinskopf 98
Siebenhütten 145
Sieblialm 150
Soinsee 173
Söldneralm 97
Solstein, Großer 114
Solsteinhaus 115
Sommerbergjöchle 45
Sonn-Alpin 61
Sonnbergalm Hochleger 142
Sonnbergjoch 45
Sonnjoch 131
Spielissjoch 126
Spitzingsattel 165, 169
Spitzingsee 168, 171
Stangensteig 59
Staudacher Alm 201
St. Bartholomä 214
Steinerne Agnes 206
Steinernes Meer 214
Steinernes Tor 136
Steinlingalm 196, 197
Stepbergalm 49, 53
Stimmersee 185
St. Leonhard 209
St. Martin 53
Stöhrhaus 209
Streichkopfgatterl 137
Suttenstein 164

T

Tannenhütte 75
Tegelberg 16
Tegelberghaus 17
Tegernsee 158
Tegernseer Hütte 141
Teisslalm 137
Teufelstättkopf 21
Thomas-Eder-Steig 213
Tiroler Hütte 108
Tölzer Hütte 118
Toni-Lenz-Hütte 209
Tuftlalm 46
Tutzinger Hütte 95

U

Unterammergau 21, 32
Untere Dalfazalm 137
Untergrainau 49
Untersberg 208
Untersbergbahn 209
Upsspitze 46
Urfeld 91

V

Valepp 175
Veitenhof 193
Viehkogel 215
Vorderes Hörnle 34
Vorderkaiserfeldenhütte 193
Vorderthiersee 185

W

Waitzingeralm 172
Walchensee 86, 90
Wallgau 81
Wallgauer Alm 81
Wangalm 71
Wank 74
Wankhaus 75
Waxelmoosalm 156
Weilheimer Hütte 81
Weinbergerhaus 189
Weißachtal 142
Wendelstein 178
Wendelsteinalm 178
Wendelsteinhaus 178
Wettersteinhütte 70
Wildbad Kreuth 145, 148
Wimbachbrücke 215
Wimbachgrieshütte 215
Wimbachschloss 215
Wolfratshauser Hütte 42
Wolfsschlucht, Große 145

Z

Ziegelspitz 30
Ziegspitz, Hoher 49

Impressum

Titelbild:
Eibsee-Blick vom Hohen Ziegspitz (Tour 11).
Bild Seite 1:
Beim Aufstieg zum Kramer (Tour 12).

Bildnachweis:
Gerhild Abler: Titel, Seite 1, 6 rechts oben, 7 links Mitte, 7 rechts oben, 8, 11 oben, 13, 15, 16, 18, 19, 20 oben, 20 unten, 21, 24 oben, 24 unten, 30 unten, 31, 33 unten, 36, 37, 42, 43, 44, 53, 54, 55, 56, 65, 68, 71, 74, 75, 77, 80, 82, 83, 84 oben, 87 oben, 87 unten, 90, 91, 92, 93, 99, 100, 101, 114, 115, 117, 118, 124, 125 oben, 125 unten, 127, 129, 132, 133, 137, 144, 151, 154, 158, 168, 170, 171, 172, 174, 178, 179, 180, 181, 189, 190, 191, 196, 199, 201, 204, 209, 211, 213, 215 und 217
Antje Sommer: Seite 6 links oben, 6 links Mitte, 6 links unten, 6 rechts unten, 7 links oben, 7 links unten, 7 rechts unten, 12, 25, 27, 28, 30 oben, 32, 33 oben, 34, 39, 40, 41, 46, 47, 48, 50, 52, 57, 58, 59, 60, 61, 62, 64 oben, 64 unten, 67, 78, 79, 94, 95, 97, 102, 103, 104, 105, 106, 107, 109 oben, 109 unten, 110, 113 unten, 119, 120, 121, 122, 123, 131, 134, 135, 138, 139, 141, 143, 145, 146, 147, 149, 152, 153, 156, 161, 162, 163, 164 oben, 164 unten, 165, 166, 177, 183 unten, 184 oben, 184 unten, 188, 194, 195, 197, 200, 208, 210, 214, 216 und 219
Natascha Gräf: Seite 11 unten, 17, 69, 70, 111, 148, 150, 155, 176, 187 und 193
Renate Ring: Seite 23, 49, 73, 84 unten, 88, 113 oben, 130, 136, 140, 159, 183 oben, 192, 205 und 207
Thomas Theil: Seite 202 und 203

Kartografie:
Wanderkarten der Touren 3, 6, 7, 19, 20, 21 und 22, © Bergverlag Rother GmbH, München (gezeichnet von Gerhard Tourneau, Haar); alle übrigen Wanderkarten und die Übersichtskarten © Freytag & Berndt, Wien

Werk-Nr.: 3032

7., überarbeitete und erweiterte Auflage 2024

ISBN 978-3-7633-3438-4

MIX
Papier | Fördert gute Waldnutzung
FSC® C147178
FSC www.fsc.org

Wir freuen uns über jeden Korrekturhinweis zu diesem Wanderbuch!
Bitte per E-Mail an: **leserzuschrift@rother.de**

ROTHER BERGVERLAG · Keltenring 17 · D-82041 Oberhaching
Tel. +49 89 608669-0 · rother.de